中译翻译文库

翻译理论研究

王建国 侯林平 张思永 贺爱军 张举栋 章艳 著

中国出版集团
中译出版社

图书在版编目(CIP)数据

刘宓庆翻译理论研究 / 王建国等著 . -- 北京：中译出版社 , 2023.8
ISBN 978-7-5001-7444-8

I. ①刘… II. ①王… III. ①翻译理论－研究 IV. ① H059

中国国家版本馆 CIP 数据核字 (2023) 第 130716 号

刘宓庆翻译理论研究
LIU MIQING FANYI LILUN YANJIU

出版发行 / 中译出版社
地　　址 / 北京市西城区新街口外大街28号普天德胜主楼4层
电　　话 / (010) 68359827，68359303（发行部）；68359725（编辑部）
邮　　编 / 100044
传　　真 / (010) 68357870
电子邮箱 / book@ctph.com.cn
网　　址 / http://www.ctph.com.cn

出 版 人 / 乔卫兵
总 策 划 / 刘永淳
策划编辑 / 范祥镇
责任编辑 / 范祥镇
文字编辑 / 杨佳特　钱屹芝
营销编辑 / 吴雪峰　董思嫄

排　　版 / 冯　兴
封面设计 / 潘　峰
印　　刷 / 北京玺诚印务有限公司
经　　销 / 新华书店

规　　格 / 710毫米×1000毫米　1/16
印　　张 / 20.5
字　　数 / 305千字
版　　次 / 2023年8月第1版
印　　次 / 2023年8月第1次

ISBN 978-7-5001-7444-8　　定价：69.00元

版权所有　侵权必究
中 译 出 版 社

2018 年摄

谨以本书献给为翻译研究贡献毕生精力、
硕果累累的刘宓庆先生！

左起：王建国、章艳、张思永、侯林平。右起：张举栋。

左起：侯林平、贺爱军、王建国、章艳、张思永。

刘宓庆是我国翻译研究迄今为止最全面、最系统、最深刻的学者①

方梦之

作为刘（宓庆）老师的朋友，也是在翻译研究理论方面他的学生——尽管我的年岁比他还大两三岁——我跟他初次认识是在1987年，青岛举办了全国第一次翻译理论研讨会，我们一起参加，而且分在了第一个组讨论，当时分了三个组，我们都分在翻译理论这个组。从此我就跟他建立了关系，因为大家都研究这一块嘛。这以后他不断把他的著作寄给我，他的著作很多，包括他后来去香港、台湾教书，有新的著作都会寄给我，我都抓紧学习。所以他的思想对我以后的发展很有帮助，应该说他是我学术上的一个贵人。当然我们之间的交情是君子之交淡如水，很清淡，除了学术交流，没有什么利益输送。

今天，我对他的评价是这样，**他是我国翻译研究迄今为止最全面、最系统、最深刻的学者**。可以说是前无古人，后无来者我不敢说。不过，就我这把年纪，怕是看不到了。

所谓最全面，刚才王（建国）教授已经列举了他的主要著作。大家可以看到，他在翻译领域这一块，把翻译研究的主要范畴都包罗进去了，包括学科的建构、翻译史、翻译美学、翻译哲学、翻译文体、翻译风格、翻

---

① 2019年5月，方梦之在《刘宓庆翻译论著精选集》新书发布会的发言。

译教学、语言对比等，这些主要范畴在他的著作当中我们都可以找到。而且他还关注 IT 技术，尽管他处的年代主要是 20 世纪到 21 世纪初，也涉及翻译技术方面的，但是翻译技术的蓬勃发展是在 21 世纪，他也把翻译技术纳入他的理论体系中。在翻译专业研究领域，我现在来看，没有人能超过他。

最系统是指他在最主要的范畴当中，都有专著来阐明他的系统主张，这个就不多介绍了。

还有最深刻，这包括两个方面：一方面是指他的理论知识精深；另一方面，他的影响是深远的。这样的人在我们国内凤毛麟角。

我对他的评价是这样。

刘宓庆的翻译研究思想是很有代表性的，因此我们要发扬。贯穿他理论研究的有四点，即**翻译研究的民族性、科学性（化）、对策性、实践性**。他的翻译理论，从这四方面来讲，我感觉很完整。

当年他刚提出来的时候，分歧很大，很多年轻学者可能不太了解。比如他提出民族性，在 20 世纪末期，我国译界有"特色派"和"共性派"之争，就是有人认为中国的翻译研究有两派，一派是所谓特色派，一派是所谓共性派，争论很激烈，这个年纪稍长的人应该都知道。所谓特色派，就是今天我们所提倡的，要有中国特色的翻译理论，也就是他说的民族性。而共性派认为翻译理论是没有民族界线的，应该是普世性的。这两派当时争论十分激烈。

再说科学性（化），就是要把翻译理论作为一门学问，建立翻译学。当时反对这一点的声音也很强烈，比如张经浩教授说"翻译学是一个未圆的梦"、难圆的梦，认为建立翻译学是做梦的事；还有劳陇，他说要丢掉幻想，就是要丢掉搞翻译学、学科体系的幻想，这些都是在《中国翻译》上公开发表的。包括许渊冲先生，当时我们《上海翻译》曾经主持过一次翻译实践与理论关系的讨论，他说：实践第一，理论第二。所以翻译的科学性也是饱受质疑，当然，这一步现在我们已经走过来了。

再后面是对策性和实践性。我自己做了几十年的"宏中微"研究，即宏观、中观、微观。所谓中观，就是翻译策略；所谓微观，就是翻译技巧。这个策略和技巧也都放在翻译学里。到现在为止，很多人还是反对把翻译

刘宓庆是我国翻译研究迄今为止最全面、最系统、最深刻的学者

技巧作为理论研究。那么你看刘宓庆的著作,很多讲实践的东西,实际上就是讲翻译技巧。提到翻译技巧,它的学术背景就是语言学,特别是语法学、修辞学、篇章语言学,当然还有语用学等,这些都在语言学的范畴。这方面我可能受他影响,当然提法上跟他不一样。以上这四点就是他的特色:民族性、科学性(化)、对策性、实践性。

他研究的原则是"本位关照,外位参照",所谓本位,就是立足中国本土翻译研究,主要是看本位,外面的东西来参照。实际上他的书中对国外的东西很注意,但刘宓庆的译学话语有的出自传统文论,没有艰涩拗口的感觉,都是很易读的,容易让人学下去,正因为他这个特点和他的研究原则,和他的翻译主张,如民族性等都是有关系的。我们现在也提倡研究本土,借鉴国外,建构中国特色话语体系,实际上和他的思想是相契合的,所以说他的影响应该是深远的。我们现在提倡的东西,正是他当年在做的事情。

所以今天我个人非常感谢王(建国)教授,以及中译出版社能够出版他的精选集,让我们学人能够学习他的思想精髓。谢谢大家。

富贵于我如浮云

刘宓庆

常言道,"三十而立,四十而不惑"(原出《论语·为政》)。四十岁以后,伴随似水年华,人生感悟越来越多,越来越深切,自是必然:有些感悟使我幡然觉醒,有些感悟则告我毅然前行。对我来说,四十岁以后的近三十年,感悟最深的是两句平常话:"做人要实在,做学问也要实在。"这两句话,可以引申、衍生出以下四点。

1. "翻译的实力就是翻译"

这句话是我在大学念书的时候,我们的授业老师吴兴华(1921—1966,诗人、北大英语系教授)常常对学生说的。这里的第一个"翻译"指"译者",第二个"翻译"是指"翻译的功夫"。吴老师解释说:"比如当木工,你连一根木条都刨不平、刨不直,还当什么木工呢?"这句话实际上影响了我一生。很多事情证明,"成也萧何,败也萧何",成败关键莫不取决于是否拥有"实力"——对翻译而言,成败关键在翻译的实力、翻译的功夫、翻译的理念。可以说,我大学毕业以后特别注重练的功,不在理论辩证,而是翻译的实在功夫;有了实实在在的功夫,才能从中引出理论相关性或者"悟出"其中的理论经络(theoretical way of thinking)或精髓,下笔成文。

20世纪90年代我在香港的两所大学教书。1996年的暑假很长。一天早上,我偶然在报上见到欧盟总部人力资源局从布鲁塞尔发出的一则招聘广告，征聘汉译英的临时译员，翻译中国商务和政务官方文件——当时欧洲急于了解中国和打开中国市场。经初步联系，我立即启程前往比利时首都布鲁塞尔接受面试。那天应试者一共大约十来人。三名面试官中有两位英国教授和一位垂垂老矣的汉学家，来自中国台湾，是比利时某国家文化研究所的专家。两位英国人先后用英语和德语跟我做了一般性谈话以后，那位台胞老教授先在一块小白板上写了些什么，然后把小白板递给我，问道："'士为知己者死，女为悦己者容'这两句话是司马迁说的吗？能把司马迁说的原句翻成英文吗？"我仔细看了看，回答说，这是西汉刘向在《战国策》里说的。司马迁在《报任安书》里说的原句应该是"士为知己者用，女为悦己者容"。老汉学家听了，频频点头，似乎很高兴，就让我译成英文，并说："不急不急，给你三分钟。"我想了想，说："可以这样翻吧：'A gentleman is always ready to work for anyone who knows him well enough. A woman is always ready to make herself up who truly loves her.'"然后遵照老汉学家的要求把英语译句写在小白板上交给了他，他看完就递给了那两位英国人，然后面对我问道，我为什么加上"well enough"和"truly"两个原文中并没有的词。我回答说："翻译中我们叫它'诠释性添加'，使原句中的深层含义更充分、更精准地表现出来。"老教授听了会心地点了点头。当天下午大约两点多，他们打来了一个电话说我被录取了，请我尽快去签约。

我很感激司马迁，当然更感激我的老师吴兴华教授，他使我从切身的经历中体悟到理论的思想力源自实践，而且只有日复一日的实践才能验证理论的指引价值。加上时间对"理论结合实践"的智能富集，就成全了一个金句——机会只属于准备有素的人。

我想，在学术上，永远不存在"乐透"（lottery）的花花彩头。如果在你的萦梦之际还每每眷念着某一天有哪些花花彩头会降临在你头上，我劝你及早告别这块历来就很清寒的净土。说它是"清寒的净土"是因为它虽则清寒，却从不吝于给日复一日的辛劳者以恰如其分的报偿。

2. 坚持理念，默默耕耘

青少年时代母亲跟我讲过两句佛家语——"我随物性，物随我心"，使我受益终生。"物性"泛指客观世界的万物本性及其自身的发展规律，

"心"就是人这个主体自己的"意志""向往""理想""理念"等。这两句话的意思是,只要你的所作所为符合客观事物的本性及其发展规律,而且笃志力行、持之以恒,那么你的理念、理想就会如愿以偿。

理念是人对某一(些)事物的基本信念。理念源自对事物的本质和潜质的理解而产生的信念,而信念则源自对事物的本质和潜质的真实性的认同;理念所蕴含的思想力一旦被激活,那么恪守这一理念的人为达至它的某种终极目标而做的努力就不会终止,而且也永远不会被一时的人事之扰、杂念之袭、时势之移、时运之变所左右,真正做到了"坐怀不乱"。

我大学毕业之后做了整整五年的时政汉译英译员。我的第一位审稿人是当时的美籍中国通——李敦白(Sidney Rittenberg,1921—2019)。李敦白在我的第一篇译稿上仅写了一个大字——"Nonsense"("胡说八道")。他在走廊里见到我时,用的是一句粗鄙之词"狗屁不通"!就是这个大字给了我重重的一击,让我定下心来——也用一句粗鄙之词:"一屁股坐了下来"——洗涤"庭院深深深几许"的"学院派风雅气",开始研究接地气的种种所谓"翻译实务"。而我研究的基本理念和驱动力则只有四个字:"为了中国"——应该说,李敦白的改稿对我的激励、引导和反思是意义深远的,第一条就是使我建立了翻译的"文体意识",余不赘述。据史载,中国从公元前174年起就与匈奴有外交、军事交手,贾谊(前200—前168,西汉初政治家)就曾就此向朝廷提出过有关国策。至公元前末年,匈奴降服来朝。试想想,如果当时没有口笔译,这种"交手""来朝"怎么可能进行?很显然,到东汉(25—220)和三国时代(220—280),我国的口笔译(尤其是口译、公文和商务翻译活动)已是国事常规,先于佛经翻译。但经书翻译后来居上,是历史发展使然,更有朝廷的有力支持,加上民间的广泛接受,使翻译蔚然成风,始有支谦(又名支越,三国时代佛经翻译家)这些翻译高手纵谈"美言"与"信言"之类翻译美学命题的记载。隋朝时(606年或607年),日本特使小野(生卒年不详)来华。609年,中国与波斯及多个西域古国建立了政商关系,外交活动频繁,至盛唐贞观之治(627—649),各类外事活动已臻于完备。13至15世纪,我国更与南洋各国广泛深入交往,海陆相通,科技翻译也已颇具规模,始有徐光启的"会通(汇通)而译"之说,开启了中国译坛翻译接受之见的先河,使翻译进入了经世济民的社会功利化大道。可见我国译学源远流长,今天我们必须坚持翻译思想的历时继承性和共时发展观,有我们自己的"中国气派"——当然应当学习外域各国之长,但也应当悉心鉴别与分析,不应盲目跟风西方时潮。1978 年我有幸跟卞之琳先生在香港大学一起开会,谈到这个观点。卞之琳先生打趣地对我说:"小刘,咱们是老小'英雄所见略同'了,你要深入地通盘研究,谨慎立论,为了中国译学!"卞先生这个鼓励与我在北大时的前辈老师的叮嘱如出一辙,这更加强了我的信念。

默默耕耘必须有莽林拓荒之志,有百屈不懈之心,有破浪乘风之勇。我不敢说我都能做得到。但我知道这中间无非是洒尽汗水加心血,忍受孤寒与辛劳。比如,《中西翻译思想比较研究》这本书我写了三年多,《翻译与语言哲学》我整整写了五年,五六年中几乎看完了香港大学与香港中文大学所有相关的中西著作,真可以说是"躲进小楼成一统,管他冬夏与春秋"。《文化翻译论纲》之成书更使我付出了"破纪录"的艰辛,前前后后竟然写了十年(1988—1998)! 1988 年初,我接受了有远见的编辑策划人唐瑾女士关于文化翻译的稿约,不久就因公去了巴黎和私访马赛,总之1989 年和 1990 年整整两年,我音讯渺无,唐瑾以为我是个飘到了北极圈的"断线风筝",稿约泡汤是意料中事。其实这期间我在"中西文化转换"的理路思考中备受煎熬,已经为《文化翻译论纲》四易其稿。直到 1998 年我才勉强将它杀青,告慰唐瑾。唐瑾说:"你仙游十载,今负笈返世,可喜可贺!"其实我哪有花前月下的仙游雅兴。我是在都柏林大学的人文科学阅览室边写文章,边啃干面包、喝黑啤酒,常常熬夜到晚上十一点半,偌大的阅览室原来只剩我一个人。管理员小姐必须闭馆关门时,才轻轻走过来,轻轻问我说:"Sir, are you through?"(先生,您写完了吗?)我感到很是歉然,常常急忙收拾东西,望着她说:"Sorry, I didn't know it's so very late."(对不起,我不知道已经这么晚了!)她则对我报以会心的微笑。

"写完了吗?"——路漫漫其修远啊。我当时正如清代马荣祖在《文颂·神思》里说的那样"冥冥蒙蒙,惚惚梦梦,沉沉脉脉,吟吟诵诵"地条分缕析,抽思理绪,为《文化翻译论纲》呕心沥血。我的族兄从巴黎来信说:"香榭丽舍已经满是你喜欢的鹅黄叶,快回来吧!"我心动了,感谢大自然对我这个忠实的劳心者的抚慰,但我对得起它这份深情吗?我回信给族兄说："不行啊。我还有一大堆关于詹姆斯·乔伊斯（James Joyce）的文献没看完，这只有都柏林大学才有啊。"

3. 把握整体，深化认知

中国哲学思想重整体把握、全局布阵。把握整体则虚实立可显见，布阵全局则序数悉在眼前；因此中国哲学家认为全局与局部的关系是一种辩证的对立统一。没有完备的全局则局部无充分的价值可言，没有充实的局部则全局无坚实的依托可寄。20世纪80年代中期，我听说前辈翻译家袁可嘉（1921—2008）谈过一次西方人文主义理论研究的特点。他提到，当代西方人研究人文理论热衷于"局部精彩"，然后沉迷在"微观突破中的个人陶醉"，至于国家社会的智能资源急需、理论体系的整体布阵格局、学科宏观架构的整合构建等，在他们眼中都只是"好事者"或"当事者"的事，他们个人往往"兴趣缺缺"，恕不奉陪。袁先生这个点睛之评，我很赞成也大受启发。当然我认为人文理论研究的一孔之见或一得之功也是很可贵的，但完全置全局于不顾，大家只顾扫各自的"门前雪"，是不符合中国哲学思想传统的，也不符合当代理论研究"游移化"的发展大趋势。一个人若是只对"偏""诡""奇""陋"（此四字出自清代顾炎武斥论诗作旨意）或者加上当代的"洋""魅""异""晦"等课题研究感兴趣，自鸣得意乃至走火入魔，就难免于实际上的"理论沉沦"（degradation in theory），影响自己的前程了——一句话，做学问，还是实在一点好！

翻译紧紧伴随现代社会的发展。翻译学建设是个庞大的工程，必须密切关注其宏观架构的建设，使之既能统揽全局，又符合实际。要做到这两点，就必须让我们的微观研究密切做到"接地气"，即中国口笔译实务。宏观微观兼顾，以宏观研究决定体系格局，以微观研究富集体系内涵，这是中国学术研究的优良传统（参见《中国学术史》，第一、七、八章及导论，张国刚等著，东方出版中心，2002），很忌讳"杂述散陈，不见经纶"（刘知几《史通·杂述》）。我们的态度应当是辩证的：无杂述则无以成经纶，无经纶则无以存杂述。我记得八九十年代，翻译界有人批评中国人只懂"术"，不讲"理"。这种论断近乎污蔑，根本不符合事实。以经学为核心的汉代学术，以儒道释三学汇通为主轴的隋唐晋学术，以探求义理为核心的宋元学术，以心智理学和考证诠释之学为"亮点"的明清学术，都是中国人讲"理"的精华，我们的任务是将它们"当代化"。但妄评者没有学或者根本没有学懂，到了外国，只见西方学术琳琅满目，自己捡了一点西论皮毛，即窃喜不已。其实这时回国，最好先充充国学之电，了解一点东西方差异，再开门张口骂人。我感觉，中国不少人一是疏于把握大体整体，二是疏于深化认知，满足于浮华，自得于浅薄，心躁神虚，急功近利，实在令人担忧！

近二十年中西方许多国家的翻译研究机构或大或小，我都没少访问过，与他们的主管、次主管们交流过。他们其实也都在集中注意力于翻译理论一般规律、规范的"本土化"、务实的"科学化"，几无例外的共识是：一切外国的研究成果都不应忽视，但它们都只具有"参照性"。都柏林大学我的一位"理论密友"以色列人 Igor 跟我说："陶醉、沉溺于与本国语言文化完全无关、完全无用、完全无益的学说是一种理论幼稚病和妄动症，如果他的神经还算正常。"因此，我一直主张重视翻译理论的"中国价值""中国气派"，而且认为这应当是中国翻译界基本的"集体认知"，当然，人各有志，选择自由，不在话下。有了这个基本的集体认知，才好深入讨论深化译学的各领域研究课题。以"文化翻译研究"为例，现在很多人还在念念不忘洋人提出的"归化"论与"异化"论——关键在他们必以洋人的论述为"经典"。其实这个命题我国古代佛经翻译界一直在讨论，到鸠摩罗什（343—413）和玄奘（602—664）已经大体解决了，都有文献为证——只不过他们没有用今天的理论话语。这正是典型的"数典忘祖"！很长一段时间，中国学术界对"文化"的认识都很浅薄、幼稚，基本上停留在"文化现象学"层面，停留在物质文化、行为文化甚至时尚文化表层，最重要的精神文化（例如价值观问题）在中国似乎仍然还是个"禁区"。2017 年冬，我在悉尼听到有位西方哲学界知名学者在他们的电视节目《今日访谈》中说，"当代中国只有炽烈的物质崇拜，没有深刻的理性信仰"，我听了心中真不是滋味！

4. "富贵于我如浮云"

此话引自杜甫《丹青引赠曹将军霸》中的两句诗："丹青不知老将至，

富贵于我如浮云。"这句诗的精神境界至高至纯，至净至美，一直是我的人生座右铭。我认为搞学问应该与功利心绝缘，与功利算计脱钩。所以我从不关心什么职称、级别、职衔、报酬、犒赏等，我做好我本应做好的一切，你看得上看不上，那是你的事。我也从没想过想要获得任何职位，依附任何团体、组织，历来我行我素，头顶蓝天，脚踩大地。因此，近四十年来辜负或得罪了很多名人、要人、贵人和主流媒体，心中着实抱歉，谨在此鞠躬乞谅。我写十几本书时只想到教学、研究需要，没有想过向国家申请一分钱补助经费；承各出版机构理解，我不胜感激，也在此致以最诚挚谢意。我喜欢父亲书房墙上挂的一幅自书对联："两袖清风无牵挂，来去无踪不留尘。"因为人生周遭难料，染上功利心容易引发冲动型占有欲念，不可能把持住恒久的、频发性智能爆发潜势，潜心于原创写作。正如 Howard Gardner 在其著作 *Frames of Mind*（2007，Harvard UP）中说的，引起智能爆发的主要因素，是某种持久不衰、坚韧炽烈的科学或道德理念，绝非功利心。以色列国家科学院曾以一种十分巧妙的方式对 100 名诺贝尔物理学、化学和医学奖获得者做过一次正式调查或查证，结果表明，出于某种个人功利心的驱动投入研究终而获得诺贝尔奖者，"在 100 人中只有三个半人"（那半个人不是由于他本人有什么残缺，而是由于评审团中 "pros & cons" 各占一半，各自抵死坚持）。波兰化学家、被公认为 "贫穷而美丽" 的玛丽·斯克罗多夫斯卡·居里（Marie Sklodowska Curie, 1867—1934）就是超越功利的诺贝尔奖获得者、学者的楷模，居里曾经为艰苦的土法矿石提纯而极可能招致 "气化中毒或皮癌死亡" 做好过一切献身准备。当然，任何具有国际权威性的某个大奖都有可能涉及同业的暗中 "较劲" 或跨国的激烈竞争，但这种竞争的实质一般与业界集体和国家的成就感、荣誉感有关，与个人的利欲之念没有什么关系。而且一旦被公众发现暗中有利益网络牵扯或个人名利纠缠，那个奖就一定还会难脱干系地遭受污名化，甚至被知情者嗤之以鼻。奥斯卡金像的金环黑斑化、某些 "非富即贵" 者常常沉沦为 "非讹即诈" 者，原因盖出于此。

其实上述杜甫这两句诗是受了老庄 "无己""无待" 思想的熏陶（见《史记·老子韩非列传》）。北大哲学系《中国哲学史》一书曾经对 "无己""无待" 做过一段差强人意的诠释。

> 庄子在《逍遥游》中说，大鹏的飞翔要靠大风和长翅膀，走远路的人要带许多干粮，这都是有所"待"，因为没有大风、长翅膀、干粮等条件，就飞不了，走不成……
>
> 真正的自由是一切条件都不需要依靠，一切限制都没有，在无穷的天地之间自由地行动，这就叫作"无待"。这是讲的要摆脱外界的条件和束缚。同样是受自己的肉体和精神的限制和束缚，也不能达到真正的自由。所以各种主观条件也要摆脱，以达到"无己"。庄子想象中的最高尚的人，都是能做到"无己"的。例如庄子在《大宗师》中描写的"真人"的情况是，睡觉时不做梦，醒来时无忧虑，……对生不感到特别喜欢，对死也不感到特别厌恶。总之，他们是自然而生，自然而死，也就是说，一切听任自然，毫不计较个人的得失，这就叫作"无己"，（这样一来就）可以得到精神上的绝对自由。(2006:66—67)

用今天的话来说，"无待""无己"就是摆脱功利心，涤除物欲、权欲和非正常情欲，还我纯净的心性、人性。这是中国历朝历代有志气的"士人"（知识分子）的精神追求和对灵肉的一种"圆寂式安顿"。其实西方也有很多人——哲学家、文学家、思想家、诗人笃信这一点。弃名避利的海明威（Ernest Hemingway，1899—1961）就因此而去了古巴的一个小渔村了断一生。带着功利心去搞学问和事业——尤其是搞理论研究，其结果无异于"一无所得的徒劳"（out and out thankless efforts，见德国作家 Franz Kafka，1915，*The Metamorphosis*）他可能获得昙花一现的荣誉，取得梦寐以求的一点财富，满足了他过往那难填的情欲之壑，但对荣誉、财富、权力和情欲的陶醉感和扩张欲必将在他的头脑中膨胀复膨胀，最终必定会将他内心的那点良知和灵性碾压得粉碎——且不说他可能曾经掂量过的"身后名"！因为，这中间，始终有一个看不见而又无处不在的最高裁判官——历史。

悠悠数千年，古今中外这方面的例子太多了。我想，今天的中国学者确实都要好好想想，在这个财富、功名高于道德品格的年代，我们应该如何自珍、自励、自处？

（原载上海《当代外语研究》，2012年第九期，总第381期）（2022年12月作者修订）

前 言

刘宓庆先生,香港人,祖籍湖南新宁,先后在北京、厦门、香港、台湾和上海等地从事翻译研究和教学工作。

要了解刘宓庆翻译理论(他称为"整体性整合研究")的广度和深度,必须首先了解他的汉英对比研究,然后全面理解他在翻译与语言哲学、翻译美学、文化翻译等方面的研究。刘宓庆先生的翻译研究,始于翻译实务,而后为翻译教学之需,从汉英对比的视角,逐渐为我国建立了第一个比较成熟的汉英对比研究框架,给翻译实践以及汉英对比语言学带来了丰富的启示。之后,他不断扩大研究视野,在宏观上构建了一个又一个的理论框架,为翻译研究开辟了广阔的天地,例如翻译美学研究、文化翻译研究、翻译与语言哲学研究、翻译思想研究、翻译教学研究等。

本书旨在全面介绍刘宓庆翻译理论,其中列举了刘宓庆的各种著作,并撰写了刘宓庆翻译理论总论,从汉英对比研究、文化翻译、翻译美学、翻译语言哲学、翻译教学和翻译思想研究等六个方面梳理了刘宓庆翻译理论,同时每位梳理者基于自己的视角展开思考。

纵观刘宓庆翻译理论,我们认为其表现出四个主要特点:第一,开拓性。刘宓庆先生开拓了多个翻译研究领域,奠定了中国翻译学的基础;第二,前瞻性。刘宓庆先生提出的很多观点为中国翻译学的研究指明了方向;第三,系统性。刘宓庆先生的理论含括了翻译本体论、认识论、价值论、方法论、对策论、程序论等几乎所有翻译学的理论范畴;第四,实践性。刘宓庆的翻译理论始于翻译实务，始于汉英对比角度，因而一直就有对汉英互译翻译实践的关怀。

本书分为总论和分论两大部分。

总论部分由王建国负责，王建国收集了刘宓庆撰写的各种著作，介绍了其代表性著作的主要内容，概述了刘宓庆翻译理论的各个发展阶段、核心思想及其历史功绩。

分论部分由侯林平、张举栋、贺爱军、章艳、张思永、王建国共同完成。

侯林平从翻译思想研究角度出发，介绍了刘宓庆对翻译思想的研究，就此从"国内同行的同类研究"和"刘宓庆翻译思想在国内外的接受现状和趋势"进行拓展，指出刘宓庆对中西翻译思想的研究反映了其译学思想，即在文化战略的高度上，通过整体性整合性的描写研究，建构中国功能主义学派的翻译理论。同时发现刘宓庆翻译思想的关注度和传播度处于不平衡状态，国际影响力不足。我们提出"三步走"的战略目标和具体任务，并分析了其保障与措施，以期能够扩大以刘宓庆翻译理论为代表的中国翻译思想在国外的传播。

张举栋从翻译语言哲学方面介绍了刘宓庆翻译语言哲学研究的基本状况与发展历程，从各个时期的基本观点入手进行拓展，并简要介绍了他人对刘宓庆翻译语言哲学研究所做的研究或述评，最后对刘氏翻译语言哲学研究的影响进行了分析，并对翻译语言哲学研究的前景做出展望。

翻译的复杂性决定了研究角度的多维性，语言与文化之间的复杂关系决定了二者必然成为翻译研究中的热点话题。贺爱军从文化翻译的基本概念、文化翻译的整合性理论、文化翻译的整体性对策论和刘宓庆文化翻译思想的影响四个方面系统探讨了刘宓庆的文化翻译思想。

章艳介绍了刘宓庆从20世纪80年代到2016年长达三十年的翻译美学研究，以其各阶段翻译美学的标志性出版物为依据，将其翻译美学研究分为三个阶段，逐一评述。本部分还讨论了他人对其翻译美学理论的评价和借鉴，分析了国内翻译美学研究存在的一些问题，并提出相应的建议。

张思永从中国翻译教学研究的大背景出发，梳理了刘宓庆的翻译教学的研究历程，在此基础上对其翻译实务论、翻译教学论和翻译教学观进行了递进式地梳理和评论，认为刘宓庆的翻译教学思想贯穿了其译学研究的方方面面，由此可以将其定位为：以功能为视角、以整合为手段、以审美为旨归的翻译教学思想。

王建国在本部分介绍了刘宓庆汉英对比与翻译研究的几个阶段及其主要观点，讨论了其历史功绩和局限。

刘宓庆先生四十多年来对翻译学的研究一直孜孜以求，笔耕不辍，我们研究团队怀着对学术的敬畏之心完成这部书稿，同时，也被刘宓庆先生的学术精神所激励，书中特意选取了他的撰文《富贵于我如浮云》，与学界同人共勉。

目 录

1 刘宓庆翻译理论总论　1
1.1 刘宓庆的论著　1
1.1.1 刘宓庆的论文　1
1.1.2 刘宓庆的译著　4
1.1.3 刘宓庆的著作　4
1.1.4 刘宓庆的代表性著作内容简介　5
1.2 刘宓庆翻译理论概览　7
1.2.1 刘宓庆翻译思想发展脉络：四个阶段　8
1.2.2 基本理论主张　17
1.2.3 刘宓庆翻译思想试评　27

2 刘宓庆翻译理论分论　39
2.1 翻译思想研究　39
2.1.1 刘宓庆的基本观点　39
2.1.2 他人的研究进展　62
2.1.3 研究展望　92
2.1.4 小结　100
2.2 翻译语言哲学研究　101
2.2.1 刘宓庆的基本观点　102
2.2.2 他人的研究进展　115
2.2.3 刘宓庆"翻译语言哲学研究"的影响及展望　120

2.3 文化翻译研究 　127
2.3.1 概述 　127
2.3.2 概念界定：文化翻译、价值观、可译性 　129
2.3.3 文化翻译的整体性整合研究 　137
2.3.4 刘宓庆文化翻译思想的影响及其评价 　170
2.4 翻译美学研究 　175
2.4.1 刘宓庆的基本观点 　176
2.4.2 他人的研究进展 　191
2.4.3 研究展望 　198
2.5 翻译教学思想研究 　200
2.5.1 概述 　200
2.5.2 刘宓庆的翻译实务论 　210
2.5.3 刘宓庆的翻译教学论 　223
2.5.4 刘宓庆的翻译教学观 　239
2.5.5 总结与启示 　256
2.6 汉英对比与翻译研究 　260
2.6.1 概述 　260
2.6.2 刘宓庆汉英对比研究的五个阶段 　261
2.6.3 刘宓庆对汉英对比与翻译研究的重大贡献 　272
2.6.4 研究展望 　275

参考文献 　283

后记 　300

1 刘宓庆翻译理论总论[①]

1.1 刘宓庆的论著

1.1.1 刘宓庆的论文

1978年,《试论英语与汉语的词类优势》,《北京第二外国语学院学报》。

1979年,《文风散论》,《北京第二外国语学院学报》。

1980年,《试论英汉词义的差异》,《外国语》,第一期,第16页至第20页。

1981年,《七十年代的美国英语》,《北京第二外国语学院学报》。

1983年,《英语可读性刍议》,《学丛》,第十三期,第1页至第7页。

1984年,《汉译英教学中的若干问题》,《翻译通讯》,第三期,第34页至第36页。

1984年,《交际语法的意义层次论与翻译理论的探讨》,《翻译通讯》,第七期,第15页至第19页。

1984年,《论翻译的虚实观》,《翻译通讯》,第十期,第14页至第17页。

[①] 本部分在王建国(2006)的《承前启后,继往开来——刘宓庆翻译思想研究》的基础上补充完善而来。

1985 年，《论翻译思维》，《外国语》，第二期，第 9 页至第 14 页。

1986 年，《翻译美学概述》，《外国语》，第二期，第 46 页至第 51 页。

1986 年，《翻译美学基本理论构想》，《中国翻译》，第四期，第 19 页至第 24 页。

1986 年，《汉英对比概论》，《北京第二外国语学院学报》，第四期，第 6 页至第 13 页。

1986 年，《英语口语语体研究》，《北京第二外国语学院学报》，第一期，第 21 页至第 31 页。

1986 年，《英语口语语体研究（续）》，《北京第二外国语学院学报》，第二期，第 25 页至第 35 页。

1987 年，《论翻译的技能意识》，《中国翻译》，第五期，第 7 页至第 11 页。

1989 年，《论中国翻译理论基本模式》，《中国翻译》，第一期，第 12 页至第 16 页。

1989 年，《西方翻译理论概评》，《中国翻译》，第二期，第 2 页至第 6 页。

1989 年，《中国翻译理论的基本模式问题》，《现代外语》，第一期，第 5 页至第 9 页。

1989 年，《中国翻译理论基本原则刍议》，《湖南社会科学》，第三期，第 50 页至第 54 页。

1990 年，《翻译的风格论（上）》，《外国语》，第一期，第 1 页至第 5 页，第 39 页。

1990 年，《翻译的风格论（下）》，《外国语》，第二期，第 51 页至第 57 页，第 62 页。

1991 年，《汉英对比研究的理论问题（上）》，《外国语》，第四期，第 8 页至第 12 页，第 18 页。

1991 年，《汉英对比研究的理论问题（下）》，《外国语》，第五期，第 44 页至第 48 页。

1992 年，《汉英句子扩展机制对比研究》，《现代外语》，第一期，第 10 页至第 15 页。

1993年,《思维方式、表现法和翻译问题》,《现代外语》,第一期,第12页至第15页。

1993年,《再论中国翻译理论基本模式问题》,《中国翻译》,第二期,第14页至第20页。

1993年,《中国现代翻译理论的任务》,《外国语》,第二期,第4页至第8页。

1993年,《中国现代翻译理论的任务——为杨自俭编著之〈翻译新论〉而作》,《外国语》,第三期,第2页至第6页。

1995. "Aesthetics and Translation". *An Encyclopedia of Translation: Chinese-English/English-Chinese*. Chan Sin-wai and David Pollard (eds). Hong Kong: Chinese University Press. pp.1-13.

1995. "Grammar and Translation". *An Encyclopedia of Translation: Chinese-English/English-Chinese*. Chan Sin-wai and David Pollard (eds). Hong Kong: Chinese University Press. pp.301-316.

1995. "Translation Theory from/into Chinese". *An Encyclopedia of Translation: Chinese-English/English-Chinese*. Chan Sin-wai and David Pollard (eds). Hong Kong: Chinese University Press. pp.1029-1047.

1995年,《关于中国翻译理论的美学思考》,《青岛海洋大学学报(社会科学版)》,第一期,第85页至第87页。

1996年,《翻译的美学观》,《外国语》,第五期,第1页至第7页。

1996年,《翻译理论研究展望》,《中国翻译》,第六期,第2页至第7页。

1998年,《〈翻译与语言哲学〉自序》,《外语与外语教学》,第十期,第42页至第45页。

1998年,《中国翻译理论的宏观架构》,耿龙明主编:《翻译论丛》,上海:上海外语教育出版社,第29页至第51页。

2003年,《中国翻译理论研究的新里程》,刘靖之:《翻译新焦点》,香港:商务印书馆,第113页至第123页。

2005年,《关于翻译学性质与学科架构的再思考》,杨自俭:《英汉语比较与翻译》(5),上海:上海外语教育出版社,第123页至第132页。

2006年,《流派初论——迎接中国译坛流派纷呈的时代》,《中国外语》,第六期,第72页至第76页。

2006年,《中西翻译文化对谈录》(与方华文合作),《兰州大学学报》,第五期,第118页至第124页。

2010年,《翻译学呼唤"回归美学"》,《外语与翻译》,第三期,第8页至第10页。

2011年,《论语言之间的互补性和互释性(代序)》,胡卫平等编:《高级翻译》,上海:华东师范大学出版社,第1页至第5页。

2012年,《富贵于我如浮云》,《当代外语研究》,第九期,第1页至第3页。

2018年,《翻译谈话录》(手稿)(与岱山合作)。

2018年,《游移理论》(手稿)。

1.1.2 刘宓庆的译著

2002年,《朗文英语文法不求人》,(英)L. G. 亚历山大著,刘宓庆译,北京:商务印书馆/香港:培生教育出版北亚洲有限公司。

1.1.3 刘宓庆的著作

1986/1998/2006/2012年,《文体与翻译》,北京:中国对外翻译出版公司。

1987年,《英汉翻译技能训练手册》,上海:上海外语教育出版社。

1989年,《英汉翻译技能训练手册》,北京:旅游教育出版社。

1990年,《现代翻译理论》,南昌:江西教育出版社。

1991年,《汉英对比研究与翻译》,南昌:江西教育出版社。

1992年,《汉英对比与翻译》(修订本),南昌:江西教育出版社。

1993年,《当代翻译理论》,台北:书林出版有限公司。

1995年,《翻译美学导论》,台北:书林出版有限公司。

1999年,《当代翻译理论》,北京:中国对外翻译出版公司。

1999/2005 年,《文化翻译论纲》,武汉:湖北教育出版社。
2001/2007 年,《翻译与语言哲学》,北京:中国对外翻译出版公司。
2003/2006/2007 年,《翻译教学:实务与理论》,北京:中国对外翻译出版公司。
2005/2012 年,《翻译美学导论》(修订本),北京:中国对外翻译出版公司。
2005/2012 年,《新编当代翻译理论》,北京:中国对外翻译出版公司。
2005/2012 年,《中西翻译思想比较研究》,北京:中国对外翻译出版公司。
2004/2006 年,《口笔译理论研究》,北京:中国对外翻译出版公司。
2007/2012 年,《文化翻译论纲》(修订本),北京:中国对外翻译出版公司。
2006 年,《新编汉英对比与翻译》,北京:中国对外翻译出版公司。
2006 年,《英汉翻译技能指引》,北京:中国对外翻译出版公司。
2008 年,《翻译基础》(刘宓庆主编),上海:华东师范大学出版社。
2011 年,《翻译美学理论》(与章艳合作),北京:外语教学与研究出版社。
2016 年,《翻译美学教程》(与章艳合作),北京:中译出版社。

1.1.4 刘宓庆的代表性著作内容简介

《文体与翻译》(2012):选取了新闻报刊、论述、公文、描述及叙述、科技和应用等文体对英汉翻译进行探讨。其中,作者指出了各个文体所包含的范畴、文体特点和汉译要点。除了第七个单元主要是理论论述之外,其他六个单元都配有专门的翻译方法论的探讨分析。

《翻译美学导论》(2012):从翻译既有科学性又有艺术性的观点出发,探讨了译学的美学渊源、翻译的审美客体与审美主体、翻译审美意识系统、翻译艺术创造的基础层级与综合层级、翻译审美理想和审美再现问题,以及西方美学对中国译学的借鉴意义。

《翻译与语言哲学》(2007):探讨了翻译理论研究方法论、本位与外位、主体与客体、翻译理论的哲学视角、语言观与翻译理论、翻译学的意义理论、中国翻译学意义理论架构、翻译思维、翻译中的语言逻辑、翻译的价值观、新翻译观和翻译批评等课题。

《文化翻译论纲》(2012)：从翻译学视角对语言中的文化信息、文化翻译观念、文化与意义、语义的文化诠释、文本的文化解读、翻译与文化心理、文化翻译的表现论展开探讨。

《翻译教学：理论与实务》(2006)：对翻译与翻译教学、翻译实务教学、翻译理论教学等课题展开了深入探讨。

《口笔译理论研究》(2006)：首先阐述维根斯坦[①]的语言观与翻译关系，而后对口译的传播行为、口译传播的认知论证、口译的对策论、口译的方法论进行了研究，并对译学研究做了回顾与展望。

《中西翻译思想比较研究》(2012)：立足于中西译学的对比，一方面，探讨了中国的翻译传统、中国翻译理论的特色，其中重点讨论了严复的翻译思想和墨家思想对译学研究的启示，提出了中国译学的建设必须重视反思、超越、重构三个阶段，并且"还形式以生命"的观点；另一方面，对西方当代译论的源头、西方当代翻译思想和流派以及西方当代译论的局限性进行了正本清源的探究，对维根斯坦的意义观与翻译研究的关系再次做了概括，指出了翻译作为一种"语言游戏"的特征。此外，还对本杰明的翻译观、翻译的原创性，以及翻译对原语的超越途径和特征进行了讨论。

《英汉翻译技能指引》(2006)：主要指导自学者如何提高翻译能力，并对译文操控理论进行详细论述。

《新编当代翻译理论》(2012)：对刘宓庆翻译思想的总体概括，包含翻译学的性质及学科架构、翻译理论基本模式、翻译的意义理论和理解理论、翻译过程解析、翻译思维、可译性及可译性限度、翻译的程序论、翻译的方法论、翻译美学、翻译风格、翻译的技能与技巧、如何建设有中国特色的翻译理论等课题。

《新编汉英对比与翻译》(2012)：以翻译为本位进行了汉英对比研究，系统地考察了汉英语法特征，探讨了汉英主语、谓语和宾语之间的差异以及进行双语转换的问题，对语言结构多个层次进行了对比研究：汉英短语、

---

① 刘宓庆将"Wittgenstein"译为"维根斯坦"。

句式、语段、语序、被动语态、时体差异、"虚拟"表示法、汉英表现法、词、汉英思维方式。

《翻译基础》(2008)(主编)：以功能主义的语言观和翻译观为指导，围绕翻译程序、翻译对策和翻译方法等翻译学的应用领域而展开，致力于在理论的指导下提高学习者的翻译能力。

《翻译美学理论》(2011)(与章艳合作)：以翻译审美研究为基本取向，以语言审美及语际转换的审美理论需要为目标，对中西美学理论进行了扫描分析，强调"翻译为体，美学为用"的原则，为翻译美学研究指明方向。

《翻译美学教程》(2016)(与章艳合作)：与《翻译美学理论》一书的理论体系相同，主要在体例和具体论述上有所侧重。

1.2 刘宓庆翻译理论概览

我国的译学研究有着悠久的历史。华夏译事发轫于远古，据考，首篇重要的译论可追溯到支谦的《法句经序》[①]。从此,我国的译学研究可谓生生不息，为后世留下了丰富的译论遗产。王宏印、刘士聪先生[②]把中国传统译学的发展过程划分为肇始、古典、玄思、直觉四个阶段。综观这四个阶段，我们可以发现，在这些译论指导下的翻译实践无不与中华民族的生存与发展息息相关，始终没有离开中华民族生存和发展的文化战略考量。汉代的佛经翻译，为中国翻译扎下了根基，及至明代徐光启等人的科技翻译则使中国翻译与中国的国民教育和国民经济正式结合起来。清朝末期，列强侵华，中华民族遭到肆意凌辱，为民族的生存，中国翻译从自在状态走向了自为状态，自觉把翻译当作武器，这种状态一直延续到新中国的成立。期间，我国进行了大量政治、文学等翻译，旨在启蒙心智、救国救民，对翻译理论进行了深邃而又严肃的思考，尤其是对引进西学而拯救国民的翻译策略进行了激烈的辩论。新中国成立，百废待兴，为此，董秋斯等一

---

① 方华文：《20世纪中国翻译史》，西安：西北大学出版社，2005年，第1页。
② 王宏印、刘士聪：《中国传统译论经典的现代诠释——作为建立翻译学的一种努力》，《中国翻译》，2002年第2期，第8—10页。

批学者提出了加强翻译理论建设的主张，表现出强烈的民族复兴意识。今天，改革开放已经四十多个春秋，中国的国力日益强盛。与此同时，无论是着眼于现在还是未来，中华儿女都在自觉地为中国更加强盛和繁荣努力奋斗，中国译学学者也概莫能外。刘宓庆[①]在《中西翻译思想比较研究》中梳理了中国译学的发展脉络之后，明确地提出了中国翻译仍然必须坚持文化战略考量，指出"翻译是强国富民方略的组成部分，翻译本身要走实业化的道路"，中国翻译正在经历着由徐光启、严复分别引导的第一次和第二次之后的第三次质的飞跃。

当今，我国学者在译学探索过程中，秉承着发展民族优良传统这一理念，同时在翻译对文化交流和振兴经济的作用以及翻译本身发展的方略等重大问题上延续了五四以来的辩论传统。面对着国势昌盛，面对着西方译学的理论迭出，面对着我国传统译学的局限，学者们都必须为自己的研究定好取向和坐标。刘宓庆就是当代中国译界一位杰出的代表。在中国翻译事业第三次质的飞跃过程中，他倡导立足于中国，重建中国译学传统，悉心吸收西学精髓，建立了中国翻译学。在四十年的译学探索过程中，毫不夸张地说，他表现出了许多非凡之处。他在1985年撰写的《文体与翻译》，撒下了第一粒以科学的精神和方法研究实务和理论的译学思想的种子，最后长成了十棵"血脉相连"的大树，宏观与微观，传统与现代，中学与西学，无所不及，犹如编织成了一张大网，能让译学学者在这张大网上找到自己的位置，为中国译学和世界译学的发展方略绘制了蓝图。

1.2.1 刘宓庆翻译思想发展脉络：四个阶段

从总的情况来看，刘宓庆四十年（1978—2018）的翻译研究经历了多个途径：从"实"到"虚"（从实务到理论），从共时到历时（由近代、当代到古代），从本位到外位（从中国到西方），以及从方法、对策到思想，表现出"以虚带实""以实务虚"的经验科学理论描写的基本规范[②]。纵观

[①] 刘宓庆：《刘宓庆翻译论著全集》，北京：中国对外翻译出版公司，2005年，第30-33页。
[②] "经验科学理论描写的规范"可参见 Oakeshott, M. *Experience and Its Modes*. Cambridge: CUP, 1933。

刘宓庆翻译理论的发展，刘宓庆的翻译研究基本上可以分为初始、发展、整合和完善四个阶段。

刘宓庆的研究始于教学，初始多是一些散论，对翻译教学和研究的多个点进行深入研究。初始阶段的标志性著作是《文体与翻译》，主要集中在翻译学方法论、对策论的研究，并开始尝试构建中国翻译理论模式。

1990年出版的《现代翻译理论》，构建了刘宓庆翻译理论的体系，在翻译学的本体论、认识论、方法论、对策论、程序论、价值论等方面都已经有了初步的框架。随后出版了《汉英对比研究与翻译》《文化翻译论纲》《翻译与语言哲学》《翻译美学概论》《翻译教学：理论与实务》等著作，这些著作系统化地拓展了他在《现代翻译理论》中的思想。刘宓庆的翻译理论比较完整地呈现在世人面前。

2005年前后，中国对外翻译出版公司（现中译出版社）出版了《刘宓庆翻译论著全集》。该全集包括了刘宓庆的11部著作，除了之前出版的9部著作之外，全集还涵盖了《中西翻译思想比较》和《刘宓庆翻译散论》（王建国编）。《中西翻译思想比较》总结了中西译学传统和中西译学思想的发展过程，系统地提出了中国翻译理论具有且必须具有"特色"的理论依据，以及重构中国译学传统的步骤，指出了西方当代译论的三个源头、西方当代翻译思想和流派以及西方当代译论的局限性。同时，该书进一步完善了刘宓庆建构于维根斯坦哲学基础上的功能主义翻译观。《刘宓庆翻译散论》收集了刘宓庆自1978年到2006年之间撰写的重要论文。在这个阶段，刘宓庆集中修订了原来的观点，把自己的理论统一且系统地建构在维根斯坦哲学基础上，致力于功能主义翻译观的建构。

2012年中国对外翻译出版公司出版了《刘宓庆翻译论著全集》（第二版），由于各种原因，第二版中只包括了：《新编当代翻译理论》《翻译美学导论》《文化翻译论纲》《中西翻译思想比较》和《文体与翻译》。这些修订本，多数融入了作者对各个领域研究的新思考。这些阶段思想的发展突出地表现在《翻译美学理论》（2011）和《翻译美学教程》（2016）这两本书中。这两部著作都邀请了上海外国语大学章艳教授参与编写。这两部著作，后者是前者的理论演绎，因而主要理论思想来自前者。主要观点是呼吁中国翻译教育必须改革，呼唤翻译学回归美学模式，指出美学模式是翻译学的核心模式。对这种呼吁和呼唤，刘宓庆做出了论证，同时也为翻译系课程设置提供了参考方案。

下文我们详细陈述刘宓庆翻译理论发展的四个阶段。

1.2.1.1　初始阶段

像绝大多数学者一样，尤其是像绝大多数高校教师一样，刘宓庆的研究主要是始于教学的需要。早在1978年4月，刘宓庆在《北京第二外国语学院学报》发表的《试论英语与汉语的词类优势》一文之中就指出，"研究词类优势不仅可以使我们进一步认识某种语言的特征，而且具有很大的实践意义。深入系统的双语对比研究应该是我国翻译基础理论的重大课题，也是指导我国外语工作者从事英语写作的不容忽视的途径之一。"

之后，他讨论了英汉词义的差异[①]、英语可读性、美国英语特点、汉英词义差异、汉英教学中的问题等。至1985年，他发表了《论翻译思维》，开始转入更为抽象、更为宏观、更为系统的思考。1986年，他发表了系列论文：《翻译美学概述》（《外国语》）、《翻译美学基本理论构想》（《中国翻译》）、《汉英对比概论》（《北京第二外国语学院学报》）、《英语口语语体研究》（《北京第二外国语学院学报》）、《英语口语语体研究（续）》（《北京第二外国语学院学报》），并出版了《文体与翻译》（中国对外翻译出版公司）。

1987年，他发表了《翻译技能意识》一文，指出翻译教学的重点是学生的翻译技能意识[②]，同时出版了《英汉翻译技能训练手册》（上海外语教育出版社）。同年，刘宓庆在"全国首届翻译理论研讨会"的发言稿《中国翻译理论建设基本原则刍议》中指出翻译学是独立的学科。

---

① 该文指出，汉语词义精确，而英语一词多义。我们认为，这不是同等比较。我们认为，可以换个角度来解释刘宓庆的结论，即汉语词无法容纳更多的词义，表现出词义单薄，而英语词的容纳性强，表现出意义丰富。这种解释，类似于邵志洪（1996）的观点：汉语词的词义容量小于英语词的词义容量。当然这种解释，会又有利于解释本书中王建国提到的汉英翻译原则和英汉翻译原则：汉英翻译的翻译原则往往是浓缩的，而英汉翻译的翻译原则往往是扩展的。

② 我们认为，这里一定要分清楚是学生的技能意识，还是译者的技能意识；这决定了我们的研究问题意识以及具体的研究问题是什么。

1989 年，他首次较为全面地讨论了西方翻译理论[1]，再次提出翻译学是独立的学科，并批评了西方翻译理论的依附性，认为任何翻译理论体系都必须能够提出以下六个方面的理论描写，包括意义机制、模式、形式和功能、程序和对称（方法论规范）。

（1）意义：包括词、词组、句组及语段（篇章）等各个层次的意义转换。

（2）结构形式：包括以上各层次的结构形式转换问题。

（3）交际功能：包括语言的社会功能结构、语体和"正式"的等级。

（4）语际转换的文化模式及对策。

（5）风格：包括样式（genre）及个人风格。

（6）翻译理论的基本模式。

同年，他还发表了《论中国翻译理论基本模式》（《中国翻译》）、《中国翻译理论的基本模式问题》（《现代外语》）、《中国翻译理论基本原则刍议》（《湖南社会科学》）。

本阶段刘宓庆翻译理论的特点是：始于教学，逐渐转入宏观、系统的理论思考。这个阶段刘宓庆的研究，基本上已经涉及刘宓庆后来构建的整体研究框架的各个部分——本体论、认识论、价值论、方法论、对策论，讨论了翻译模式、翻译方法、汉英差异、翻译美学、翻译思维、翻译教学。

这些著作的发表，对后人的影响很大，尤其是《文体与翻译》和《西方翻译理论概评》。就《文体与翻译》一书，连淑能指出，该书"摆脱了'以实践代替一切''为实践而实践'的偏向，开创了重理论带实践的探索之路，并初步形成了英汉翻译应用研究的大体的教学框架，这就为今后的翻译教材建设提供了很好的参照模式"[2]。就《西方翻译理论概评》一文，杨自俭指出，1988—1989 年我们的翻译理论体系初步构建问世，其中《翻译艺术教程》（黄龙，1988）和刘宓庆所著的《西方翻译理论概评》、《现代翻译理论》（1990）是标志性著作[3]。

---

[1] 刘宓庆：《西方翻译理论概评》，《中国翻译》，1989 年，第 2 期，第 2-6 页。
[2] 连淑能：《评刘宓庆著〈文体与翻译〉——兼论翻译教学问题》，《中国翻译》，1990 年，第 1 期，第 49-52 页。
[3] 杨自俭：《我国近十年来的翻译理论研究》，《中国翻译》，1993 年，第 3 期，第 11-15 页。

1.2.1.2 发展阶段

这个阶段，刘宓庆初步构建了刘宓庆翻译思想的整体框架，并就翻译学的本体论、认识论、价值论、方法论、对策论等各个方面做出了系统性的思考，标志着刘宓庆翻译理论开始走向全面成熟。

这个阶段以《现代翻译理论》出版为始，正如杨自俭指出的那样：我国翻译理论体系的初步构建，《现代翻译理论》是标志性的著作之一。在这个阶段，刘宓庆基本上围绕着《现代翻译理论》中提到的理论命题进行深入的研究。

《现代翻译理论》指出了翻译理论的职能、基本指导原则，也指出了中国翻译学的基本理论原则为描写。他认为，中国翻译学重对策研究，强调理论的针对性和实践性，重视汉外对比研究为方法论提供理论依据，重传统研究，也立意于开拓，重论证，重综合。

该书还讨论了翻译学的性质，构建了翻译学科的内外系统，描写了中国翻译理论基本模式即翻译理论的对象性和对策性，探讨了基本理论模式的依据和依归，并指出了中国翻译理论必须重描写，论证了语义结构的核心作用及构架手段、汉语翻译理论基本模式中的功能机制，以及汉语翻译理论基本模式中的功能表现。

该书还探讨了一系列重大课题：翻译的实质和任务，语际意义转换的制约条件，翻译的标准，翻译的社会效益观，翻译的共时观和历时观，翻译的任务、特征和翻译者的条件，翻译的原理即语际转换的基本作用机制（包括语际转换与语言符号行为模式、语际转换的语言文字结构机制、语际转换的思维调节机制及语感机制、语际转换的社会功能机制以及语际转换的四种基本模式）。

同时，该书还系统探讨了翻译思维、可译性及可译性限度、翻译的程序论、翻译的方法论、翻译美学概论、翻译的风格论、翻译的技能意识、翻译理论教学以及翻译基本理论教学与技能训练等课题。

《现代翻译理论》出版之后，刘宓庆还发表了系列论文，完善了《现代翻译理论》中提到的命题，例如，《翻译的风格论》（上、下）(《外国语》，1990)、《汉英对比研究的理论问题》（上、下）(《外国语》，1991)、

《汉英句子扩展机制对比研究》(《现代外语》,1992)、《思维方式、表现法和翻译问题》(《现代外语》,1993)、"Aesthetics and Translation"(*An Encyclopedia of Translation: Chinese-English/English-Chinese*, 1995)、"Grammar and Translation"(*An Encyclopedia of Translation: Chinese-English/English-Chinese*, 1995)、《翻译的美学观》(《外国语》,1996)。

这个阶段,刘宓庆一直没有停止思考中国翻译理论的建设问题。他发表了:《再论中国翻译理论基本模式问题》(《中国翻译》,1993)、《中国现代翻译理论的任务》(《外国语》,1993)、《中国现代翻译理论的任务——为杨自俭编著之〈翻译新论〉而作》(《外国语》,1993)、"Translation Theory from/into Chinese"(*An Encyclopedia of Translation: Chinese-English/English-Chinese*, 1995)、《关于中国翻译理论的美学思考》(《青岛海洋大学学报(社会科学版)》,1995)、《翻译理论研究展望》(《中国翻译》,1996)(最早提出"本位观照,外位参照")、《中国翻译理论的宏观架构》(耿龙明主编《翻译论丛》,1998)、《中国翻译理论研究的新里程》(刘靖之主编《翻译新焦点》,2003)、《关于翻译学性质与学科架构的再思考》[杨自俭主编《英汉语比较与翻译》(5),2005]。

这段时期,刘宓庆除了出版《现代翻译理论》以及该书的修订本《当代翻译理论》(书林出版有限公司,1993;中国对外翻译出版公司,1999)之外,还通过以下著作,完善了他在翻译美学、翻译教学、文化翻译、语言哲学方面的系统性思考,以此标志着刘宓庆翻译思想的成熟。

1991年,《汉英对比研究与翻译》,南昌:江西教育出版社。
1992年,《汉英对比与翻译》(修订本),南昌:江西教育出版社。
1995年,《翻译美学导论》,台北:书林出版有限公司。
1998年,《文体与翻译》(增订版),北京:中国对外翻译出版公司。
1999年,《文化翻译论纲》,武汉:湖北教育出版社。
2001年,《翻译与语言哲学》,北京:中国对外翻译出版公司。
2003年,《翻译教学:实务与理论》,北京:中国对外翻译出版公司。

1.2.1.3 整合阶段

围绕着维根斯坦的哲学观,刘宓庆全面整合了其翻译理论,表现出以功能主义为主，兼取结构主义之长的综合取向。该阶段，他发表多篇论文，出版了《刘宓庆翻译论著全集》。

2005年，《翻译美学导论》（修订本），北京：中国对外翻译出版公司。

2005年，《文化翻译论纲》（修订本），武汉：湖北教育出版社。

2005年，《新编当代翻译理论》，北京：中国对外翻译出版公司。

2005年，《中西翻译思想比较研究》，北京：中国对外翻译出版公司。

2006年，《翻译教学：实务与理论》（修订本），北京：中国对外翻译出版公司。

2007年，《翻译与语言哲学》（修订本），北京：中国对外翻译出版公司。

2006年，《口笔译理论研究》，北京：中国对外翻译出版公司。

2006年，《刘宓庆翻译散论》，北京：中国对外翻译出版公司。

2006年，《新编汉英对比与翻译》，北京：中国对外翻译出版公司。

2006年，《英汉翻译技能指引》，北京：中国对外翻译出版公司。

2012年，《文体与翻译》，北京：中国对外翻译出版公司。

《新编当代翻译理论》为这个时期的代表作。这个时期刘宓庆的翻译理论思想发展突出表现为三个方面。

（1）意义观的大改进。强调动态，以代替静态；强调交流中的意义把握；强调传播效果。

（2）形式观的新发展。提出"还形式以生命"，提倡形式的功能观。

（3）对策论核心思想的推进。借助认知语言学的范畴论，从重视"对应"到重视"代偿"。代偿（compensation）包括：以词汇代形态；以"解释"代"对应"；主张广泛使用"同义替代"（substitution）以利行文文化特征、审美考量。

1.2.1.4 完善阶段

本阶段主要集中在价值论的研究和对以往观点的修订。本阶段的代表作是《刘宓庆翻译论著全集》（第二版）（2012）和《翻译美学理论》（2011）。《刘宓庆翻译论著全集》（第二版）包括5部著作：《中西翻译思想比较》《文体与翻译》《文化翻译论纲》《翻译美学概论》《新编当代翻译理论》。

这个时期，刘宓庆的研究主要是以翻译美学为核心模式构建翻译学框架，并将其思想落实到《翻译美学教程》之中。可见，刘宓庆的翻译研究，以翻译教学为起点，始终没有离开对翻译教学的关注，显示出刘宓庆毕生关注翻译教学的情怀。

刘宓庆（2010）指出，翻译学呼唤"回归美学"。就现代翻译学而言，翻译美学模式应该是它的核心模式，除此以外，还有语言学模式、符号学模式、诠释学模式以及其他模式（例如现代传播学模式）四个主要模式。后面的几个模式都是外围模式对核心模式的必要补充，这些模式的教学也都必须反映在教学纲要和课程设置上，四个模式的关系如图1-1：

图1-1 模式关系

他在《翻译美学理论》（2011）的自序《中国翻译教育必须彻底改革》中再次提到，对翻译学而言，它的"本体论归宿"（ontological affiliation）不是语言学而是美学，语言学只是翻译学的认识论工具之一，它不能解释翻译学的深层理论问题（例如意义–意向问题、意象–意境分析、风格分析、文化价值分析等等），它也不能解决翻译操作过程中多达三分之二的实际问题。在实质层面，一旦进入意义，翻译从"过程"到"终端产品"都属于美学，属于语言审美！翻译学的全部运作机制集中在两个焦点上：功能上、意义上的代偿和结构上的优化。正是在这两个要害上，语言学对翻译学而言根本就爱莫能助！《翻译美学教程》表达了同样的观点。

就新时期的中国翻译现状，刘宓庆进一步提出了自己的看法。刘宓庆和岱山的对话[①]中指出，翻译强有力的社会功能——内需性翻译和外输性

---

① 《翻译谈话录》（手稿）（与岱山合作），2018年。

翻译必须平衡，现在尤须提升外输性翻译。翻译极富不为人所显见的文化战略性。重视汉译英，将人们从中华文明的"价值迷失"中唤醒。该文中，刘宓庆指出，今天的翻译事业应该有三大时代任务：

> 第一是全面开发深邃的中华文化历史智慧，这是中华民族复兴不可或缺的思想基础和精神文化基石，让世界看看中华文化的深厚底蕴。上面我谈得很多了。
> 第二是梳清宋元明清四代中国现代意识觉醒的思想文化渊源、历史进程和脉络以及西学东渐对中国社会进步的积极影响，不能湮没前者的"国本"基础，当然也不要淡化后者给力、借力的作用。
> 第三是当代东西方思想和技术进步的双向交流，很多农耕、医药、水文、天象、电子的研究思路实际上是中国人开发出来的，但连中国人自己都懵然不知，应该改变这种状况，大学要发展通识教学。

以上三大任务总目标是"历史智慧的当下化"，即古代学术思想及理念践行的当代鉴识及深层研究和诠释，古为今用。

该文中，刘宓庆还指出了中国翻译研究所不可回避的焦点课题、前卫课题与中国哲学思想之"轴"有关。他认为，中国哲学思想之"轴"主要由以下六"股"合成，一是"和合论"，二是"整体观"，三是"通变说"，四是"致用性"，五是"辩证论"，六是"审美性"（包括人格美论和自然美论）。几乎每一点都是中国翻译思想之根源。

刘宓庆还再次强调了"圆满调和"（modulation to perfection，包括语义调和、语用调和、文化调和及审美调和这"四维调和"）。他认为，"圆满调和"之所以应该成为至今为止中国翻译思想的主旨性表述，第一是因为它源自玄奘（译经 1335 卷）、不空（译经 134 卷）、义净（译经 260 卷）等大师的极为丰富的翻译实践，而且经受了漫长历史的验证；第二是因为它衍生于中国的哲学思想和合论，有根有源。

另文，刘宓庆[①]提出了游移理论的概念，强调分阶段的整体性整合研

---

① 《游移理论》（手稿），2018 年。

究。这段时期刘宓庆还出版了著作《翻译基础》[①]和《翻译美学教程》[②]两本著作。

1.2.2 基本理论主张

在长达四十年的全视界译学理论探索中，刘宓庆一步一步地提出了相当完备的系统化理论主张，这些主张分布在以下六个方面。

第一，提出翻译的文化战略观：翻译是中国的文化战略手段，中国译学必须重视文化战略考量。

第二，理论发展的基本指导原则是"本位观照，外位参照"。

（1）重意义、重描写、重功能。

（2）重审美，强调语言生成（构建）与审美判断的"嵌合"（incorporation）。

（3）重基础研究，强调基础理论的体系化。

（4）强调文化战略考量。

（5）重整合，强调学科构建。

（6）强调翻译模式是多维的，包括语言学维度、文化维度和美学维度。

第三，中国翻译理论研究应以功能主义为主，以结构主义为辅，开展译学认识论和方法论等范畴的研究。

第四，主张革新并完善中国译学的"对策论"。对策研究是功能主义的重要特征。西方译论对策论的核心思想是"对应"，而刘宓庆认为，中国译论对策论（译文操控理论）的核心思想应为"功能代偿"[③]，其特征如下。

（1）以汉语的词汇手段"代偿"一切英语的时态、语态、语气、时体等形态语法意义。

---

① 刘宓庆主编：《翻译基础》，上海：华东师范大学出版社，2008年。
② 刘宓庆、章艳：《翻译美学教程》，北京：中译出版社，2016年。
③ 刘宓庆认为，"对应"基本上是结构主义的概念，很难摆脱静态的框架；"代偿"是功能主义概念，"功能代偿"既有结构主义的初始考量，又有功能主义的动态把握。（与刘先生交谈中获知）

（2）以动态化的"解释"代替"对等"的静态考量。

（3）以"同义替代"超越文化心理障碍。

第五，大力加强翻译教学事业的建设[①]。

刘宓庆认为，中国翻译教学应该有一个与翻译作为文化战略手段相称的高定位和目的性，摆脱应试教育的影响。翻译教学应有理论指导，教学思想必须科学化，扬弃将课堂当作教师诠释个人经验的场所的"经验主义套路"（empiricist approach）。

第六，强调中国翻译研究回归美学。

下文试以贯穿刘宓庆译学研究的整体性整合研究观，对刘宓庆的翻译思想做较深入的阐述，并重点介绍刘宓庆翻译理论的核心思想——建立在维根斯坦语言哲学上的功能主义翻译观，指出刘宓庆翻译思想的价值和局限性。

1.2.2.1 翻译理论研究的整体观

刘宓庆翻译理论最显著的特点是：整体性整合研究，把翻译思想建立在维根斯坦的语言哲学基础上的功能主义翻译观，其突出之处就是在于加强翻译学内部系统和外部系统的整体性整合研究，要把握当代刘宓庆的翻译思想首先必须了解这点[②]。刘宓庆认为，所谓"整体性理论整合"就是在广泛综合、深入论证条件下的学科理论的科学整合。刘宓庆对翻译学内部系统的整体性整合研究和翻译学外部系统的整体性整合研究完全可以体现在学科架构示意图（图1-2，见《新编当代翻译理论》2.3）和翻译学多维共同体中（图1-3，见《新编当代翻译理论》2.4）。

[①] 刘宓庆认为，翻译教学如成功，一切胜利在握；翻译教学如失败，一切将化为乌有。成败关键在培养学生的三大能力：正误判断能力、语文分析能力、译文操控能力。（与刘先生交谈中获知）

[②] 孙迎春（2001）就刘宓庆的翻译学学科构架指出，"刘宓庆将翻译学架构为'内部系统'与'外部系统'两个结构体系，前者为翻译学的本体，由三大部分组成，后者为翻译学的横断科学网络，含三大领域，这一架构最全面，最富科学性"。

1 刘宓庆翻译理论总论

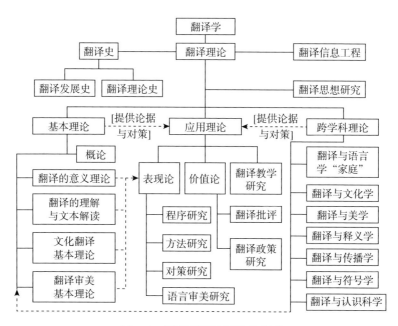

图 1-2 翻译学理论框架示意图

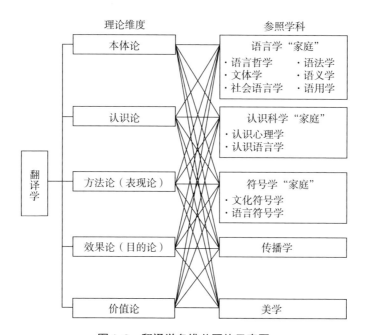

图 1-3 翻译学多维共同体示意图

因此，刘宓庆的研究始终围绕着译学的两个系统开展。但是，他的每部著作中又各有侧重，侧重点如下。

（1）《新编当代翻译理论》（2005/2012）（以下简称为《新当代》）、《口笔译理论研究》（2004/2006）（以下简称为《口笔译》）注重对翻译学各个范畴及次范畴研究的综合论述。

（2）《文体与翻译》（1998/2006/2012）（以下简称为《文体》）、《英汉翻译技能指引》（2006）（以下简称为《指引》）、《汉英对比研究与翻译》（1990）和《汉英对比与翻译》（1991）（以下两本书都简称为《对比》）、《新编汉英对比与翻译》（2006）（以下简称为《新对比》）和《翻译基础》（2008），相对集中于"程序论""对策论""方法论"的探讨。

（3）《翻译美学导论》（2005/2012）（以下简称为《美学》）、《文化翻译论纲》（2007/2012，修订本）（以下简称为《文化》）和《翻译美学理论》（2011）（以下简称为《美论》），相对集中于"价值论""效果论"的探讨。

（4）《翻译与语言哲学》（2001/2007/2019）（以下简称为《哲学》）相对集中于"本体论""认识论""价值论"的探讨。

（5）《翻译教学：理论与实务》（2003/2006）（以下简称为《教学》）相对集中于"对策论"的探讨。

（6）《中西翻译思想比较研究》（2005/2012）（以下简称为《中西比较》）相对集中于"本体论""认识论"的探讨。

在各个范畴研究中，刘宓庆都提出了鲜明的观点。第一，方法论：刘宓庆探讨了汉外转换的方法论体系以及初学者宜遵循的实践途径；第二，对策论：刘宓庆提出了"用欣畅的汉语翻译外文"、以功能代偿为核心的译文操控论；第三，本体论、认识论：在以维根斯坦语言哲学观为基础的功能主义翻译观基础上，提出了翻译研究需要整体性整合研究等译学基本理论原则，"本位观照，外位参照"为译学研究的基本指导原则，并探讨了翻译理论的实质和当代译学最重要的问题，构建了意义理论和理解理论；第四，价值论：指出了中国译学与中国哲学–美学有着长久的渊源，中国译学建设必须注重文化战略考量，翻译学必须回归美学。

必须强调，我们这里的分类依据是每部著作所重点论述的翻译学范畴。因为刘宓庆的每个翻译学范畴的研究均注重整体性整合研究，即各专著在重点讨论某个具体的范畴时，也关注其他范畴的研究。例如，《美学》和《美论》在重点探讨翻译价值论并提出中国译学一直和中国哲学–美学有着长久渊源的同时，也同样涉及翻译的本体论、认识论等范畴的研究；《文化》不仅重点探讨了文化翻译的本体论和认识论的范畴研究，其中更是提出了"中国译学必须注重文化战略考量"的重要价值观；《口笔译》则探究了口译的多个研究范畴。

刘宓庆指出，在整合研究的过程中，必须坚持"本位观照，外位参照"的基本态度和基本原则，对外国理论要善于做出判断和分析，对外国理论要分清"源"与"流"[①]。"本位观照，外位参照"的观点实质上已经在很大程度上反映了刘宓庆的整体性整合研究观，前者体现了后者的实质，后者又概括了前者，两者只是提出的角度不同。

"本位观照，外位参照"观最早是刘宓庆在《翻译理论研究展望》一文中提出的，后在《哲学》中更明确地指出："20世纪90年代中期我形成了'静态研究为体，动态研究为用'的整体论比较观……在后来的一些翻译研究著作中我一直恪守着这些原则主张，并在《翻译与语言哲学》提出'本位观照，外位参照'的基本价值观论，当然也是比较研究的对策论思想。"这种思想体现在刘宓庆译学研究的多个层面上：上文对译学内部系统和外部系统的划分，译学为本位而其他学科为参照的研究，中学为本位而西学为外位的研究，等等。

A."本位观照"——中学（国学）对译学的参照

以译学为本体，中学所提供的外位参照学科主要是中国传统哲学–美学、汉语语言学等。就具体著作而论，《文体》"反映了至八十年代初期为止我国语言学学界和翻译界的研究成果"[②]；《新对比》以汉语为本位进行汉英对比，指出了汉语富于感性、重在意念与语法隐含的特征，以及汉英翻译的策略，提出了中国译学的方法论思想；《美学》和《美论》探讨了中国哲学–美学与中国译论之间的关系。刘宓庆指出，中国传统译论不仅借鉴了中国古代美学的理论思想和审美范畴或形态，还沿用了中国古代美

---

① 这里指的只是"本位观照，外位参照"论的一个方面，下文我们将阐述其他诸多方面。
② 连淑能：《评刘宓庆著〈文体与翻译〉——兼论翻译教学问题》，第49–52页。

学的方法论。刘宓庆还根据中国传统美学中的一些二项式的相对相融的审美原则,引申出了翻译审美理想中相对相融的审美原则。《文化》[①]则依据中国美学思想把审美揉进文化翻译策略中,给文化翻译的过程和结果考察都提供了一个新视角,充分地考虑了意义的人文性。《指引》结合"辞达"这个儒家古老的语言美学命题,分析了我国翻译大师的特点,提出了做到用"欣畅"的汉语翻译原则。

《新当代》中作者提出,中国译学研究者的基本指导原则是"立足中国,放眼世界"。为此,作者在阐述译学基本理论原则时指出,中国的翻译理论应以汉外之间的转换规律为研究对象,扩及我国少数民族语言的语际转换理论研究。据此,作者从汉语语言学、中国美学、以汉语为母语的中国人的独特思维方式与风格等角度,探讨了中国翻译理论体系之所以有其个性的原因,并提出了以汉语为母语的人在进行双语转换中必须将"功能代偿"作为对策论的核心思想。

《中西比较》是一部重要的著作。作者通过中西译学比较的方式重点挖掘了中国译学传统。作者指出,中国翻译经历了三次质的飞跃(第一次质的飞跃是从宗教翻译到科技翻译的飞跃,使中国翻译的文化考量从"一业之生存"攀升到经世济民的大视界;第二次质的变化以严复和马建忠的译事及译论为标志,这次飞跃说明了具有政治启蒙思想的中国知识分子在翻译的社会功能认知上有了跃进,也说明了中国译坛从自在状态走向了自为状态;而第三次质的跃进从 20 世纪 70 年代起就一直在酝酿中),"圆满调和"是中国翻译越千年之思想主旨,阐述了中国译坛始终没有形成有规律的、阵线分明的共存式流派以及必须建设中国翻译学的主要原因。刘宓庆挖掘了中国译学思想的演进和发展轨迹,以及中国主流文化对翻译的态度,指出中国译论始终将翻译视为文化战略的重要手段。刘宓庆还把中国

---

① 强调翻译中的美学研究是刘先生的一贯主张,《美学》是刘先生集中研究翻译美学的重要著作。该书和《美学》具有诸多共性,多讨论翻译学的价值论范畴,因此,微观上,两者都讨论了"情"等多个次范畴。其中原因在于文化翻译研究中考虑审美,这不仅是刘先生一贯的主张使然,更重要的是审美与文化有着非常密切的关系,在翻译研究的学科构架中,它们都与翻译学价值论范畴的关系最紧密,因而研究文化翻译加入审美因素也是系统完善翻译学价值论的必然手段和途径。另外,刘先生在撰写《美学》时,一直在进行文化翻译研究,这恐怕也是原因之一。

翻译传统的特点归纳为以下四项：文化战略考量；"圆满调和，斯道之极轨"；关注意义，兼及审美；强调悟性，强化主体。他认为这些特点的整合与发展形成了中国的翻译思想。刘宓庆还对中西翻译发展的分期与模式做了十分细致的划分和对比研究，就此提出中国翻译和西方翻译各有特色，不存在孰优孰劣的问题，并指出中国翻译发展的模式特点有：中国翻译及理论研究具有十分独特的文化战略考量、中国翻译始终将意义放在第一位、中国翻译从一开始就依附于中国传统哲学－美学思想。本书还对墨子思想与中国译学的关系进行了深入的探讨。刘宓庆认为，翻译学应该师墨的原因有：墨家重用、重经验、重身体力行；墨子重知性思维、逻辑思维；重语言哲学探讨；重兼蓄包容；重艰苦自持、独立无畏的志气。刘宓庆指出，当前必须尽可能发掘和重估中华民族文化思想资源，肯定墨学的现代价值，重构中国译学传统。最后，刘宓庆还总结了古代中国的意义观并重构了一个有中国译学特色的意义理论框架。

B. "外位参照"——西学对译学的参照

以译学为本位，西学所提供的参照学科主要是西方语言哲学、美学、语言学、符号学、认知科学和传播学。这总体表现在，刘宓庆借鉴西方哲学，尤其是维根斯坦的语言哲学观上构建翻译学的本体论、认识论范畴思想，借鉴西方美学、语言学等其他学科家族构建翻译学的方法论、对策论和价值论范畴思想。具体表现在各个著作中：《文体》主要倚重于结构主义语言学和功能文体学进行英汉翻译的方法论探讨，同时，还借用了转换生成语法的思想，提出双语转换必须深入研究语言的深层结构。《新当代》应用系统论的思想提出了翻译学学科架构和翻译多维共同体，对翻译学的各个范畴研究加以阐发，并依赖建立在维根斯坦语言哲学观基础上的功能主义翻译观统括全书的主体部分。《新对比》借鉴了认知语言学、认知心理学、语言哲学和语用学等结构主义语言学和功能主义语言学理论，提升对比研究的理论高度。《美学》和《美论》专门设有"西方美学"一章，从译学本位视角对西方美学进行了梳理并加以借鉴。刘宓庆指出，"情"是中国文艺美学中的一个核心命题，当今的西方美学家中，对情感做深入的美学审视者寥寥无几。但是，西方现代美学对感觉的研究告诉我们，译者应不应该译要看自己对所译对象有没有感受；对直觉研究的成果可以印证翻译具有以视听感官运作为基础的原创性和翻译行为的艺术性;对内容与形式的关系研究可以论证翻译的内容与形式之间存在辩证关系,以及译者必须对翻译有一种整体性体验、体认和体悟的观点。刘宓庆还借鉴了"模仿"这个西方美学中的表现法命题,指出西方美学对模仿的研究可以支持翻译活动是一种艺术活动以及"翻译是艺术""翻译也是原创"等主张,并为译学中的模仿提供审美认知的科学参照,为翻译表现法打开了美学描写的视角,有助于翻译美学基本理论的建设。《哲学》是一部重点借鉴西方语言哲学研究译学的著作。刘宓庆在对西方语言哲学进行细致考察的基础上,探讨了翻译理论研究的方法论、翻译理论的哲学视角、翻译的价值论等问题,其中重点审视了翻译主体与客体之间的关系、翻译的意义理论、翻译思维、语言价值观和翻译,以及翻译批评等问题,构建了翻译学的意义理论框架,提出了"本位观照,外位参照"的翻译研究指导准则、新的翻译观、翻译批评的基本原则,以及翻译研究科学化的具体任务。《文化》首先提出,正是由于受哲学家胡塞尔的影响,刘宓庆才选择了荆楚文化和爱尔兰文化为作为探讨文化翻译的两个理想客体[①],从而确立本书写作的主旨性方法论。刘宓庆结合心理学学科家族对文化心理进行了系统的探讨,还借鉴了利科所提出的原型(prefiguration)→构型(configuration)→成型(transfiguration)模仿三级阶段论,阐述了翻译中体现原汁原味的模仿原则。

  刘宓庆在《教学》和《口笔译》中开始比较系统地运用维根斯坦的语言哲学观构建功能主义翻译观,《中西比较》和《新当代》则主要是对这种翻译观进行深入的阐发和系统化。《教学》综合了该书之前的研究成果,因而在多个范畴研究中还借鉴了语言学、美学、文化理论、释义学、认知心理学、传播学和符号学等多个学科的理论;《口笔译》也同样借鉴了西学的多个学科理论,例如,认知语言学、传播学等。《指引》是一部探讨翻译技巧和技能且以训练为主的著作,其中提出的顺译理论借鉴了二语习得理论中的正迁移(positive transfer)和负迁移(negative transfer)理论进行了解释论证。

---

① 寻找"理想的客体",也就是典型的文化形态来做典型的双语文化转换分析。

C. "本位观照，外位参照"他解

"本位观照，外位参照"还有"以中国当代译学为本位，中国传统译学为外位"和"以中国译学为本位，西方译学为外位"等多种理解。由于刘宓庆的翻译研究多与中西学的哲学、美学、语言学等学科家族结合，而对中国传统译学和西方译学虽有继承，但并没有由此提出系统性的原则。在我看来，对这两者刘宓庆的态度是扬弃。因而就这两种理解，刘宓庆的研究很少有专章阐述。我认为，就前一种理解，刘宓庆的研究主要体现在一些方面，例如《文体》借鉴了傅雷的"神似论"等传统的优秀翻译思想阐述"翻译三论"，《文化》中借鉴了梁启超的"洽洽调和"思想，提出了文化翻译原则即歌德模式：$C1 \rightarrow$（通过）$C2 \rightarrow$（到达）$C3$。刘宓庆认为，这时，$C3$ 已经不是 $C2$，更不是 $C1$，而是一种 $C1$ 与 $C2$ "洽洽调和"。就后一种理解，刘宓庆的研究主要体现在一些方面，例如《文体》对以 Nida 等人为代表所发展的欧美翻译理论给予了一定的关注，尤其是《中西比较》不仅专章论述了本杰明的翻译思想，而且还从总体上指出：20 世纪最后 25 至 30 年，西方译论从五个大的维度——结构与意义、意义与交流、意义与文化、意义与认知、翻译与社会政治——拓展了翻译思想，深化了理论认知；具体说来，就是在对待意义、结构、形式、功能等四个基本层面的问题上有了更符合翻译实际和时代诉求的翻译基本原则和理论主张。当然，对中西译学的批判同样是外位参照的一个方面，这些内容主要体现在《中西比较》中。对中西译学的批判主要包括：中国传统译论具有范畴薄弱、命题有限、对策性不强、方法论落后等局限性，以及整体上当代西方翻译理论所表现出的"唯技术论"倾向等多种受后现代主义影响的局限性。

《新当代》则较为全面地体现了以上两种理解。该书中，作者提出，中国译学研究者的首要工作是：理清中国翻译思想的发展沿革，绘制中国翻译思想史的历史发展路径图、深刻揭示中国传统译论与中国哲学以及美学的思想源流、对中国翻译传统做出符合历史唯物主义和辩证唯物主义的立场评析和总结。从发展当代中国译学的角度来看，这体现了中国当代译论为"本位"而传统译论为"外位"的思想。

该书除了研究翻译的共性之外，重要的特色就是高度强调了中国翻理论的建设。为此,作者从四个角度[①]探讨了中国翻译理论的主要特色等诸多有关中国译学的建设问题。在当代翻译理论必须重点研究的几个问题中,他认为,文化战略考量是当代中国最基本的翻译思想,必须加强中国翻译美学的研究和中国翻译理论对策论核心思想——"功能代偿"的研究。这些则体现了作者一贯以中国译学为本位、西方译学为外位的基本价值观。

另外,刘宓庆各个专著的研究内容也可以从本位和外位观来看。例如《美学》的本位是翻译美学,其他的翻译研究学科则为外位等。

1.2.2.2 维根斯坦哲学观照下的功能主义翻译观

功能主义翻译观是当代刘宓庆翻译思想的核心内容,其主要内容包括翻译是语言游戏、翻译必须在语言交流中把握意义、翻译游戏要符合生活形成三个方面。

第一,刘宓庆根据维根斯坦翻译属于"语言游戏"的观点指出,翻译(口译和笔译之间存在家族相似,因而都是语言游戏)作为语际的语言游戏是翻译功能观的最基本的思想。正如维根斯坦所言,所有游戏都有规则,所有的游戏参与者都必须在参与游戏之中学会遵守规则,并且在学会遵守规则中做到能驾驭规则,才能使游戏成功。译者应该正确理解翻译的游戏规则并在游戏中努力把握规则和驾驭规则。由于任何游戏都重在参与,为此,对翻译而言,直接经验无疑是最重要的。

翻译游戏的基本原则是解释,译者的基本职责是传播媒介,基本功能是职能保证下的参与,基本权力是对交流的相对操控,基本行为准则是能动而不僭越。

第二,刘宓庆根据维根斯坦"意义即使用"的观点指出,因为意义"肯定必须属于某一语言的某一语境",语境使意指确定化、具体化为此情此景的"对象",所以要把握意义就要把握语境。因而,翻译游戏最基本的法则就是必须把握互为条件的"语境–用法–意义"之间的联系。

第三,维根斯坦认为"生活形式"是人类认知的基础和依据。人们要参与游戏就要遵守游戏的规则,而"生活形式"则是所有的语言游戏最高

---

① (1)中国翻译理论的文化考量;(2)"重描写、重意义、重功能"的基本理论取向;(3)翻译美学对中国翻译理论的特殊意义;(4)注重整体性整合研究。

也是最基本的规则,因此可从三个角度理解。

(1)"生活形式"是翻译游戏的本体论基本规则。由于每一个家族成员都具有相似性,相似性又都必然要依附在其本质特征中,因此,翻译有理由扩大意义转换的对应幅度。

(2)"生活形式"是翻译游戏的价值论基本规则①。翻译游戏作为一种生活形式,其参与者都享有同等的权利和义务。翻译行为必须享受生活形式的检验,并服务于生活形式。"生活形式"作为翻译理论的基本价值标准也是论证中国翻译理论具有中国特色的哲学的、理论的重要依据。

(3)"生活形式"是翻译游戏的表现论基本规则。翻译的表现论研究的目的是要让一切意义运筹落到实处。翻译的表现论特色包括三个方面的标准:话语表意的明晰性、语句意涵的连贯性、语体的适境。

1.2.3 刘宓庆翻译思想试评

1.2.3.1 刘宓庆翻译思想的价值

刘宓庆翻译思想的价值大致表现在:为多个翻译学的多个分支学科奠定了基础,是理论和实践相结合的典范,为我国乃至世界的翻译学做出了杰出的贡献。

下面,我们可以先看看我国译界对刘宓庆翻译理论的积极评价。

A.《文体与翻译》

刘宓庆编著的《文体与翻译》是近年来在海内外较有影响的一本高级英汉翻译教程,……从教学和自学效果来看,这本教程确有其独特的优点,是值得推荐的一本难得的好书。②

作者把功能文体教学与翻译教学结合了起来,使高年级翻译教学目的十分明确,克服了我国翻译教学"无阶段可分,无目标可言,无理论可讲"的缺点,有益于培养学习者的实际翻译能力。

摆脱了"以实践代替一切""为实践而实践"的偏向,开创了重理论

---

① 刘宓庆指出,西方有人主张将意义边缘化来谈翻译,只求符合目的语文化需求与符合目的语的文化接受价值观,这是一条歧途;这种功能观显然不是维根斯坦哲学下的翻译功能观。
② 珂云:《评〈文体与翻译〉》,《现代外语》,1989年,第1期,第67-68页。

带实践的探索之路,并初步形成了英汉翻译应用研究的大体的教学框架,这就为今后的翻译教材建设提供了很好的参照模式。①

B.《口笔译理论研究》

作者从社会交际学的高度研究和审视口译活动,认为口译是一种特殊形式的传播行为,必须从认知学高度分析口译活动中的理解和表达能力;这也是国内作者将认知理论中听觉解码、认知反应、非语言意义解码的认知特点及记忆特点比较系统运用到口译研究中的重要尝试,找到了口译研究与认知理论的有机结合点。②

《口笔译理论研究》的出版,意味着口译理论的研究又向前迈出一步。③

C.《汉英对比研究与翻译》

它不仅是一部汉英对比语法研究和汉英翻译理论研究的开拓性论著,对一般翻译工作者也是一部指导实践的参考书,对于广大英语学生,既是一部学习汉英翻译的系统的教科书,又是一部学习汉英对比语法的好教材。④

与陆殿杨(1959)、张培基(1980)的翻译技巧相比,刘宓庆(1992)的研究更为多层次化、系统化、理论化,多种汉英对比技巧已融入句法、语法、语义、表现法、哲学思维等各个理论领域。⑤

从历史的角度来看,为汉英对比建起了第一个比较成熟的研究框架。⑥

D.《文化翻译论纲》

刘宓庆的《文化翻译论纲》则从翻译学视角中的文化、语言中的文化信息、文化翻译新观念、文化与意义、语义的文化诠释、文本的文化解读、翻译与文化心理、文化翻译的表现原则与手段等各个方面对文化翻译的理论构架及基本范畴、基本问题进行了系统的探索,从某种意义上表明了文

---

① 连淑能:《评刘宓庆著〈文体与翻译〉——兼论翻译教学问题》,第49-52页。
② 见刘和平教授2005年为刘宓庆的《口笔译》参加图书评奖所作的推荐信。该推荐信由中国对外翻译出版公司章婉凝女士转交给刘先生后再转交给笔者参考。
③ 夏伟兰、文军:《打开口译理论的大门——评价刘宓庆的〈口笔译理论研究〉》,《外国语文学研究》,2006年,第1期,第66-69页。
④ 陈建平:《一本好书:〈汉英对比研究与翻译〉》,《现代外语》,1992年,第2期,第49-52页。
⑤ 王大伟:《当前中国译学研究的几个误区》,《上海科技翻译》,2001年,第1期,第50-55页。
⑥ 潘文国:《汉英对比纲要》,北京:北京语言文化大学出版社,2002年,第405页。

化视界中的翻译研究逐步走向了成熟。①

E.《翻译与语言哲学》

本书是我国第一部系统地、科学地根据西方语言哲学意义观对翻译意义理论等重要翻译课题进行研究的专著。本书的出版标志着我国译界对意义翻译理论进行科学系统研究的开始。②

F.《翻译美学导论》

真正意义上的翻译美学研究的开始要算刘宓庆所著《现代翻译理论》（1990）一书中"翻译美学概论"一章。③

G.《现代翻译理论》

《现代翻译理论》一书的出版，使中国翻译学有了自己比较系统的理论，使中国翻译理论进入了现代世界译学研究之林。尽管是草创的，但我们已经可以扬眉吐气地说，中国也有了自己系统的翻译论理论专著了！草创是成长、壮大的第一步，也是任何学科发展必须走的第一步！④

我们中国学者写的现代翻译理论系统专著终于跟这些洋著并肩而立了！⑤

十年中（1983—1992）在这方面（各类文体翻译的微观研究）取得突出成绩的代表性著作有翁显良的《意态由来画不成？》（1983）、刘宓庆的《文体与翻译》（1986）……

中国的翻译学理论体系已于1988—1989两年间初步构建问世。两个证据：一、黄龙《翻译艺术教程》（1988）；二、刘宓庆《西方翻译理论概评》（1989）和《现代翻译理论》（1990）。⑥

刘宓庆出版的《现代翻译理论》把中国的翻译学研究推向了高峰。……如果说马祖毅1984年出版的《中国翻译简史》是完成了董秋斯所提出的

---

① 许钧：《翻译研究与翻译文化观》，《南京大学学报（哲学·人文科学·社会科学）》，2002年，第3期，第219-226页。
② 王建国：《简述中国翻译理论中的翻译意义论和翻译意图论》，《英语研究》，2003年，第2期，第57-62页。
③ 赵秀明：《中国翻译美学初探》，《福建外语》，1998年，第2期，第36-43页。
④ 陈直：《〈现代翻译理论〉试评》，《中国翻译》，1991年，第6期，第37-41页。
⑤ 穆雷：《锐意创新　立志开拓——评介〈现代翻译理论〉》，《中国科技翻译》，1992年，第1期，第56-57页。
⑥ 杨自俭：《我国近十年来的翻译理论研究》，第11-15页。

两大著书任务之一，那么刘宓庆 1990 年出版的《现代翻译理论》则是完成了董秋斯所说的第二大著书任务。它的问世，可视为我国近十年译学研究史上一个重要的里程碑，它标志着翻译学作为独立学科的地位在我国已经确立。在现代翻译学的研究领域里，在某种意义上可以说我国的研究成果已跻身世界的先进行列。①

刘宓庆 1990 年的《现代翻译理论》和黄龙 1989 年的《翻译艺术教程》已经初具规模，但作为公认的权威的《中国翻译学》，仍需综合、筛选、提高并借鉴其他先进成果。关于建立中国翻译学应该确定的基础原则，刘宓庆讲得比较实事求是。他提出如下六项基本原则：重描写，而不是重规则（或规定）；重对策研究，强调理论的实践性；重汉外对比研究；重传统研究，立意于开拓；重论证，扬弃唯心主义；重综合，博采众长，为我所用。笔者同意上述观点。②

到（20 世纪）80 年代末中国翻译学的理论体系已初步构建问世，其代表著作为黄龙的《翻译学》（1988）和刘宓庆的《现代翻译理论》（1990）。这是中国翻译史上的一件大事，是中国翻译科学进入一个新历史时期的标志。比起黄著来，刘著在范畴的开拓与界定、理论体系的结构和论述方法等方面更具理论著作的科学性和系统性，它是我国第一部系统阐发现代翻译理论原则、原理、方法论和中国翻译学理论框架的理论专著。该书 1993 年更名为《当代翻译理论》，在台湾出了修订版，不仅内容有所充实，观点也有更新。张泽乾的《翻译经纬》（1994）和刘宓庆的《翻译美学导论》（1995）是（20 世纪）90 年代以来最有代表性的两本理论著作，是翻译科学的新发展。③

到了 1990 年，刘宓庆《现代翻译理论》出版，译学界公认此书为现代译论体系建立的标志，传统译论也就圆满地画上了句号，而代之以科学的、成体系的现代翻译理论。④

中国翻译学事实上已经建立，理据有三：其理论体系诞生于（20 世

---

① 谭载喜：《中西现代翻译学概评》，《外国语》，1995 年，第 3 期，第 12—16 页。
② 刘重德：《关于建立翻译学的一些看法》，《外国语》，1995 年，第 2 期，第 27—31 页。
③ 杨自俭：《谈谈翻译科学的学科建设问题》，《现代外语》，1996 年，第 3 期，第 25—29 页。
④ 蒋童：《中国传统译论的分期与分类》，《中国翻译》，1999 年，第 6 期，第 10—13 页。

纪）80年代末，以黄龙的翻译学（1988，江苏教育出版社）和刘宓庆的《现代翻译理论》（1990，江西教育出版社）为代表，近期又有了谭载喜的《翻译学》（2000，湖北教育出版社），呈现出翻译学理论体系的多样性，"一个多种理论体系并存的蓬蓬勃勃的译学研究局面已经形成"。中国翻译学的建立，即以其有影响的理论著作的最早出现为标志。①

中国翻译学事实上已经建立，理据有三：其理论体系诞生于（20世纪）80年代末，以黄龙的《翻译学》（1988，江苏教育出版社）和刘宓庆的《现代翻译理论》②为代表，前者……；后者首先对翻译学的学科性质及其构架进行了概括，指出翻译学不是一种封闭型的内省性学科，而是一种开放型的综合性学科，对翻译学的本体研究必须与翻译学的外部系统研究结合起来，然后，刘宓庆用科学的论理方法，对翻译学的各个主要命题一一进行了认真严肃的探索，全面论证了翻译学的独立地位，从而把中国的翻译学研究推向高峰。③

H.《翻译教学：理论与实务》

以教学为纲、实务与理论兼顾的著作则是一项创举。④

论述（了）翻译理论教学的初级、中级和高级阶段，详细阐述了翻译理论教学的基本原则、理论教学的主要课题、理论教学的基本目的、翻译学的学科构架，以及不同学科视角中的翻译观等内容。这对翻译教学具有很大的启发作用，也对今后的翻译教学研究具有奠基作用。⑤

I.《中西翻译思想比较研究》

本书是译界第一部对西方译学批评较全面、声音较响亮、语气较尖锐的著作，也是第一部从源头上对中西译学思想进行比较的著作。⑥

"有中国特色的翻译学"的提法有着广义认识论作为哲学基础，因此，提倡有中国特色的翻译学，并不是让我们走进误区，而是中国翻译研究者

---

① 孙迎春：《论综合性译学词典的编纂》，《山东外语教学》，2001年，第1期，第39-43页。
② 刘宓庆：《现代翻译理论》，南昌：江西教育出版社，1990年。
③ 孙迎春：《论译学词典编纂对翻译学学科建设的重要性》，《山东外语教学》，2002年，第3期，第1-5页。
④ 周中天：《教学》之序言《翻译教学的导师刘宓庆教授与台湾师大之缘》，2003年。
⑤ 穆雷：《锐意创新 立志开拓——评介〈现代翻译理论〉》，第56-57页。
⑥ 王建国：《简评〈中西翻译思想比较研究〉——兼谈译学学术创新》，2006年，第3期，第36-38页。

必然的努力方向。只有形成有自己特色的学派,我们才可能与西方同行平等对话。刘宓庆的《中西翻译思想比较研究》可为探寻中国翻译学建设的动力之源提供方法论上的指导。①

J.《翻译基础》

刘宓庆教授主编的《翻译基础》以完整的翻译理论体系为主线,以提高翻译实务为目标,以激发学术思想和翻译研究为使命,拓展了翻译教材的编写视野,融理论、实务与学术研究于一体,是综合性翻译教材编写的典范之作。②

以上是许多专家学者对刘宓庆具体专著的评价,下文是曾力子和范武邱对刘宓庆翻译理论的一个总体评价③。

> 为遵循善译之标准,刘宓庆始终将文化置于最重要的地位,四十年的学术人生他一直坚持理论与实践并举,并提出理论性极强的综合性翻译理论。他的翻译思想主要与传统息息相关,其间不乏现代元素,同时提出用功能代偿取代对应。对于西方翻译理论研究成果,他既不全盘照抄,也不完全否认,而是将中国翻译理论和西方理论相结合。俯瞰中国翻译理论的各个阶段,他用一种继承和发展的眼光审视其优点和缺陷。任何翻译规则下的翻译史提供了一定的先哲经验,可贵的是他能够在社会文化的基础上将其转型并根据社会发展现实建立了新的翻译理论,其理论的深度和广泛性都是同时代一般翻译理论家无可比拟的。其研究不仅深化了翻译理论普遍性的理解,个体性特征也为世界翻译做出了巨大贡献。跨学科的整合研究,借鉴西方理论精髓给翻译研究提供了一定的客观性。本位和外位的统筹考虑是传统理论的一次很好的继承,并将带来翻译普遍性下对本体论和方法论的进一步思考。他跨学科的研究范式囊括了语言学、哲学、美学和文化学等,对今后的翻译研究有深远的影响。

---

① 鲁伟、李德凤:《中国特色的翻译学:误区还是必然?》,《中国科技翻译》,2010年,第2期,第11-14,29页。
② 汪丽、贺爱军:《翻译教学理论与实务的整合研究——〈翻译基础〉述评》,《译林》,2012年,第4期,第55-60页。
③ 曾力子、范武邱:《刘宓庆翻译思想探析》,《民族翻译》,2013年,第1期,第31-38页。

世界文明是一个多维整体：多维缔造整体，整体支撑多维。翻译学也是这样。中国译学的成就也就是为世界译学大厦添砖加瓦。刘宓庆对中国译学的四十年探索，拓宽、加深了具有广泛意义的译学共性研究，同时也为世界译学的"差异研究"（difference studies）[①] 提出了很好的范例。

A. 整体性整合研究

在"本位观照，外位参照"译学基本指导原则的指引下，刘宓庆开展了整体性整合研究，构建了翻译学的内部系统和外部系统，给各个方向的研究进行了定位，并为译学研究者指明了研究的方向和道路。同时把译学的研究和中西哲学、语言学等多个学科家族理论结合起来，尤其是同维根斯坦的语言哲学结合，创建了以维根斯坦语言哲学观为基础的功能主义翻译观，从而使译学的定位建立在哲学的高度，为译学研究打下了坚实的理论基础。

B. 中国译学的特色研究

刘宓庆从本位和外位的角度科学化和系统化地探索了中国传统译学，从而继承和发展了中国传统译学，为中国当代译学的发展提供了系统的理论研究框架。从世界译学研究的角度来看，共性上，加深了我们对翻译学本体论和认识论的认识；个性上，结合汉语语言文化的特点在方法论、对策论和价值论上的研究给译者以系统性和科学性的指导，并能给其他类型双语转换研究在这些范畴上提供外位参照。

1.2.3.2 受到的主要质疑

刘宓庆在长达四十年的译学研究中，探索的大大小小相关课题，涵盖中外译学理论与实务。如此浩繁的研究工作和著述，受到许多同行的赞赏，同时也必然会遭受质疑。事实证明，学术论争正是学术发展的健康途径，就是所谓"真理越辩越明"。

[①] 该术语见 Kuhn, T. S. *The Structure of Scientific Revolution.* Chicago: University of Chicago Press, 1962.

A. 具有中国特色的翻译学[①]

张南峰[②]认为,"'特色派'所说的翻译理论体系,并非纯理论体系,而大体上是应用理论体系,或起码有很重的应用成分,这从他们都强调理论必须能够指导实践这一点可以看出来。……而且,他们所关心的,主要是语际转换规律这类涉及微观操作的翻译问题"。对此类观点的看法,我赞同刘宓庆本人的观点:"我的一些批评者常常只看到我强调'中国特色'的一面,似乎并不留意我对翻译共性的系统论基础研究。"[①]这种观点只是看到了刘宓庆的方法论、对策论的研究,忽视了刘宓庆通过中西哲学思想对译学本体论和认识论的研究。刘宓庆在《中西比较》中提出,中国翻译理论是世界翻译科学的组成部分,作为世界翻译科学的组成部分,中国翻译学必须具有它的特色,必须"自成体系",才能立足于世界译学之林。中国译学不仅有应用翻译理论研究,也有纯翻译理论研究,这在刘宓庆的研究中表现得尤为突出。

刘宓庆主要是从中国传统哲学–美学思想、中国译学传统渊源和汉语语言文化的特点论证了建立中国特色翻译学的必要性。前面两点,《中西比较》和《美学》有较为系统的阐发。刘宓庆在《中西比较》中指出,中国翻译理论的特色主要在于:中国译论具有鲜明的地缘人文、地缘社会和地缘政治特色,并以文化战略为第一考量;中国翻译思想植根于丰厚的中华文化土壤中;中国翻译理论有其独特的发展渊源、沿革和模式;中国语言文字自成体系,中国翻译和西方翻译各有特色,不存在孰优孰劣的问题。刘宓庆认为,中国翻译发展的模式特点有:中国翻译及理论研究具有十分独特的文化战略考量、中国翻译始终将意义放在第一位、中国翻译从一开始就依附于中国传统哲学–美学思想。

因此,我认为中国特色的翻译学应该可以理解为,主要从中国传统哲

[①] 杨自俭(1999)认为,中国特色的翻译学中的"特色"表述是冗笔。我认为,这是汉语的特点使然,"特色"一词是为了强调而已。正如"中国特色的社会主义"一样,如果按照杨先生的推断来说,这必然是一种冗笔,因为只要在"社会主义"前加上"中国",自然就包含了"特色"的含义,"特色"也就成了"冗笔"。

[②] 张南峰:《特性与共性——论中国翻译学与翻译学的关系》,《中国翻译》,2000年,第2期,第2-7页。

[①] 刘宓庆:《翻译教学:实务与理论》,北京:中国对外翻译出版公司,2003年,第XIV页。

学－美学思想出发，结合当代的中西学对翻译学的本体论和认识论进行阐释，从汉语语言文化的特点探索具有中国特色的译学方法论、对策论和价值论[①]。从翻译学框架的整体研究来看，方法论、对策论、价值论等范畴研究都涉及研究的对象性。另外，刘宓庆对中国翻译传统中的文化战略考量分析都为建设具有中国特色的翻译学的观点提供了坚实的理论论证[②]。再者，中国特色的翻译理论并没有否定世界翻译理论研究。不仅如此，刘宓庆的理论实践已证明了中国特色的翻译理论可以为世界译学发展做出自己的贡献。为此，我认为中国翻译学是可以成为独立的学科的。

B. 质疑与修订

刘宓庆翻译理论发展中的一个值得关注的特色是，刘宓庆对若干一度受到质疑的地方进行了修改或修正。这些修改主要体现在《新当代》中，例如，《现代翻译理论》（1990）（以下简称为《现代》）中的一些思想，尤其是其中所提出的翻译学科构架受到了一些专家的质疑[③]，刘宓庆对一些他认为合理的地方已经在《当代翻译理论》各版中逐步做了修正。例如，对语法结构的重视（可能与范守义的质疑有关）；在谈及翻译的意义理论时，刘宓庆在《新当代》中把原来的"中国翻译意义理论"中的"中国"去掉，这显然是刘宓庆意识到其所谈及的意义理论应该有诸多共性（据刘先生所言，此处删减与罗新璋先生的建议有关）；本书还提出了"中国的翻译理论应以汉外之间的转换规律为研究对象，扩及我国少数民族语言的语际转

---

① "当今翻译理论研究应立足于本民族的语言和包括文、艺、哲、美等在内的文化现实（刘宓庆，1996；张柏然、姜秋霞，1997；孙致礼，1984），如果脱离语言文化研究的确定性，那么其理论研究也就失去了对策性，因而旗帜鲜明地提出了建立具有中国特色的翻译理论的主张"。（孙会军、张柏然，2002）

② 谭载喜（1995）认为，"所谓中国的翻译学或具有中国特色的翻译学，倘若指的是具体涉及中国语言文字的特殊翻译学，那么无可非议。但如果提出这类口号是受了某些非译学因素的影响，那么口号的科学性就值得质疑了。科学是不分国界，不分民族的。正如我们不宜提要建立具有中国特色的数学和化学，或具有美国特色的社会学和语言学之类的口号一样，我们也不宜提要建立具有中国特色的翻译学等口号。否则，我们的译学研究有可能陷入狭隘民族主义的泥坑，而不能产生科学的、具有广泛应用价值的现代译学理论。"显然，刘先生所指的中国特色的翻译学不仅仅立足于中国语言文字的特色，还涉及中国翻译传统的文化特色。无疑，刘先生对中国翻译传统中的文化战略考量分析是十分有意义的。

③ 范守义：《翻译理论与横断科学——与〈现代翻译理论〉的作者商榷》，《外交学院学报》，1991年，第4期，第76-82页；方梦之：《译论研究的系统和系统性原则——译学方法论思考之二》，《中国翻译》，1997年，第3期，第8-11页。

换理论研究"(可能与我跟作者交流中提到"作者的翻译理论只局限于汉语而称之为中国翻译理论可能遭到质疑"的观点有关);"对应"改为"功能代偿"①。

1.2.3.3 局限性

刘宓庆的翻译理论,涵盖了几乎所有与译学相关的理论与实务问题,课题之广泛、论述之深刻,足令学界人士称道。但是,融合在如此浩繁的多部专著中的翻译理论,不可能没有疏漏,不可能没有可商榷之处。在此,我根据我个人的理解对一些著作中的观点提出自己的看法。

王建国②认为,刘宓庆在《教学》中提出的课时分配至少在内地存在可行性的问题,因而可能导致课程设置存在问题。为此,翻译教学的连续性,包括理论与教学实务材料的筛选至少在当前内地的高校中都难以做到像书中那样的分级和分层次。就译者和译文读者的责任问题,王建国同意刘宓庆提出的"译者和译文读者对交流成功与否都负有责任"的观点。但是,王建国认为,在具体的交流中,译者和译文读者不应该承担同等的责任。《新对比》的汉语语法分析是基于结构主义语言学的。由于这种汉语语法本身具有不完善性而导致本书在相关研究上有不少模糊性③,为此,就此提出的汉英翻译对策论和方法论具有局限性。这个问题也突出地表现在《新当代》当中。刘宓庆认为,在汉译英中,我们大都运用母语直感析出语义而无须做太多的语法分析。尽管刘宓庆也提到"在遇到难题时,运用组合分析和类聚分析也是必要的",但是,这种观点似乎与他本人提出的在整个程序论中"语法分析是关键"的观点是矛盾的。我认为,由于刘宓庆认为翻译的实质性特征是双语在交流中的意义对应转换,因此他的翻译程序论、对策论和方法论研究在很大程度上受到了当今汉语语法研究的局限性的制约,从而制约了它们对实践的指导意义。《新当代》在对翻译思维特征的论述中并没有明确地指出翻译思维的特征,直到后来我向刘宓

---

① "对应观"曾经受到劳陇先生(1994)的质疑,当然,这些修改可能与他的质疑无关,而主要是与刘先生提出的功能主义翻译观相关。
② 王建国:《翻译研究需要辩证思维——评〈翻译教学:实务与理论〉》,《外语与翻译》,2005年,第2期,第77-80页。
③ 刘先生本人也深知对语法层次的划分在对比研究中的模糊性和局限性而且也感到困惑。

庆提及，他才在电子邮件和电话中向我指出了答案［现可参见《新当代》（2012：53-55）］。还有，刘宓庆对翻译思维的发展机制和方法论的分类原则以及书中"功能代偿词"附录的意义都似乎没有交代得十分清楚。

《口笔译》谈到形式功能观时，刘宓庆认为形式功能观适合于笔译和口译研究，但未见深入的阐述，毕竟口译中的形式相对于（文学）笔译来说，其重要性是有差距的。另外，刘宓庆提出了探讨的核心问题为话语结构、话语意义、话语效果和话语机制，但是从该书的内容来看，显然这些问题中的话语结构、话语机制并没有成为探讨的核心问题。《中西比较》在对待西学的问题上，刘宓庆虽然对西方译学有肯定的论述，但是深度和力度是值得商榷的。刘宓庆认为，西方译界到现在没有一本比较完整的翻译史，比较有系统的翻译理论著作，一套译员的训练材料，一本比较准确的术语辞书。这些观点都有可能会遭到质疑，刘宓庆需要对"比较完整的""比较有系统的"等概念进行明确的定义。《技能》中并没有指出顺译的理论依据。《哲学》中，刘宓庆认为，"对译学而言，从广义的视角来看，我们必须认定SLT中一切符号都是非任意的（包括标点符号），SLT作者的每一个选入SLT的用词，都是有意安排甚至精心设计的。"这点似乎和刘宓庆前面所提到的"有意义形式"和"非意义形式"区分相矛盾。至于《文化》，当代西方译学中文化学派的理论并非完全不可借鉴，但是作者几乎没有提及。《美学》对翻译美学的中层和深层问题缺乏探讨[①]。

另外，功能并没有明确的定义。当然，根据刘宓庆当今的翻译思想，功能主义上指"使用"，结构主义上指语法功能范畴。但他没有明确说明，这容易导致混淆。

1.2.3.4 小结

在译学几个范畴研究中，刘宓庆都提出了新的主张。在本体论和认识论范畴中，刘宓庆把全部翻译思想统一在维根斯坦语言哲学观中的功能主

---

① 刘先生在2005年11月3日给我的邮件中写道："我写的是最基本的理论，还有深层、中层的有待研究，例如西方的美学，我原想将以维根斯坦为代表的分析哲学美学观，以皮尔士为代表的符号学美学观以及俄国形式主义美学观与翻译的相关性为重点各写一节，但写了几十页了发现很深，很难，尤其是维根斯坦涉及本质论问题，只好作罢；我今后迟早要写一本续论才能安心。"

义翻译观上，提出了翻译的理解理论，强调翻译思想的研究等；在价值论范畴中，强调中国译学建设必须重视文化战略考量；在方法论和对策论范畴中，提出了以"功能代偿"为核心的译文操控理论。为了使发展中的思想能统一起来，充分地体现其理论的本质，刘宓庆在《刘宓庆翻译论著全集》的第一版和第二版中做了全面而又系统地整改。

罗新璋先生在感叹于西方译学论著接踵而出时，为中国译学缺乏系统的论著而深深叹息[①]，而如今，刘先生却以极大的毅力完成了世界译学史上十分罕见的，宏观和微观上都能自成系统的理论论著集。《刘宓庆翻译论著全集》的出版是刘先生四十年译学研究事业的总结，意味着刘宓庆翻译思想的逐步成熟和完善，更重要的是这将使我国译界进一步认识到我国译学事业发展的状况，克服妄自菲薄、对西方译学盲目崇拜的情结，从而有助于推动我国译学研究事业进一步全方位地发展。

从大的文化历史角度做一观览，我们不难看到，刘宓庆的译学研究绝非偶然出现的研究现象。世纪之交，东方和中国文化的崛起预示着对东方和中国文化而言的那些"创伤的世纪"的终结，更预示着一个文化硕果繁茂的时代的降临。刘宓庆翻译理论就是东方和中国文化崛起这个壮美景观中的一个耀眼亮点。我们正是满怀着这种对未来的感奋撰写了《刘宓庆翻译理论研究》，将它献给读者，献给我们期盼中的硕果繁茂的未来。

---

① 罗新璋：《翻译论集》，北京：商务印书馆，1984年。

2 刘宓庆翻译理论分论

2.1 翻译思想研究

在翻译思想研究中,刘宓庆明确了翻译思想的定位和特征,阐述了翻译思想研究的意义与方法,从源流的历时角度描写和评析了中西翻译思想的沿革,并从共时的角度探讨了中西翻译思想的异同及原因。在中西翻译思想比较的基础上,刘宓庆论证了警惕西方当代翻译思想局限的必要性,倡导并重构了中国传统翻译理论。

刘宓庆对中西翻译思想的研究反映了其译学思想,即在文化战略的高度上,通过整体性整合性的描写研究,建构中国功能主义学派的翻译理论。这种译学思想在刘宓庆的翻译研究和实践中不断发展和完善。国内外学者对刘宓庆翻译思想的发展脉络梳理、观点阐释、实际应用以及批评指正,促进了其翻译思想的发展。作为中国当代翻译研究的开创者,刘宓庆开拓并精心维护着一条通向世界翻译科学的道路,其翻译思想体现了中国价值,符合中国新时代发展的要求,并随着译学发展而不断完善。

2.1.1 刘宓庆的基本观点

翻译思想源于翻译经验的体悟,居翻译理论的最高层级,具有高级性、能产性、模糊性、传承性和迁延性等基本特征。研究翻译思想对翻译理论整体认识、源流辨识、传统重构、实务发展具有重大价值。历时研究发现，文化战略考量是中国传统和当代翻译思想的基本特色。西方的翻译思想，只能为我所用，不可盲目跟风；翻译理论构建应与时俱进，体现中国价值，且在多元互补价值观的观照下，进行反思、超越和重构传统，重语义、功能与对比的描写，强调科学论证，加强宏观的整体性整合研究，争取中国理论的话语权。此类观点集中见于刘宓庆的专著《中西比较》[①]。

2.1.1.1 翻译思想概述

翻译思想是翻译（理论）家对翻译之"道"高度总结或认知的产物，与翻译实践互动发展，主要体现为"对译事的某种原则性主张或者基本理念"[②]，具有凝练的民族特色。

A. 翻译思想的定位

翻译思想在翻译理论的层级结构中处于最高层级，属于认识论范畴。[③]翻译理论的纵深结构和翻译思想的形成过程息息相关：整体上，翻译理论纵深结构的三个层级（即方法论、对策论和翻译思想）分别对应翻译思想形成的三个阶段（体验、体认和体悟），如图 2-1 所示。

图 2-1　翻译理论纵深结构与翻译思想形成过程

---

① 刘宓庆：《中西翻译思想比较研究》（第二版），北京：中国对外翻译出版公司，2012 年。
② 同①，第 2 页。
③ 同①，第 2-3 页。

据图 2-1，方法论是基础层级，主要涉及翻译实务中的操作程序及方法，是对译者行为规律的描写分析，来自译者对翻译实务的体验；对策论处在中介层级，起到从理论上监管翻译行为和提供系列对策的作用，是译者对翻译经验的规律性探索和认识；认识论（即翻译思想）是最高层级，来自译者和译论家对古今中外某些富集翻译经验和认识的切身领悟。

B. 翻译思想的基本特征

高层级性、能产性、模糊性、传承性和迁延性是翻译思想的基本特征。

高层级性是指翻译思想在翻译理论层级结构中，高于方法论和对策论（见图 2-1），具有高度概括性和普遍指导性的特征。刘宓庆认为：

> 翻译思想是高屋建瓴的语际转换规律揭示，这种揭示不是对个别局部的解释，而是对无数局部的**共识的剖析和汇集以及历时的观览提升**，也是一种**整体性审视**，具有很强的概括力。翻译思想不仅是翻译家对本身的，而且是对许多翻译行为的经验观察和透析，因此它高于方法论，也高于对策论，是一种"见树"又"见林"的高视角、整体性透视。①（粗体为原作者所加）

能产性是指正确的翻译思想具有推动翻译实践的动力，使译者付诸翻译行为，表现为"产生"对策和技巧。换言之，翻译思想能对方法论和对策论产生指导作用，即在翻译思想的指导下，译者处理翻译问题或者难点时，会能动地采用相应的翻译策略和具体的翻译技巧。

模糊性源于翻译思想具有语义范畴边界的不确定性和语义阐释的自由度。例如，"信达雅"是严复的翻译思想，其表述在语义上具有模糊性，学界对此的阐释也存在见仁见智的情形。可见，翻译思想难以量化，须采用描写方法来阐发。

传承性是翻译思想的民族特色和文化传承力使然。传承并不意味着一

---

① 刘宓庆：《中西翻译思想比较研究》（第二版），第 4 页。

成不变，而是随着时间的推移，主体认知能力的提高，可对翻译思想进行必要的修正。当代中国翻译理论建设中，翻译思想的研究须与时俱进，应采取"本位观照，外位参照"的研究路径。刘宓庆指出，"（此研究路径）**应该是当今中国翻译思想的主导性的考量，也可以说是中国翻译理论研究的发展方略。**"[①]（粗体为原作者所加）

迁延性是指翻译思想的最核心原则和理念"始终一贯"。例如，翻译思想最根本的命题涉及形式和意义的关系，中外翻译思想大都针对这一命题进行了宏观思考。

C. 翻译思想研究的意义

翻译思想研究对认识和改造翻译理论，促进翻译实务的发展具有重要意义："有助于提高对翻译理论研究认识的整体水平""有助于翻译思想在传统重构中的功能发挥""有助于从根本上推动翻译实务的发展""有助于发现问题、识别真伪、增强判断力，从而使我们能更有的放矢地克服思想上和理论上的偏差"[②]。

首先，就翻译理论的认识而言，翻译思想研究能够促进和加深我们对古今中外翻译基本原则、原理的宏观共性把握，提高整体性领悟中西译论的异同，避免因无知而产生的偏见，如"西学优越论"或者"西学无用论"。

其次，翻译思想的继承性表明，作为翻译传统的"上层建筑"，翻译思想在铸就、改造和重构翻译传统的过程中，发挥着适应时代要求、赋予新的发展形态的使命。

再次，翻译思想研究从根本上能够促进翻译实务的发展。一方面，翻译思想的能产性使译者付诸行动，带动翻译实务的发展。另一方面，特定的历史语境下，翻译思想的更新造就了翻译实务发展的客观情势，如玄奘（602—664）的"圆满调和论"是我国佛经翻译鼎盛时期的主流翻译思想，化解直译和意译之争，集中反映并且推动了当时翻译实务的发展。

最后，翻译思想研究有助于翻译理论的健康发展，可防止思想上和理论上的偏差。当代西方译论中的"解构之风"和"唯技术论"，不利于

---

① 刘宓庆：《中西翻译思想比较研究》（第二版），第7页。
② 同①，第9–19页。

翻译学科的健康发展。因而，我国学者要树立正确的翻译思想，不应盲目崇拜西方译学，宜采取"外为中用""外位参照"的做法，坚持"本位观照"的立足点，追根求源，重视宏观研究，充分体现整体性整合研究思路。

D. 翻译思想研究的方法

翻译思想研究的方法主要有文献法、比较法和整体性整合描写研究法。在《中西比较》一书中，刘宓庆对此类研究方法，没有专辟章节进行论述，但是在该书第一版的《翻译十答（代序）》和第二版的《新"翻译答问"——第二版代序》中有明确的说明，且在不同章节均有体现。

文献法主要指通过文献搜集、阅读、筛选、分类、归纳、分析等形成对翻译现象或者事实的科学认识的方法，是翻译（思想）研究中的一种古老但富有生命力的研究方法。通过核心和外围文献的梳理，研究者能够分清源流，正本清源，发掘翻译现象/表象下的社会政治内涵，历时、关联和整体把握某一翻译基本理念与主张。刘宓庆对严复（1854—1921）的翻译思想、维根斯坦（Ludwig Josef Johann Wittgenstein，1889—1951）语言哲学视角下的翻译意义观，以及本杰明（Walter Benjamin，1892—1940）的翻译观，就是采用文献法，进行了正本清源且与现实价值诉求相吻合的深层次研究。

比较法是比对和分析事物或者现象之间异同的方法，是翻译思想研究乃至"译学研究中不可或缺"的重要方法[1]。多视角、多向度的比较，具有非常积极的"比较效应"，如"激发因果研究""引发取向调整""有助于形成学术共识和互动""使翻译学的整体整合性研究更趋合理化、科学化"[2]。可见，通过系统和深入的比较，研究者能够"寻求相似性和非相似性"，由此做出"合理推断"[3]。刘宓庆对中西翻译思想发展沿革的比较研究和"比较翻译学的构架"[4]表明，他不仅是一位中西翻译理论系统比较研究的倡导者，而且是一位践行家。

---

[1] 刘宓庆：《中西翻译思想比较研究》，北京：中国对外翻译出版公司，2005年，第 xi 页。
[2] 刘宓庆：《中西翻译思想比较研究》（第二版），第 xxx-xxxi 页。
[3] 同[1]。
[4] 刘宓庆：《中西翻译思想比较研究》（第二版），第 xxxi-xxxiii 页。

整体性整合描写研究法是一种兼容并蓄的宏观研究方法,旨在对研究对象进行整体、关联和历时把握的描写研究。翻译思想是翻译理论的最高层级,需要整体性整合研究,通过描写而非规定的方法进行研究,主要"描写基本的原则主张,描写不同的价值观取向及发展轨迹,描写不同的人对翻译的体验、体认和体悟"①。总之,翻译思想研究要防止"见木不见林"的片面研究,又要加强"既见木又见林"的"整体性整合"描写研究。

尽管如上三种研究方法在本质上有差异,但是它们之间存在难以割舍的层级关系,即文献法是基础方法,比较法是中介方法,整体性整合描写研究法是最高级方法。没有文献的研读与分析,难以成功地进行系统和深入的比较与鉴别;没有比较与鉴别,则无法进行整体性整合描写研究。因而,研究者在对翻译思想进行系统的、科学的研究过程中,往往需要综合运用此三种方法。

2.1.1.2 中国翻译思想

中国翻译思想具有一脉相传的传统,且在新的历史条件下,"既具有浓郁的中国特色,又具有明显的时代特征"②。新时代的中国翻译理论建设,呼吁新的传统,须通过对比描写手段,整合性的宏观描写研究,重构意义和形式的功能观。

A. 中国传统翻译思想

宏观上,中国传统翻译思想具有文化战略考量、圆满调和、义美兼顾、主体领悟的共性特征,各特征简介与反思如下。

文化战略考量是中国传统翻译思想的最大特色,"从文化战略的高度,赋予中国翻译学建设以战略价值,可以说是中国翻译传统中的一根轴线"③。汉至唐宋时期佛经翻译的"图存发展",明清时期科技翻译的"经世济民"和清末西学翻译的"救国图强",以及20世纪20年代以来,尤其是改革开放以来翻译的"民族复兴",无不以文化战略考量为己任。需要指

---

① 刘宓庆:《中西翻译思想比较研究》,第 xxxiii 页。
② 同①,第 20 页。
③ 刘宓庆:《中西翻译思想比较研究》(第二版),第 34 页。

出的是，董秋斯（1899—1969）于1951年在《论翻译理论的建设》一文中，正式提出了"翻译为文化建设服务的思想以及理论的时代特征和地域特征"，成为"中国翻译理论建设方略，至今仍然具有突出的现实意义"①，对后世的影响深远。

站在文化战略的高度上，以新时代的"民族复兴"为己任的中国翻译思想表明，中国翻译传统出现了历史转折和发展，亟须中国学者与时俱进、优化重构翻译传统，同时克服妄自菲薄和西学至上的心态。因而，中国翻译学建设不仅是"一项学科建设的任务"，也是中国学者的"一个责无旁贷的道义问题"②。

"圆满调和"出自梁启超（1873—1929）对玄奘翻译造诣的评价。刘宓庆指出"圆满调和"不仅是我国的佛经翻译，也是西学乃至文学翻译的最高标准，体现了我国翻译传统的完美境界。换言之，随着翻译事业的发展，中国翻译传统富集成不同的思想观念，最终趋于圆满和谐，达到最高标准或者完美境界。

佛经翻译从肇始至鼎盛，出现了支谦（生卒年不详，约3世纪）"因循本旨"的意译观，道安（312—385）的"五失本三不易"直译对策论，以及玄奘的圆满调和论，最终在翻译思想上实现和合均衡，在实践上促进了翻译事业的发展。明末清初西学翻译以及五四运动以来的文学翻译时期，严复的"信达雅"三元调和论，傅雷（1908—1966）的"以神为用，以形为体"的审美调和统一论，钱锺书（1910—1998）的"化境"整体性和合均衡观，均印证了"折中调和"的最高翻译境界。

关于"圆满调和"，该翻译思想适用于当今翻译理论研究，对兼顾局部与整体以及古今中外的"多维整合性翻译学创建"具有积极的意义，是中西方翻译理论立足生存和共荣发展之道，因为否定自己、取悦西方的做法"不只是水中捞月，而且恐怕难免于自毁"③。

汉语是重意象的感性语言，文字的意义和形式合二为一。相应地，关注意义，兼及审美成为中国传统语言研究的特点，也是中国翻译传统的主

---

① 刘宓庆：《中西翻译思想比较研究》（第二版），第35页。
② 同①。
③ 同①，第46页。

要内容。中国翻译传统中的意义观,将意义(质)—审美(文)对立考察,将功效(用)作为审美的基本价值参数,是一种"质—文—用"的三元统一观,因而"三元调和"贯穿整个翻译过程,体现了汉外/外汉翻译过程中的语义"理性分析"和"感性把握"相济相容的特征。

由于汉语属于审美形态的语言,具有重意念、重形象、重感性、重神役(神合)和重了悟的独特美学素质,所以新时代的中国翻译理论建设,应该保持中国传统翻译的"特色意义观",在语际转换过程中,强调使用中的动态意义,突出语义"家族相似"的整体性对应,将意义—意向探求与情景—审美密切挂钩。简言之,用中求义,以用取义,紧扣情景,优化表现,此为新时代翻译的意义观之对策性要诀。

中国传统翻译思想中,彦琮(557—610)的"八备"说强调主体功能;马建忠(1845—1900)的"心悟神解",严复的"神理""融会于心",以及林纾(1852—1924)的"口述神会"均强调领悟。"重意念"的汉语语言文字机制是"主体领悟"的一个理据。然而,强调"主体领悟"的中国传统翻译思想主要源于"重人本思想"的中国古代哲学思维。

> 中国哲学思维源于人本主义思想,中国古代哲学家无不从一开始就全力投入关于人的生命、存在、意义和价值的思辨。中国哲学主体思维注重内在的情感陶冶,这种内在情感的运筹也是基于经验(empirical)的。但古代哲学家赋予经验以主体意识的特征,而这种主体意识具有明显的价值取向,即指向人生及事物的意义以及对人生理想的铸造,而不是对客体(各种客观事物)的结构和功能分析。[①]

关于主体问题,我们需要坚持辩证法和历史唯物主义观,即在主体和客体的互动关系中对其进行合理定位,符合"调和论"和"文化战略观"的主导思想。首先,翻译过程中,翻译主体是翻译行为的主导者、实施者,是矛盾的主要方面,翻译客体是翻译行为的受导者、承受者,是矛盾的次要方面。其次,中国传统译论并不是过多地关注了主体,而是过少地关注

---

① 刘宓庆:《中西翻译思想比较研究》(第二版),第42页。

了客体,尤其是译文,西方的"主体泯灭"论和"客体崇拜"都经不起科学的验证。最后,用历史唯物主义观对待传统,重构传统;站在文化战略视角下,优化中国翻译理论。

B. 中国当代翻译思想

与新时代的大背景相契合,中国当代翻译思想的构建是历史的必然,应体现中国翻译思想的传承性与前瞻性,实现中西翻译思想的兼容互补。

当前中国文化面临历史性转型,中国翻译传统也必须注入新思维,在新的历史条件下加以重构。中国当代翻译思想优化重构具有"新的有利的历史条件":"中华民族复兴和文化多元发展的契机";"巨大的'翻译群体'的形成";"悠久的翻译史和翻译思想史有待反思";"翻译已成为全球性跨语言–文化的行为"[①]。这为中国当代翻译思想的构建明确了历史机遇。鉴于此,当代的"翻译群体"需要肩负起民族复兴的历史使命,坚持文化战略的中国传统,通过提升自身的翻译体验、体认和体悟,创建"中国翻译学",跻身世界翻译学之林,才能与西方进行平等对话。

通过历时和共时考察中国翻译思想与西方翻译思想的异同,刘宓庆把中国当代翻译思想表述为"**重交流中的语义定夺和优化表现或意义与表达取决于交流的目的与效果**"[②]。这种表述既体现了中国当代翻译思想传承性与前瞻性统一的特点,也体现了与可取的西方翻译思想兼容并蓄、互补相融的特点。

具体而言,中国当代的翻译思想要旨[③]分为三点。

第一,振奋中国译界传统的战斗精神,以中华民族复兴和文化多元发展作为新时代译学的文化战略考量。

第二,重话语(或文本)在语际交流中的动态意义定夺(meaning determination)。

第三,重话语(或文本)在语际交流中的译语表现法选择和优化(optimization of TL representation),直至圆满调和。

---

① 刘宓庆:《中西翻译思想比较研究》(第二版),第 26-28 页。
② 同①,第 28-29 页。
③ 同②。

以上要旨涵盖了理解（意义）和表达（形式），体现了中国当代翻译思想的特点，符合时代发展，是新时代的中国翻译学建设指南。

C. 中国翻译理论的重构

在当代中国翻译思想指引下，中国翻译理论研究要体现中国价值，进一步完善其本体论、认识论、方法论和价值论。这是因为"中国翻译学是世界翻译科学的组成部分，作为世界翻译科学的组成部分，中国翻译学必须具有它自己的价值诉求，形成自己的价值体系，并据此努力构建自己的理论体系，而且努力研究使之体系化、科学化才能立足于世界译学之林，也就是为世界翻译科学做出贡献"。① 这也是刘宓庆倡导重构中国译学的核心观点。

中国翻译理论重构并非空穴来风，而是有其存在和发展的理据：第一，新时代的中国译论应有的理论诉求与理论素质；第二，中国译论鲜明的地缘政治－文化特色；第三，中国翻译思想植根于中华文化沃土；第四，中国译论发展的渊源、取向和模式；第五，中国语言文字自成体系。这五个方面互动运作，成为重构"中国自成体系的译论"的原动力。

首先，中国文化面临着新的转型，新时代呼吁中国译论的重构，必须展现中国特色，体现中国价值，具有相应的理论诉求与理论素养，包括理论发展的"人文、历史定位""传统观照""借鉴与开拓""强调交流中的意义与形式""关注发展翻译美学""中西翻译方法论和对译论的差异"和"跨文化研究中的均衡原则"②。这些理论诉求和理论素养在刘宓庆的系列专著中各有侧重探讨，且在《中西比较》一书的不同章节亦有相应论述。

其次，中国地缘人文历史和社会政治特色，为中国译论建设提供了"文化战略考量"的必要条件。中国两千年的翻译史及译论史表明，翻译家与翻译理论家的翻译事业与政治理念挂钩，在处理异域文化时，往往与时俱进地采取文化战略的高姿态（参见"中国传统翻译思想"部分的相关论述）。可见，中国翻译学的重构与发扬光大是一种历史的必然。

再者，中国翻译思想植根于中国传统文化（如儒、道、墨、法家思想），最终实现圆满调和的轴心思想。这也体现了"允执其中"的中国哲

---

① 刘宓庆：《中西翻译思想比较研究》（第二版），第54页。
② 同①，第55-56页。

学－美学思想，以及汉语独具的"文化－审美"语言机制。因而，若不顾"圆满调和"的思想和汉语的审美特征，创建中的中国翻译学将处在"失重状态"，因为"翻译美学理应成为中国翻译学的必不可少的组成部分"，"是中国翻译学的重要特色"①。

此外，与西方翻译理论相比，中国翻译理论具有独特的渊源与发展轨迹，其发展模式具有"重文化战略""重交流中的意义"和"重审美"的特点。由此，刘宓庆指出，"中国翻译和欧洲（西方）翻译各有特色，不存在孰优孰劣的问题"；重建中国翻译学时，我们应该坚持"应有的、实事求是的唯物史观，摒弃'重洋轻中'或'扬西抑中'的学术偏见和偏颇态度"②。

最后，中国语言文字自成体系的基本事实，是中国翻译理论应当体现中国特色价值的重要理据。与西方语言不同，汉语具有特殊的文字书写系统、无词形变化、句法结构的自由度高、重语义审美等特征，体现了汉语意念主轴的深层独特性，且意念主轴可通过汉语文字系统进行追溯。换言之，汉语重意合，其逻辑关系是隐性的，往往靠虚词或者零虚词使结构成形，凭借补偿手段获取交流中的意义定夺与审美。因此，中国翻译理论重构中，还需要充分考虑汉语的独特性。这也是刘宓庆反复论述、多次呼吁的中国特色价值的体现之处，即"中国译论必须着力建设有汉语参与的、有针对性的、有科学系统的、可操作的意义理论和文本解读理论，焦点在交流语境和审美心理。"③

翻译理论重构的最佳途径是：站在文化战略考量的高度上，坚持"本位观照，外位参照"基本原则，突出交流中的意义与形式，进行"整体性整合"研究。这无疑是一条"借鉴—发扬—开拓—创新"的建构路径，体现着中国翻译学的特色。

如前所述，刘宓庆指出文化战略考量是中国传统和当代翻译思想的最大特色，也是翻译理论重构的文化价值取向——树立文化自信，克服文化自卑。因而，刘宓庆呼吁在中华文化复兴的大好机遇下，中国翻译理论需

---

① 刘宓庆：《中西翻译思想比较研究》（第二版），第65页。
② 同①，第79页。
③ 同①，第82页。

要站在文化战略考量的高度上，进行系统性和科学性的重构，力争体现中国价值，使之立于世界翻译科学之林，为世界翻译科学做出应有的贡献。此观点，刘宓庆在其著作（如《新当代》和《中西比较》中，进行了历时－共时的考察和论证，恕不赘述。

"本位观照，外位参照"基本原则，包括"以国学为本位，西学为外位""以中国当代译学为本位，中国传统译学为外位"以及"以中国译学为本位，西方译学为外位"这三层含义①，在刘宓庆的系列著作中均有体现。此原则主要涉及如何处理翻译学内部与外部学科之间的关系，如何对待中国翻译传统，如何对待中国翻译现实语境，以及如何对待西方译学的历史和现实语境等问题。首先，刘宓庆提出并论述了八大基础研究（包括意义理论、理解／解读理论、对策理论、翻译传播／效果理论、翻译审美理论、翻译文化理论、翻译思想研究、翻译教学理论）为本位观照，其他学科（如哲学、美学、语言学、符号学、认知科学、传播学等）为外位参照的译学架构思想。刘宓庆的系列专著，系统地进行了八大板块的基础研究，体现了"本位观照，外位参照"原则。其次，中国翻译学建设，需要呼唤新的传统。刘宓庆提出了翻译学"师墨"的观点。尽管墨家思想体系存在一定局限性（如：重经验验证而非科学观察和论证；突出"质"的决定作用，忽略"文"与"质"交互运作的深层规律），但是墨家"重用、重经验、重身体力行""重知性思维、逻辑思维""重语言哲学探讨""重兼蓄包容""力扬艰苦自持、独立无畏的志气"等思想②对中国译学建设具有重要启示，如有益于肯定墨学的现代价值，倡导"多元互补价值观"和"比较方法论"，重构与时俱进的中国译学传统。此外，刘宓庆提出了实现译学新传统重构的"三步走"策略，即"反思—超越—重构"的三个步骤。具言之，对待中国翻译的历史遗产要积极态度，须经过反思，"深化认知，获得新知（真知）"，才能"实现超越"，最终"吐故纳新，实现重构"③。最后，通过中西译学传统和发展模式比较，刘宓庆提出了重构

---

① 王建国：《刘宓庆翻译思想研究——〈刘宓庆翻译论著全集〉内容概要》，《英语研究》，2006年，第2期，第35-36页。
② 刘宓庆：《中西翻译思想比较研究》（第二版），第104-112页。
③ 同②，第132-134页。

中国翻译学过程中，须坚持"古为今用"和"洋为中用"的基本态度和价值取向。具体来说，要坚定中国译论发展模式中的文化战略考量、意义第一位和哲学–美学观照的思想，同时需要肯定西方译论中的符合翻译实际和时代诉求的翻译基本原则和理论主张，批判当代西方译论中"解构、颠覆""唯技术论"等后现代主义翻译思想的局限性。

突出交流中的意义和交流中的形式是重构传统的两大基本任务。通过总结中国古代的意义观，刘宓庆指出"重意义"是中国翻译和翻译理论的优良传统和基本特色之一。他提出了中国译学意义理论构建的总原则并构建了中国译学意义理论的新框架，指出要超越"重意义"的静态意义观，建立"重交流中的意义定夺"的动态意义观①。同时，他指出中国传统译论重视意义研究，这一点需要继承和发扬，但是不直接关注形式问题。为了"还形式以生命"，刘宓庆提出了形式功能观的基本思想，指出需要加强形式特征的认知–审美功能、内容与形式的动态关系，以及"内容—形式—功能—效果"的互动观②。

除了以意义和形式为重心的基础研究之外，整体性整合描写研究是中国翻译学构建和发展的另一个特色领域，成为中国翻译界同仁共同努力的目标性的研究途径。尽管翻译学是一门应用性很强的经验科学，但刘宓庆的系列专著，均加强了翻译学内部系统和外部系统的整体性整合描写研究。这为中国译学的后继研究指明了方向，也树立了榜样。

总之，刘宓庆不仅提出中国翻译理论重构的路径，而且身体力行地构建了中国翻译学的理论框架③④，为中国译学研究奠定了坚实的基础。

2.1.1.3 西方翻译思想

理解和认识西方翻译思想需要对西方翻译理论进行正本清源的研究，主要包括西方翻译思想的历时的渊源分析和共时的流派分析，同时探究当代西方译论的局限性。

---

① 刘宓庆：《中西翻译思想比较研究》（第二版），第 135-138 页。
② 同①，第 142-144 页。
③ 刘宓庆：《新编当代翻译理论》，北京：中国对外翻译出版公司，2005 年，第 18-21 页。
④ 同①。

A. 西方翻译思想的源头

西方翻译思想发展大致有三个主要源头：古典主义、现代主义、后现代主义。刘宓庆指出这三个源头各具特点，共同促成了西方翻译思想的形成与发展。

古典主义始于西塞罗（前106—前43），止于19世纪中期，属于西方古代翻译思想。刘宓庆对古典主义译论做了概述，指出西方古代翻译思想具有鲜明的特点：重对应，尤其是源语—译语的意义对应；重文体考量，倾向于今日所谓的译语倾向；重翻译的艺术性，倾向于今日所谓的源语取向；德国古典主义译论（如歌德、施莱马赫和洪堡）对西方现当代译论影响深远[1]。

现代主义始于19世纪中期，止于20世纪五六十年代，促进了西方传统翻译思想的发展。刘宓庆认为现代主义时期的翻译思想源于现代主义的理性批判精神和开创求新的思想，尤其是欧美现代主义的有影响的文学家（如爱伦·坡、惠特曼、福楼拜、萧伯纳等）和哲学家（如马克思、尼采、克罗齐、维根斯坦等）是西方当代翻译理论的思想资源[2]。

后现代主义始于20世纪五六十年代（以法国反传统浪潮兴起为标志），西方当代翻译思想得到形成和发展。刘宓庆分析了后现代主义所带来的消极影响，认为"后现代"本身就存在着不可克服的矛盾及缺点，如盲目性、情绪化和不求甚解的浅薄，因而"后现代"想要企及"现代主义"的思想或艺术的高度和深度几乎是不可能的。"后现代"盲目和情绪化批判，倡导颠覆一切，是一种破坏性的解构，而非建构或者重构。由此，后现代主义对翻译理论的重构和建设具有消极影响，如：将意义边缘化、"边际化"或漫画化；将"政治"微观化、"文化"泛政治化；消解了"概念"，也就消解了"价值"，例如译学中的"意义""对应""可译性""主体性""文本"等[3]。

B. 西方当代翻译思想与流派

刘宓庆界定了"翻译思想"与"翻译学派"并论述了两者之间的关

---

[1] 刘宓庆：《中西翻译思想比较研究》（第二版），第187-188页。
[2] 同[1]，第188-190页。
[3] 同[1]，第190-198页。

系:"翻译思想"是翻译家关于翻译的基本原则与理念,是一种身体力行的翻译体悟;"翻译学派"则是翻译思想相同或相近者因理念认同或者风格认同而形成的阵线或群体;有翻译思想不一定能形成流派,但是翻译流派的存在必然依赖某种维系其"神聚"的翻译思想[①]。

就西方当代翻译思想而言,其主流是:"重交流目的、交流形式、交流效果;重译者的功能发挥,抑制原作的意蕴;重译文倾向,抑制原作反映的外域文化及本国文化。"[②] 西方当代的这些主流思想表现出与传统译论的疏离,是一种基于西方(尤其是英美文化)的功利考量,服务于其文化的核心价值观,彰显了其文化的话语霸权。据西方当代翻译思想,刘宓庆划分了西方当代主要翻译流派,包括语言学派、功能学派、释义学派、文化翻译学派、后现代主义与翻译理论(主要有两派:解构派、"翻译与政治派",也有人将它们合称为"新功能主义")、心理-认知心理学派、新直译论。这些翻译流派是西方当代翻译思想的共时体现,具有一定的偏颇倾向,与中国翻译思想的"圆满调和"特色不相谋。

尽管西方当代翻译思想和流派存在偏执的基本态度,但是刘宓庆肯定了自20世纪60年代以来的西方译论发展,这主要是20世纪初的西方哲学向语言学转向,尤其是维根斯坦的后期哲学,促进了西方翻译理论的发展。此外,刘宓庆正面评价了20世纪最后25至30年间的译论,认为西方译论取得了显著发展。

> (20世纪最后25至30年间的西方译论)从五个大的维度——结构与意义、意义与交流、意义与文化、意义与认知、翻译与社会政治——拓展了翻译思想,深化了理论认知。具体说来,就是在对待意义、结构、形式、功能等四个基本层面的问题上有了更符合翻译实际和时代诉求的翻译基本原则和理论主张。[③]

总之,对于西方当代的翻译思想,我们应该采取"外位参照"的基本

[①] 刘宓庆:《中西翻译思想比较研究》(第二版),第205,225页。
[②] 同[①],第224页。
[③] 同[①],第206–207页。

态度或者基本原则。具体而言，不可不知其源流、发展模式与局限性，也不可盲从之。如今，翻译学具有交叉学科的发展态势，翻译思想愈来愈复杂，难以用过去的箴言式概括某一翻译思想。因而，刘宓庆认为，"我们在研究中切记简单化，一定要掌握针对具体问题做具体分析的辩证法，学会尽可能全面、深刻地看问题。"①

C. 西方当代翻译思想的局限

西方翻译理论的渊源和发展模式表明西方当代翻译理论整体上存在一定局限性。刘宓庆从整体上指出，"西方当代翻译理论疏离了欧洲古典主义和现代主义的优良传统，同时深受后现代主义的影响"，表现出六点局限性：

> 一、"精神匮乏"，即缺乏足以引导和支撑整个学科发展的导向理论或者说缺乏主导思想（学科理念和人文思想）；二、忽视宏观的整体研究，只注意论题的精而微，以求新出奇为至上追求，导致学科整体性研究很薄弱；三、将意义边缘化、空洞化；四、由于只顾疏离传统，热衷于出奇制胜，并竭力向商业利益倾斜，因而主张及论述难免流于片面、武断、偏激，有不少只有浅薄之见且仍自鸣得意者；五、理论话语缺乏理论应有的清晰性和深刻性，不少译论言不及义，品味不高，文风较俗；六、缺乏学术上健康的批评和自我批评。②

同时，刘宓庆指出以上种种原因（尤其是前四项）导致西方译论具有比较明显的"唯技术论"倾向。西方当代翻译理论的如上局限性，是刘宓庆对其的宏观审视，旨在为中国翻译学的研究者提供一个翻译思想研究的多维参照和打消他们的"西方不谬论"。其实，20世纪80年代中期以来的"后殖民主义"翻译理论，对西方当代译论中的英美文化霸权也进行了批判。这些批判，无疑都是为本民族的文化话语权争得一席之地，力图实现平等对话。如下总体而简要分析刘宓庆提出的西方当代翻译理论的局限性。

---

① 刘宓庆：《中西翻译思想比较研究》（第二版），第225页。
② 同①，第228页。

第一，当代西方译论缺乏足以引导和支撑整个学科发展的导向理论或者说缺乏主导思想（学科理念和人文思想），且忽视整体性的宏观研究，导致学科整体性研究薄弱。翻译理论史表明，西方的"语言学—文化/社会学"的转向，体现了西方翻译理论的局部创新和精彩，不能整体性把握，这是西方翻译理论界长期轻视宏观研究的结果。尽管翻译学具有跨学科研究的特点，某一学科的理论可以在某一特定维度的专项研究中上升为导向理论，但是翻译学的综合性需要哲学和认知科学的深层理论为导向，才能支撑整个学科的发展。此处需要说明的是，能够解释所有翻译现象的某一理论难以企及，因而翻译学学科矩阵（包括哲学、美学、语言学、符号学、传播学、认知科学等）的整合性整体研究就显得非常重要。

第二，当代西方译论实际上已将意义边缘化和空洞化。翻译中的意义具有本体论的价值，是翻译之所以存在的家园，取消了意义，也就等于取消了翻译。西方传统译论关注意义转换的本质属性，尽管翻译家或者译论家对待意义的基本态度不完全一致。西方当代译论中，对意义转换的态度在总体上出现了边缘化和空洞化的趋势。刘宓庆指出乔治·斯坦纳（George Steiner，1921—2020）是一位基本秉承传统，在传统中发展的少数译论家之一。在1975年发表的专著《通天塔之后——语言与翻译面面观》中，斯坦纳坚持并论述了以意义转换为中心又充分注重语用机制的翻译观。然而，受结构主义，尤其是后现代思潮、商业化和全球化的影响，当代西方译论避开了重意义和重交流过程的传统，出现了意义边缘化和空洞化的基本特点。

第三，当代西方译论具有武断性和片面性，其译论话语的质量堪虞。由于缺乏整体性整合研究，当代西方译论没有突破"观察的框架来进行描写"，往往处于"无参照自闭性描写"状态[①]，在论证中难免存在错误或者不足又不容异议，因而具有武断性和片面性。不同的翻译理论流派各执一词，但基本属于特定语言组合的文体和范畴层面的对策论，不足以视为放之四海皆准的学术范式。换言之，建构世界翻译科学，若没有汉外互译的基础层级（方法论）、中介层级（对策论）和高层级理论（翻译思想）的

---

① 刘宓庆：《中西翻译思想比较研究》（第二版），第261页。

系统研究和全局观照,建成的世界翻译科学或许会沦为西方的翻译对策论。这种西方当代译论,只可为我参照,不足为我师法。

基于西方翻译思想的整体性研究,刘宓庆认为我们宜采用历史唯物主义的认识论,坚持"外位参照"的基本原则,不能崇洋或者反洋,而是对西方译论进行追根求源、与时俱进的考察、考证,真正做到"知其事、知其时;知其所云之事,知其所处之时",系统地"学习、研究西方有价值的翻译思想",使"研究向前推展,认识随之跟进"。①

2.1.1.4 维根斯坦哲学下的功能主义翻译观

在中西翻译思想比较研究的基础上,刘宓庆强调维根斯坦的动态意义观,提出了功能主义翻译观。毋庸置疑,维根斯坦的后期语言哲学,尤其是对于语言观和意义观的考察,成为刘宓庆"重描写的功能主义翻译观"的重要理论源泉。这些翻译思想在刘宓庆的系列著作中均已得到体现。

A. 翻译的动态意义观

维根斯坦的后期语言哲学摆脱了形式主义的静态意义观,提出并论证了功能主义的动态意义观。此动态意义观,植根于人的生活及其方式,强调在语言交流的语境中把握意义的用法(即意义寓于用法),突出遵守和驾驭"游戏化"的规则及用法的"家族相似性"。具言之,词语的意义与其交流功能相辅相成,唯有交流才实现价值,要准确地理解词语的意义需要把握语境限定和调节下的用法,而把握用法的前提是遵守和驾驭在生活或者经验中获得的语言规则,且对词语意义"家族"中的用法异同进行定夺。这对翻译学的意义研究具有重要启示。

第一,将意义重新定位,将意义研究的方法论重新定位:意义探索本身不是目的,目的是翻译(包括口译与笔译)中有效的双语交流和文化传播。翻译学意义研究不是语义学也不是词汇学意义研究,**翻译意义探索应紧扣翻译语言交流中的意义机制(对应式、表现法、效果论等等)**;应将意义充分动态化情景化,总之是"游戏化",并紧贴

---

① 刘宓庆:《中西翻译思想比较研究》(第二版),第264页。

生活形式。

第二，翻译语言交流犹如"游戏"。就"人"而言，重在参与，重直接经验，就"语"而言，重在使用（应用、运用）。因此，**翻译学意义研究应紧扣"用"字**。我们应在研究中贯彻"意义寓于使用"的功能主义原则，涉及意义使用的历时发展和共时变异，尤其要着力研究语境和语言情景问题，为翻译的代偿性转换服务。翻译学应精通语言运用的学问。为此，应该将**关键放在"人"身上**："用"者唯"人"，"用"者在"人"；人的认知功能应当有至善的发挥。

第三，意义本身及意义研究都应该紧贴实际生活，体现语言游戏的**生动性、现实性**以及**充满活力**的动态特征。翻译学意义研究应该既重视基础理论又重视翻译实务发展对理论的诉求，关注理论结合实际，与时俱进并富于成效。

第四，发展科学的翻译研究方法论，即：**(1) 重经验观察和经验审视；(2) 重描写、重实证**（语言事实和翻译行为的验证）；**(3) 重整体、重全局**，指研究的整体性及视野的全局性。翻译研究应关注实实在在的翻译行为，普遍存在的翻译现象，并以此为依据进行理论提升，力戒形形色色华而不实的作风。

第五，**重视学科的"家族相似"**，从语言学家族、认知科学家族及一切与译学理论具有相似性、相关性（relevance）的学科汲取理论思想和发展手段，此其一；其二是重视中国和外域特别是西方各国翻译理论的各种体系、各种流派之间的"家族相似"，做到**取长补短**，促进"家族"繁荣。① （粗体为原作者所加）

此外，刘宓庆特别指出了西方当代翻译思想中，只追求目的（符合目的语文化需求）与效果（符合目的语的文化接受价值观），将意义边缘化的主张，不是维根斯坦哲学下的翻译功能观，而是一条歧途。因而，"我们要继承我国积极的翻译传统观念"，"建立符合科学的动态意义功能观，建设适应我国文化发展需要的翻译学意义理论"②。

---

① 刘宓庆：《中西翻译思想比较研究》（第二版），第292页。
② 同①。

B. 翻译游戏论

根据维根斯坦的语言游戏观，刘宓庆提出了翻译游戏论，认为在翻译游戏中的参与者是自愿、互动和公平竞争的，译者要在翻译实践中遵守和驾驭翻译的游戏规则、规范和标准（即翻译行为规律的应用性和描写性），同时译者的翻译行为必须享受"生活形式"（即翻译意义理论的认识论和价值论）的检验并服务于"生活形式"。"生活形式"作为译论的基本价值标准也是论证中国特色翻译理论的重要哲学依据。刘宓庆最后指出，翻译作为语际语言游戏是翻译功能观的最基本的思想。

> 维根斯坦将语言游戏化的目的是说明语言的功能本质是交流。脱离了"生活形式"的日常交流的语言是没有意义的，同样，脱离了"生活形式"的日常交流的语义是没有意义的。……维根斯坦关于语言的这一基本特征的审视、考察和研究，也就成了当代功能主义语言学派的思想源头之一。
>
> 翻译则是**语际语言游戏**，它的基本特点是**语际转换**（包括语义转换、文化转换、审美转换和整体性交流功能转换）。这是**翻译功能观**的最基本的思想——维根斯坦只赋予了它一个非常通俗的概念："**语言游戏**"①。（强调之处为原作者所加）

2.1.1.5 原文—译文关系新解

原文—译文关系是翻译思想研究中的重要问题。刘宓庆正本清源地阐述了本杰明的翻译观，并探讨了翻译的原创论和超越论。

A. 本杰明的翻译观

本杰明是一位饱受争议的西方现代文论家，其《译者的任务》（The Task of the Translator）一文提出了"翻译超越论"的翻译思想。尽管不少西方和中国的批评者无限夸大本杰明思想上的神秘主义的负面，但是刘宓庆指出本杰明对文学翻译具有真知灼见，并提出了不能把他的翻译观看作是神秘主义的主张。

---

① 刘宓庆：《中西翻译思想比较研究》（第二版），第310页。

本杰明的翻译观源于"浪漫主义"文艺哲学思想，即艺术作品作为自在、自为之物，超越对艺术的依赖性，与理论和道德无涉，人们只需静观便可理解一件艺术品。德国的早期浪漫主义者，如弗里德里希·施莱格尔（Friedrich Schlegel，1772—1829）和诺瓦利斯（Novalis，1772—1801）的"内省"和"批判"等观点，对本杰明的基本哲学取向和文艺观影响深远。德国早期浪漫主义中的内省思考是自我的思考，不仅对内容进行思考，还强调对思考的形式进行思考，具有系统性和直观性。在《译者的任务》中，本杰明认为译者对原文意向的判断，就是译者内省的过程——在译语中通过译文的形式去把握原文的意向。此外，就浪漫主义的批评/批判而言，本杰明认为它是一种"内在批评"，旨在解构内部的结构与机制，是"对所有界限的废弃"，同时指出这种批判是一个表现形式不断组合融通的过程，止于绝对性（即存在的本质性、整体性和统一性）的形式。鉴于此，本杰明提出了所谓的"翻译的生命哲学"：在翻译过程中，原文文本解构之后的后果是"觉醒"，即原文被解构后的"再生"（afterlife），这种再生是原文不断延续的过程，是对源语和译语交流中所体现的"纯语言"（绝对纯粹或者纯粹性的语言）的终极追求，是翻译的可译性使然。

在论述本杰明的"浪漫主义"文艺哲学思想基础上，刘宓庆指出了本杰明的翻译思想——"翻译超越论"，剖析了"纯语言"翻译的理念，并主张正确理解本杰明。刘宓庆认为本杰明是"现代西方译论家中第一位，也是迄今为止唯一深刻阐述了翻译超越理论的译论家"[①]。本杰明的超越论主张译语在意义和形式上对源语的超越，且这种超越取决于译者的翻译思想、翻译态度及基本策略；其内省式的超越对策论具有"人（生命）—历史（文本）—哲学"的三维结构；原文在译文的超越中得到再生，原文—译文之间存在不完全切合的同心圆关系。刘宓庆剖析了"纯语言"翻译的理念，指出其含义在于：第一，"语言的历史性"蕴含根源现象（即"纯语言"），翻译中存在"根源—复活/再生"现象，"纯语言"的根源性不可忽视；第二，具体语言是纯语言的体现，具体语言之间的共同性和互补性造就纯语言的整体意蕴，这可以解释翻译可译性及译者的天职，即译者

---

① 刘宓庆：《中西翻译思想比较研究》（第二版），第328页。

最终将"纯语言"从囚禁的牢笼（各种变体的具体语言）中解救出来；第三，"纯语言"具有纯洁和灵韵的审美色彩，是翻译的最高境界，力求整体意蕴和盘托出的忠实，避免字句复制性的直译。

刘宓庆指出对本杰明的误解主要来自保尔·德曼（Paul de Man，1919—1983）和劳伦斯·文努蒂（Lawrence Venuti，1953—　）等权威学者的误导，如德曼指责本杰明的"纯语言"是无中生有，文努蒂则认为"纯语言"是乌托邦。通过独立思考和正本清源地解读本杰明的翻译思想，刘宓庆总结道："本杰明的翻译思想并不'神秘'，他言之有理的翻译对策，也是可以操之在我的。**语言有差异，但确实可以共生，可以互补——**按本杰明的思想，译者的天职正是努力把握这种可译性，**完成这项共生共补的工作。**"①（粗体为原作者所加）

B. 翻译的原创论

古今中外，译者及其译作的地位卑微，在业外受到不公平的待遇，在业内"自我矮化"和"自我唱衰"，要改变这种历史和现实现状，需要"翻译本身的自我完善"，需要翻译家和翻译理论家"还翻译一个实实在在的'原创性'"！②

据刘宓庆的观点，翻译的原创性属于翻译价值论的范畴，在认知过程、艺术创作、生命哲学和主体操作层面均存在理据。首先，就人类语言的"思维到话语生成"的认知过程而言，翻译与创作的认知流程和实施步骤一致，都是源于主体的创作，不存在"非原创"与"原创"之分。唯有不同之处是，翻译涉及跨语言跨文化的双语转换，比语内创作难度大，这更加体现了翻译的原创性特征。其次，从艺术创作的角度来看，原文只是翻译艺术创作的蓝图，为译者提供依据和指引，译文并非百分之百地将原文的显性和隐性特征现实化，即译文与原文往往相去甚远，体现了译文的原创性。再者，从本杰明的生命哲学来看，翻译使原作重新获得了生命力，是原文的"再生"（即"原有生命的延续"），从而使翻译成为原创的成果。最后，从主体操作层面来看，翻译的原创性表现为译者的权利实施。自古至今，译者的"自我矮化"主要是自我认识中存在对自身权利的漠然不知，

---

① 刘宓庆：《中西翻译思想比较研究》（第二版），第 346 页。
② 同①，第 348—349 页。

在具体操作中茫然不定。在翻译中，译者实际上为翻译主体，应该"化被动为主动，化从属为自主，化非原创为原创"①。

总之，坚持翻译的原创性，在很大程度上能够改变翻译的社会地位，赋予译者权利，具有价值论的意义。

C. 翻译的超越论

刘宓庆认为翻译是对原语的超越，并论证了翻译超越的必要性和可行性，指出了翻译超越的基本特征，以及成功超越原语所需要跨越的屏障和能力。②

贴近原文的机械性模仿，往往造成译文的晦涩难懂。译者需要跨越源语的屏障，其译文才能脱原文的"颖"而出。这些屏障可以划分为常规屏障和非常规屏障，前者包括语言文字符号的视听屏障、意义–意向屏障、句法屏障、文化心理屏障、文本理解的屏障；后者包括古典文献的时空屏障、地缘文化隔膜、模糊意义–隐性意向。基于本杰明的翻译观及翻译原创论分析的基础上，刘宓庆提出了翻译超越的基本特征——"类基因原创性"，喻指译文和原文存在类似的基本特征。"类基因原创性"也就是本杰明所认为的"语言互补性"：原作衍生译作，译作再生原作。此外，翻译超越还具有理解的能动性、认知和经验的综合性、历史的当下性和个体超越性。鉴于此，成功的翻译超越取决于译者的深层理解能力、审美判断能力、逻辑矫正能力和译语表达能力。换言之，译者的任务是将源语的意蕴，而非仅仅是表层的意义，传达出来。

2.1.1.6 小结

刘宓庆对翻译思想研究的基本观点主要体现在中西翻译思想的宏观比较研究方面。就认识论而言，翻译思想源于翻译经验的体悟，是最高层级的翻译理论，具有高级性、能产性、模糊性、传承性和迁延性的基本特征。就方法论而言，中西翻译思想的研究可以从历时角度考察其源流及其沿革模式，也可以从共时的角度比较其相似/异性及社会/文化成因。就价值论而言，翻译思想研究有助于整体认识翻译理论、辨识翻译思想的源流、

---

① 刘宓庆：《中西翻译思想比较研究》（第二版），第 358 页。
② 同①，第 368–397 页。

重构传统翻译思想和促进翻译实务的发展。

具体而言，中国传统翻译思想具有文化战略考量、圆满调和、义美兼顾、主体领悟的共性特征；当代中国翻译思想具有重交流中的语义定夺和优化表现的特点；中国翻译流派正在酝酿之中，尚未有明确的学派出现。与中国翻译思想相比较，西方传统翻译思想具有重对应、重文体考量、重翻译的艺术性和德国古典主义译论影响深远的鲜明特点；西方当代主流翻译思想具有重交流的目的—形式—效果、重译者的功能发挥、重译文倾向的特点；西方当代翻译流派是西方当代翻译思想的共时体现，具有一定的偏颇倾向，不符合中国翻译思想的"圆满调和"特征。

总之，中西翻译思想的宏观比较研究，有助于发现中西传统、现当代翻译思想的异同，为构建当代中国译学的新传统观明确方向，澄清认识，且体现了刘宓庆的翻译思想——不盲从西方译论，而是借鉴西方译论对中国的启示，在维根斯坦哲学的功能主义下，创建中国翻译学或者中国翻译学的功能学派。可见，刘宓庆对中西翻译思想的异同及成因考察并非研究的最终目的，其最终目的应该是打破西方话语霸权，赢得中国翻译话语权。

2.1.2 他人的研究进展

国内学者通过翻译思想和翻译理论的辨析，明确了翻译思想的内部层次，呼应了刘宓庆对翻译思想的合理定性与定位。此外，国内学者对包含翻译思想的传统译论做出了评析、阐释和英译传播的继承与发展研究，对当代翻译思想研究主要体现在对中国当代翻译理论的反思、域外传播、西方当代译论的接受等方面，对中西翻译理论比较进行了历时和共时、宏观和微观的对比研究。这些同类研究与刘宓庆关于中国翻译理论或曰翻译学建设的基本翻译思想一脉相承，集中反映了中国翻译学界的主流翻译思想，即通过继承传统译论和借鉴西方译论的途径，以本土理论的创新研究为己任，建设中国翻译学，以期实现中国翻译话语在国际舞台上的影响力，为世界翻译科学做出应有的贡献。

国内学者对刘宓庆翻译思想的研究主要包括刘宓庆翻译思想在国内外的占位与影响力研究，是一种评述、借鉴和应用的接受过程。尽管个别国内学者对刘宓庆的中国特色翻译理论和西方译论观进行了批评，但是刘宓庆在中国翻译理论构建过程中做出了突出的贡献，其翻译思想对中国翻译理论建设影响深远。在英语世界，刘宓庆翻译理论的英文发表和译介以及国内外学者的参考性和应用性研究，促进了刘宓庆翻译思想在英语世界的传播。

2.1.2.1 国内同类研究的进展

就翻译思想而言，国内学者有较多的研究成果。通过"中国知网（CNKI）"，以"翻译思想"为篇名的搜索（搜索日期为2018年8月10日），我们发现，就不同历史时期的平均发文量来看，1981—1990年均0.9篇，1991—2000年均4篇，2001—2005以及2006—2010年均分别为15.2篇和75.4篇，2011—2017年均105篇。这表明，国内翻译思想研究在2005年之后成了学界的关注点。本部分主要探讨中国学者对传统翻译思想和当代翻译思想的研究，以期更好地把握刘宓庆对翻译思想的研究。

A. 翻译思想的定性与定位

尽管刘宓庆明确地把翻译思想定位在翻译理论的最高层级[①]，但是学界在探讨翻译思想和翻译思想史时，往往将基础层级和中间层级的翻译理论（分别为翻译方法论和翻译对策论）等同为翻译思想，模糊了翻译理论与翻译思想的界限。邵有学通过翻译思想研究形成的沿革，辨析翻译思想与翻译理论，指出"翻译思想研究至少应包括两个方面：个人翻译实践和理论研究的理念和指导原则；社会历史背景下的译者和翻译研究者的集体意识及其潜意识，而这两个方面的描述均需置于社会政治、文化甚至经济的背景之下。"[②]此种论述呼应了刘宓庆对翻译思想的定性与定位，明晰了翻译思想的内部层次性，是对翻译思想宏观研究的进一步深化，但是过度强调翻译理论和翻译思想的不同之处，忽略了翻译理论的纵深结构与翻译

---

① 刘宓庆：《中西翻译思想比较研究》（第二版），第2页。
② 邵有学：《翻译思想与翻译理论考辨》，《中国外语》，2018年，第2期，第99-105页。

思想形成的关系，即下层的基础或者中间理论的富集可以升华成"箴言式的"翻译思想（参见图2-1）。

B. 传统翻译思想研究

中国翻译研究者（如陈福康、王宏印、张佩瑶、陈德鸿等）对富集翻译思想的传统翻译理论进行评析、阐释或者英译，促进了中国传统翻译思想研究的发展。

首先，国内学者对传统翻译思想的研究体现在其对传统翻译理论的编撰、注释、评析与阐释中。继香港学者刘靖之和内地学者罗新璋分别编撰的同名中国翻译理论文集《翻译论集》[1][2]之后，陈福康的《中国译学理论史稿》对中国传统翻译理论的发生、发展、价值与意义做出了较全面的梳理与评析[3]，王宏印的《中国传统译论经典诠释——从道安到傅雷》对传统译论进行了现代阐释，为中国翻译学的建设做出了努力[4]。尽管如上中国学者在论述传统翻译理论时，较少地采用"传统翻译思想"这个术语，但是王秉钦撰写的《20世纪中国翻译思想史》[5]，却旗帜鲜明地使用了"翻译思想"这个术语。另外，个别文集编撰者基于翻译理论资料，提出的中国传统翻译思想的沿革与特点，对中国翻译理论的建设具有重要意义。例如，罗新璋提出了我国翻译理论具有"案本—求信—神似—化境"的体系[6]，对中国学者端正学术态度，纠正妄自菲薄和全盘西化的思想具有积极意义。

其次，国内学者对传统翻译思想的研究还体现在中国传统译论在英语世界的传播。香港学者张佩瑶和陈德鸿是中国翻译理论在英语世界传播的开拓者。张佩瑶英译了中国传统翻译理论（早期至19世纪的中国翻译理

---

[1] 刘靖之编：《翻译论集》，香港：三联书店（香港）有限公司，1981年。
[2] 罗新璋编：《翻译论集》，北京：商务印书馆，1984年。
[3] 陈福康：《中国译学理论史稿》，上海：上海外语教育出版社，1992年。
[4] 王宏印：《中国传统译论经典诠释——从道安到傅雷》，武汉：湖北教育出版社，2003年。
[5] 王秉钦：《20世纪中国翻译思想史》，天津：南开大学出版社，2004年。
[6] 罗新璋：《我国自成体系的翻译理论》，《中国翻译》，1983年，第7期，第9–13页；第8期，第8–12页。

论）①②，为传播中国传统翻译思想做出了重要的贡献。在其英译中，张佩瑶并非简单地进行汉英文本转换，而是为了促进西方学者正确理解，对译文做了详细的注释和评论性研究。陈德鸿主编了关于20世纪中国翻译理论的英译选集③，该文集不仅包含了其他学者对中国翻译理论的英译文，而且还包含了陈德鸿的英文原创性文章，即对中国民族和文化身份的后殖民翻译研究。基于中国翻译理论的英译与研究，张佩瑶和陈德鸿传播了中国翻译思想，有助于使边缘化的中国翻译话语走向世界，与西方同行进行平等对话。

最后，在传统翻译思想的研究过程中，某些国内学者提出了自己的翻译思想。例如，基于中国哲学的"和合理论"的理念和方法，钱纪芳提出并论述了和合翻译思想的总体原则和行为准则④。同样，基于和合思想，吴志杰提出了构建"和合翻译学"的理念，并论述了和合翻译的本体观、伦理观、认识观、审美观和文化生态观⑤。再例如，通过中国传统译论经典的现代诠释，王宏印和刘士聪提出了建设中国翻译学的主张，认为建立中国翻译学是中国传统翻译理论发展的必然，并指出中国传统翻译理论的现代阐释是中国翻译学建立的一种努力。

> 中国翻译学理应是中国传统译论的一个合乎逻辑的演进阶段，和中国翻译传统的一个历史的发展结果。为之我们所能做的事情就是对于中国传统译论进行科学而有效的现代诠释，使其顺利地朝着中国翻译学的理论体系和现代形态这一理想转化，作为建立中国翻译学的一种努力。⑥

---

① Cheung, M. P. Y. (ed). *An Anthology of Chinese Discourse on Translation (Volume 1): From Earliest Times to the Buddhist Project.* Manchester: St. Jerome, 2006.
② Cheung, M. P. Y. & R. Neather (ed). *An Anthology of Chinese Discourse on Translation (Volume 2): From the Late Twelfth Century to 1800.* London: Routledge, 2017.
③ Chan, T. L. (ed) *Twentieth-century Chinese Translation Theory: Modes, Issues and Debates.* Amsterdam: John Benjamins, 2004.
④ 钱纪芳:《和合翻译思想初探》,《上海翻译》, 2010 年, 第 3 期, 第 11–15 页。
⑤ 吴志杰:《和合翻译研究刍议》,《中国翻译》, 2011 年, 第 4 期, 第 5–13 页。
⑥ 王宏印、刘士聪:《中国传统译论经典的现代诠释——作为建立翻译学的一种努力》, 第 8–10 页。

王宏印和刘士聪的上述传统翻译思想的现代阐释观，也得到了香港学者的呼应。在中国传统翻译理论英译和研究的基础上，张佩瑶则指出中国翻译传统蕴含着丰富的可供研究的课题，需要国内学者重新阅读和阐释传统译论，从而推动中国及世界翻译学的发展[①]。可见，中国翻译研究者对传统翻译理论的现代阐释和英译，是以建构中国翻译学并与西方同行平等对话为最终目的的，也是翻译学重构和建设的有效途径，体现了刘宓庆的文化战略思想。

　　这些学者对中国传统翻译理论的研究，既传承了中国传统翻译思想，又反映了研究者自己的翻译思想，包含着一种继承、开拓与创新的学术追求精神。这些主流的翻译思想，与刘宓庆对待中国传统翻译理论的思想一脉相承。

　　C. 当代翻译思想研究

　　董秋斯于 1951 年指出中国翻译理论建设的两件具体工作是写成两部著作，即《中国翻译史》和《中国翻译学》[②]。此处需要明确的是，董秋斯所指的《中国翻译史》和《中国翻译学》应具有中国传统思想兼具时代和地域特征，也就是刘宓庆所倡导的中国翻译理论/学应该遵循"本位观照，外位参照"的原则，体现中国价值或者应有中国特色。目前，这两件工作已经完成：第一件工作见于马祖毅主撰的五卷本《中国翻译通史》[③]；第二件工作见于黄龙撰写的《翻译学》[④]、谭载喜的《翻译学》[⑤]、刘宓庆的《现代翻译理论》[⑥]、许钧和穆雷的《翻译学概论》[⑦]。尽管这些关于翻译学的著作未冠"中国"二字，却是国内学者继承传统、立足本土、借鉴国外的研究成果，所探讨的主题超出了传统翻译理论的范畴。随着全球化和科技进步，翻译活动的疆域不断拓展而具有新特点，中国传统翻译思想面临着适

[①] 张佩瑶：《重读传统译论——目的与课题》，《中国翻译》，2008 年，第 6 期，第 5-10 页。
[②] 董秋斯：《论翻译理论的建设》，罗新璋编：《翻译论集》，北京：商务印书馆，1984 年。
[③] 马祖毅等：《中国翻译通史》（第一至五卷），武汉：湖北教育出版社，2006 年。
[④] 黄龙：《翻译学》，南京：江苏教育出版社，1988 年。
[⑤] 谭载喜：《翻译学》，武汉：湖北教育出版社，2000 年。
[⑥] 刘宓庆：《现代翻译理论》，南昌：江西教育出版社，1990 年。
[⑦] 许钧、穆雷编：《翻译学概论》，南京：译林出版社，2009 年。

应新时代发展的挑战,这要求学者们积极探讨新时代的翻译思想。国内翻译研究者对中国当代翻译思想研究主要包括三个方面的内容:对中国翻译学研究的反思、西方翻译理论的引进与接受以及中国当代翻译理论的域外传播。

第一,新时代中国译学理论研究的反思。

随着中国经济、政治、文化的发展,中国翻译实践和翻译理论研究迎来了新时代。黄友义指出当前中国翻译界"已经进入一个从输入型翻译到输出型翻译为主的新阶段。……更精准、更有效地传播中国声音,讲述中国故事,展示真实、立体、全面的中国"① 成了翻译实践与翻译教育转型发展的新挑战。新时代不仅使中国翻译面临着挑战,而且为之提供了机遇,因而翻译工作者"应该继承优良的翻译传统,担负起应有的使命与担当,……为中华民族的伟大复兴和构建人类命运共同体做出新的贡献"。② 与新时代的翻译现实相应,中国翻译研究者肩负着新时代翻译观念转型的历史使命,需要重构中国翻译学。

在建构翻译学之初,学者们就翻译学的定性和定位存在争论,即:翻译学是一门科学,还是一门艺术?建构的翻译学是普遍/共性的,还是特色/个性的?随着辩论的深入,中国翻译学也在辩论中成长,学界目前基本达成共识,认为中国翻译学的建设要立足本土,面对现实。在建设中国翻译学的过程中,中国翻译学建设者(如杨自俭、许钧、穆雷和蓝红军等),对中国翻译学研究进行了回顾与展望。2000年之前,我国译学建设取得了一定的成绩,然而为了解决译学建设中存在的"理论研究少""研究队伍弱小""学风译德差"等主要问题,适应时代和国家对译学的新要求,杨自俭指出在新的历史时期,中国翻译学建设的任务主要是"建设翻译研究队伍","扩大知识面","提高理论修养";"加强翻译学本学科建设",进行"传统译学的继承性研究,国外译学的借鉴性研究,翻译实践(包括教学实践)中新问题的探索性研究,学科吸融性研究,方法论的多层次研究";"加快教育改革步伐";"端正学风,求实创新";"开好专题

---

① 黄友义:《服务改革开放40年,翻译实践与翻译教育迎来转型发展的新时代》,《中国翻译》,2018年,第3期,第5-8页。
② 蒋洪新:《新时代翻译的挑战与使命》,《中国翻译》,2018年,第2期,第5-7页。

研讨会"①。杨自俭对我国新时代的翻译学建设中存在的主要问题以及应对策略的研究成果，与刘宓庆的核心翻译思想一致，应该成为新世纪中国译学建设的指导原则。除了杨自俭的上述研究之外，许钧和穆雷考察了改革开放三十年（1978—2007）来的中国翻译学研究，梳理了中国翻译学的发展历程，指出研究者在学科、理论、学术规范、方法论、创新等方面的意识增强，认为今后应该继续加强学科理论建设、深入理论探索、规范学术研究和实现创新研究②。另外，通过总结新中国翻译六十年（1949—2008）的成就，许钧和穆雷指出，"新中国的翻译事业与国家的建设和社会的发展同步前进，翻译研究与翻译学科建设取得了令人瞩目的成就"，同时指出中国译学研究应该进一步关注历史的发展进程、现实的重大问题、文明的对话交流、相关学科的发展、翻译事业的未来发展趋势，以期"在新的历史时期与多元文化语境中翻译所肩负的历史使命促成不同文化之间的相互理解，实现不同文化的和平共存"③。尽管这些综述性研究发生在十年前（如许钧和穆雷的两项研究），甚至二十年之前（如杨自俭的研究），但是明确了其后的译学理论建设任务和关注的主要问题，有利于促进中国翻译学继承传统、借鉴国外、立足本土、面向现实的创新性研究。

有关中国译学研究的最新综述，也基本回应了前人的研究成果。例如，在国家倡导民族和文化自信、理论与方法创新的时代背景下，穆雷和傅琳凌指出，"自20世纪90年代，国内翻译学界的理论创新方面做了一些有益的尝试，这些尝试有助于激励译界学者避免盲目跟随西方研究之风并重新审视中国本土译论的价值，对翻译学科的健康发展有所裨益"，并认为翻译学建设是面向本土现实的动态工程，非一时之力为之，并提出了理论建设的原则和途径，即："理论建构的基本原则为'问题导向原则'，建构的典型途径主要包括以下四个方面：文献爬梳、追根溯源；借鉴古今、发掘增量；明确概念、规范译名；证实立足、证伪完善。"④ 此外，蓝红军回

---

① 杨自俭：《我国译学建设的形势与任务》，《中国翻译》，2002年，第1期，第4-10页。
② 许钧、穆雷：《中国翻译学研究30年（1978—2007）》，《外国语》，2009年，第1期，第77-87页。
③ 许钧、穆雷：《探索、建设与发展——新中国翻译研究60年》，《中国翻译》，2008年，第6期，第5-12页。
④ 穆雷、傅琳凌：《翻译理论建构的原则与途径》，《中国翻译》，2018年，第1期，第9-18页。

顾了1987—2017年中国译学理论研究"从学科自觉到理论建构"的历程，指出学者们在学科建构方面取得了显著的成绩，并为中国译学理论研究的进一步发展提出了建议，即："重视学科功能；拓展理论资源；革新本体观念；强化学派意识。"① 此处需要明确的是，当前中国翻译学研究中，出现了本土的理论（如胡庚申的"生态翻译学"、黄忠廉的"翻译变异论"、周领顺的"翻译实践批评理论"等），个别学者（如许渊冲、吴自选）的学派意识较浓厚。基于中国传统道家哲学的本体论和认识论以及儒家思想的实践论（方法论）和艺术论，许渊冲提出并论证了"中国学派的文学翻译理论"自成一派，"并非落后于西方"②③。吴自选通过黄仲廉的变译理论，分析了中国翻译理论学派的建构，认为"变译理论是在全方位发掘本土翻译学术资源基础之上建构的具有普适性的翻译理论中国学派，对中国译学理论的演进有重大推动作用"④。需要指出的是，刘宓庆在2006年曾经探讨过翻译流派的历史沿革，并基于我国20世纪尤其是其最后二十年的大规模的翻译实践和深入的翻译理论研究，提出了"中国功能主义的翻译理论"，且预见性地指出中国翻译理论的发展，将迎来"中国译坛流派纷呈的时代"⑤。中国翻译界的这些原创性和系统性的本土理论，秉承中国传统翻译思想，基于汉外/外汉的翻译实践，强调语用和功能，实际可以归结为刘宓庆所倡导的"中国翻译学功能学派"⑥。总之，在新时代的"文化走出去"的社会历史背景下，输出型翻译成为主要的译介模式，中国翻译理论走向世界的呼声不断高涨，这使中国翻译学派创立和发展成为历史的必然。

综上，杨自俭、许钧和穆雷等学者的研究及其观点与刘宓庆一直以来

---

① 蓝红军：《从学科自觉到理论建构：中国译学理论研究（1987—2017）》，《中国翻译》，2018年，第1期，第7-16页。
② 许渊冲：《谈中国学派的翻译理论——中国翻译学落后于西方吗？》，《外语与外语教学》，2003年，第1期，第52-54页。
③ 许渊冲：《再谈中国学派的文学翻译理论》，《中国翻译》，2012年，第4期，第83-90页。
④ 吴自选：《变译理论与中国翻译理论学派的建构》，《上海翻译》，2018年，第4期，第75-77页。
⑤ 刘宓庆：《流派初论——迎接中国译坛流派纷呈的时代》，《中国外语》，2006年，第6期，第72-76页。
⑥ 刘宓庆：《中西翻译思想比较研究》（第二版），第xxxxii页。

所倡导且身体力行的"文化战略观""整体性整合研究法"等主张和理念一致，体现了中国文化传承与自信、理论开拓与创新的时代要求。由此，新时期的中国翻译研究者，需要肩负起中国译学理论长足发展且与世界同行平等对话的使命，需要"直面历史、关注现实"，应对"全球化"和"中国文化走向世界"的趋势[①]，把握"在传统和现代之间"的译学建设途径[②]，建设本土的理论或者学派。

第二，西方译学理论的引进与接受。

如前所述，中国翻译学理论的建设，除了中国翻译传统的继承性研究，尚须借鉴西方同行的研究成果，但并非盲从西方翻译理论。事实上，新时期的中国译学理论建设，伴随着西方译学理论的引进、接受与创新。20世纪80年代初以来，西方译论逐渐被中国学者介绍到国内。谭载喜的《奈达论翻译》《新编奈达论翻译》《西方翻译简史》就是这一背景下的产物。需要指出的是，谭载喜对尤金·奈达（Eugene A. Nida, 1914—2011）翻译理论的引进和研究，为我国翻译研究者了解西方翻译理论做出了重要的贡献，也展现了西方翻译理论在国内的接受过程。如果说谭载喜对奈达翻译理论的研究经历了编译[③]和编著[④]的过程，那么后来的学者（如马会娟[⑤]、刘四龙[⑥]和杨柳[⑦]）则是在此基础上的批判性研究。随着国内出版社对西方原版的引进，西方翻译理论在中国的传播速度得到加快。上海外语教育出版社的"国外翻译研究丛书"和外语教学与研究出版社的"外研社翻译研究文库"均为开放性的丛书，不断把西方经典和重要原著引进国内，为国内学者提供了一手的研究资料，促进了其对西方翻译理论的研究。除了奈达的翻译理论，西方语言学取向的翻译理论不断引进国

[①] 许钧：《直面历史　关注现实——关于新时期翻译研究的两点建议》，《外国语》，2014年，第3期，第2-3页。
[②] 张佩瑶：《传统与现代之间——中国译学研究新途径》，长沙：湖南人民出版社，2012年。
[③] 谭载喜编译：《奈达论翻译》，北京：中国对外翻译出版公司，1984年。
[④] 谭载喜编著：《新编奈达论翻译》，北京：中国对外翻译出版公司，1999年。
[⑤] 马会娟：《奈达翻译理论研究》，北京：外语教学与研究出版社，2003年。
[⑥] 刘四龙：《重新认识翻译理论的作用——对奈达翻译思想转变的反思》，《中国翻译》，2001年，第2期，第9-16页。
[⑦] 杨柳：《西方翻译对等论在中国的接受效果——一个文化的检讨》，《中国翻译》，2006年，第3期，第3-9页。

内，如约翰·卡特福德（John C. Catford，1917—2009）和彼得·纽马克（Peter Newmark，1916—2011）等的翻译理论。此外，西方不同翻译流派的理论逐渐为国内学者所熟知，如汉斯·弗米尔（Hans J. Vermeer，1930—2010）和克里斯蒂安·诺德（Christiane Nord，1943— ）等功能学派的翻译目的论；苏珊·巴斯耐特（Susan Bassnett，1945— ）、安德烈·勒菲弗尔（André Lefevere，1945—1996）和吉迪恩·图里（Gideon Toury，1942—2016）等文化学派的翻译理论；道格拉斯·罗宾逊（Douglas Robinson，1954— ）和劳伦斯·文努蒂等解构主义学派的翻译理论；恩斯特–奥古斯特·格特等认知学派的关联翻译理论。

除了理论的引进与内化，翻译实证/实验研究的方法也陆续引入国内。例如语料库翻译学，最早通过书评和综述引进国内，目前学界主要进行汉外和外汉为研究语料的创新性研究。翻译认知过程研究的新方法/工具（如除有声思维法之外的眼动、击键和脑电技术等）和研究成果，不断引进国内，并且个别国内学者开始了尝试性研究，如冯佳对译入/译出认知负荷进行了眼动实验研究[1]，康志峰对源语的熟悉度如何影响学生口译员的意识参与（冲突）进行了事件相关脑电位实验研究[2]。此外，影视翻译和翻译技术的研究方法也在国内被逐渐引入、评析与探索。一时，西方理论纷呈，方法多样，个别国内学者（如杨柳、屠国元和肖锦银、文军和施佳、王建国等）对西方翻译理论及其在中国的接受现状进行了研究。

通过西方翻译理论对中国翻译界影响的考察，杨柳指出当代西方翻译理论资源在中国的配置发生了较大变化，1949 年之前尚未有西方翻译理论的渗入，但是新中国成立后，占据支配地位的西方理论在不同时期有所侧重，大致经历了苏联翻译理论（1949—1960）、美国的奈达理论（1981—1995）、文化学派的理论（1996—2006）和哲学学派的翻译理论（1998—2011）为主的时期。基于对 1998—2011 年间中外翻译理论资源之间的力量对比变化和所存在问题的分析，杨柳指出尽管这些西方的理论对中国翻

---

[1] 冯佳：《译入/译出认知负荷比较研究——来自眼动追踪的证据》，《中国外语》，2017 年，第 4 期，第 79-91 页。
[2] 康志峰：《口译行为的 ERP 证据：认知控制与冲突适应》，《中国外语》，2017 年，第 4 期，第 92-102 页。

译理论的探讨提供了新的思想和方法论指导，但是为了保证本土学术资源的可持续性发展，我们还应该"重视本土理论资源的发掘。……重视跨学科理论资源的发展"①。同样，屠国元和肖锦银在分析其西方现代翻译理论在中国译界的接受及其对中国翻译研究的影响后，指出对待西方译论我们必须"采用'拿来主义'的辩证态度，在批评中接受，使之最大程度地融入我国译论之中，从而调和中西翻译理论，为完善并建立我国的翻译理论系统找到合理的途径"②。这些类似的研究，在极大程度上反映了"洋为中用"的学术立场，体现了刘宓庆所主张的"外位参照"的翻译思想，有益于中国学术的发展与创新。

在对西方翻译理论的译介和应用过程中，国内学者存在一定的误读和误用现象。例如，文军和施佳考查了图里的翻译理论在中国的译介及应用，并指出国内学者对图里翻译理论存在的误读和误用之处③。可见，为更好地理解和利用西方翻译理论，我们应该将西方翻译理论置于传统、现代和后现代框架下加以同时考察，揭示其基本特征及其对立、调和与共存关系④。这也是刘宓庆所倡导和实践的探讨中西方翻译思想的一条有益途径。此外，与国外学者研究相比，国内学者对西方某一翻译理论的研究，也存在不平衡的状态，表现为创新研究的力度不足。王建国对国内外关联翻译理论研究的进展进行了对比分析，指出"我国学者更多地注重研究如何应用关联理论来实现忠实的翻译，而西方学者则紧随关联理论的新发展提出新的关联翻译理论"⑤。

除此之外，国内个别国内学者也像刘宓庆那样对西方后现代翻译理论进行了批判性研究，并且主张继承中国传统思想，借鉴西方理论，重构翻译学，从而克服后现代的缺陷与不足。例如，吕俊在《跨越文化障

---

① 杨柳：《国外翻译理论资源在中国的影响力研究：1998—2011》，《江苏社会科学》，2012年，第4期，第157-164页。
② 屠国元、肖锦银：《西方现代翻译理论在中国的传播与接受》，《中国翻译》，2000年，第5期，第15-19页。
③ 文军、施佳：《图里翻译理论在中国的评介及应用》，《民族翻译》，2009年，第3期，第11-19页。
④ 宋美华：《西方翻译研究的传统、现代与后现代：区别、对立、共存》，《中国翻译》，2018年，第2期，第17-24页。
⑤ 王建国：《关联翻译理论研究的回顾与展望》，《中国翻译》，2005年，第4期，第21-26页。

碍——巴比塔重建》一书中，评析了我国翻译研究的语文学模式、西方结构主义语言学模式对中国翻译研究的影响、西方后现代的解构主义翻译理论对结构的肢解和颠覆，从而探索了翻译学建构的新途径，即在尤尔根·哈贝马斯（Jürgen Habermas，1929— ）语言哲学中的交往行动理论——普遍语用学框架内，重构翻译学[1]。再例如，蔡新乐指出当前"西方翻译研究已经落入后现代的逻辑主义陷阱"，并论证了儒家思想的非逻辑性的思维方式（如"教""学""如"）能够引入译学理论并在其中发挥作用，能够将西方现代译论从陷阱中拯救出来的观点[2]。其实，西方解构主义的翻译理论家，并非完全以破坏性解构为最终目的，而是体现出了建构的翻译思想。解构是建构的前提。美国的道格拉斯·罗宾逊是一位解构主义翻译理论研究者，他挑战旧的翻译观，其激进的观点往往造成学者的误读。在系统研究罗宾逊翻译理论思想的基础上，朱琳指出罗宾逊的解构主义翻译理论，包含了建设性的思想——"译者为中心的多学科性翻译理论建构"[3]。

可见，西方翻译理论在中国的接受研究，有益于探明国外理论在中国的占位和影响力，有效防止国内学者对西方翻译理论的误读和盲目崇拜，促进本土翻译理论的创新性研究。

第三，中国当代翻译理论的域外传播。

国外的某些在线数据库，如"翻译学文献库"（Translation Studies Bibliography，https://www.benjamins.com/online/tsb），可以为中国当代翻译理论的域外传播提供相关检索。通过"翻译学文献库"的基本查询功能，搜索关键词"Chinese"，搜到符合条件的文献共1412条（检索日期为2018年8月10日）。这些文献主要包括《巴别塔》（*Babel*）、《媒他》（*Meta*）、《目标》（*Target*）、《视角》（*Perspectives*）等国外翻译学期刊的发文篇名，《中国翻译》《外国语》《翻译界》等国内期刊中的英文篇名，以及在劳特利奇（Routledge）、约翰·本杰明（John Benjamins）、施普林

---

[1] 吕俊：《跨越文化障碍——巴比塔重建》，南京：东南大学出版社，2001年。
[2] 蔡新乐：《中华思想视角下的翻译理论初探——兼论西方"原型"翻译思想》，《中国翻译》，2013年，第1期，第5—11页。
[3] 朱琳：《译者为中心的多学科性翻译理论建构》，天津：南开大学（博士论文），2010年。

格（Springer）等国外出版社的著作或者论文集中的发文篇名。需要明确的是，采用"Chinese"为关键词，是基于汉外/外汉翻译实践的考量，尽管此类搜索难以精确地把所有中国翻译研究者的著作和论文一网打尽，且混杂了少数西方学者的研究成果，但是基本反映了中国翻译理论在国外的传播现状。

为了与西方学者的发文量比较，在难以全部获取翻译研究文献的前提下，以搜索关键词"Translation"为例，搜到符合条件的文献共22950条（检索日期为2018年8月10日）。其中，中国学者占到了6%左右，西方学者大致占94%。可以预见，随着国内学者的国际发表意识的提高和国内刊物加入国际文献收录数据库，中国翻译学者在国际上的声音越来越大。值得指出的是，香港中文大学的陈善伟和大卫·伊·波拉德（David E. Pollard）于1995年主编的《汉英/英汉翻译百科全书》（*An Encyclopedia of Translation: Chinese-English/English-Chinese*），香港岭南大学的陈德鸿于2004年主编的《二十世纪中国翻译理论：风气、问题与争论》（*Twentieth-century Chinese Translation Theory: Modes, Issues and Debates*），英国斯望西大学的克里斯·谢（Chris Shei）和台湾大学的高照明于2017年合编的《劳特里奇中国翻译手册》（*The Routledge Handbook of Chinese Translation*），对中国学者的翻译研究走向世界起到了重要的作用。此外，中国学者近五年（2012—2017）在国际翻译学刊物《视角》上发表的原创性研究成果，由该刊物的主编罗伯托·瓦尔迪翁（Roberto A. Valdeon）于2017年编辑为《21世纪中国翻译研究》（*Chinese Translation Studies in the 21st Century*）一书在劳特里奇出版社出版。这将进一步提升中国翻译研究学者及其研究成果在国际上的地位和影响力。

综上，国内学者对西方翻译理论/思想在国内的接受过程，大体上经历了介绍性引进、阐释性评述、应用性探索、批评性研究的阶段，因而总体上并非盲目的接受，而是保持警惕性的借鉴。这也正是刘宓庆等学者对待西方翻译理论的基本态度取向，即借鉴但不盲从西方翻译思想。从国内出版的专著和刊登在国内期刊的文章来看，西方翻译理论对中国译论的影响，往往以西方译论的中国化为前提，即涉及西方某译论对中国翻译的启示或者结合西方译论的应用性研究。这表明，一方面，当前中西译论在国内的发展趋势并非"西风压倒东风"的失衡状态；另一方面，中国学者在探讨西方翻译理论时的创新性研究不足。可见，中国学者更需要在国外学术期刊和出版社发表本土原创性或者域外理论拓展性的研究成果，取得与西方学者平等对话的权利。

D. 中西翻译思想对比

西方学者探讨中西翻译思想的研究成果比较少见，主要见于勒菲弗尔的《中西翻译思想比较》[①]一文，但是国内学者的研究较为丰富。通过"中国知网"，搜索以"中西翻译思想"为主题词的文献（搜索日期为2018年8月10日），其他搜索条件不限，我们发现共24篇。同样，分别以"中西翻译理论"和"中西译论"为主题词的检索，发现符合检索条件的文献分别为60篇和116篇，共计176篇。这表明，在数量上，国内学者对中西翻译思想研究少于中西翻译理论（或者中西译论）的研究。如前所述，尽管中国翻译研究界对于"翻译思想"和"翻译理论"存在混用的现象，往往用"翻译思想"（即高级层次的翻译理论）取代基础和中间层次的"翻译理论"，但是在对比分析时则倾向于用"翻译理论"而非"翻译思想"。这可能是翻译思想研究，尤其是中西翻译思想比较研究，起步晚而造成的，也可能是中西翻译理论的概括性使然，即中西翻译理论包括了中西翻译思想，但是后者不包括前者。本部分主要探讨中西翻译思想研究中，中国学者的同类研究，包括中西翻译理论中属于中西翻译思想研究的成果，但是不包括刘宓庆自己的相关研究以及他人对刘宓庆翻译思想的研究。

在搜索到的24篇有关"中西翻译思想"的文献中，筛选去除"杂质"（如刘宓庆自己或者他人对刘宓庆翻译思想的研究，同时在会议与期刊上发表的同名论文等），还剩3篇。这3篇论文中，2篇涉及对勒菲弗尔的《中西翻译思想比较》一文的质疑，1篇涉及中西翻译思想的差异。贺桂华和斯婉青指出，勒菲弗尔的《中西翻译思想比较》从文化层面分析了中西翻译传统差异的原因，但是在"中国翻译历史阶段的划分、中西翻译传

---

① Lefevere, A. Chinese and western thinking on translation. In Bassnett, S. & A. Lefevere (eds). *Constructing Cultures: Essays on Literary Translation.* Clevedon: Multilingual Matters Ltd, 1998:12-25.

统中原文与译文的关系、西方译者的读者意识和西方翻译史上的合译"四方面存在误读或误释,因此呼吁"国内学者在学习国外翻译著作时不可盲信书中所言,而应大胆质疑、小心求证,并积极发表自己的不同见解,以赢得一个与西方平等对话的翻译研究话语权"①。这为西方翻译理论的盲信者敲响了警钟。于德英也持相似的观点,即倡导回应勒菲弗尔对中国翻译思想的误读,并认为"古今译论融合、中西译论对话互动"是实现中西译论"互识、互证和互补的目标"的途径②。陈琳和张春柏从意识形态、诗学和文类对翻译思想形成的角度,探讨了玄奘和哲罗姆翻译思想的差异及成因,并且指出两者的差异"反映出中西翻译思想的不同特点,这些特点沿袭至今,即中国翻译思想重写意识浓厚,而西方翻译思想文本种类与翻译方法的关系意识强烈"③。

从涉及中西译论比较的文献来看,具有翻译思想性质的研究成果主要包括:倡导创建"中西比较翻译学"(如谭载喜、张思永),宏观探讨中西翻译理论的相似性和相异性(如谭载喜、曾文雄),微观分析中西翻译理论的异同(如吴义诚、张春柏),以及宏观和微观结合来比较中西翻译理论(如吴义诚、张春柏)。代表性的研究分别分析如下。

首先,20世纪90年代中期以来,在中国译学构建的过程中,有关学者提倡构建中西比较译学,认为这有益于深入了解不同文化体系的翻译传统,加深对翻译学本质的认识。谭载喜分析了中西比较翻译研究的必要性,并且指出在中西译论两个体系之间进行具体比较的方法,即"从宏观与微观两个层面入手,采取横向比较、纵向比较和主题比较三种方法"④,同时指出中西翻译理论在发生和发展方面必然具有共性和个性的特征。在谭载喜等前人的研究基础上,张思永指出:"中西译论比较或中西比较译学成为中国翻译理论研究的重要组成部分,……一直以来,国内译学界对中西

---

① 贺桂华、斯婉青:《评勒菲弗尔〈中西翻译思想比较〉一文中的几个定论》,《上海翻译》,2016年,第2期,第89-93页。
② 于德英:《中西译论比较:在异同间寻求文化对话互动的空间——兼论勒菲弗尔的〈中西翻译思想〉》,《外语与外语教学》,2008年,第1期,第56-59页。
③ 陈琳、张春柏:《从玄奘与哲罗姆的比较看中西翻译思想之差异》,《外语研究》,2006年,第1期,第61-65页。
④ 谭载喜:《翻译学必须重视中西译论比较研究》,《中国翻译》,1998年,第2期,第12-16页。

译论的研究很重视，出了很多成果，但整体上讲，微观研究多于宏观研究，个案研究多于概述性研究，框架或论纲式的研究还比较少。"①鉴于此，张思永从本体论、方法论和价值论三个维度建构了中西比较译学的框架，提出了一个中西比较译学论纲（图2-2），为现代翻译学，尤其是中西比较翻译学的进一步发展做出了纲要性的指引。

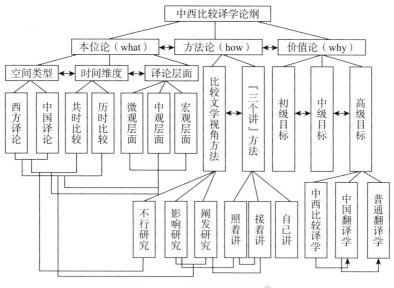

图 2-2　中西比较译学论纲②

其次，除了比较译学构建的设想之外，国内有关学者也对中西译论的异同进行了宏观研究。谭载喜从翻译实践和翻译理论的关系，翻译理论基本模式的发展，翻译思维、原则和方法的演进方面，探讨了中西译论的相似性③。此外，谭载喜从"立论的实用性与理论性、翻译理论中的悟性思维与理性思维、译论表述的含蓄性与明确性、译论研究中的保守性与求新性、立论的中立性与神秘性"五个方面，探讨了中西译论传统的相异性，指出："中国译论传统的主要特点，就是历来强调翻译理论的实用价值，强调翻译经验的规范作用，强调译者对于翻译之道的心灵感应和领悟；而西方译

---

① 张思永：《中西比较译学论纲》，《外国语文研究》，2017年，第5期，第34-43页。
② 同①。
③ 谭载喜：《中西译论的相似性》，《中国翻译》，1999年，第6期，第26-29页。

论传统的主要特点,则在于强调翻译理论的条理性和系统性,强调对于翻译过程的理性描述,以及强调翻译观念的不断更新。"① 需要明确的是,谭载喜对于中西翻译理论比较是从高级理论层面展开的,均属于翻译思想的范畴。曾文雄在其专著《哲学维度的中西翻译学比较研究》中对中西译学的哲学思想从翻译本体论、认知论和方法论层面,进行比较研究,提出了中西译论接受、融合与创新的途径,即"翻译研究将继续走综合或者融合的研究途径,……继续走本土化与全球化结合的道路……翻译哲学则为中西译学的发展奠定基础,确保翻译学朝理性的方向发展,也为中西译学间的对话提供高层的平台。"② 可见,以哲学思想为引导,进行个案实证研究和理论建构研究,有助于深入探讨中西译论的相似性和相异性并且分析其背后的动因,促进比较翻译学、中国翻译学及普通翻译学的建设与发展。

再次,国内个别学者也以个案研究为切入点,从微观层面分析中西翻译理论的异同。吴义诚以法国名著《红与黑》的英译和汉译为例,对19世纪末以来在翻译界影响较大的中国翻译理论和西方的"等值"理论进行了对比研究,发现:"中译论较模糊,重悟性,体现了较强的人文主义精神;西译论较明晰,重理性,体现了较强的科学主义精神。两者之间差异又是由各自文化语境中的不同翻译实践决定的。"③ 张春柏和吴波通过对比佛经与圣经翻译的相似处,指出中西翻译传统的相似性,即中西翻译传统中的"大规模的翻译活动都要受主体文化的目的、文化网格和语言网格的制约,……都有以自我为世界中心的"自我映象"的倾向,因而都倾向于采用归化的翻译策略"④。此类具体的对比研究,有益于深入了解中西翻译思想,推动翻译学的发展。

最后,国内学者也同样从宏观和微观层面探讨中西翻译理论的异同。基于"中国传统翻译理论"与"西方语言学取向翻译理论"的批评性研究,张南峰指出两者都是应用性的理论,忽略了语外的社会文化因素与翻译的关系,同时通过一些个案研究论证了修正后的西方文化翻译理论对中国翻

---

① 谭载喜:《中西译论的相似性》,《中国翻译》,2000年,第1期,第15–21页。
② 曾文雄:《哲学维度的中西翻译学比较研究》,北京:科学出版社,2013年,第211页。
③ 吴义诚:《中西翻译理论的比较》,《外国语》,1998年,第3期,第47–51页。
④ 张春柏、吴波:《从佛经与圣经翻译看中西方翻译传统的相似性》,《上海翻译》,2005年,第2期,第161–165页。

译现象的研究具有适用性①。

综上,中国学者对于中国传统、现当代翻译理论/思想的研究表明,其主要研究目的并非仅仅探讨翻译价值论的初级或者中级目标,而是瞄准高级目标中的中西对比翻译学,以此建构中国翻译学,乃至普通翻译学(参见图2-2)。换言之,中国翻译学界的主流翻译思想是通过继承传统译论和借鉴西方译论的途径,以本土理论的创新研究为己任,建设中国翻译学,以期提升中国翻译话语在国际舞台上的影响力,为世界翻译科学做出应有的贡献。这恰恰是刘宓庆翻译思想的内核。

2.1.2.2 刘宓庆翻译思想的接受

在翻译实践体验和中西翻译理论/思想研究的基础上,刘宓庆提出重构和建设中国(特色)翻译理论的重要思想:站在文化战略的高度上,通过整体性整合性的描写研究,建构中国功能主义的翻译理论。该翻译思想并非停留在口号上,其本人著书立说,实践了自己的主张,并在国内外产生了深远的影响,《刘宓庆翻译论著全集》的初版(2005—2007)和再版(2012)以及国内外学者对刘宓庆翻译理论/思想的批判性或应用性研究就是明证。

国内外的有关学者对体现刘宓庆翻译思想的著述,进行了评析和应用性研究。从发表的期刊论文来看,除综论(如雷祎、王建国、金玲、曾力子、曾力子和范武邱、张思永)之外,其他相关研究主要属于某一特定课题的散论。值得提出的是,张思永的研究课题"刘宓庆译学思想研究"

---

① 张南峰:《中西译学批评》,北京:清华大学出版社,2004年。

（KYQD1708）及其一系列的研究成果[①]，从刘宓庆的译学体系架构、翻译研究范式的转变、翻译研究方法，以及西方翻译观批评之批评等方面深入地探讨了"刘宓庆译学思想"。

为了避免与其他专论所述内容重合，本部分不涉及翻译美学、翻译文化、翻译哲学和翻译教学方面的翻译思想，主要通过国内外学者已发表的作品，进行定量统计和定性描写，系统探讨刘宓庆译学思想中的"中国特色翻译理论"构建和建设在国内外的介绍、阐释、批判、拓展和应用的接受过程。此外，为了避免与其他部分的主题内容相重合，本部分对于中国翻译理论的三大特色（即文化战略观、意义功能观、整合描写法）不再赘述。

A. 在中国的接受

尽管翻译思想不等同于翻译理论[②③]，但是刘宓庆的译学思想主要属于高层级的翻译理论，涉及中国特色翻译理论建构的主张和理念。鉴于此，要统计国内书籍和期刊中的相关研究，需要分别以"中国翻译理论""（中西）翻译思想""刘宓庆"为主题检索。

在"中国知网"，以"中国翻译理论"和"刘宓庆"进行"主题"精确搜索（搜索日期为2018年8月23日），其他搜索项如作者单位、发表时间和基金等不限，发现相关研究共28条文献。由于本部分主要涉及特色理论的通论，因此除去专论翻译美学、翻译文化、翻译哲学和研究方法的书评和应用性研究（尽管也是特色的组成部分，但是在本书的后几章将进行专题分析），以及会议论文或者硕士毕业论文和同名发表的期刊论文

[①] 张思永：《刘宓庆翻译思想研究——学术考察与理论述评》，天津：南开大学（博士论文），2014年。
张思永：《刘宓庆翻译研究方法评析》，《外文研究》，2017年，第1期，第76-81页。
张思永：《批评之批评：刘宓庆的当代西方译论观》，《外语与翻译》，2017年，第2期，第8-14页。
张思永：《论刘宓庆翻译研究范式的演变》，《燕山大学学报（哲学社会科学版）》，2017年，第4期，第21-27页。
张思永：《中西比较译学纲》，《外国语文研究》，2017年，第5期，第34-43页。
张思永：《刘宓庆翻译学体系建构述评》，《北京第二外国语学院学报》，2017年，第6期，第82-100页。

[②] 刘宓庆：《中西翻译思想比较研究》（第二版），第2页。

[③] 邵有学：《翻译思想与翻译理论考辨》，《中国外语》，2018年，第2期，第99-105页。

重复（取其一）后，还剩 15 条文献。此外，在"中国知网"，以"翻译思想"和"刘宓庆"进行"主题"精确搜索（搜索日期为 2018 年 8 月 23 日），其他搜索项如作者单位、发表时间和基金等不限，发现相关研究共 20 条文献。除去与"中国翻译理论"和"刘宓庆"为主题进行搜索而重复的以及不合格的篇目，剩下 3 条文献。为了尽可能地不遗漏文献，进行以"中西翻译思想"为主题的搜索（搜索日期为 2018 年 8 月 23 日），共搜到 24 篇，除去 22 篇（如与前面搜索重复的，会议论文和同名发表的期刊论文重复而取其一，非涉及刘宓庆的研究）还剩 2 条文献。另外，通过中国国家（数字）图书馆（http://www.nlc.gov.cn/），分别按照如上检索词在线搜索，未发现符合条件的著作。这表明在国内的专著出版方面，刘宓庆翻译思想研究尚需突破与拓展。

综上，共计 20 条期刊文献涉及刘宓庆的《刘宓庆翻译论著全集》《中西比较》和《现代／当代／新编当代翻译理论》[①]的评述、特色理论评析、译学体系建构、翻译研究范式。

在 20 世纪 90 年代初，就有国内学者（如穆雷、雷沛）对刘宓庆的中国翻译理论进行了评述，认为刘宓庆的研究具有创新性和开拓性，促进了我国现代翻译理论的研究和发展[②③]。随着刘宓庆的研究成果不断面世，刘宓庆翻译思想研究也开始出现。王建国在评述《刘宓庆翻译论著全集》（2005—2007）时，勾画了刘宓庆翻译思想发展的三个阶段，即 20 世纪 80 年代以前的传统译论研究阶段，20 世纪 80 年代的结构主义语言学取向的文本研究至 90 年代的维根斯坦哲学观照下的功能主义翻译研究，20 世纪 90 年代末到 21 世纪初的以功能主义为主兼顾结构主义的综合取向。同时，王建国总结了刘宓庆翻译思想的特色是其整体观（包括译学内部和外部体系的整体性整合研究以及"本位观照，外位参照"的原则）和维根斯坦哲学下的功能观（包括翻译游戏论、交流中的意义和符合生活形式），指出了刘宓庆对世界译学的贡献在于整体性整合研究和中国特色译学研究

---

① 指《现代翻译理论》《当代翻译理论》《新编当代翻译理论》。
② 穆雷：《锐意创新　立志开拓——评介刘宓庆著〈现代翻译理论〉》，《上海科技翻译》，1992 年，第 1 期，第 41-42 页。
③ 雷沛：《开拓与创新——刘宓庆的翻译理论研究述评》，《中国翻译》，1993 年，第 3 期，第 46-50 页。

两个方面。鉴于此,王建国总结了刘宓庆的中国特色翻译学的内涵和价值。这为总体上评价和把握刘宓庆的翻译思想起到了积极作用。

> 中国特色的翻译学可以理解为包含了从中国传统哲学－美学思想出发,结合当代中西学构建的中国译学本体论和认识论,以及基于汉语语言文化的特点而构建的中国译学方法论、对策论和价值论。从翻译学框架的各个研究范畴来看,方法论、对策论、价值论等范畴研究都尤其涉及语言与文化研究的对象性,从这些方面来看,中国翻译学是可以成为独立的学科的。刘宓庆的理论实践不但证明了这点,同时也证明了中国特色的翻译理论可以为世界译学发展做出自己的贡献。①

在评析刘宓庆的《中西比较》一书中,王建国指出该书"是一部从源头上对中西译学思想进行比较的优秀著作。其中,无论是提出的命题还是其论证方式都是令人震撼的"②。王建国认为该书的重要价值体现在:正本清源地比较中西译学思想;巧妙地结合墨家思想和维根斯坦哲学,论证了重构中国译学传统的思想;创新性地提出功能主义翻译观,为译学研究者提供了一个创新研究的范例。基于此,王建国兼论了译学创新研究的四项保证,即:"学贯中西的理论素养,并扎扎实实做好正本清源的工作""选择译学学术创新的基本价值观——'本位观照,外位参照'""明确学术创新的目的""保证论证的科学性"③。

鲁伟和李德凤指出"刘宓庆的《中西翻译思想比较研究》为探寻中国翻译学建设的动力之源提供方法论上的指导",并认为"'有中国特色的翻译学'的提法有着广义认识论作为哲学基础,因此,提倡有中国特色的

---

① 王建国:《刘宓庆翻译思想研究——〈刘宓庆翻译论著全集〉内容概要》,《英语研究》,2006年,第2期,第33–42页。
② 王建国:《简评〈中西翻译思想比较研究〉——兼谈译学学术创新》,《中国翻译》,2006年,第3期,第36–38页。
③ 同②。

翻译学,并不是让我们走进误区,而是中国翻译研究者必然的努力方向"①。鉴于此,两位作者从认识论的层面,探讨了中国特色翻译学的本质。同时,他们指出中国特色的翻译学旨在构建出中国翻译理论话语/流派,与西方同行平等对话。这不仅是侯林平和李燕妮评析《新当代》时,着重论述的方面,即"放眼世界,构建特色"②,而且也是金玲、曾力子和范武邱专门论述的问题。例如金玲也指出刘宓庆翻译学研究的系统性、整体性整合研究方法论,以及中国特色翻译学理论体系是其翻译思想的集中体现③。此外,曾力子和范武邱指出了"刘宓庆注重汉语,致力中国传统翻译理论的重建,参照西方相关理论,提出'中国特色'翻译理论这一重大命题"④,并构建了翻译学理论体系,同时指出刘宓庆翻译思想具有继承与创新的特点。

此外,在评述《新当代》一书中,王建国指出了该书具有如下鲜明特点。

(1) 重视翻译研究的整体观,提出了"整体性理论整合"的思想,提出了翻译研究的八大关系。更加系统地完善了翻译学理论框架和学科架构,构制了翻译学多维共同体。

(2) 把翻译研究建立在哲学的基础上,尤其是把翻译研究建立在维根斯坦的语言哲学观上。作者明确提出是科学哲学家让我们知道翻译是一门经验科学,一切翻译理论都必须是描写和参照的,对翻译的实质进行了重新思考,发展了意义理论和对比研究理论,并提出了理解理论、形式功能观、翻译教学功能观,以及"功能代偿"翻译方法论和"译文操控"的对策论思想,进一步发展了翻译功能观思想。

(3) 在"建设有中国特色的翻译理论体系"的思想中注入了"中国翻译理论应加强文化战略考量,加强对传统译学的研究,把中国翻

---

① 鲁伟、李德凤:《中国特色的翻译学:误区还是必然?——兼评〈中西翻译思想比较研究〉》,《中国科技翻译》,2010年,第2期,第11-14页。
② 侯林平、李燕妮:《放眼世界,构建特色——评刘宓庆先生的〈新编当代翻译理论〉》,《黑龙江史志》,2009年,第14期,第80-81页。
③ 金玲:《刘宓庆的翻译理论研究》,桂林:广西师范大学(硕士论文),2007年。
④ 曾力子、范武邱:《刘宓庆翻译思想探析》,《民族翻译》,2013年,第1期,第31-38页。

译事业的建设与中华民族文化之振兴联系起来"的思想，从而加深了翻译学价值论的研究，从整体上进一步论证了建设中国特色的翻译理论体系的思想。

(4) 重视翻译思想的研究。作者在本书中多处提到翻译思想研究的重要性，指出"在某种意义上说，翻译思想研究对整个翻译理论研究具有引导和指导意义"。①

这也表明，刘宓庆翻译思想在修正中不断地发展，逐渐走向成熟。其核心思想中的整体观、功能观、文化战略观，构成了中国功能主义的翻译理论。

就对刘宓庆的翻译学体系的研究而言，张思永将其从方法论的视角分为实然体系和应然体系，并指出两个体系的区别在于："实然体系是体系的现实状态，是在实际研究的基础上构建的，属于'研究先行，框架在后'，是归纳的、描写的；应然体系是体系的理想状态，属于'框架先行，研究在后'，是演绎的、规定的。"②通过对刘宓庆的翻译学实然体系和应然体系建构历程和体系结构的梳理与评析，指出了其翻译学体系建构的四个特征，即：翻译学体系意识开启较早；实然体系与应然体系并行建构；明显的跨学科研究方法；体现出"分—总—分—总"的建构历程。最后，总结了其翻译学体系建构对包括中国翻译学体系在内的当前中国译学研究的意义和启示：第一，从研究方法看，加强翻译学的跨学科研究，兼顾跨学科研究的广度和深度；第二，从研究的专注程度看，对某一翻译理论或领域的研究需要进行较长时间的关注；第三，从两类体系的关系看，辩证地看待翻译学的实然体系研究和应然体系研究；第四，从当前的研究实际来看，建构翻译学体系离不开扎实的实然体系研究。张思永的深入研究为中国翻译学体系的进一步完善提供一个反思的视角。

此外，为了全面深入地理解刘宓庆的翻译思想，张思永在探讨刘宓庆的翻译研究范式及其与中国新时期翻译研究范式发展的异同基础上，分析

---

① 王建国：《〈新编当代翻译理论〉述评》，《外语研究》，2008年，第3期，第100-111页。
② 张思永：《刘宓庆翻译学体系建构述评》，《北京第二外国语学院学报》，2017年，第6期，第82-100页。

了出现差异的原因,即刘宓庆的语言观、哲学观、实践观是出现错位的主要原因。①

除了对刘宓庆思想的评述,国内学者还对刘宓庆与国外学者的翻译思想进行比较研究。如曾力子探讨了刘宓庆与奈达的翻译思想形成的阶段性与流变性的异同,并认为"在不同语言环境中展开的理论研究终将引入语言表达的异化,只有求同存异,方能实现翻译的调和"②。此外,个别学者运用刘宓庆翻译思想中的美学/文化/哲学翻译理论探讨了相关翻译现象。如兰宁鸽指出,刘宓庆在本杰明的翻译观基础上提出的"翻译超越论"在诗歌翻译应用中具有启示意义,即"诗歌翻译者在两种语言之间找出一种'纯语言'来实现不同诗歌语言的'互补'。……(诗歌)译者的任务是在译语里激起原作的回声,为此,译者要找到的是体现在译语中的效果,即意向性"③。

综上,从历时的角度来看,刘宓庆翻译思想在总体上的接受特点是:经历了从全面评述到聚焦深入评析,再到个别借鉴和应用性研究的接受过程。从共时的角度来看,出现了刘宓庆翻译思想与同时代的国外同行翻译思想的对比研究,但是与国内同行的专题研究尚需突破。

刘宓庆译学研究中体现出来的翻译思想,一方面得到学界同行的认可与赞赏,另一方面也受到了一定的质疑和批评。国内学者对刘宓庆翻译思想的质疑与批评主要体现在两个方面:一是中国特色翻译理论的批评,二是西方译论观的批评。

就刘宓庆的中国特色翻译理论而言,国内学者的批评往往指向其"中国特色"的表述。然而,中国特色翻译理论的支持者公开拥护刘宓庆的主张,旗帜鲜明地对批评者的论断进行了反批评,反映了刘宓庆翻译思想在辩论中不断发展的历程。王建国指出,尽管张南峰④等学者认为,"特色

---

① 张思永:《论刘宓庆翻译研究范式的演变》,《燕山大学学报(哲学社会科学版)》,2017年,第4期,第21-27页。
② 曾力子:《刘宓庆与奈达翻译思想比较研究》,《邵阳学院学报(社会科学版)》,2016年,第6期,第93-97页。
③ 兰宁鸽:《本雅明的翻译超越论对诗歌翻译的启示》,《宁夏大学学报(人文社会科学版)》,2007年,第5期,第169-172页。
④ 张南峰:《特性与共性——论中国翻译学与翻译学的关系》,《中国翻译》,2000年,第2期,第2-7页。

派"的翻译理论体系属于必须能够指导实践的应用理论体系,主要关注属于方法论、对策论层面的语际转换问题,但是他们忽视了刘宓庆对翻译共性的系统论基础研究,即通过中西哲学思想对译学本体论和认识论的研究[①]。此外,从主体参与的人文社科研究之广义认识论层面,鲁伟和李德凤揭示了中国特色翻译学的本质,即"从中国的历史文化语境出发,以中国人的思维、中国人的视角,构建出的翻译理论话语"[②],从而反驳了"共性派"(如王东风[③]、朱纯深[④])的论点,回应了对"中国翻译学"的质疑。事实上,刘宓庆的一贯主张是中国翻译理论是世界翻译科学的组成部分,"自成体系",自具特色,才能立足于世界译学之林[⑤]。在《中西比较》(第二版)的《新"翻译问答"——第二版代序》中,刘宓庆提到自2008年起,他自己用"翻译理论的中国价值"代替了"中国特色的理论"的表述。这种放弃"中国特色"的修正,一方面是在于"特色"容易引起学界的误解,另一方面在于与"中国特色社会主义"的政治口号跟风之嫌。这也表明刘宓庆在学术研究上拥有坚定的学术立场、强大的历史和社会责任感以及远大的学术理想,不为无谓的学术争论或者表象所迷惑与羁绊,一心为中国翻译研究的世界地位而默默耕耘[⑥][⑦]。

国内学者对刘宓庆的中国译学学科定位和体系建构也有批评。刘宓庆认为翻译学是一门经验科学,但是侯林平和李燕妮指出"刘宓庆对中国翻译学学科定性和定位上存在着进一步商榷的余地。因为过度强调经验,必然会跌入经验主义的深渊;过度强调对语言转换的归纳描写而不主张演绎推理,会陷入不可知论;把翻译学完全置于任何一门学科之下的做法,会

---

① 王建国:《刘宓庆翻译思想研究——〈刘宓庆翻译论著全集〉内容概要》,《英语研究》,2006年,第2期,第33-42页。
② 鲁伟、李德凤:《中国特色的翻译学:误区还是必然?——兼评〈中西翻译思想比较研究〉》,《中国科技翻译》,2010年,第2期,第11-14页。
③ 王东风:《中国译学研究:世纪末的思考》,《中国翻译》,1999年,第2期,第21-23页。
④ 朱纯深:《走出误区踏进世界——中国译学:反思与前瞻》,《中国翻译》,2000年,第1期,第2-9页。
⑤ 刘宓庆:《中西翻译思想比较研究》(第二版),第54页。
⑥ 章艳:《淡泊人生中的执著追求——刘宓庆教授访谈录》,《山东外语教学》,2013年,第2期,第3-7页。
⑦ 刘宓庆:《富贵于我如浮云》,《当代外语研究》,2012年,第9期,第1-3页。

抹杀其学科独立性"①。因而，中国译学的发展需要合理自我定位，以期促进译学的健康发展。张思永指出了刘宓庆翻译学体系存在的两个问题：第一，应然体系缺乏足够的可检验性；第二，应然体系与实然体系有某种程度的脱节。同时指出刘宓庆的翻译学框架体现了其整体性整合思想，但是只是一种构想，具有结构主义的层级性、体系性、整体性，又具有结构主义的规定、静止和封闭的特征。另外，在刘宓庆的译学体系中，实然体系和应然体系的契合度达到了一定程度，但是"这种契合度还是不够的，即实然体系和应然体系出现了某种程度的偏离，特别是应然体系中的许多部分其本人没有做过研究"②。这些批评也同时反映了翻译学建设具有开放性的、动态发展的特征，其结构体系的构建和建设任重道远，不是一蹴而就的，也不是一个人之力就可以完成的，而是需要不断地修正和补充，是学者集体努力的结果。因此，构建出一个令人满意的、科学化的、整体性的中国翻译理论结构体系成了刘宓庆毕生学术研究的追求③。

就国内学者对刘宓庆的西方译论观之批评来看，王建国指出了刘宓庆对西方译学思想论述存在不足之处，如西方翻译理论将意义边缘化、缺失系统的理论指导等，值得商榷④。张思永则集中对刘宓庆的西方翻译观进行了批评性研究，指出刘宓庆辩证地看待西方译论，既看到了某些西方译论（如本杰明的翻译观）对中国译学建设的积极作用，又警惕和批判当代西方译论的局限性（如缺乏学科发展的导向理论或理想、缺乏宏观和整体性研究、意义边缘化和空洞化、理论的武断性和片面性、话语的质量堪虞），同时指出刘宓庆对当代西方译论的局限性之批判，尚有可商榷之处，并对刘宓庆的这些批评进行了尝试性的评论，认为需要进一步明确或者深入探讨"'导向'理论和'友军'理论的界定""整体性整合研究的名与实""当代语言学对功能及意义的关注""规定、规范（norm）与描写的关系"和

---

① 侯林平、李燕妮：《放眼世界，构建特色——评刘宓庆先生的〈新编当代翻译理论〉》，《黑龙江史志》，2009 年，第 14 期，第 80-81 页。
② 张思永：《刘宓庆翻译学体系建构述评》，《北京第二外国语学院学报》，2017 年，第 6 期，第 82-100 页。
③ 由 2018 年 8 月 22 日与刘宓庆的网上学术交流得知。
④ 王建国：《简评〈中西翻译思想比较研究〉——兼谈译学学术创新》，《中国翻译》，2006 年，第 3 期，第 36-38 页。

"翻译理论与翻译实践的契合"等方面的内容①。

尽管刘宓庆对当代西方翻译理论的批判，尚存在商榷之处，但是总体上，刘宓庆不认同西方后现代主义者割裂传统和解构一切的做法，认为这对翻译研究的健康发展没有益处，不能为中国学者所盲从。此类观点是中国新时代翻译理论建设的背景下，对西方翻译理论的宏观的、整体批判，符合他提倡的文化战略考量、外位参照和整体性整合研究思想②③④。需要明确的是，刘宓庆并没有否定20世纪六七十年代以来西方学术发展的价值，如功能语言学、篇章语言学、语用学等语言学的新发展，以及本杰明和维根斯坦等人的哲学对中国翻译理论建构的积极作用和借鉴价值。总之，刘宓庆在论证警惕西方当代翻译理论和重建中国翻译传统的学术生涯中，主张国内译学研究者既不要盲从西风，也不要妄自菲薄，是中国译论/翻译思想与西方译论/思想对话的宣言，体现了其文化战略考量的爱国敬业之心，这应该是中国翻译学界为之努力的方向。

B. 在英语世界的传播

刘宓庆翻译思想除了在汉语世界被传播、接受和批判，还在英语世界被传播与接受，但是后者的研究尚未有成果出现。通过"翻译学文献库"的基本查询功能，分别搜索关键词"Miching, Michael Liu"和"Liu Miqing"，仅仅搜到一篇文章（检索日期为2018年8月22日）。在同样的检索条件下，"谷歌图书"（Google Books, https://books.google.com/）的检索结果显示，在英语世界，与刘宓庆学术贡献有关的文献，有18条（已删除不合格的文献，如不包括刘宓庆的汉语专著及论文条目以及与刘宓庆无关的条目；检索日期为2018年8月22日）。这些文献主要包括刘宓庆的英文论文、汉语论文的英译文及其学术观点的他引。

刘宓庆的翻译思想在英语世界的首次传播，得益于香港中文大学的陈善伟和大卫·伊·波拉德于1995年主编的《汉英/英汉翻译百科全书》。

---

① 张思永：《批评之批评：刘宓庆的当代西方译论观》，《外语与翻译》，2017年，第2期，第8–14页。
② 贺爱军：《翻译文化战略观考量——刘宓庆教授访谈录》，《中国翻译》，2007年，第4期，第51–53页。
③ 王建国：《刘宓庆文化翻译理论简评》，《外语研究》，2010年，第2期，第74–76页。
④ 同①。

该书中，刘宓庆撰写了《美学与翻译》(Aesthetics and Translation)[①]、《语法与翻译》(Grammar and Translation)[②]和《汉外/外汉翻译理论》(Translation Theory from/into Chinese)[③]共三章。而后，陈德鸿于2004年主编的《二十世纪中国翻译理论：风气、问题与争论》中，刘宓庆的《中国翻译理论的基本模式》被英译为"The basic paradigm of Chinese translation theory"[④]，作为文集的一章。这些英文著述的有关中国翻译的百科全书、文集或者手册，为刘宓庆翻译思想在英语世界的传播，奠定了基础。通过谷歌学术搜索（Google scholar, https://scholar.google.com/，检索日期2018年8月23日），陈善伟和大卫·伊·波拉德主编的《汉英/英汉翻译百科全书》中，刘宓庆撰写的《美学与翻译》和《汉外/外汉翻译的理论》在英语世界分别被国内外的学者引用8次和9次。同样检索条件，在陈德鸿主编的《二十世纪中国翻译理论：风气、问题与争论》中，刘宓庆的《中国翻译理论的基本模式》英译文被其他学者引用2次。

此外，刘宓庆的汉语版翻译著作在英语世界也有引用，主要出现在香港学者的英文论文中。陈德鸿对于中国翻译理论的研究，在其2004年主编的《二十世纪中国翻译理论：风气、问题与争论》文集的其他章节中，引用刘宓庆的其他汉语著作达4次[⑤]，这与陈德鸿于2000年发表在《变换术语——后殖民时代的翻译》(Changing the Terms: Translating in the Postcolonial Era)文集的论文中，引用刘宓庆其他汉语著作的次数一致[⑥]，

---

① Liu, M. Aesthetics and Translation. In Chan, S & D. E. Pollard (eds). *An Encyclopedia of Translation: Chinese-English/English-Chinese*. Hong Kong: Chinese University Press, 1996:1-13.

② Liu, M. Grammar and Translation. In Chan, S & D. E. Pollard (eds). *An Encyclopedia of Translation: Chinese-English/English-Chinese*. Hong Kong: Chinese University Press, 1996: 301-316.

③ Liu, M. Translation Theory from/into Chinese. In Chan, S & D. E. Pollard (eds). *An Encyclopedia of Translation: Chinese-English/English-Chinese*. Hong Kong: Chinese University Press, 1996: 1029-1047.

④ Liu, M. The Basic Paradigm of Chinese Translation Theory (trans, by Han Yang). In Chan, T. L. (ed). *Twentieth-century Chinese Translation Theory: Modes, Issues and Debates*. Amsterdam: John Benjamins. 2004: 236-239.

⑤ Chan, T. L. (ed). *Twentieth-century Chinese Translation Theory: Modes, Issues and Debates*. Amsterdam: John Benjamins. 2004: 38, 40, 42, 244.

⑥ Simon, S and P. St-Pierre. *Changing the Terms: Translating in the Postcolonial Era*. Ottawa: University of Ottawa, 2000: 62, 63, 64, 68.

主要原因在于陈德鸿在后者发表的论文又收录在前者中。此外，《中西比较》一书在国际翻译学刊物《译者》（*Translator*）和《劳特里奇中国翻译手册》（*The Routledge Handbook of Chinese Translation*）各他引 1 次。尤其需要指出的是，在《劳特里奇中国翻译手册》中，有 3 篇文章[①] 多次引用《刘宓庆翻译论著全集》中的汉语著作。

  刘宓庆翻译思想在英语世界的传播中，除了中国学者的不懈努力，还有极少数的西方学者主动采用"拿来主义"促进了其传播。需要指出的是，杰里米·曼迪（Jeremy Munday）的畅销教科书中，尽管在 20 世纪之前的翻译理论中加了中国成分，但缺失了中国当代的翻译思想，对刘宓庆翻译思想只字未提[②]。然而，美国学者玛利亚·铁木志科（Maria Tymoczko）主张重构西方翻译理论时，应该把非西方的翻译思想纳入其中[③]。仅有个别西方学者，如安东尼·皮姆（Anthony Pym），西奥·赫曼斯（Theo Hermans）在探讨相关主题时，引用过刘宓庆的作品[④][⑤]。这也从侧面表明，刘宓庆思想的传播主要是刘宓庆本人及中国学者的贡献，且逐渐引起西方学者的关注。

  就刘宓庆翻译思想的应用性研究而言，马会娟在国际译学期刊《媒他》（*Meta*）上发表了《文学翻译的审美再现》（"On representing aesthetic

---

① Zhu, C. The Chinese tradition of translation studies: review, reconstruction and modernization. In Shei, C & Z. Gao (eds). *The Routledge Handbook of Chinese Translation*. London: Routledge, 2017:3-18.
Sterk, D. The grammatical artistry of Chinese-English translation. In Shei, C & Z. Gao (eds). *The Routledge Handbook of Chinese Translation*. London: Routledge, 2017:129-146.
Tan, Z. Translation studies as a discipline in the Chinese academia. In Shei, C & Z. Gao (eds). *The Routledge Handbook of Chinese Translation*. London: Routledge, 2017: 605-621.

② Munday, J. *Introducing Translation Studies* (4th edn). London: Routledge, 2016: 29-57.

③ Tymoczko, M. Reconceptualizing western translation theory: Integrating non-western thought about translation. In T. Hermans (ed), *Translating Others*, 2006: 13-32.

④ Pym, A. Building paradise: A Mission for Translation Studies, 2016. https://scholar.google.com/scholar?hl=zh-CN&as_sdt=0%2C5&q=Building%09paradise%3A%09A%09mission%09for%09Translation%09Studies&btnG=

⑤ Hermans, T. Cross-cultural translation studies as thick translation. *Bulletin of the School of Oriental and African Studies*, 2003, 66(3): 380-389.

values of literary work in literary translation")①。在该论文的摘要中,马会娟开宗明义地指出其研究的理论框架主要来自中国翻译研究者刘宓庆提出的包括形式审美和非形式审美的翻译美学观②,同时指出音、词、句、修辞和篇章层面的形式审美和非形式审美标记体现了文学作品中的美学价值,文学译者将此类审美标记结合在一起,才能成功再现原文的美学价值。这表明,刘宓庆翻译思想中的美学思想之应用性研究,登上了以英语为主要话语的学术舞台。

总之,经过刘宓庆本人以及其他学者的译介,刘宓庆翻译理论及思想得以在英语世界中传播。此外,个别西方学者和国内学者对刘宓庆翻译理论进行了参考性和应用性研究,促进了刘宓庆翻译思想在英语世界的传播。

2.1.2.3 小结

国内学者对翻译思想的研究主要体现在翻译思想的定性与定位、传统翻译理论的继承与发展、当代翻译理论的反思与建设、传统/当代翻译理论的域外传播、西方翻译理论的引进与接受、中西翻译理论比较等方面。研究发现,刘宓庆翻译思想在国内经历了从全面评述到聚焦深入评析,再到借鉴和应用的接受过程,同时出现了刘宓庆翻译思想与同时代的国外同行翻译思想的对比研究,但是与国内同行的专题研究尚需突破。此类研究表明,中国翻译学界的主流翻译思想是通过继承传统译论和借鉴西方译论的途径,以本土理论的创新研究为己任,建设中国翻译学,以期实现中国翻译话语在国际舞台上的影响力,为世界翻译科学做出应有的贡献。这恰恰是刘宓庆翻译思想的内核。

就刘宓庆翻译思想的在国内外的传播来看,在国内外出现了不平衡的状态,国内传播及研究在数量和质量方面远远超出国外,但是总体上在国内外的开拓性的创新研究显得相当弱。目前,国外主要是介绍和引用其观

---

① Ma, H. On representing aesthetic values of literary work in literary translation. *Meta*, 2009, 54(4), 653-668.
② Liu, M. Aesthetics and Translation. In Chan S. & D. E. Pollard (eds). *An Encyclopedia of Translation: Chinese-English/English-Chinese*. Hong Kong: Chinese University Press, 1995: 1-13.

点，尚未有刘宓庆思想研究的专论；国内则出现了较为系统的批判性研究。反思刘宓庆翻译思想在英语世界的传播现状，可以看到中国学者的声音在英语世界传播的现状，亟须学者们在国际英文刊物或者著作中发表其科研成果。

2.1.3 研究展望

随着新时代中国翻译理论建设的发展，以刘宓庆翻译思想为代表的中国翻译思想研究将不断深入与拓展。为了保障中国翻译理论的顺利建设，需要通过进一步探明国内外社会－文化、政治－意识形态、诗学的新背景，扩大研究队伍，提高学术素养及其研究质量，敲定研究重点，突破研究难点，提升翻译的理论资本，实现中国翻译理论的学术话语圈抑或学派的形成与发展，从而实现与西方同行平等对话。扎根于中国传统哲学理念和西方维根斯坦哲学功能主义翻译观发展起来的刘宓庆翻译思想，尤其是中国特色翻译理论话语体系，将有望打破中西译论在国际上的失衡状态，有助于建设平等对话的平台与机制。

2.1.3.1 发展态势

本部分进行研究展望的假设是：只有明确了国内外翻译思想的总体发展态势，才能为未来的研究做出合理的展望，并指明进一步努力的方向。就研究方法而言，翻译思想在国内外的关注和传播度，可以通过大规模的问卷调查来探讨翻译思想的接受情况，也可以通过实验研究的方法，如让从事翻译研究的学生或者专家读而判之，再做出定性和定量的分析。然而，在大数据时代，可以利用某些大型的数据／文献库，挖掘和分析其数据，获取历时动态发展和共时静态对照的图谱。据此，通过"中国知网"的学术关注度和学术传播度的定量统计，呈现国内学者对中国翻译思想研究的态势，以此为基础呈现并分析刘宓庆翻译思想研究的态势，以期展望新时代的形势下翻译思想在研究环境和研究途径等方面的探索。

在"中国知网"中，首先搜索主题词"翻译思想"（检索日期2018年9月5日），然后通过"翻译思想"指数分析结果，分别选取"学术关注度"和"学术传播度",并分别设置对比关键词"刘宓庆",可分别获取"中国翻译思想及刘宓庆翻译思想的学术关注趋势"(图2-3)和"中国翻译思想及刘宓庆翻译思想的学术传播趋势"(图2-4)。需要指出的是,关注度的时间跨度为自动设置,未做手动设置。

A. 学术关注度

学术关注度以"相关文献量"为测量指标,因而"翻译思想"在不同年代的中文和外文"相关文献量",能够反映出其学术关注趋势(图3)。

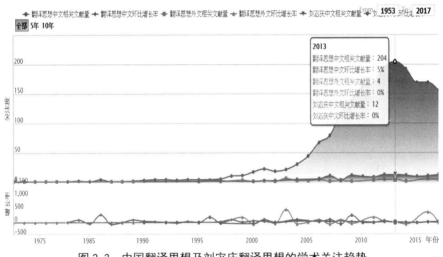

图2-3 中国翻译思想及刘宓庆翻译思想的学术关注趋势

据图2-3,尽管"中国知网"将外文文献纳入其库中,且有"翻译思想的外文相关文献量"这个参数,但是外文文献数量极少,且刘宓庆翻译思想研究的外文相关文献凤毛麟角,不具有统计意义。就中文文献量而言,1953—2017年间的翻译思想中文文献量远远大于刘宓庆翻译思想中文文献量,尤其是自1997年以来的年均中文发文量,翻译思想的中文文献量占绝对优势。这说明,刘宓庆翻译思想研究仅仅是中西翻译思想研究的一部分。从翻译思想中文文献量的趋势来看,在1949年新中国成立之前以及1949—1977年期间,国内学者几乎未涉足翻译思想研究;1978—1997年间仅有个别关注;1998—2003年稳步上升;2003—2013则出现上扬趋势;2013年达到顶峰后,发文数量开始衰减。就刘宓庆翻译思想研究的中文文献量的趋势而言,1990—2005年开始个别关注,2006年之后出现平缓发展趋势。

B.学术传播度

除了以发文量为测量指标的学术关注度之外,翻译思想研究的影响力可以通过"文献被引量"这个指标呈现出来,即学术传播度(图2-4)。

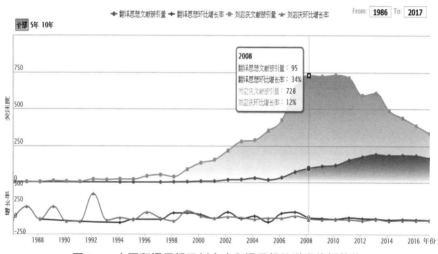

图2-4 中国翻译思想及刘宓庆翻译思想的学术传播趋势

据图2-4,从1986—2017年间的"翻译思想文献被引量"来看,刘宓庆文献被引量远远高于翻译思想文献量被引量。尤其是自1999年以来的年均文献被引,刘宓庆文献被引量占绝对优势。就文献被引的趋势而言,翻译思想文献被引量存在缓慢上升的趋势,2006年之后出现较小幅度的上涨;刘宓庆文献被引量呈现缓慢上升(1986—1998)—较大幅度上升(1999—2007)—平缓发展(2008—2011)—下降(2012—2016)的趋势。

C.讨论

首先,总体上,翻译思想中文文献学术关注度的趋势是"上升为主,2013出现拐点而下降",而刘宓庆翻译思想研究的相关趋势是"稳步上升,2007年以后持平发展"。由此,中国翻译思想研究与刘宓庆翻译思想研究不同步。造成此现象的原因可能是2005年刘宓庆的《中西比较》一书出版,逐渐引起了学界对刘宓庆翻译思想的关注,且关注度未减。

其次,就学术传播度而言,与翻译思想文献被引量相比,刘宓庆研究成果的影响力随着近几年国内翻译研究的发展而有所降低。这表明刘宓庆翻译思想的传播既面临着挑战，又为其域外译介提供了机遇。这可能是因为某些西方当代翻译理论与研究方法（如翻译社会学、翻译认知研究、语料库翻译研究）在国内的盛行以及国内典籍或现当代文学作品翻译外译的叙事学和社会学研究热潮，冲淡了翻译理论和翻译思想在宏观和微观层面的研究。

再次，就刘宓庆翻译思想研究的学术关注度和学术传播度而言，其相关文献量与文献被引量与成反比，即研究刘宓庆翻译思想的文献量小，而其研究成果的被引量高。这表明尽管刘宓庆翻译思想研究在中西翻译思想研究中占一小部分，但是刘宓庆翻译思想是中国翻译思想的典型代表，在中国翻译思想研究领域具有举足轻重的学术地位，并且其研究成果产生了很大的影响力。

最后，尽管从发文量和引用量来看，国内学者对刘宓庆翻译思想的研究取得了一定的成绩，但是总体上创新性不足，研究质量堪忧。这种量大质低的现象主要在于：刘宓庆著作的介绍性、评论性研究较多，应用性研究较少，开拓创新性研究较弱，证伪性和发展性的实证研究鲜见。可见，未来以刘宓庆为代表的翻译思想研究，除了数量上的考量，还应当朝着加强创新性的研究进发，主要进行应用性和实证性的研究，验证和发展刘宓庆翻译思想。

2.1.3.2 研究展望

与翻译思想的总体发展态势相比较而言，尽管刘宓庆翻译思想研究近五年来在国内的学术关注度有增无减，但是学术传播度在国内出现了下滑的趋势，并且在国际上的影响力较弱。然而，随着中国学术发展和中华学术外译的步伐，刘宓庆的翻译思想应该成为国外翻译界关注的一个研究对象。这是因为在当前"中国文化走出去"的国家战略背景下，输出型翻译及其翻译研究已经成为主要趋势，这也与刘宓庆提出的中国翻译理论建设之文化战略思想相吻合。

A. 努力目标与首要任务

为了更好地在国外传播以刘宓庆为代表的中国翻译思想，本着自己事自己做、合作共赢、持续发展的原则，国内学者需要做出"三步走"的努力：第一步，国内学者，积极地在国际翻译学期刊或者出版社发表相关研究成果，让国外学者深入地了解刘宓庆翻译思想精华（如哲学观、文化观、语言交流意义观、美学观等，尤其是中国特色理论学科建设中的"本位观照，外位参照"和整体性整合研究的原则与方法）及其现状；第二步，国内学者与国外学者合作，进行中西翻译思想比较研究，并且将刘宓庆翻译思想置入其中进行考察，明确刘氏思想的占位和影响力；第三步，结合国内外当下的翻译实践，反思和发展刘宓庆翻译思想，完善中国翻译研究的功能主义学派的理论体系，参与国外翻译界同行的平等对话，促进学术的互动与繁荣。

如上"三步走"的战略性目标是基于"他人研究进展"，尤其是刘宓庆翻译思想在国内外接受现状的分析，做出的判断和预测。这种判断和预测符合实际而可行。当前，每年一度的国家社科基金"中华学术外译"项目，无疑将进一步促进刘宓庆翻译思想在世界范围的传播。为了实现"三步走"的目标，当务之急是需要中国学者自发地，更应该自觉地，通过直接的英文撰写、自译或者他译已发表过的论文或著作等形式，实现与西方学者的平等对话。尽管目前刘宓庆翻译思想在英语世界的传播者主要是刘宓庆本人和本国同行学者，但是随着刘宓庆翻译思想的主动走出去，可以预见其翻译思想将会引起西方学者的参与和关注，从而更好地实现刘宓庆翻译思想乃至中国翻译研究的国际化。再者，扩大国内期刊，尤其是发表翻译研究的外语类期刊在国外数据库的收录，如本杰明出版公司的在线数据库"翻译研究文献库"是可提供免费宣传的平台。此外，国内有关机构尝试自建在线的"翻译研究的英文摘要数据库"，使国外学者对中国翻译的相关研究拥有可获得性。

B. 实现目标与任务的保障措施

要顺利地完成如上目标和任务，就必然优化学术创新环境，扩大研究队伍，提升创新能力。

首先，优化学术创新环境，保障以刘宓庆为代表的中国翻译思想走进西方世界，走向世界舞台。自由的学术研究并非真空中的游戏，而是与社会－文化、政治－意识形态、诗学背景互动发展，在一定程度上，受到国家行政的干预或者制约。诚然，学术研究和行政措施步调并非完全一致，即学术研究往往超前，而行政措施常常滞后。当前，正值中国文化复兴和中华文化走出去的新时代，国家倡导文化自信，鼓励中华学术外译和中国的本土理论创新，积极推进"以我为主，洋为中用""与时俱进"的"中国特色的哲学社会科学研究"，"要加快构建中国特色哲学社会科学，按照立足中国、借鉴国外，挖掘历史、把握当代，关怀人类、面向未来的思路，着力构建中国特色哲学社会科学，在指导思想、学科体系、学术体系、话语体系等方面充分体现中国特色、中国风格、中国气派"[①]。需要指出的是，这些繁荣中国特色哲学社会科学的国家战略性政策与刘宓庆翻译思想中的"文化战略观""本位观照，外位参照""整体性整合研究观"相契合。可见，中国迎来了学术研究发展的春天，出现了学术研究与政府行为一致的步调，中国翻译研究学者的本土创新理论将逐渐在国际上得到认可和接受。在此背景下，代表刘宓庆翻译思想的主要著作，有望通过有责任且翻译能力强的译者的译介，不断传播到海外。

其次，建立和发展研究创新团队，进行中西翻译思想的系统比较，取长补短，探讨刘宓庆翻译思想的国外占位与影响力，才能有的放矢地促进互动发展研究。没有建设者的规划和蓝图，只是空想而已，必然阻碍学科的进一步发展。例如，法国知名的会议口译研究专家丹尼尔·吉尔（Daniel Gile）指出，注重观察、直觉和内省推理方法的口译从业人员排斥建立在认知心理学和心理语言学基础上的"认知研究"，而且口译研究者往往无认知心理学和心理语言学专业的严格训练，缺少认知科学的专业知识与技能，难以胜任口译的心理实验研究，主要采用认知理论或模型来解释口译认知过程，不注重研究假说和数据统计的心理实验研究范式在口译研究的应用，最终使会议口译研究仍然处于停滞不前的状态，阻碍了其发展[②]。可见，在译学学术创新研究过程中，研究者的学术素养是至关重要的前提条

---

① 习近平：《加快构建中国特色哲学社会科学》，央广网，http://news.cnr.cn/native/gd/20160517/t20160517_522165154.shtml，2016年5月17日。

② Gile, D. The contributions of cognitive psychology and psycholinguistics to conference interpreting: A critical analysis. In Ferreira, A. & J. W. Schwieter (eds). *Psycholinguistic and Cognitive Inquiries into Translation and Interpreting*. Amsterdam: John Benjamins, 2015: 41-64.

件①。为了保障学科的发展,研究者需要提升研究能力,以团队合作的方式,系统地钻研并掌握相关理论和方法,能够为诸多研究问题提供答案,有助于研究的深入和拓展。基于之前的文献梳理,可以看出中国翻译思想以及刘宓庆翻译思想研究并非作为团队协作的重大工程而出现的,其研究团队尚未形成,且存在重复研究,系统的高质量的研究在国内外尚未出现,这为未来的研究提出了挑战。建设研究团队,有助于形成真正的翻译学派,迎接当前和未来的挑战,这也是历史赋予的使命。在建设团队的过程中,需要夯实研究者的理论基础和学术创新方法的训练,提升学术创新能力,在传承与借鉴、比较与鉴别、与时俱进的研究中发现新问题,提出或者应用新方法,扬弃旧观念,实现学术创新,最终使刘宓庆为代表的中国翻译思想走出国门,走向世界。

再次,体现刘宓庆翻译思想的著作译介与宣传,以及侧重于影响或接受的中西思想的比较研究,都不是最终目的,真正的目的是实现中国译论的话语权。因此,很有必要构建中国特色的翻译话语体系,不断发展中国翻译思想或扩大理论资本。如前所述,构建中国特色理论的话语体系具有必要性和可行性,但是关键是做出既符合学科发展规律,又服务于现实的研究成果,形成学术圈、话语圈乃至学派,防止中国学者的声音淹没在西方的洪水中。刘宓庆倡导的中国翻译研究的功能主义学派,其宏观和微观研究还需要通过国际会议、国际发表等途径,引起西方学者的研究兴趣,中西合璧促进学派的发展。鉴于目前国内外的宏观研究,包括"纯理论研究,尤其是通用翻译理论研究方面还相当滞后"②,中国翻译思想宏观研究,尤其是刘宓庆翻译思想的宏观研究,应当是当前研究的首要重点,主要包括中国翻译理论体系的构架原则、方法与措施等方面,因为这些都是创建中国翻译研究的功能主义学派的必要因素。此外,微观研究,如语言比对、交流中的意义定夺、形式的美学特征等,或者翻译思想/理论指导下的应用性的研究是次重点。总之,只有将宏观和微观研究紧密结合在一起,才

---

① 王建国:《简评〈中西翻译思想比较研究〉——兼谈译学学术创新》,《中国翻译》,2006年,第3期,第36-38页。
② 张美芳:《后霍姆斯时期翻译研究的发展:范畴与途径》,《中国翻译》,2017年,第3期,第18-24页。

能保障建成的话语体系或者学派健康发展,才能最终争取在世界翻译学中的平等地位与平等对话的权利。

最后,采用科学论证的方法,实现创新研究,才能保障和提高研究质量。就科学论证的方法论而言,国内学者应该坚持刘宓庆提出的译学研究方法论的基本思想,即"本位观照,外位参照"的基本原则和"整体性整合研究"的途径。具言之,以翻译学为本位,参照其他学科的新方法或者手段进行学科交叉的整合研究,且以中国传统和现实为本位,参照西方的翻译理论进行中西融通研究,才能创新性地构建中国特色翻译理论/译学话语体系,并使之屹立于世界翻译科学之林。需要指出的是,这种创新性的研究并非突变性的革新或者借鉴性的渐进改良,而是融合性的创新研究,是在中西传统和当代翻译思想以及新时代翻译实践之间,国内学者抑或与国际同行进行的融入国际的本土创新研究。同时,此类研究是"整体性整合研究",强调宏观研究的重要性。如前所述,除了建构中国特色翻译理论话语体系的宏观研究,实证性的微观研究也是当前研究的一个次重点。实证研究有助于提出或者验证某些观点和理论,并发现新问题。例如,通过1978—2007年间中国学者在国内刊发著作的数据考察,许钧和穆雷指出:"我国不少翻译研究成果是对西方翻译理论的译介、验证或应用,而对其进行反思、质疑、证伪、发展的却很少,表现出研究者的创新意识不足。……结果是翻译研究文章数量多,但真正有学术见地、有理论价值的却不够多。"① 可见,尽管发文数量是学术关注和传播的指标,但是学术创新意识和创新能力是保证研究质量的关键,是真正融入国际的王牌。此外,方梦之最近统计分析中国学者于2005—2014年间在国内外的发文数据,发现当前"中国不但是翻译大国,而且成为译学研究大国",并指出"论著数量不是衡量科研水平的主要指标。我国学人的理论原创性欠缺,译学术语西化,学术话语不够丰富,与译学大国的地位不相称"的新问题,同时认为通过古今中外翻译理论/思想的整合、转化和创新研究,"立足大规模翻译实践,找出新问题、挖掘新材料、提炼新概念、阐明新

---

① 许钧、穆雷:《中国翻译学研究30年(1978—2007)》,《外国语》,2009年,第1期,第77–87页。

理论的创新研究,则是构建我国译学话语体系的必由之路"①。刘宓庆翻译思想的定量和定性研究显示,与量相比,出现了质弱的现象。由此,许钧、穆雷以及方梦之的定量和定性研究以及本部分的相关研究均表明:在量的层面上,中国学者对中西翻译理论/思想的研究已经取得了较好的成绩;在质的层面上,本土与西方结合的原创性研究不足,应为今后努力的方向。这也正体现了刘宓庆等学者的基本翻译思想。总之,在"宏观和微观结合"与"理论与实证结合"的层面,刘宓庆等学者的"古为今用""洋为中用""整合创新"研究有益于保证研究的系统性和科学性,有助于提高相关研究的质量。

2.1.4 小结

在当前"中国文化走出去"的国家战略背景下,中国与世界各国,尤其是"一带一路"沿线国家的文化交流日益频繁,以中华文化外译为主的输出型翻译及其翻译研究将成为主要的趋势。基于刘宓庆翻译思想研究的学术关注度和学术传播度的分析,结果显示:(1)与总体的翻译思想相比较而言,刘宓庆翻译思想出现了学术关注度持平,而学术传播度降低的总体趋势;(2)刘宓庆翻译思想在国内外的影响力出现失衡的状态,即在国内一直具有较大的影响力,在国外影响力弱小。基于此,我们提出"三步走"的战略目标和具体任务,并分析了其保障与措施,以期能够扩大以刘宓庆为代表的中国翻译思想在国外的传播,促进国际化的趋势。

总之,本部分就"刘宓庆对翻译思想的研究""国内同行的同类研究"和"刘宓庆翻译思想在国内外的接受现状和趋势"做了初步探讨,并着重指出刘宓庆翻译思想的关注度和传播度处于不平衡状态,尚无刘宓庆翻译思想及其接受的专著出版,尤其是在国际上的影响力,主要是在百科全书和手册中的刘氏发文或他译文,应用性研究较弱。由此,除了从历时比较层面,我们还应该从共时比较层面研究刘宓庆与国内外学者的翻译思想,并且在国际刊物上发表成果,实现刘宓庆翻译思想的国

---

① 方梦之:《翻译大国需有自创的译学话语体系》,《中国外语》,2017年,第5期,第93-100页。

际化。展望未来，我们有理由相信刘宓庆的核心翻译思想将在世界翻译研究的大舞台上，占据一席之地。尽管当前尚未有刘宓庆学术作品及其研究成果的外译项目，但是在国家学术走出去的战略背景下，经过中国学者抑或国外学者参与的努力，《刘宓庆翻译论著全集》、刘宓庆的核心翻译思想及其国内相关研究成果将被译成除英语之外的其他语言，冲出中国、迈向亚洲、走进世界，在国外发出中国特色的声音，为世界译学界所接受或批判，完成中国学术繁荣与昌盛的历史使命。

2.2 翻译语言哲学研究

"翻译与语言哲学"是刘宓庆翻译研究理论体系的一个重要方向，也是其理论体系的重要支柱之一。在《翻译的美学观》（1996）一文中，刘氏曾言：中国翻译理论体系是一个 Tripod Structure，一个"三足鼎立"的体系，是由翻译语言学、翻译美学和翻译文化学形成的一个结构体[①]，而翻译语言学的最高层次就是翻译语言哲学[②]。翻译语言哲学从哲学高度审视翻译中的重大语言问题，以及需要中国翻译理论研究重视的方法策略问题。刘氏翻译语言哲学观的形成和发展历经了一个漫长过程，贯穿其整个翻译实践和理论研究征程。其具体理论形态就是《哲学》（2001）这本著作的出版与不断改进［《哲学》（修订版）（2007）与《哲学》（2019）］。当然，刘氏的翻译语言哲学思想还散见于各个时期的其他论述当中，下文论述亦会提及。本部分将首先就刘氏"翻译语言哲学"思想的发展及其各个阶段的主要观点进行陈述概括，然后讨论他人针对刘氏该领域研究所做的研究，最后对刘氏在该领域的研究及其所产生的影响进行总结展望。

[①] 刘宓庆：《刘宓庆翻译散论》，王建国编，北京：中国对外翻译出版公司，2006。
[②] 为兼顾名称陈述上的准确与方便，刘氏提议用"翻译语言哲学"一词。"翻译与语言哲学"作为书名来说没有问题，但作为一个研究方向或领域的名称来说，可能经常提及，显然有些啰嗦，且带来行文上的不便。"翻译哲学"的提法刘氏认为也可以，但容易引起"翻译思想史"方面的联想，故不及"翻译语言哲学"准确。为行文方便，除书名和文章名称外，下文全部采用"翻译语言哲学"这一表述。

2.2.1 刘宓庆的基本观点

刘氏是从20世纪80年代后期开始正式从语言哲学角度观照翻译研究的。他在《四十年学术人生》中写道:"20世纪80年代末期,我开始从了解分析哲学中学习了维根斯坦的著作,特别是从1989年到1990年,我陆续注册在布鲁塞尔大学旁听哲学课。"他在《中西比较》中也写道:"在20世纪八九十年代之交,当我在'理论丛林'中探索时,维根斯坦以自己的两部代表作,为我指出了前进方向,尤其在'理论的哲学观'上,维根斯坦的论述更使我坚定了自己的理论立场。"毫无疑问,在正式从语言哲学角度观照翻译研究之前,刘氏已经对翻译语言哲学有了自己的体悟,并初步形成了自己的想法。所以,如前所述,刘氏的翻译语言哲学观的形成和发展经历了漫长的过程,贯穿于其翻译实践和理论研究的各个阶段。因此,要探讨刘氏翻译语言哲学的研究历程,必须从更早的时间说起。

根据我们的研究,刘氏的翻译语言哲学研究可以分为以下几个阶段。

第一阶段:20世纪80年代中期以前,可称之为"萌芽期"。
第二阶段:20世纪80年代末90年代初,可称之为"探索 - 游移期"。
第三阶段:20世纪90年代下半期到2001年,可称之为"确立期"。
第四阶段:21世纪,"渐趋成熟 - 发展期"。

下文将根据以上阶段划分,具体论述刘氏在各个时期所做的翻译语言哲学研究及其基本观点。

2.2.1.1 第一阶段:萌芽期(20世纪80年代中期以前)

刘氏的翻译语言哲学思想受两方面影响:家学渊源与大师。

刘氏从小受家学渊源影响很深。其父刘永湘教授和伯父刘永济教授都是汉语言和文学领域的专家,自然也是早年的授业恩师,对刘氏都有耳濡目染的影响。其父曾言,《马氏文通》是"被蛮荒时代提着耳朵写下的悔过书",给刘氏留下了深刻的印象。

北大求学期间,刘氏得以聆听许多大师的教诲。在《四十年学术人生》中,刘氏特别提及朱光潜、王力、高名凯三位大师对自己的影响。他提到朱光潜先生1964年写给他的一封长达六页的信中,谈论他所求教的"中国翻译的特点"问题;又谈到同年秋,与朱先生探讨中国翻译理论的特色问题,其中特别引用了朱先生谈及中国翻译理论研究所不能回避的一个大问题——"意义",朱先生为刘氏详细解释了为何"意义"是中国翻译理论研究不可回避的一个大问题。刘氏坦言:"朱先生的这一指引对我的人生抉择具有决定性的意义。'意义研究'后来成了我对翻译学基本理论研究的切入点。我是通过意义研究构筑起我的基本理论研究框架,而且正是通过系统的意义研究,使我看到了我们与西方理论的重要区别(或者说应有的区别)。"这种对差异的认识和体悟正是刘氏翻译语言哲学思想的萌芽与觉醒,当然,"意义"这一重大语言哲学问题也就构成了刘氏日后《哲学》中的重要篇章。

在谈及王力的影响时,刘氏特别提及了王先生对他在语言对比研究方法论方面的影响。他说:"王力先生谈到比较不是简单地拿来类比,'比较'要有主次,汉语是主,外语是次,这不是地位之分,也不是重要性之分,而是'立场'之分,我们必须站在汉语的立场、汉语的角度观察问题,做出价值判断。"刘氏因此在20世纪90年代中期形成了"静态研究为体,动态研究为用"的整体论比较观,反对机械主义类比法,反对以英语为本位来框囿汉语。在谈及高名凯先生对自己的影响时,刘氏提及自己向高先生求教他对TG Grammar的看法时高先生所说的话:"搞学问不能靠出奇制胜,要始终一贯,……不要去追时髦。"高先生让他认真思考以形态语言为依据和依归的TG Grammar,其形式机制对汉语的意义究竟有多大。"不要不分青红皂白,随声附和。"听君一席言,胜读十年书。可以看出刘氏通过大师指点,很早便在翻译理论研究的征程中开始从哲学和语言哲学的高度来思考实际问题。

从语言哲学视角来看,20世纪80年代以前的刘氏翻译研究,还呈现出两个显著特点:其一,重基础。当然,此时刘氏的翻译理论研究还处在初期阶段,因此基础性研究占主导地位也不足为奇。这一点,从他80年代中期以前所发表的代表性论文也可见一斑，如《英语口语语体研究》（1986）、《论翻译思维》（1985）、《汉译英教学中的若干问题》（1984）、《英语可读性刍议》（1983）、《20世纪70年代的美国英语》（1981）、《试论英汉词义的差异》（1980）、《文风散论》（1979）、《试论英语和汉语的此类优势》（1978）等。其二，以结构主义思想为主导，致力于提升中国传统译论对翻译实践的指导作用。他在《四十年学术人生》中写道。

> 20世纪80年代中，有一段时期，我曾经非常赞赏结构主义：不是由于它时髦，而是由于它实用。我认为结构主义的很多论点实际上很符合中国哲学的基本思想，比如辩证的整体观和一体论。
>
> ⋯⋯⋯⋯⋯
>
> 从最宽泛的意义上说，结构主义重视过程，重视转换，重视对结构的分析（J. Piaget, 1979），这几点对我们克服传统中国译论忽视文本、过于依仗主体悟性、论证上只重结果忽视过程、概念印象性太强、科学理论上的无序状态和学科架构上的朦胧状态等倾向具有很强的针对性，这是毋庸置疑的。可以说，这是我当时热衷于结构主义的根本原因。为凸显结构主义的优长以及为强调我在克服传统译论的不足上所做的"选择性努力"，我完成了第一部著作《文体与翻译》（1985）⋯⋯

在今天来看，刘氏对于中国传统译论的提升和改造是卓有成效的，这一点不仅体现在他宏大的总体理论框架中，纵使从指导具体翻译实践的微观理论视角来看，也使得中国译论一改传统翻译理论"蜻蜓点水，浅尝辄止"的习气，散发出新时代学科研究应有的更多的科学性、系统性和深化意识，得到了众多中国译界同行的赞许与肯定，兹引述如下[①]。

> 我们中国学者写的现代翻译理论系统专著终于跟这些洋著并肩而立了。（穆雷，1992）

---

① 刘宓庆：《刘宓庆翻译散论》，王建国编。

如果说马祖毅1984年出版的《中国翻译简史》是完成了董秋斯所提出的两大著述任务之一，那么刘宓庆1990年出版的《现代翻译理论》，则是完成了董秋斯所说的第二大著述任务。它的问世，可视为我国近十年译学研究史上一个重要的里程碑，它标志着翻译学作为独立学科的地位在我国已经确立。在现代翻译学的研究领域里，在某种意义上可以说我国的研究成果已跻身世界的先进行列。（谭载喜，1995）

《现代翻译理论》和黄龙的《翻译学》（1988）的出版被认为是"中国翻译史上的一件大事，是中国翻译科学进入一个新历史时期的标志。……是我国第一部系统阐发现代翻译理论原则、原理、方法论和中国翻译学理论框架的理论专著"。（杨自俭，1996）

到了1990年，刘宓庆《现代翻译理论》出版，译学界公认此书为现代译论体系建立的标志，传统译论也就圆满地画上了句号，而代之以科学的、成体系的现代翻译理论。（蒋童，1999）

以上分析表明，刘氏早在大学求学阶段（20世纪60年代）已经具备了翻译语言哲学思想的萌芽，这种思想是其家学渊源和与专业大师交流，加上自我执着探求的结果，而且具有强烈的使命感色彩。试可将刘氏这一时期翻译语言哲学思想的基本要点和特点概括如下。

（1）重视中国传统译论研究。

（2）重视翻译理论的基础研究。

（3）重结构主义理论的借鉴与应用，实现对传统译论的改造，同时夯实翻译理论建设的基础研究。

（4）已经有了清晰的"本位"思想意识；有了中国翻译理论的特色意识，对中国翻译理论中"意义"的特殊性开始予以特别关注。

2.2.1.2　第二阶段：探索 – 游移期（20世纪80年代末90年代初）

上文指出，刘氏20世纪80年代中期以前的翻译研究主要借鉴引用结构主义语言哲学思想。其第一部著作《文体》，就是为凸显结构主义的优势以及为强调其在克服传统译论的不足上所做的"选择性努力"。但是在强烈、清晰的"本位"和"特色"意识支配下，经过长时间的研究，刘氏也发现了结构主义的局限性，他在《四十年学术人生》中写道：

> 但就在潜心研究索绪尔的时候，我发现了结构主义极大的局限性；如果不正视它的局限性，那么对翻译学理论建设必将产生严重的后果。
>
> 作为语言学的结构主义代表人物，索绪尔在他一生中做了几次选择，而他的每一次选择都不利于翻译学理论的开拓和发展。
>
> …………
>
> （索绪尔的结构主义）侧重形式机制，侧重结构规则，而较少甚至不关注语言变异，不关注历史发展，不关注语义功能。这一切和而言之正是同质语言观的基本特征：侧重形式，不重意义；侧重结构，不重功能……
>
> 这种观点显然是翻译学不能接受的。

大师的教导回响在耳畔，结构主义的缺陷清晰可见。这要求刘氏具有更为开阔的研究视野以及更加开放的研究心态。这一心态实际上在《文体》的"绪论"部分已经非常清晰地展现了出来。

> 近四五十年来世界的发展尤其是文化和科技的进步极大地促进了翻译工作的开展。近半个世纪以来语言研究的成果和进展对翻译理论的探讨和深化更起着十分重要的推动作用。欧美近几十年来的各派翻译理论家都试图从不同方面提出各种翻译理论的模式（models）。虽然，总的来说，翻译理论目前仍然停留在对翻译科学和翻译艺术的描写性阐释上，但是，毫无疑义，它已经大大向前发展了一步，现在翻译理论在吸取了传统理论中的有益成分的基础上，已广泛地扩大了研究范围。翻译理论家正在许多学科领域进行探索，为翻译理论的建设开拓种种途径和提供论据。这些学科领域主要有应用语言学、文体学（stylisitics）、比较语言学（包括双语学 bilingualism）、社会语言学、语义学、心理学、符号学（semiotics）、比较文学和逻辑学。
>
> 对现代翻译理论影响比较深远的是欧美一些近代语法理论体系、

文体学研究和比较语言学研究。

可以看出，20世纪80年代中期刘氏已经有了较为开阔的翻译理论研究视野，展现出几乎是超时代的前瞻性和开放性。这种开阔的理论视野和开放的研究心态使得刘氏的翻译语言哲学思想能够及时做出调整，以适应新时期新阶段理论探索的需要，从而出现了明显的变化：从结构主义向功能主义的转变，重点关注意义的翻译转换。

刘氏后来在《四十年学术人生》中特别指出，"功能主义"不是"实用主义"，从"结构主义"转向"功能主义"，不是"唯效果马首是瞻"的"实用主义"的权宜。"功能主义"是一个整体概念，是一种汲取和提升了结构主义积极因素的系统化理论主张，其要点包含五个方面的内容："意义"的动态化；形式的功能化；翻译目的的平衡论；积极地实施转换机制并获得成果；服务于全局性文化战略。

当然，这属于刘氏日后（2005）的理论概括与提升，但这一提升与概括是以当时的思想历程为依据的，因此可以此为指引，反观20世纪80年代末90年代初刘氏的翻译研究成果，理出刘氏当时翻译语言哲学历程的思考痕迹。20世纪80年代末90年代初，刘氏最重要的翻译理论研究成果就是专著《汉英对比与翻译》的出版，还有一系列重要的代表性论文的发表，如《汉英对比研究概论》（1986）、《翻译美学基本理论构想》（1986）、《西方翻译理论概评》（1989）、《论中国翻译理论基本模式》（1989）、《中国翻译理论的基本模式问题》（1989）、《汉英对比研究的理论问题》（1991）、《汉英句子扩展机制对比研究》（1992）、《思维方式、表现法和翻译问题》（1993）、《中国现代翻译理论的任务》（1993）等。

作为"为汉英对比建立了第一个比较成熟的研究框架"[①]的理论著作，《汉英对比与翻译》（1992）的前言写道："汉英双语是全世界使用人数最多的两种语言。同时，汉英双语又各有其'特点迥异的素质'（heterology），汉英双语接触所产生的问题，对于对比语言学研究具有特殊的意义。"作者在该书"绪论"部分又特别指出从事汉英翻译应用理论研究所遵循的三

---

① 潘文国：《汉英对比研究一百年》，《世界汉语教学》，2002年，第1期，第60-86页。

项基本原则：对象性、对策性、开放性。其中"对象性"就是指"我们的工作与对象语言的特征密切挂钩，而所谓'特征'则指汉语与英语的独特的语言文字特征、语法结构特征、思维方式与表达法特征，以及这些特征在语际转换当中可能起的积极作用与消极作用。这个问题，具有根本性、决定性，对它的研究实际上正是一种从微观到宏观的对比观察和运用"。不难看出，到20世纪90年代初，刘氏已开始将萌芽时期的"本位""特色"翻译语言哲学思想具体应用到系统的翻译理论建构当中去了。他在这一阶段关于汉英对比的代表性论文——《汉英对比研究概论》（1986）、《汉英对比研究的理论问题》（1991）、《汉英句子扩展机制对比研究》（1992）、《思维方式、表现法和翻译问题》（1993），或为该书的写作做了思想上的铺垫，或对该书的部分思想做了进一步的深化研究，都是紧紧围绕"本位"与"特色"的翻译语言哲学思想展开的。

这一时期，刘氏研究成果另一重要方面是以"本位"与"特色"的翻译语言哲学思想为基础，适应时代召唤，全面展开对中国翻译理论建设的思考与探讨。中国译学建设课题的提出可追溯到20世纪20年代末的蒋翼振[①]。新中国提倡"翻译是一门科学"的第一人是董秋斯，领先西方几十年，其代表作是1951年发表的《论翻译的理论建设》一文。但由于历史的原因，董氏建立中国翻译学的主张一下子沉寂了几十年，似乎被历史遗忘了。待中国译界有识之士再次提出建立翻译学主张时，历史的时针已经指向了1987年[②]。1987年7月，中国翻译协会在青岛召开了第一次翻译理论研讨会，迎来了中国译学建设的新契机。刘氏积极投身于新时代中国译学的建设活动，先后发表了《西方翻译理论概评》（1989）、《论中国翻译理论基本模式》（1989）、《中国翻译理论的基本模式问题》（1989）、《中国现代翻译理论的任务》（1993）等，对西方翻译理论的不足进行了反思，明确提出重"意义"、重语义、重功能的中国翻译理论基本模式，不忽视汉语言文字特征及其独特的中华文化，以及现代中国翻译理论所肩负的三大任务，一再强调意义研究对于汉语翻译的重要性。

综上所述，可将20世纪80年代末到90年代初刘氏"探索－游移期"

---

① 张后尘：《翻译学：在大论辩中成长》，《外语与外语教学》，2001年，第11期，第21-24页。
② 王秉钦：《20世纪中国翻译思想史》，天津：南开大学出版社，2004年。

的翻译语言哲学基本思想和特点总结为如下四点。

（1）由借鉴结构主义的翻译语言研究思路转向借鉴西方功能主义语言研究思路，开启了结构主义与功能主义并行、以功能主义为主的翻译语言哲学模式。

（2）其"本位"与"特色"的翻译语言哲学思想，由萌芽期的清晰意识形态贯穿于具体的系统理论研究实践。

（3）重点转向研究意义，研究以维根斯坦为代表的西方分析哲学，正式从语言哲学角度开始翻译理论探索。

（4）其有中国特色的翻译理论体系初步形成。

2.2.1.3　第三阶段：确立期（20世纪90年代后半期到2001年）

刘氏翻译语言哲学思想的确立期是20世纪90年代后半期，大致而言，就是《哲学》这本书的整个撰写期。出版于2001年的《哲学》一书，是刘氏系列著作的力作之一，按第一版自序所言"是作者五年耕耘的结果"[①]，该书的出版，标志着刘氏翻译语言哲学思想基本观点的系统化成形。

这一阶段，大致又可以分为两个时期，以1998年《翻译与语言哲学》一文的发表为界。在此之前，可称为初期理论规划阶段，之后为理论完形时期。

在初期理论规划阶段，刘氏根据自己的翻译实践和前期研究体悟，潜心于东西方语言哲学和翻译美学研究，形成了关于翻译语言哲学的一些基本思想，这些思想初步以条理化的形式集中体现在刘氏1998年发表于《外语与外语教学》上的《翻译与语言哲学》一文中。刘氏翻译语言哲学观早期主要关注翻译理论研究的方向调整，以及一些对汉外翻译理论研究具有根本性重要作用的认识论和方法论问题，作者在《翻译与语言哲学》一文中对此有明确提及。

> 后结构主义者对主体中心论的批判性研究，有许多独到的见解，对我有很大的启发，虽然他们当中有些人的论断相当偏激，我并不苟

---

① 刘宓庆著：《翻译与语言哲学》，北京：中国对外翻译出版公司，2001年，自序。

同。例如断言所谓主体意识、主观性纯属子虚乌有，我认为不合事实。列维-施特劳斯（Claude Lévi-Strauss）认为人文科学"应当摆脱人文因素"，我尤其不赞成。人类进入七八十年代，技术新论踵出，科学思维对人文科学有很大的"撞击"，自是必然；但人文科学绝对不能排斥人文因素。而且就译学而言，仍然应当恪守人文性，这是无可置疑的。我们关注的只是翻译理论研究的方向调整以及根本的认识论、方法论问题。

在《翻译与语言哲学》一文中，刘氏初步条理化论述了从语言哲学角度对翻译理论进行研究的四个重要的认识论和方法论问题。

（1）汉语的异质性问题，或叫语言的异质性问题。
（2）与语言异质性密切相关的"本位"和"外位"问题。
（3）翻译主体与翻译客体的关系问题。
（4）中国翻译学的意义理论和文本解读理论架构问题。

刘氏旗帜鲜明地认为：语言既有同质性也有异质性，这是事物的两个方面；世界上任何一种历史悠久、文化积淀深厚的语言，都有其迥然不同于另一种语言的异质性，汉语即属此例。鉴于汉语相对于印欧语言的异质性，中国翻译理论研究就必须处理好"本位"与"外位"的关系：中国翻译理论体系的构建应该立足于中国，不失中国特色，不悖汉语特征，不漠然于中华文化发展之所需。就翻译主体和翻译客体的关系而言，必须要冲出"主体中心论"，主体的无限潜力只有不带偏见地投入到客体中，才有意义。中国翻译学的意义理论和文本解读理论，应该以翻译学的实践需要为依据和依归，从认识论、表现论、对策论和价值论几个方面进行阐述。

《翻译与语言哲学》一文中初步的条理化描述经过作者进一步展开、加工和深化，形成了《哲学》一书，于2001年正式出版。该书长达500多页，对刘氏翻译语言哲学思想进行了详细的、全面的、系统化的表述，标志着刘氏翻译语言哲学思想的最终确立。此书由上篇、中篇、下篇三部分组成，分别聚焦翻译研究的方法论、翻译研究的语言哲学视角、翻译的价值观论三个主题，主要观点分为如下十一点。

（1）关于"本位"与"外位"，提出了"本位观照，外位参照"的基本原则。

（2）关于"翻译主体"的定位问题。主体具有主导性、权威性、可变性和能动性，但翻译主体功能的发挥都有一定的条件和限制。

（3）关于"翻译客体"的重新认识问题。翻译客体不能仅仅理解为原文文本，而是一个三元复合体，即翻译客体包括原文及译文文本、文本作者、原文及译文文本读者三个方面。

（4）翻译理论研究从哲学层面来讲需要特别关注的方法论问题，正确的方法论就是要处理好三个方面的问题：首先，处理好继承与开拓，这与"外位参照""从善如流"密切相关；其次，人文性是语言和意义不可忽视的重要属性，对于汉语这种非形态语言尤其如此；最后，要处理好历史与现实的问题，树立正确的历史观和现实观，才能获得良好的价值观，才能做好继承与开拓。

（5）重视语言观对于翻译理论研究的重要性。汉语相对于西方语言的异质性特征要求翻译理论研究中做到同质语言观和异质语言观的辩证统一；在此前提下，尤其要关注汉语的异质性特征，重点从异质性语言观的角度来把握中国翻译理论的建设进程。要明白，翻译理论建设的基本取向就是要有利于本民族语言的译入或译出，为此，中国翻译理论建设要重点做好四个方面的工作：一是意义理论建设，二是理解理论建设，三是表现理论建设，四是翻译价值观和文化翻译理论建设。

（6）翻译意义理论的引荐借鉴问题。意义很复杂，不同的视角就会产生不同的意义理论，就会有不同形态的翻译意义理论架构。翻译意义理论的建构必须遵循"外位参照""从善如流"的原则，借鉴一切有益于翻译意义理论建构的有用成果。与此同时，翻译意义理论应有如下价值标准：一、不论何种意义理论模式，必须重视人的因素；二、不论何种意义理论模式，必须重视"使用中的"意义，要持动态的意义观；三、意义理论的描写不仅包括其生成，还应该包括意义的表达和陈述对策及原则。

（7）中国译学意义理论的架构问题。包含三个方面：一是译学意义理论的认识论，要对译学意义的基本特征有清醒的认识；二是要对意义获得的途径进行研究，包括指号系统、指称系统、超指称系统和语境系统四个方面；三是要积极重视研究意义的表现法。中国译学意义理论的架构中，需要始终关注的就是意义的动态性。

（8）翻译思维问题。翻译思维涉及语义、逻辑与审美三个方面（翻译思维这里主要指翻译理解的思维过程，主要针对语义问题，因为逻辑与审美问题刘氏在其他地方有专门论述）。翻译学的理解理论需要宏观与微观相结合，涉及三个层级的理解（词语级、句子级、语段级）。翻译理解的障碍也会涉及三个层级：文字结构（表层理解障碍）、语义结构（浅层理解障碍）、心理结构（深层理解障碍）。克服理解障碍就要认真研究障碍的各种成因，从而提出译学语义理解的对策论。

（9）翻译中的语言逻辑问题。双语转换过程中，逻辑规约和校正必不可少；要重视翻译中的非逻辑问题——概念理解谬误、逻辑悖理、语段混乱。由语言逻辑问题中的真值观演绎出译学意义上的真值观，涵盖三点：一、意义即真值；二、冗余的"非真值"性；三、真值共相论（翻译主体与原作者共享的只是言之在理的意义，至于谬误，只好由原作者独享了）。

（10）提出"新翻译观"。世界在发展，历史在进步，新的时代需要新的翻译观。新的翻译观涵盖以下内容：将主体与客体合理定位；赋予译者以充分的酌情权；鼓励对文本的多样化阐释和再现；充分关注对形式的表现论研究；充分关注读者的接受。

（11）翻译批评论纲。主要涵盖五个方面的内容。一是翻译批评的三个原则：积极的、进取的；对事不对人；依据译者第一手的、整体性的著作。二是对翻译批评主体的要求：通晓译作原文；应有历史观；应有整体观；应立足于现实；应有责任感。三是翻译批评的标准：放宽"信"的尺度；提高形式运筹在翻译价值观中的地位；提高"译语文本可接受性"在翻译价值观中的地位；提高翻译所起社会效益在翻译价值观中的地位；认清翻译标准的相对性、非恒定性。四是翻译批评的对象：反对印象性批评；文本的多样性阐释；"对应表现"的层级性。五是翻译批评的方法：批评家不要试图借助于某种"主义"来剖析作品，而应采取"一对一"的"各个击破"的分散策略来分析作品的"思维碎片""创意片段"。

以上就是刘氏翻译语言哲学思想"确立期"的发展脉络和主要内容。

至此，我们可以将刘宓庆翻译语言哲学思想的第三阶段"确立期"的要旨特征概括为三个方面。

（1）刘氏翻译语言哲学思想时至21世纪，已经形成了自己的较为完整的思想体系。

（2）刘氏翻译语言哲学思想体系呈现出其"一以贯之"独特性，即始终坚持其开始的定位——"本位"与"特色"，服从和服务于中国翻译理论的建设和发展。

（3）继续坚持结构主义与功能主义并行、以功能主义为主的翻译语言哲学模式，但功能主义的翻译语言哲学模式，随着他对意义的深入研究和探索，得到了进一步强化。

2.2.1.4　第四阶段：渐趋成熟 – 发展期（21世纪以来）

如上所述，《哲学》一书于2001年出版，将刘宓庆的翻译语言哲学思想条理化、系统化，使之最终确立成形。但是，刘氏翻译语言哲学思想并没有因此而"定形凝固"，止步不前，而是在新世纪继续发展，向新的台阶迈进。主要体现在两方面：一是刘氏从中国翻译理论建设的视角对维根斯坦语言哲学思想所做的更加全面的阐发，以及维氏语言哲学思想对其翻译理论体系更为广泛的渗透；二是刘氏在《哲学》（2019）序言中对中国翻译语言哲学研究提出的"十大任务"，这十大任务已经大大扩大了传统对翻译语言哲学的理解或研究范畴，展望未来，对翻译语言哲学的研究将具有非常重要的指导作用。下文就这两个方面的发展进行重点介绍分析。

从中国翻译理论建设视角对维根斯坦语言哲学思想进行更加深入的全面阐发。刘氏在2005年出版的《中西比较》中，专门用两章（第十章、第十一章）的篇幅，对维氏语言哲学思想对翻译研究的重要意义做了较为系统的阐发，其要义为如下五个方面。

（1）将意义重新定位，将意义研究的方法论重新定位：意义探索本身不是目的，目的是翻译中有效的双语交流和文化传播。翻译学意义研究不是语义学也不是词汇学意义研究，翻译意义探索应紧扣翻译语言交流中的意义机制（对应式、表现法、效果论等等），应将意义充分动态化、随机化、情景化，总之是"游戏化"，并紧贴生活形式。

（2）翻译语言交流犹如"游戏"。就"人"而言，重在参与，重直接经验，就"语"而言，重在使用（应用、运用）；因此，翻译学意义研究应紧扣"用"字。为此,应该将关键放在"人"身上,"用"者唯人,"用"者在人;人的认知功能应该有至善发挥。

(3)意义本身及意义研究都应该紧贴实际生活,体现语言游戏的生动性、现实性以及充满活力的动态特征。翻译学意义研究应该既重视基础理论又重视翻译实务发展对理论的诉求,关注理论结合实际,与时俱进并富于成效。

(4)发展科学的翻译研究方法论,即:重经验观察和经验审视;重描写、重实证(语言事实和翻译行为的验证);重整体、重全局,指研究的整体性和视野的全局性;翻译研究应关注实实在在的翻译行为,普遍存在的翻译现象,并以此为依据进行理论提升,力戒形形色色华而不实的作风。

(5)重视学科的"家族相似",从语言学家族、认知科学家族及一切与译学理论具有相似性、相关性的学科汲取理论思想和发展手段;重视中国和外域特别是西方各国翻译理论的各种体系、各种流派之间的"家族相似",做到取长补短,促进"家族"繁荣。

新时期,维氏语言哲学思想对刘宓庆翻译理论体系更为广泛的渗透,体现在刘氏对其系列著作的修订当中。为了更直观地了解维氏对刘宓庆的翻译研究的影响,我们对新时期刘氏全集(《刘宓庆翻译散论》除外)中的10本著作进行了统计分析,其频率如下:

表 2-1 维根斯坦及其理论在刘宓庆翻译著作中出现频率统计分析

刘宓庆翻译著作	《文体》2006	《新当代》2005	《指引》2006	《新对比》2006	《美学》2005	《哲学》2007	《文化》2006	《教学》2006	《口笔译》2006	《中西比较》2005
频率	0	9	8	17	1	40	4	46	52	96

从表 2-1 中可以看出,除《文体》之外,刘氏修订的著作中,几乎每部都提到或引用了维氏(或维氏理论),不难发现,维氏语言哲学思想对新时期刘氏翻译研究的渗透的确是多层面、全方位的。

关于刘氏在《翻译与语言哲学》(2019)序言中对中国翻译语言哲学研究提出的"十大任务",我们将在 2.2.3 "刘宓庆'翻译语言哲学研究'

的影响及展望"中进行讨论。

现在，我们可以将刘宓庆翻译语言哲学思想的第四阶段"渐趋成熟 – 发展期"的要旨特征概括如下。

（1）如果说第一阶段"萌芽期"刘氏的翻译语言哲学思想主要是"重结构主义的借鉴与应用"，第二阶段"探索 – 游移期"主要是"开启了结构主义与功能主义并行、以功能主义为主"，第三阶段"确立期"主要是"功能主义得到了强化"，那么第四阶段就是"功能主义"进一步推进，形成了"中国功能主义翻译学派"。

（2）所谓"中国功能主义翻译学派"，其基本主张和理论原则包括：坚持翻译的文化战略观；注重翻译的基础研究和整体性整合研究；翻译基础研究的主体是基本理论的发展研究——汉外互译的意义理论、理解理论、话语传播和表现理论；翻译实务中强调把握"交流中的意义"；注重汉外语言文化对比研究，指导思想上树立"本位观照，外位参照"的原则；必须使翻译美学成为中国翻译理论的组成部分；中国翻译理论的核心对策论是"代偿"；具有与时俱进的世界观、全局观[①]。

（3）可以看出，"中国功能主义翻译学派"不仅要吸收西方结构主义、功能主义对语言研究的优长，还包括语言哲学、诠释学、翻译美学，甚至大数据处理等一系列能够积极提升促进中国翻译理论建设的手段和课题。

2.2.2 他人的研究进展

鉴于刘宓庆先生的翻译理论体系在国内外产生的广泛影响，他的语言哲学研究也自然受到学界的关注。学界对刘氏翻译语言哲学研究的关注可分为两类：一类是直接关注，即对刘氏"翻译语言哲学研究"有直接提及或述评；一类是间接观照，即虽没有直接评论或提及，但他的研究，会涉及刘氏的翻译语言哲学思想。下文将分别对这两种情况进行讨论分析。

---

① 刘宓庆：《流派初论——迎接中国译坛流派纷呈的时代》，《中国外语》，2006 年，第 6 期，第 72–76 页。

2.2.2.1 对刘宓庆翻译语言哲学研究所做的直接研究或述评

迄今为止，学界对刘氏翻译语言哲学研究的直接关注主要如下。

《哲学》一书是我国第一部系统地、科学地根据西方语言哲学意义观对翻译意义理论等重要翻译课题进行研究的著作。本书的出版标志着我国译界对意义翻译理论进行科学系统研究的开始。①

《翻译与语言哲学》（2001，下称《哲学》）：探讨了翻译理论研究方法论、本位与外位、主体与客体、翻译理论的哲学视角、语言观与翻译理论、翻译学的意义理论、中国翻译学意义理论架构、翻译思维、翻译中的语言逻辑、翻译的价值观、新翻译观和翻译批评等课题。

《哲学》是一部重点借鉴西方语言哲学研究译学的著作。刘先生在对西方语言哲学进行了细致的考察的基础上，探讨了翻译理论研究的方法论、翻译理论的哲学视角、翻译的价值论等问题，其中重点审视了翻译主体与翻译客体之间的关系、翻译的意义理论、翻译思维、语言价值观和翻译以及翻译批评等问题，构建了翻译学的意义理论框架，提出了"本位观照，外位参照"的翻译研究指导准则、新的翻译观、翻译批评的基本原则以及翻译研究科学化的具体任务。②

刘宓庆在《翻译与语言哲学》中探讨了汉语的异质性——语言的异质性、本位和外位及主体与客体之间的关系等问题，为中国的翻译学提出了意义理论和文本解读理论架构。③

刘宓庆在 2001 年首度出版的《翻译与语言哲学》一书中，将他的翻译理论一分为三：一是研究方法论，二是哲学视角，三是价值观论。从他的"翻译理论的哲学视角"中，可以看出他充分地引用了"西语哲"中的意义观来构建自己的翻译学意义理论的架构，有了自己的

---

① 转引自王建国《刘宓庆翻译思想研究——〈刘宓庆翻译论著全集〉内容概要》，《英语研究》，2006 年，第 2 期，第 33–42 页。
② 同①。
③ 李勇梅、张华成：《评刘宓庆著〈翻译与语言哲学〉》，《湖南医科大学学报（社会科学版）》，2006 年，第 4 期，第 167–169 页。

创见。①

可以看出，到目前为止，对刘宓庆"翻译语言哲学研究"进行直接研究和评述的人还比较少。所做研究和评述主要呈现出如下特点。

（1）总体来说，这些对刘氏"翻译语言哲学研究"所做的评述与刘氏的研究实际是相吻合的。

（2）有的研究比较简单，很大程度上局限于蜻蜓点水，对刘氏的"翻译语言哲学研究"有待深入。

（3）对刘氏"翻译语言哲学"方面的研究，至今还未见相对系统的，较为深入研究。

不过，有理由相信，随着中国学界对语言哲学研究的不断推进，特别是译界对翻译语言哲学研究的关注，对刘氏"翻译语言哲学研究"的直接关注会越来越多，也会越来越深入。

2.2.2.2 对刘宓庆翻译语言哲学研究所做的间接研究或述评

与直接研究或评述相比，对刘宓庆"翻译语言哲学研究"的间接提及或评述要多得多。据统计，仅其他学者对刘宓庆整个翻译研究工作的访谈、评述的专文，目前已达 30 篇左右，时间跨度将近 30 年。这些专文大多数虽不是直接针对刘氏的"翻译语言哲学研究"，但基本上都会涉及刘氏的"翻译语言哲学研究"中的某个（或某些）思想要点，很大程度上，可以看作是对刘氏"翻译语言哲学研究"所做的间接研究或述评。篇幅所限，略举数例如下。

> 著述颇丰的著名翻译理论家刘宓庆先生也深受功能主义的影响。刘先生未曾使用"翻译语境"概念，也未对语境层次做深入分析与分类，但语境在翻译中的重要作用在他那里是非常明确的。在《翻译与语言哲学》中，他指出了语境对意义的决定作用，并就语境在翻译学意义理论中的重要性做了五点重要总结。②

---

① 钱冠连：《西哲语在中国：一种可能的发展之路》，《外语学刊》，2007 年，第 1 期，第 1–10 页。
② 彭利元：《国内翻译研究的语境化思潮简评》，《外语教学》，2007 年，第 2 期，第 87–90 页。

刘宓庆文化翻译理论包括了文化翻译的本体论、认识论、方法论、目的论和价值论。其理论特色在于：(1)以翻译为本位，以文化为外位，以语言为依归，以文化意义为核心。(2)借鉴了西方的哲学思想。(3)把审美揉进文化翻译的策略中，充分考虑了意义的人文性，给考察文化翻译的过程和结果都提供了一个新的视角。(4)结合心理学学科家族对文化心理进行了系统探讨。其理论地位：这一理论是对中国传统翻译理论的继承和发展，明确提出了文化翻译的战略考量和"洽洽调和"的文化翻译审美原则。①

"有中国特色的翻译学"的提法有着广义认识论作为哲学基础。因此，提倡有中国特色的翻译学，并不是让我们走进误区，而是中国翻译研究者必然的努力方向。只有形成有自己特色的学派，我们才可能与西方同行平等对话。刘宓庆的《中西翻译思想比较研究》可为探寻中国翻译学建设的动力之源提供方法论上的指导。②

翻译与语言哲学的探讨亦引发了译界对哲学的思考，"语言游戏"之说不仅适用于翻译教学，也广泛运用于语际交流，对未来的翻译研究无疑起着坚实的铺垫作用。

哲学在中国传统翻译理论上扮演着十分重要的角色，刘宓庆翻译思想中明显承载着西方哲学倾向，以至于他后来用哲学视角来诠释翻译学。著作《翻译与语言哲学》从四个方面分析了语言和翻译的关系：首先，他提出汉语的异质性意味着语言异质性。汉语异质性主要体现在措辞、语音、意义、语法，其决定了中国翻译学对意义理论、整合论、表现论及价值论的需求。其次，是有关"位"的问题，他主张"本位观照，外位参照"。"汉语及中国相关理论必须是理论研究的本体，外位参照则是一个完善的过程。"再次，他借鉴了主体和客体相关概念。文本功能拒绝对客体的草率重写，主体的不确定性、矛盾性和期待无可避免地会施展某些规则于客体。因此刘认为只有将主观能动性和客体很好地结合才能产生真正美妙的译本。最后，语言哲学在中国

---

① 王建国：《刘宓庆文化翻译理论简评》，《外文研究》，2010年，第2期，第74–76页。
② 鲁伟、李德凤：《中国特色的翻译学：误区还是必然——兼评〈中西翻译思想比较研究〉》，《中国科技翻译》，2010年，第2期，第11–14, 29页。

翻译学上体现在意义理论建设和文本诠释上。哲学思想为意义理论建设提供了大量证据，因为意义理论不仅是对中国传统理论的总结，也是基本翻译理论研究新的趋向。①

刘宓庆翻译意义观有两个阶段：第一阶段是刘（2001:281–352）提出了翻译学意义理论的基本任务，即理论架构，包括意义的认识论、意义的表现论、意义的对策论；第二阶段刘（2005a）表现在他对维氏后期语言哲学研究的全面引入。②

刘宓庆的语言对比观：提出了"异质性"理论和"汉语本位"思想。兼有理论对比语言学和应用对比语言学特征，但是偏重应用对比研究，即翻译研究。③

将刘宓庆翻译研究范式放在中国新时期翻译研究范式的发展历程中，对比分析发现，他的翻译研究范式经历了从语言学范式向语言哲学范式的演变，这与中国新时期整体的翻译研究范式的演变既有重合也有错位。为了全面深入地了解刘宓庆的翻译思想，文章进一步分析了出现错位的原因：一是两种不同的语言观所致；二是刘宓庆所依据的维特根斯坦后期哲学思想在西方语言哲学中的桥梁地位；三是从整体上看，刘宓庆的研究还是"以语言为中心的"；四是刘宓庆对翻译学本质属性的认识与其研究实践之间的悖论。④

（刘宓庆）在其近40年的翻译研究生涯中，运用了多种研究方法，如比较法、跨学科方法、系统论方法等，这些方法都可以归结到他提出的"本位观照，外位参照"的总方法。⑤

以上研究事例表明，相对于直接研究，对刘宓庆"翻译语言哲学研究"的间接论述呈现出如下三点。

（1）相对于直接研究，间接研究、引用与述评数量要多很多。

（2）由于间接研究往往各有侧重，是从特定视角来审视刘氏"翻译语

---

① 曾力子：《刘宓庆翻译思想探》，《民族翻译》，2013年，第1期，第31-38页。
② 王建国：《刘宓庆的翻译意义观》，《北二外学报》，2013年，第8期，第23-27页。
③ 张思永：《刘宓庆翻译研究方法评析》，《外文研究》，2017年，第1期，第76-81页。
④ 同③。
⑤ 同③。

言哲学研究"思想的,因此许多研究或评述相对更深入。

（3）由于数量关系,加上研究相对聚焦,因此间接研究和述评作为整体来看,似乎能更好反映刘氏"翻译语言哲学研究"总体状况。

个人认为,从更大范围来说,一切引用、参考、评述或研究刘宓庆翻译思想体系的研究或著作,似乎都可以看作是对刘宓庆"翻译语言哲学研究"的思考或研究。但确切而言,这实际上已经属于刘氏"翻译语言哲学研究"所产生的影响范围,将在2.2.3中详述。

2.2.3 刘宓庆"翻译语言哲学研究"的影响及展望

如果说要从《刘宓庆翻译论著全集》中选一本最能代表刘宓庆翻译思想体系的著作的话,恐怕非《哲学》莫属了。因为刘氏几乎所有重要的翻译思想都在《哲学》一书中被提及,区别只在于详略。如果一个人的行为基本上由世界观来指导的话,那么一个学者的研究工作则基本上受制于他的学术世界观。所谓"学术世界观"就是他的最基本的、最重要的、总体的学术思想或体系。迄今为止,刘氏翻译思想体系在国内外学术界产生了广泛的影响,已是不争的事实。据统计,截至2018年10月份,仅以中国内地为例,参考过刘宓庆翻译思想和著作的论文已达23000余篇（知网数据）,引用参考刘宓庆著作和思想的研究成果于2006年达1060篇,2014年突破2000篇,此后基本上保持在每年2000篇左右的高位。上海外国语大学章艳教授对此评价说:"桃李不言,下自成蹊,在这个一定程度上连学术也要公关的社会,这样的影响力尤其不易。"我个人认为,受刘氏翻译语言哲学思想影响或借助于刘氏翻译语言哲学思想所做的研究,从最宽泛的意义来讲,也是对其"翻译语言哲学研究"所做的研究和述评。

实际上,刘氏"翻译语言哲学研究"目前的影响只是一个开始。展望未来,我们有理由相信刘氏"翻译语言哲学研究"将产生更大影响,这样说不仅是就目前已经产生的广泛影响和日受重视的翻译语言哲学研究而言,而且更重要的是基于刘氏对未来"中国翻译语言哲学研究"所做的"十项预测",或曰提出的"十大任务"而言的。这"十大任务"是建立在强烈的民族自信心、自豪感和为民族复兴服务的文化战略意识之上的:

中国要成为一流大国巍然屹立于世，必须把握时机致力于学术的"自我发展""自我创建"，不愧对自己丰富至极的文史哲人文智慧资源和科技发现/发展功绩。刘氏在《哲学》（2019）序言中说：

> 21世纪世界和中国都将发生巨大变化。中国语言哲学（包括翻译语言哲学）都大有可为，但必须恪守一个原则或宗旨：坚持自主性，实现与时俱进的发展，扬弃因袭的、有时陷入绝对化的规定性或者模式化的思维定式，与唯西方马首是瞻的旧观念切割。只有这样，"与时俱进"才能真正得以实现。我们翻译语言哲学研究者应该有舍我其谁的使命感，投身于以下重大的，又是基本的十大课题探索和研究。

根据刘氏的研究，这十项课题具体内容如下。
（1）语言观研究。
（2）中西语言形态比较研究。
（3）语言生态历史研究：汉语的范例性研究。
（4）汉语句法范式研究。
（5）汉语意义理论研究。
（6）现代汉语音韵学（声韵调三大系统）研究，特别是声调形态结构研究和功能研究。
（7）汉语文字体系的结构和功能研究。
（8）语制是语言哲学必须研究的课题：汉语白话文发展史研究。
（9）汉英表现法系统研究及表现法异同分析。
（10）中国语言哲学在开创期应该更重分析性和批判性。

由此可以看出，刘氏的主旨在于"发展自我""创建自我"。关于每项任务涉及的基本概念、研究范围、研究方法以及开展此项研究的原因，刘氏都给出了颇为详细的论述，在此简要转述为如下十点。

A. 语言观研究

所谓"语言观"就是对语言的整体性和全局性基本观点、基本看法，包括它的生成基因、本质特征、结构和功能、类型及衍生、发展变革史、外域影响（包括文史哲思潮）和本域发展愿景等等。

为什么要研究"语言观"？原因主要在于语言观一旦形成，就会长期地、深深地影响研究者的视野，认识深度（insightfulness）和研究取向，最终必将影响社会语用。但是西方语言学界对印欧语系以外的语言的类属划分却充分体现了他们基于"西方中心论"而产生的"西方规定性"武断作风，至今未改。将汉语划归"汉藏语系"，是"西方中心论"影响下的一种语言类属划分，有点莫名其妙，因为汉语与藏语实际上没有太多关系。汉语究竟属于什么系族完全有必要重新加以研究考量，这一点还与今后的人工智能化语言转换工程有密切关系。

语言观研究还有以下四点意义。

第一，有助于国人提高对光辉灿烂的中华文明的认同和自豪感，提升自己对中华文明和文化建设的参与精神和参与力度。

第二，有助于国家有关部门提高对语言的认知水准，从而制定符合时代发展的语言政策及致力于完善国家、地方和研究机构的语言监管机制和实施举措。

第三，有助于提升和拓宽人文研究部门加深对种种语言文化研究的深度和广度，对自身研究的认知水平，减少种种中西对比研究的盲目性。

第四，有助于保证整体的社会交流的品味、品位和品质。

B. 中西语言形态比较研究

"语言形态"就是"language form, morphology"，它是个西方语言学概念。西方语言学将"语言形态"概念限定的范畴狭小，只限于西方自我中心的"屈折形态"（inflection），否定汉语有汉语的形态体系。大体而言，语言形态比较研究有以下四个层次。

第一，表层形态，集中于词语／词组的意义生成及搭配表现形式。

第二，中层形态，集中于句子／句群的意义生成及组合表现机制。

第三，高层形态，即篇章构建机制和表现。

第四，思维或超语言层形态，主要指汉语的"意念主轴"与西方形态语言的"SV 形态主轴"二者的对比分析研究。

为什么要开展"语言形态研究"？主要理据在于要破除语言形态研究方面的"西方中心论"——只有西方语言学规定的"形态"才算"形态"，别的语言都无"形态"可言。

实际上，每一语种都有它的特定形态，汉语也不例外。比如"是药三分毒"，按屈折语"SV 主轴"句法规范根本无法分析。汉语句法就直接按它的形态称之为"是字句变式"（"是药"是话题主语，"是"放在句首表示强调，"三分毒"是表语，也有人解释为修饰性补语。这个句式的置换式很多）。至于说汉语"是"字句为什么有这么多"变式"？很简单，时代在前进，语言在发展，中国第一部哲学著作《易经》就是一部着眼于形态（六十四卦）的"变局论"。

汉语语言形态非常特殊，汉字不具备屈折变化的生成机制，没有大量的形式化的语言形态，汉语把西方语言通过形态表达的意义统统寄寓于词语的意念之中，统统以社会语用的"约定俗成"为终极规范。因此可以说汉语的"无形态"也是一种形态，可称之为"模糊形态"，因为在中国传统的语言哲学理念中，"无"是最高的"存在形态"。

汉语的特殊语言形态源于汉字的产生及汉字意象性审美结构的形成，这与东亚全天候农耕经济形态的关系十分密切，并与西方以城邦商贸和相对狭小的陆地封爵经济为基本形态的语言生成和文化生成与发展有很大的差别，这一点我们很多人体验不够，因而缺乏深度研究。应该说，这个深层的成因研究和差异研究是语言哲学的基础研究的基本课题。

汉语语言形态研究的展开和进展，有助于语言形态研究从西方的"单一形态本位"向"多形态本位"转化，可以为多种形态语言的形态变化的对应性研究做出贡献，从而对未来的大势所趋——翻译的电子化、大数据化提供理论参照。

C. 语言生态历史研究：汉语的范例性研究

所谓"语言生态历史研究"是指研究一种语言赖以生发生成、发展延续、分布使用的自然、社会、历史和文化生态环境，从而探究这种语言对该语言族群所在文明进程的历史影响。

为什么要开展"语言生态历史研究"？原因主要在于中华文明与汉语相生并行，屡遭劫难却延绵数千年不断，而且持续发展变化，其根本原因究竟何在？值得研究。其次，语言生态的历史变化比较研究，有助于揭示语言所在文明母体的历史演化轨迹差异。最后，"语言生态历史研究"有助于揭示汉语生态历史的各种积极因素和消极因素，为汉语发展变化研究提供哲学基础。

D. 汉语句法范式研究

所谓"句法范式"就是指句法结构程式,即主要句法成分之间的配置关系。

为什么要研究"汉语句法范式"?就句法成分而言,每种语言的句法成分应该基本上是相同的,但从句法成分之间的配置关系来看,每种语言都会呈现出自己的特点。汉语与西方语言(以英语为代表)的句法范式有较大差异:英语句法范式比较整齐,以"主谓提挈式"为基本范式架构,而汉语的句法范式则比较多样。英语句法结构的例外多属于省略,汉语句法结构本身多变异。

说汉语的人的说话的基本机制是"以词为中心的约法三章:一、立象尽意;二、因形见义;三、约定俗成",这个"约法三章"实际上也就是汉语的"语法–话语(篇章)范式";而西方人的说话机制是"以形态体系为中心的形态完形"。也可以说汉语是"意念主轴范式",西方是"SV形态主轴范式"。这些方面的研究,对于从更深层次上认识汉语和英语,从而为语言转换,尤其是翻译中的句式转换提供语言哲学基础。

E. 汉语意义理论研究

所谓"汉语意义理论"是指关于汉语言文字生成意义及表达意义的机制和方法的描述。

为什么要研究"汉语意义理论"?其原因主要在于"意义"是翻译转换的核心,自然也是语言研究,尤其是语言哲学研究的核心议题。汉语研究也不例外,可将汉语言文字生成意义、表达意义的机制、方法进行描述探讨,形成"汉语意义理论"。

比较而言,汉语的"意义"要比英语的"meaning"复杂得多:前者是一个多维跨领域范畴,后者相对单一。汉语属于"表意文字",而且表意的参与因素很多,有语义因素、文字因素、审美因素和声调因素,这方面与英语大异其趣,值得语言哲学进行系统探讨,会对译学的意义转换有所贡献。

F. 现代汉语音韵学(声韵调三大系统)研究,特别是声调形态结构研究和功能研究

"汉语音韵学"指针对汉语语音(声母、韵母)和声调(即"声韵

调")系统的研究。

英语和汉语都有声调,但差异明显。英语声调叫"intonation",汉语声调叫"tone"。所以有这种名称上的差异,是因为:英语声调只涉及句尾音的升降问题,变化相对有限而且简单;汉语声调是个"文字—语音—语义—章句"整合性很强的复杂的形态系统,为汉语所独有。这种差异值得研究,可以为翻译转换提供理论借鉴,而声韵调的语义转换一直以来也是翻译转换中的难点。

不深入研究甚至不懂古汉语和现代汉语的"声、韵、调"对汉语(特别是文学语言)历史发展的重要推动作用和指向作用的中国语言哲学(和翻译语言哲学及翻译美学),是令人难以想象的。

G. 汉语文字体系的结构和功能研究

所谓"汉语文字体系的结构和功能"是指从文字学角度进行研究,研究汉字符号的性质、造字法、起源、形体与语义的关系,这是语言哲学研究的重要课题。

为什么要研究"汉语文字体系的结构和功能"?主要原因如下。

第一,形态语言研究语言的形态变化规律及类型和范式,它们的文字发展基本上都是屈折形态内部系统和外部系统的发展变化问题,与文字学无关。而汉语文字学则是中国语言学和哲学的重要组成部分,也是中国翻译语言哲学必须研究的课题。

第二,汉字系统是一个复杂的具有多维提示功能的文字符号系统,它具有语音记录、语义提示、意象提示、审美表现和中国文化历史发展脉络提示,很多汉字甚至具有汉族伦理观念发展轨迹的提示作用。这对语言哲学的启示是:汉语语音和汉语文字对语言思维和理解(意义解码)的引导和指向作用需要深入研究。这一点西方人士不会替我们关心,它是中国语言哲学和翻译语言哲学极重要的深层研究课题。

H. 语制是语言哲学必须研究的课题:汉语白话文发展史研究

"语制"指一国之语言品类、品种、用语体制(包括官方政策、实施状况,不包括语言本身的语音语法词汇等问题)、流通版图变迁和未来发展等方面。汉语"文白并举"的语制利弊论、沿革论、改革论乃至废举论,两百多年来从未间断,这也影响到翻译。今天来看,除了文白两制,还加了简繁二体。中国语制未来的发展趋势是语言哲学应该研究的课题之一，这些课题与翻译的译入和译出，关系都很密切。

研究"语制"还包括以下四个原因：

第一，中国是个多民族国家，各民族都有自己的语言，汉语只是中国各民族语言群族的代表和法定的各族通用语。其他民族语言对汉语的发展起了重要的推动作用，对此，我们应该进行深入的历史比较研究和共时比较研究，以利各民族之间的深入沟通、民族文化融合和现代化全面发展。

第二，明确认识语制是国家大事，既具有历史责任感又有现实使命感的中国现代语制，对中国复兴大业至关紧要。语言研究人员、语言哲学家"不知家底"，必将使国人痛感失望，并且必然会产生一种无地自容的"集体尴尬"。

第三，通过探讨，中国语言哲学和翻译语言哲学应积极投身于深入研究，进一步明确语言哲学的研究领域和研究方向（特别是如何以中国的历史和现实为依据出发），研究维度和深度（包括本体论学术研究课题、语言政策及实施研究课题和深层次的中国语言文化教育方向和教学思想课题）。语言哲学研究正是要对国家的文史哲发展路线和实施办法提出深层次的指导思想。

第四，"白话文""普通话"研究还涉及国家软实力问题和如何做有利于国际交流的问题。

I. 汉英表现法系统研究及表现法异同分析

"语言表现法"是指语言赖以表情达意所诉诸的具体的结构、语用方式。

为何要研究"汉英表现法系统"？原因主要在于我们往往以思维方式与思维风格的差异来解释汉英之间表现法的差异，而且是"最深层的差异之源"。但是这种认识未必正确，理由是你无法证实语言陈述之差的根源就是"思维差异"，"思维"至少到目前为止基本上还是"不可言说之物"。

语言哲学和翻译语言哲学研究表现法差异的基本目的，是在探求不同语言在表现同一思想或意念时的表现手段选择上的差异和造成种种差异的深层原因。换言之，我们不能仅以"思维"之异对表现法上的差异做出令人信服的解释，但完全可以用表现法上的不同来说明思维上的差异。

J. 中国语言哲学在开创期应该更重分析性和批判性

中国语言哲学在开创期需要更重分析性和批判性，是因为西方学术分科有"宁细勿粗"的传统，这样做当然有很大的好处，有利于鼓励个性发展和独创性的发芽开花。它的消极面是人人"自顾自"，科科"自顾自"，很难形成整体观和主流力量辐射大局。中国语言哲学应该有自己的气派、本色。其实学科之分、学术部类之分常常有一个民族文化历史渊源，没有必要硬要与自己的传统"切割"，按西方规定，巧立名目，纷纷另起炉灶。

我们今天的任务是加大力度，凸显对自身的分析性和批判力，实现自我价值以及与时俱进的"当下化"——扎扎实实立足于今日中国所需的人本主义和科学的文本分析及构建功能。翻译哲学研究界责无旁贷。

综上所述，刘氏提出的这"十大任务"几乎涵盖了事关民族语言文化发展战略的所有重大关切，意义重大，十大任务的完成必将影响久远。哲学（包括语言哲学、翻译语言哲学）历来被比喻为"万仞山"，哲学研究则被誉为"攀万仞山"。刘宓庆教授这种勇攀学术万仞山的精神，非常值得我们学习。

2.3 文化翻译研究

2.3.1 概述

翻译的复杂性决定了研究角度的多维性，语言与文化之间复杂多元的关系决定了二者必然成为翻译研究中的热点话题。翻译总是在两种语言与两种文化之间展开的，正如许钧给翻译下的定义："翻译是以符号转换为手段、意义再生为任务的一项跨文化的交际活动。"[①]

由于翻译与文化之间关系密切，所以对二者关系的思考一直是中西翻译理论史上的热点话题。早在公元前三千年的亚述帝国就出现了正式的文字翻译，此后，无论是宗教翻译、文学翻译、科技翻译，以及如今的机器

---

① 许钧：《翻译概论》，北京：外语教学与研究出版社，2009年，第41页。

翻译、机助人译,还是语言学派、文艺学派、系统理论学派、后殖民主义和女性主义学派的翻译研究,都有从文化层面对翻译展开的思考。宗教文本本身具有文学价值,即使翻译时不强调其文学性也会考虑到宗教背后的身份、地位等社会文化因素。科技是文化中的主体部分,机器智能作为新世纪重要的代表性科技成果,它们在翻译中的大量使用不仅促进了翻译活动的快速进行,还使得译界开始慎思译者与机器在文化语境中解读文本的利弊得失。西塞罗、贺拉斯、哲罗姆在翻译时考虑文本风格,马丁·路德、洪堡等人使用通俗语言使译文便于读者接受,斯坦纳提出"翻译即阐释",巴斯奈特、勒菲弗尔提出"翻译是改写",这些无不昭示了文化对翻译潜在的制约与影响。"翻译的文化转向"使翻译研究实现了从"怎么译"的语言层面考量转变到了译入语的"文化语境甚至更大的社会文化环境"的文化层面的考量。此后,包括语言学派在内的各个学派均将视角转向了文本外的社会文化因素,开始重点研究原语文化、目的语文化、政治权力关系、意识形态等社会文化因素对翻译产生的影响。

在中国,从东汉时期的佛经翻译、明末清初的科技翻译、五四以来的西学翻译乃至当下中国文化走出去的讨论,均体现了从文化战略高度看待翻译问题的实质。玄奘提出的"五不翻"中的"此无故"(中国没有的物名)与"生善故",严复的"信达雅",傅雷的"神似"说,钱锺书的"化境"说,1982年刘山发表的《翻译与文化》,1984年、1985年王佐良发表的《翻译中的文化比较》与《翻译和文化繁荣》,以及谢天振从比较文学与比较文化的视角建构译介学的学理框架,这些翻译活动与翻译研究都是中国译界长期以来对翻译与文化问题与时俱进的思考与探索,开启了中国的文化翻译研究。

在中国文化翻译研究的大潮中,刘宓庆毫无疑问是集大成者。早在1988年他就开始关注文化与翻译这对命题。经过两年的思考与探索,他于1990年完成了《文化与翻译》专著初稿,并提出了"本位观照,外位参照"的翻译研究的基本原则。为此,他研读了胡塞尔哲学,去荆楚腹地考察,去爱尔兰了解翡翠岛的人文风物,亲身体会乔伊斯作品中阴阳交错与"似花还似非花"的文化心理,确定文化翻译的"理想的客体"(用典型的文化形态来做典型的双语文化转换分析)。历经十年,四易其稿,三易其名，对文化翻译理论描写架构不断探索，出版了专著《文化》。这部专著对文化翻译研究进行了系统总结并在诸多问题上进行了开拓性探究，学术价值自不待言。但对于追求学术卓越的刘宓庆本人来说，这部专著只是发头角，是他对文化翻译思想系统研究的初始之作。为了不断修正与完善自己的文化翻译思想，他于2007年推出了《文化》（修订本），增加了"整体性文化战略"与"文化心理的功能分析"的理论思考。2019年他出版了《文化》（第二版），与时俱进地探讨了文化翻译的战略使命与文化价值观、文化心理与审美、代偿与择善从优手段等问题，从而形成了系统的文化翻译思想，也就是从翻译学视角中的文化本位出发，坚持"本位观照，外位参照"的价值观与对策论，从语义与文本两个层面，中西哲学、心理学、美学、政治、宗教等多学科角度，以荆楚文化与爱尔兰文化为例，研究语言、文化、意义之间的关系，进行文化翻译的心理、审美、政治战略和宗教观的整体性整合理论研究，以及从文化理解到审美表现及表现效果的整体性对策探索。随着"文化转向"的兴起与发展，刘宓庆也从提高翻译主体的文化价值观转变到注重文化翻译的整体性整合研究，完成了由理论建构到实践对策探索的转变。

2.3.2 概念界定：文化翻译、价值观、可译性

2.3.2.1 "文化翻译"的历时阐释

美国翻译理论家奈达与泰伯于1969年提出了"文化翻译"的概念："文化翻译是一种与语言翻译相对的翻译，是为了符合接受者文化而以某种方式改变信息内容的翻译，或是将原语中语言层面的显性信息传递出去的翻译。"[①] 当代英国翻译理论家马克·沙特尔沃思（Mark Shuttleworth）和莫伊拉·考伊（Moira Cowie）认为"文化翻译"是跨文化研究或人类学研究的工具，或者是"任何对语言因素和文化因素敏感的翻译，既包括对原文中文化因素的转述，也包括基于原文文化对译语文化词语的重新解

---

① Nida, Eugene. & Charles Taber. *The Theory and Practice of Translation*. Leiden: Brill, 1969, p.199.

释"①。"改变信息内容""对语言和文化因素敏感的翻译"均是从文化内容传译的视角界定文化翻译的概念。

20世纪80年代初,"文化翻译"这一概念传入中国②。之后译界纷纷从不同视角切入对"文化翻译"进行了思考,如穆雷③从处理文化差异、保留与传达原文特有形象等内容层面,谢建平④从文化研究大语境下探索文化与翻译关系层面,蔡平⑤等从文化翻译作为沟通手段与翻译文化特色词汇、特有文化内容、文化要素或物质文化与精神文化等狭广义层面,以及王秉钦⑥、杨仕章⑦从文化翻译学的基础理论、基本构架与学科地位等层面来探讨文化翻译。其中,蔡平⑧将文化翻译的具体内容归结为七个方面:文化的翻译;两种语言文化之间的翻译;有关文化内容或因素的翻译;文化与翻译;把一种语言文化的表达方式转换成或保留到另一种语言文化的表达方式中的翻译;从文化的视角对翻译进行的研究;从事有关文化内容翻译的人。杨仕章则归纳为翻译内容、翻译策略、翻译特性与翻译研究领域四个层面,并解释道:"文本文化差异的客观存在使得文化信息或文化意义成为翻译的重要内容,这便是作为翻译内容的文化翻译;翻译实践中在处理文本文化差异过程中会有各种不同的策略,其中之一便是作为翻译策略的文化翻译;而文本中文化信息如此之多,促使人们摆脱过去翻译只是语言转换的看法,开始认识到翻译的文化特性,这便形成表示翻译普遍特性的文化翻译;对翻译中文化问题这种由感性到理性、由微观到宏观的不断探讨,最终在理论上形成一个研究领域,这便是作为一类翻译研究的文化翻译。"⑨

---

① Shuttleworth, Mark & Moira Cowie. *Dictionary of Translation Studies*. Shanghai Foreign Language Education Press, 2004, p.35.
② 王秉钦:《文化翻译学:文化翻译理论与实践》(第二版),天津:南开大学出版社,2007年,第1页。
③ 穆雷:《从接受理论看习语翻译中文化差异的处理》,《中国翻译》,1990年,第4期,第9–14页。
④ 谢建平:《文化翻译与文化"传真"》,《中国翻译》,2001年,第5期,第20–23页。
⑤ 蔡平:《文化翻译研究》,长沙:湖南师范大学(博士论文),2008年。
⑥ 同②。
⑦ 杨仕章:《文化翻译学的学科体系构建》,《中国外语》,2018年,第4期,第91–95页。
⑧ 同⑤。
⑨ 杨仕章:《文化翻译学界说》,《外语教学理论与实践》,2016年,第1期,第79–84页。

2 刘宓庆翻译理论分论

对于"文化翻译"的阐释,中西译界观点不尽相同,但总体来说,到目前为止,中西方"文化翻译"的阐释,基本都是从文化翻译的内容是翻译文化、文化有关内容还是探究文化与翻译的关系,文化翻译作为一种转换手段或策略,文化翻译作为一种研究,从事文化翻译的人,文化翻译的狭广义维度与学科建设等视角加以解读,对于文化翻译中涉及的文化心理、文化审美、文化政治战略等超文本因素,以及面对这些因素译者如何进行翻译的对策与表现没有明确提到。刘宓庆经过多年思考,不仅对前人文化翻译的探索研究进行了批判性的继承,提出文化翻译的任务是翻译文化信息的意义及翻译学本位中语言、文化、意义的关系,从文化意义的维度将文化翻译进行狭广义之分,而且从"本位观照,外位参照"的价值观与对策论思想,探讨了语义与文本两个维度的文化阐释,以及借助心理学、哲学、美学等其他学科研究成果对文化翻译进行整体、系统的整合研究与整体的对策探讨。

首先,刘宓庆认为文化翻译的任务不是翻译文化,而是翻译容载或蕴含着文化信息的意义,从内容上界定了文化翻译的重点是"文化信息的意义"或"文化意义",强调了文化翻译应对的是文本的文化信息而不是文化与翻译的问题,也不是特色词汇如何译的问题。同时,他根据文化意义有广义与狭义两个层面,将文化翻译分为广义与狭义两类。广义的文化翻译是指涵盖容载一切文化信息的意义转换,包括语法意义。狭义的文化翻译是指文化矩阵里各层次反映在语言中的意义,集中于词汇、词组、句子、语段、风格和语言文化心理等层面。他从词句、语段、行文风格等翻译本体与语言文化心理、文化审美等超文本因素探讨文化翻译,实现了语言、文化、语言文化心理、文化审美等相互关联与参照中研究文化翻译,也实现了翻译内部与翻译外部整体性结合研究。这是对"文化翻译学派过分重视翻译外部因素对翻译的制约,而忽视了翻译的语言学研究层面"质疑的回应,有助于理解西方翻译研究近年来出现的"U形回转"——"回到语言学"的趋势。[①]

其次,他以翻译学学科为本位,聚焦研究翻译学文化中语言、意义、

[①] Snell-Hornby, M. *The Turns of Translation Studies: New Paradigms or Shifting Viewpoints?* Amsterdam: John Benjamins Publishing Company, 2006, pp.150-151.

意向、语势、文化心理、审美判断、政治战略等问题，以语言与文化异质性中所含有的互补互释探讨文化翻译的可译性限度，以文化的本体论特征即文化的民族性、传承性、流变性、兼容性证明了"四海之内皆准的翻译理论体系并不存在"的事实。在胡塞尔"理想的客体"的启发下，以具有典型民族特色又兼具共性的荆楚文化与爱尔兰文化为案例分析了文化价值观与翻译、文化翻译中语义的文化诠释、文本的文化解读、文化翻译的心理探索、文化翻译的表现论等课题。他还将文化心理、审美判断融入文化翻译的研究领域，探讨新时代下与时俱进的文化翻译对策论，以及强调以适应性调和再现原文"原汁原味"，促进双语文化融合发展的独特视角。既尊重原语文化，关注文化的异质性与丰富性，又不失对读者接受的考量，以期译者通过提高自己的语言文化知识水平和文化感应能力，能够整合好文化信息，在各种论证的参照下准确把握原文语义、文化气质，以读者可接受的表现形式展现原语文化的魅力。

最后，刘宓庆始终坚持"本位观照，外位参照"的基本价值观和比较研究的对策论思想，构建翻译学的内部和外部体系，对文化翻译进行了整体性整合研究。其一，他以中国传统译论为本位，中国未来翻译学为外位，指出因社会动荡、翻译实践经验有限、本国系统理论缺乏、受西方语言学和译论片面性影响等，中国近现代尚未从文化层面深入研究翻译的局限性，提倡重视文化翻译以及文化翻译的战略观，还参照梁启超"洽洽调和"翻译理念，指出译者在文化信息表现中应恪守适应性调和的原则。其二，他以中国译学为本位，中国语言学、哲学、美学、心理学等学科为外位，参照汉语的意形与声调美以及汉字所蕴含的传统哲学观与中华文化的精神精髓，将文化心理与审美哲学融入文化翻译理论研究中，作为定位、定点、定向，准确把握语义、文化气质的机制与有机整合信息而选取最佳表现式的评判杠杆。其三，他以中国译论为本位，西方译论为外位，强调建设中国特色翻译理论体系，提倡从文化战略的高度看待翻译以及凸显文化自我，同时批判性地对待西方译论，在保证自我文化安全、传承文化血脉和维护文化身份的前提下，尊重差异，共同促进文化的交流与发展，实现双赢。他还参照歌德模式，提出译文本是原语文化与目的语文化融合后的新文化文本，文化翻译使目的语文化成为更具生命力、更能适应新文化生态条件的代偿新文化的观点。其四，他以中国译学为本位，西方其他学科为外位，参照胡塞尔"理想的客体"的哲学思想，以具有典型性与共性的荆楚文化与爱尔兰文化为例探讨文化翻译理论与对策问题，还参照心理学家利科模仿三阶段，提出运用动态模仿与变通手段来传递原文本的意义，确保跨语言文化的"原汁原味"。他借用维根斯坦语言哲学中"家族相似性"观点，不仅提出"功能代偿"的对策论核心手段，用"功能代偿"代替西方的"功能对等""对应"模式，并借此说明了语言文化的可译性问题，批判了结构主义的翻译观。在维根斯坦意义观的启发下强调意义的重要性，认为重视动态意义就是翻译的意义价值观。其五，以文本内外论证、互文论证、人文互证进行参照，共时、历时、纵深地跨学科、跨地域"游移"。翻译是门科学，也是门艺术，他将审美引入文化翻译，强调意义的人文性，实现科学性向人文性的游移。

2.3.2.2 "价值观"的多维度思考

广义上，价值泛指一切人们认为好的东西，或某种能够满足人需要的属性，是在人类的客观历史实践活动中所产生并形成的客体对于主体的意义。肯定性的意义就是正价值；否定性的意义就是负价值；无意义就是非价值或无价值[①]。价值观是主体根据自身需要而进行的评估、选择和实现价值的看法、观念和态度。随着社会环境和历史条件的转变，主体的价值观念也会发生改变，呈现出一定历时性的演变与发展规律。同时不同民族通过翻译进行的跨语言文化交流使得各自的价值观念得以沟通与渗透，从而形成各民族文化与价值观念的"和而不同，多元共生"的局面。"整体上，价值观是文化的核心。当我们讨论文化对翻译的影响时，究其实质，讨论的是一种特定价值观念和思维方式对翻译的影响，只要能够在文化交际绚丽多彩的差异现象背后，抓住价值观这一内核，文化交际中纷繁复杂的语言障碍就会随之消解。因此，了解不同文化中价值观和思维方式的异同对于正确处理翻译中的文化差异具有重要的指导意义，只有通过比较和了解不同文化之间的异同，我们才能有意识地转换视角，试图从他者的角度去

---

① 胡卫平主编：《高级翻译》，上海：华东师范大学出版社，2011年，第198页。

看问题,避免狭隘的偏见。"①

在刘宓庆看来,文化价值是价值的一个次系统,指的是客观事物所具有的能够满足时代社会文化进步与时代精神需要的特殊性质。文化价值观的产生、形成和发展受到环境适应和历史因素的制约,处于不同社会环境,在历史长河中形成不同思维习惯、文化艺术和伦理道德的民族或同一民族在不同的历史时期具有不同的文化价值观,所以需要从历时与共时两个角度出发进行审视。虽然各民族文化价值观存在差异,或一种文化价值观对于一个民族是正价值而对于另一个民族是负价值,但我们应明白各民族价值观包括文化价值观有其自身产生的缘由,以尊重理解的态度,通过各民族文化间的调和兼容,为本民族文化注入新的活力,促进多元文化的共生与发展。

刘教授在2016年出版的《文化》(第二版)序言中提到:"在当今知名的西方文化论者中,除了克拉克洪在50年代初提到过'价值观'以外,竟然没有专业学者深入阐释过,甚至重视过文化研究中这个实在可以说是绝对不应该忽视的重要课题。但无论从哪方面看,不论中国人如何看待西方,还是期待西方人如何看待中国,价值观研究应该是我们的文化翻译深层研究中一个不应该再忽视的问题。"②价值观属于精神活动,在文化精神活动中处在尖端地位,可以表现为高度理念化的思想原则或比较具体的价值标准,对行为起到统摄与支配作用,自然对文化翻译活动具有重要的指导与"使命启示"意义。他提出在文化翻译中要重视动态意义,坚持整体性的文化战略观,在文化翻译中进行文化战略考量。

2.3.2.3 "可译性"的跨时空探究

"可译性"简单来说是指语际转换的可能程度,自14世纪但丁提出翻译使诗歌失去韵律与美感的观点后,译界就揭开了可译性与不可译性论战的序幕。

首先,奈达认为人与人之间虽然不能绝对沟通,但因各自思路、身体反应、文化经历和对别人行为方式做出调节的能力具有相似性,所以相

---

① 胡卫平主编:《高级翻译》,第205页。
② 刘宓庆著:《文化翻译论纲》(第二版),北京:中译出版社,2016年,第2页。

对有效的沟通是可能的，从沟通的可行性考虑了翻译的可译性。纽马克将文本意义分为语言学意义、所指意义、语用意义和声音美学意义，认为所有意义都是可译的，从意义的层面论证可译性。与此同时，也不乏不可译性的讨论。比如：洪堡认为每一种语言、每一个词语都是独特的，在其他语言里无法找到对应物，从语言学层面探讨翻译的不可译性。雅克布逊认为诗歌不可译，只能创造性转换。卡特福德将不可译分为语言与文化不可译两类，语言不可译是由原语与目的语在词汇、句法层面形式特征存在差异造成的，属于相对、暂时的，属于相对不可译；文化不可译在于目的语中缺乏与原语文本功能相关的语境，属于绝对的不可译。不过这一观点遭到了巴斯奈特的批评，她认为只要译者深入了解双语语言和文化的动态本质，扫除文化空缺，就可译了。二者都从语言与文化两方面来考虑翻译的可译与不可译性，都历时性地考虑到了不可译性向可译性转变的可能性。斯坦纳在《巴别塔之后》中将语言哲学界对可译性的态度分为普世论者（universalist）、单子论者（monadist）和持中论者（intermediarist）三类，从语言表层与深层结构、语言文化渊源、语言情感等层面来探讨翻译的可译与不可译性。

可见，译界从语言文化之间共性与通性、沟通的可行性，以及意义的可传递性、可译性的限度等方面探讨可译性，从语言文化之间的差异等来探讨诗歌、双关语的不可译性。刘宓庆将可译性问题归纳为双语表层、集中于语义，以及双语最深层的意蕴上的相通相应，可以互补互证。根据维根斯坦"家族相似性"观点以及语际之间的意义转换条件和手段即"信息转换通道"，使语际转换具有可译性。他认为操不同语言的人对世界同一客观事物的所指、思维方式、思维方式的逻辑方法、不同结构的总体表现意涵具有同一性、同构性，或疏略的但基本相同的概念系统框架，同时文化具有相互渗透性与兼容性，使语际转换之间存在相通的信息转换通道，成为"可译性"的重要条件与理论依据。通过对语词、语序的变通与调整，使得语法、语义和风格的对应，达致可译。而"'可译'不是绝对的，它有一定的限度，在语言的各层次中并不是处处存在着信息相通的通道，这就限制了有效转换的完全实现。这种种限制，就是所谓的'可译性限度'与'不可译性的相对存在'"，也即语言家族之间的非相似性决定了可译性的限度。因为语言与思维结构的同构性是相对的，即使是反映物质世界具有同一个所指，但是经过人脑加工后，这些所指也会因人的疏漏与局限性而发生"变值"现象，语际转换的结果也就成为相对的"可变体"。译者因与原作者个人的情感体验、知识内涵、社会背景等不尽相同，对原语的理解与所悟也就不能与作者要表达的意义完全一致，不差分毫。语言的模糊性虽然与可译性限度没有必然的联系，但也是导致可译性限度的基本原因。此外，语言文字结构、惯用法、表达法、语义表述与文化等障碍也限制了语际的转换，增加了可译性限度。由此，他提出可译性限度的调节机制为：思想深化和翻译思想的发展、外域文化与语言表达法可容性的扩大、方法论的发展潜势、接受者因素的强化，随着文化接触的加强和深化，语言的接触也必然出现同步发展。文化的渗透性可以使文化的民族局限性受到制约，使共性不断扩大，也即"社会愈开放，本族语与外族语接触愈多，渗入愈多，相通之处愈多，可译性就愈大"①。人们的翻译审美水平和总的审美素质将得到提高，从而有利于语际转换越过可译性障碍。

与卡特福德、巴斯奈特一样，刘宓庆认为不可译性是暂时的，随着社会的进步与发展，跨国交流与文化传播力度的加大，人们认知能力的不断提高，以前不可译、不理解的东西，现在则可译、可沟通理解。对于不同的译者，可译与不可译情况也有所差异，所以他通过可译的相对性与不可译的暂时性否认了"不可知论"，也说明了随着时间、地点、人的变化，"不可译性"可以向"可译性"转化，也即当下"不可译"的现象具备"可译的潜势"。他立足于翻译学的本位立场，认为在翻译学中的文化具有民族性、继承性、兼容性、流变性的特征。文化兼容性是文化翻译可译性的重要依据，文化流变性与民族性表明文化因时代的发展而发展，随地区的不同而不同，增加了交流的难度与可译性的限度，在翻译时更需要译者进行"功能性代偿"与"择善从优"来体现原文的"原汁原味"。

随着经济文化全球化，各国语言文化交流变得日益频繁，相互间的了解越来越深，障碍就越来越小，可译性限度越来越大，不可译或难译的

---

① 刘宓庆：《新编当代翻译理论》，第109–114页。

部分可以通过各种方式进行补偿，但完全等值的翻译还是难以实现的，可译性限度仍是翻译实践中不可回避的客观现实，也是文化翻译中绕不开的话题。

2.3.3　文化翻译的整体性整合研究

刘宓庆在2001年出版的《哲学》中提出："20世纪90年代中期，我形成了'静态研究为体，动态研究为用'的整体论比较观……在后来的一些翻译研究著作中我一直恪守着这些原则主张。"[①] 在2005年出版的《新当代》中提出"有中国特色的翻译学是世界翻译科学重要的组成部分，正如中华文化是世界文明的不可或缺的组成部分一样，这就是所谓的'文化整体观'"，认为"翻译学具有广泛的综合性、多维性，因此翻译学的理论体系构建要求一个学科的矩阵为之提供理论思想和方法上的支持。对中国翻译学而言，语言学（语言哲学）、美学、认知科学、传播学、文化学都是这个学科矩阵中的重要组成部分，因此，毫无疑问，我们需要有'一盘棋'式的整体性整合研究才能使中国翻译学具有充分的科学性"。整体性整合研究的第二个含义是重视基础研究，而基础研究的八个维度里就包括文化翻译研究（含有可译性研究）以及意义（及意向研究）与理解理论（文本解读理论）。[②] 2018年他再次提出"对理论研究者而言，至关重要的是要进行分阶段的整体性整合研究"。由此可以看出，刘教授一直坚持用整体性整合研究进行文化翻译研究。

2.3.3.1　文化翻译的整合性理论

刘宓庆对于文化翻译思想的整体性整合理论可从翻译学视角中的文化、语言、意义与文化三者的关系，语义的文化诠释与文本的文化解读，文化翻译的心理探索，文化翻译的审美判断，文化翻译的战略观等几个方面展开。正如他在《新当代》所言："所谓'整体性理论整合'就是在广泛综合、深入论证的条件下所做出的学科理论的科学整合。"

---

① 刘宓庆：《刘宓庆翻译散论》，王建国编，第 iii–xxvii 页。
② 刘宓庆：《新编当代翻译理论》，第 11，23，299–230 页。

A. 翻译学视角中的文化

英国学者泰勒（E. B. Tylor）认为："所谓文化或者文明，即知识、信仰、艺术、道德、法律、习俗以及其他作为社会成员的人们能够获得的包括一切能力和习惯在内的复合性整体。"美国文化人类学家克拉克洪（C. Kluckhohn）认为："在人类学中所谓的'文化'，意味着一个民族的生活方式的总体，以及个人从其集团得来的社会性遗产。"当代学者萨莫伐尔（A. Samovar）认为："文化是一种积淀物，是知识、经验、信仰、价值观、处世态度、意指方式、社会阶层的结构、宗教、时间观念、社会功能、空间观念、宇宙观以及物质财富等等的积淀，是一个大的群体通过若干代的个人和群体的努力而获取的。"英美学者与文化人类学家将文化定义为"可获得的一切能力和习惯在内的复合性整体""生活方式的总体""社会性遗产""积淀物"等。随着时间的推移，文化有不同的定义与阐释，而多元文化的发展推动了世界交流的频繁发生，也对文化翻译提出更加严峻的挑战。对此，历史学、心理学、哲学等学科对文化进行了有本学科特色的阐释。翻译作为一门具有跨学科性质的独立学科，无疑会参照相关学科对文化进行独特阐释，从翻译学角度研究文化问题或从文化视角研究翻译问题就成为学者的共识。

刘宓庆立足翻译学学科本位，认为翻译学视角中的文化具有民族性、传承性、流变性和兼容性四大特征。文化的民族性指的是各民族文化各具特色与特征；文化的流变性体现了文化随时空改变而进行的不断演变与更替；文化的兼容性说明了文化之间具有相互容纳包含的特性，也决定了文化的不断丰富与发展。所以，从文化的民族特色与发展流变中，可以看出文化之间所具有的个性差异、语际转换中所存在的难度与可不可译性等问题。同时，这样的差异与发展也成为"四海皆准的翻译理论体系"与强调"原汁原味"引进新成分，丰富目的语文化，促进多元文化发展的缘由。文化的继承性与兼容性体现了文化之间存在的共性特征，也就有了翻译转换的可能，可以互补互释，也即可译性，只不过时空转换、社会诉求、各民族文化内部与文化之间、民族文化心理、审美判断与政治宗教，以及译者、读者个人素养等各方面存在的差异左右了文化翻译的可译性限度。

他还认为翻译学视角中的文化"与语言密不可分，语言与意义密不可分，意义与意向密不可分，意向与审美（意境及意象）密不可分，审美与表现式密不可分"[1]，从语言、文化、意义、文化心理、审美、表现等各个方面的内在联系对翻译学视角中的文化进行了整体观照，囊括了翻译所关涉的若干范畴、维度和运作机制，并表现出鲜明的学科本位特征。这些特征是：视语言为文化的主体性基本表现手段；以意义的对应转换为价值观核心和基本取向；以文化心理为"求索"的鹄的；以审美判断为跨文化表现的杠杆。

首先，语言是文化翻译的"主体或主干"，是文化的主要体现者和依据，在翻译学中探讨文化问题必定以语言为基础，也就是说语言作为文化的主要体现和依据，是翻译学中文化问题必研究或操作的对象，是传达其所蕴含的文化信息的主要手段和基本维度。其次，"以意义的对应转换为价值观核心和基本取向"，也就是从翻译学的视角看，文化翻译的关注点在意义，也即点明了文化翻译的主要任务是翻译文化信息所承载的意义。"以文化心理为'求索'的鹄的"，依靠文化心理定位，准确把握词语的意义、语势、文化内涵，而以审美判断决定语义、语段、篇章整合的方式以及译本最后的表现式，也就是翻译家们所认为的："审美构思与判断是跨语言－文化解读及表现的杠杆，是一条自伊始（审美态度）至终端（审美表现式）都在起作用的全程性杠杆。"[2] 最后应坚持"整体性文化战略考量"，以战略高度看待翻译，文化翻译也不例外。后来，他将"以意义的对应转换为价值观核心和基本取向"修改为"以意义的对应式或代偿式转换为语际转换的基本手段"，强调了"代偿式转换"的概念，这是对传统翻译理论中"对等""对应"不足提出的补偿手段。

B. 语言、文化、意义三者的关系

许多语言哲学家认为："语言与现实的关系，是语言与文化的关系，离开了文化及其所承载的意义，语言将一无所有。"[3] 刘宓庆从翻译学视角中的文化问题谈起其实也包含了语言、文化、意义三者的关系。他认为

---

[1] 刘宓庆：《文化翻译论纲》（修订本），北京：中国对外翻译出版公司，2007年，第11–12页。
[2] 同①，第11–12页。
[3] 刘宓庆：《文化翻译论纲》（第二版），第23，29页。

"语言不仅是人类传达知、情、意的交际工具,而且本身就是一种文化现象,是人类文化整体不可或缺的一部分"。他将文化社会系统中文化信息分布由表及里、由简到繁、由有形到无形依次分为物质结构层、典章制度层、行为习俗层和心理或心智活动层,而作为特殊文化现象的语言则处于"文化各层级的功能与矩阵中,是文化结构和文化功能最权威、最具潜势的唯一统治者"[①]。也就是说,文化离不开语言,以语言为载体与依托或相互映衬;反之,语言也离不开文化,离开文化就会失去存在的意义。不同民族有自己独具特色的语言,这种民族语言的独特性即为语言的异质性。而语言的异质性是由于各民族语言文化心理、思维方式、语言习惯、名物传统等蕴含的文化积淀而衍生来的,所以说这种民族语言的异质性也就是民族文化基因不同的再现,或历史发祥、人文肇始、社会演变等文化源流不同,语言的母体基因也大不相同。也正因为语言文化异质性的存在,所以传统翻译中"对等""等值""等效"只是一种过于理想的"乌托邦"。

在刘宓庆看来,意义是一种"象征性"的人类"文化行为",以象征的手段含蕴在语言文字中,虽然有些字段在形式上难以辨认,无法翻译,但译者在充分的语义阐释和论证后,仍然可根据其意义译成读者可接受的文本,实现语义与功能代偿。由于语言之间的异质性,形合与意合的区分也使得译者面对文本时不能只强调其中一个,而更多的是讲求意义,在此基础上再达到目的语对形式的要求。

他认为文化意义是意义的文化维度,由于不同民族文化产生并处于不同的地缘政治经济、社会历史等背景中,所以即使是同一文化词语(能指)在其他外语中也含有不同的指称,从而产生了文化意义在双语转换中内涵迭变的现象。文化维度中的意义与一般的意义具有不同的特征,它具有人文化、文化语势与层级性的特征。意义是静态的,当人在特定情况下使用后,意义就被赋予了意向,具有能动性和动态性,从而产生语势。在这一过程中,那些本身没有文化意义的词经过人的使用或文化心理机制作用后就被赋予了文化意义,也就使非文化物象实现了意义的人文化,这也体现了文化心理机制、文化意义人文化和文化语势之间相互依存的关系。

---

① 刘宓庆:《文化翻译论纲》(修订本),第36页。

他用乔伊斯的自传体小说《一个青年艺术家肖像》(*A Portrait of the Artist as a Young Man*)中使大海和海鸟两个动态形象具有作家所寄寓的乡土情与萦思梦的人文意义,以及屈原《离骚》中香草美人对"举世皆浊我独清"纯美高尚的人文写照的例子来说明意义的人文化。他认为文化语势产生于话题转换与话题进展或推进两种机制。话题转换机制指"大多数情况下人文环境的转变以及特定人文环境下的话语(篇章)情景转变、话题转变、句法结构转换、词语语用转换、语种转换、文本或风格转变等;话题推进或发展机制指在话语(语篇)铺叙或敷陈过程中词语意义获得了新的文化意义动势"[①]。文化意义的层级性意指意义结构维度、文化意义内在格局与词语获得意义的层级性方式三个层面的意思。首先,意义是一个多维结构,包括山川日月等通义词语的意义和亲(亲属)官(政制)、器乐等文化词语的意义;其次,按照文化信息分布将文化意义分为物质形态层、典章制度层、行为习俗层、心智活动层,由表及里,从宏观与微观视角审视与分析语言文化意义及其内在格局;最后,从理论上剖析词语获得文化意义的层级性方式,也即词语获得文化意义的方式不同,疏离度大小也不同。疏离度越大,越靠近文化心理层面,越需要细心推敲。

C. 语义的文化诠释与文本的文化解读

"文化翻译总是而且必须在两个相辅相成的维度上进行:对词语意义的文化诠释以及对文本的组织结构或层次的解析和文化解读,而后者实际上是译者在以上两个维度上进行工作的结果。"[②] 语言、文化、意义三者相互关联、相互影响,共同构成了文化翻译理论中语义文化诠释与文本文化解读的研究要素。如果按照文化翻译的任务来讲,就是对词汇文化意义与文本文化意义的层级性解读与双维度解读,而文本文化意义实质上是对词汇文化意义有机整合后的结果。

刘宓庆将语义的文化诠释与文本的文化解读视为文化翻译的中心课题。语义的文化诠释涉及面很广,而在他看来,它是指词语文化内涵的微观剖析,借此析出词语的准确含义与意义,是文本文化解读的基础,具有先导性,也即词语意义诠释的正确与否决定了文本解读的整体效果。文本

---

① 刘宓庆:《文化翻译论纲》(修订本),第96页。
② 刘宓庆:《文化翻译论纲》(第二版),第133页。

的文化解读具体是指对文本的宏观兼微观审视，着重文本结构的拆析和重构以便对文本的整体性理解并有利于双语文本在整体形式上的大体契合和对应，是对词语诠释的有机整合，对其整体性含义的推衍、推导和综合，具有后续性和归递性。他通过梳理中国传统文本论"赋比兴、风雅颂"六种类型到"兴比赋"三品，以及对屈原《天问》等作品进行基本特征分析，与乔伊斯的《都柏林人》（*Dubliners*）等三部代表作抒情、叙事与戏剧化体式对比后，推陈出新，按文本类型学，将文本分为常态文本与非常态文本。常态文本指符合语言结构、逻辑思维、文化心理和审美设计等规范的文本，而非常态文本指为了增大信息量和自由度以及增强审美效应，超出语言规范、篇章布局、思维逻辑、文化心理和审美设计常规的文本，这样的文本高度符码化、疏离化、超时空化、高度个性化。所以面对这两种文本类型，刘教授倡导"精于通，精于传统，精于常规；善于变，善于开拓，善于破格"的策略以进行多样化的文本解读。

面对不同文本类型运用不同的应对对策，同时还参照文化心理、美学等其他学科进行语义的文化诠释与文本的文化解读。比如，刘教授在《文化》最新版中就增加了"文本的文化审美解读"，从文本的文化意义审美、文本的文化意象–意境审美、文本的文化情感审美三方面对文本进行文化审美解读。所谓文化的意义审美是指文本中的关键词具有鲜明的文化色彩、具有典型性和情感审美功能，"富于"文化审美意义的句群反映作者的某种审美经验和审美悟性，而篇章整体具有巨大的张力，可以"一叶知秋，见微知著"，也可以是"诗人笔下情，读者眼中泪"（No tears in the writer, no tears in the reader）。"文本文化审美解读的重要任务是捕捉语言中的文化意象和意境。汉语书写系统（文字）富于意象，汉字就是意象的演化，文字的意象化是从视觉上加强语言的意象性。"[①] 在此，关键词体现了作者个人的、独特的体验和感受，是神与形、意与象、文与情的巧妙融合，形成意境，使意、情、景、境的多维复合。所谓文化情感审美是指"语言是情感的载体，情感的安顿、寄托之地，也恰恰是译者依据"。译者可以从语言中析出情感的操作手段有以下三种：情感之本是意义；要把握情感的语言特征（精

---

① 刘宓庆：《文化翻译论纲》（第二版），第 158，161 页。

练、真挚、深刻、感性；态度、立场等文化情感表现或色彩的词）；原语的情感有待于译者的适当调节（译者要根据目的语读者的接受和所处的文化生态，发挥主体性对原语的情感进行适当的调节，以达到预期效果——"唯识体者方能适境"），也就是说译者要关注原语的意义、语言特征并且能根据目的语读者的接受和所处的文化生态适当做出调节，以此来展现或析出语言所蕴含的情感以达到预期的审美效果。

D. 文化翻译的心理探索

语言是情感的载体，不同语言词汇可以形成意象与意境，从而体现作者个人表层的语言意义，以及内在的感受、心理与审美。文化心理问题是文化翻译理论中最富于铺垫性的深层课题。刘宓庆认为特定的文本一定含有特定的心理，所以他从文化心理视角切入文化翻译领域，并将其涉及的文化心理分为范畴论、系统论与功能分析三个层次。

文化心理的范畴论是指从文化信息心理结构的视角分析文化心理，主要是对文化心理现象、心理过程、个性心理和群体心理等的结构分析研究。其中，心理过程包括认知、情感和意志三个过程；个性心理是指在人文环境中形成的个人文化特质，具有个性倾向性和个性心理特点；群体心理指在特定的民族文化环境中形成的民族心理特点，民族文化环境包括特定历史文化背景、地缘政治经济、社会形态环境。而文化心理的系统论指从文化信息内容的视角分析文化心理，主要分为价值次系统、行为次系统和表现法次系统，涵盖了人生、自然、历史、道德、宗教、知识、经济、审美等价值观，意向行为与非意向行为，以及言语表现与非言语表现等表现法。

此外，刘教授还进行了文化心理的个案分析，对语义诠释、文本解读与文化心理之间的关系分别进行了探索，提出了文化心理主轴（融贯全书的心理主轴）和文化心理的"场"（次要的心理活动领域，有明显特征的场界）的概念，明确了对原文文本进行文化心理分析的重要性，指出文化心理具有定点、定位、定格的功能与重要作用，可帮助准确把握语义，深度理解文本，确定文本风格品位与艺术思想倾向，确定双语转换中的表现法及其多样化和层级化，也即对原文文本进行文化心理分析是翻译中深化对文本理解的不可或缺的认识手段，是翻译中校正对文本的理解是否正确的不可或缺的检视手段，也是翻译中确定我们的表现法以及使双语转换表现法多样化、多层级化的重要手段。对于非常态文本的翻译，文化心理分析尤为重要："非常态文本的意义高度隐喻化、符码化，意义在'似花非花'之间，而作品中反映的整体文化心理结构往往是比较稳定的。这时，文化心理参照就是给定点、定位、定格的重要途径，文化心理分析作为认识手段、检视手段和实践手段的功能就更为突出。"①

可见，刘宓庆通过从文化信息心理结构、文化信息内容属性，以及文化心理对把握语义、文本风格气质与表现的功能来进行文化翻译的心理分析。文化心理结构范畴与系统都属于文化心理结构，而他认为前者是从文化信息心理结构的视角分析文化心理，属于心理结构的框架，后者则是从文化信息内容的属性的视角分析文化心理，将视角转换到了信息内容的属性也即价值观念与行为表现上，这两个角度的划分体现了他从文本蕴含的文化心理现象与过程到文本信息内容反映的价值观念与行为表现来整体分析翻译与文化心理之间的关系。在 2016 年《文化》（第二版）中，他将"文化心理"改为"文化审美心理"来探讨文化翻译，缩小了文化心理与文化翻译结合的范围。他认为文化心理范畴很广，包括思维和精神领域里很多的命题，但语际转换主要涉及语言文化审美，所以将文化心理探讨局限在用优美的语言表现出来的文化审美心理。可是"言由心生"，文化翻译文本的语言文字必涉及文化心理的各个层面，言语表现只是审美过后的抉择，也即译文表现那部分，所以从"文化心理"到"文化审美心理"是研究的视角或切入点变了，重点逐步放在了译文本成文时所用的优美语言体现的文化审美心理阶段。

E. 文化翻译的审美判断

美感是一种心理状态，是主体对客体审美"潜质"的激活。刘宓庆不仅注重翻译与心理学科的结合，通过文化心理来研究文化翻译问题，也注重翻译与美学的结合，借助美学来阐释和分析翻译学的艺术素质，利用审美来判断作者的心理情感与选取恰当的表现手段。刘宓庆认为"语言是情感的载体，情感的安顿、寄托之地，也恰恰是译者依据"。传"情"达"意"也即"意"是情之所由，"情"是意之所系。关键词语具有鲜明的

---

① 刘宓庆：《文化翻译论纲》（修订本），第 229 页。

文化色彩、具有典型性和情感审美功能，体现了作者个人的、独特的体验和感受，是神与形、意与象、文与情的巧妙融合，形成意境，使意、情、景、境多维复合；"富于"文化审美意义的句子反映作者某种审美经验、审美悟性，以及篇章文化内涵所具有的巨大张力。作者根据个人情感所选取的词语、意象与营造的语境都是其心理与审美再现的结果，此时译者进入原作者营造的陌生世界，体验作者的心理情感与文化气质，再根据自己的内心感受、审美倾向与翻译目的将原文要保留的内容用目的语呈现在译文中，所以译者所选择的词汇、句子、语段和篇章等都是他与作者心理情感、审美倾向交融后的结果，是"情"与"美"的传递。刘教授将意义、意象、意境与情感进行有效结合，从关键词语、句群、篇章整体、视觉效果、内心情感等角度，文化意义审美、文化意象－意境审美和文化情感审美三个方面来探讨审美判断，是对文化翻译的深层次审美分析。

刘教授从美学视角看待翻译问题由来已久，或者说审美视界一直是他探讨翻译问题的重点与亮点。自1986年在《外国语》发表文章《翻译美学概述》起，相继发表文章《翻译美学基本理论构想》（1986），出版专著《当代翻译理论》（1999）、《文化翻译论纲》（1999）、《翻译教学：实务与理论》（2003）、《翻译美学导论》（2003）、《新编当代翻译理论》（2005）、《刘宓庆翻译散论》（2006）、《翻译美学理论》（2011）与《翻译美学教程》（2016）等，阐释翻译美学或翻译与美学关系的相关理论。他从中西翻译理论与美学文艺之间的历史渊源讲起，论证了翻译与美学长期以来密不可分的关系，从翻译美学的任务、解决的问题、涉及的学科、研究的对象、在翻译学学科的定位与意义等各个方面阐释了翻译美学的主客体、审美关系、审美标准，以及语言美学、意义美学、文化心理审美、文化意象－意境审美，使美学与其他学科结合从而进行分层级翻译审美分析与现代翻译美学学科建设等。审美在翻译过程中的语义诠释、文本解读、表现式选择和译作效果等各个方面起着重要作用，同时，将汉语参与的翻译理论与翻译美学的有机结合，是中国翻译理论体系的重要特色。从中可以了解刘教授翻译美学思想随时间改变而不断更新的思想脉络，以便更好地了解文化翻译中审美或美学观点的渊源与阐释。

由翻译美学到文化翻译美学，显示了刘教授对美学视角阐释翻译问题的执着,也表明了他对翻译理论全新视角的新思考与不断更新的理念,这是他对翻译与美学思想的历时性思考,研究文化翻译加入审美因素也是他系统完善翻译学价值论的必然手段和途径。下表为《文化》从1999—2016年八年间三个版本的章节目录以及运用美学解决翻译问题的相关内容,以期能更进一步从文化翻译领域看到刘教授对美学观点的运用或者说刘教授文化翻译理论中对美学观点的阐释与渗透情况。

表 2-2 《文化》三个版本的章节目录及与美学相关内容

版本	章节目录	翻译与美学相关内容
1999年版	1. 翻译学视角中的文化	以审美判断为跨文化表现的杠杆
	2. 语言中的文化信息	
	3. 文化翻译新观念探讨	
	4. 文化与意义	
	5. 语义的文化诠释	
	6. 文本的文化解读	
	7. 翻译与文化心理探索	
	8. 文化翻译的表现论	文化表现论必须要恪守文化翻译的审美原则
2006年版	1. 翻译学视角中的文化	以审美判断为跨文化表现的杠杆
	2. 语言中的文化信息	
	3. 文化翻译观念探新	
	4. 文化与意义	
	5. 语义的文化诠释	
	6. 文本的文化解读	
	7. 翻译与文化心理探索	
	8. 文化翻译的表现论	文化表现论必须要恪守文化翻译的审美原则
2016年版	1. 翻译学视角中的文化	以文化心理与审美判断为跨文化表现的杠杆
	2. 语言中的文化信息结构和文化信息诠释	
	3. 翻译的文化信息诠释对策论探索	文化前结构示意图中经验加工机制里含有文化审美结构
	4. 翻译的文化理解	文化理解的审美维度
	5. 文化与意义	汉语主语话题性:文化心理和美感分析
	6. 语义的文化诠释	译者面对文化典故及俗语的翻译问题时,其中需要文化审美信息的转换

版本	章节目录	翻译与美学相关内容
2016年版	7. 文本的文化解读	文本的文化审美解读
	8. 翻译与文化心理探索	文化审美心理个案分析 语义诠释与文化审美心理探索 文本解读与文化审美心理探索
	9. 文化翻译的审美表现论	文化翻译的审美表现论

刘教授以翻译学学科为本位，通过文化人类学、普通语言学以及翻译学对待语言文化及其审美态度的比较，证明了翻译学是"全面系统地关注语际层面跨文化审美表现式的转换机制"，并以艾略特的名诗《荒原》为例，探究心理意象如何凸显审美构思，强调"读者必须处在艾略特所凭据的语言文化心理整体参照系中"，才能对文本进行准确解读，这既论证了翻译学对待文化的态度，也论证了审美构思与判断对跨文化表现及解读的杠杆作用。之后，他又以文化本体论特征即民族性、传承性、流变性、兼容性证明了翻译学作为一门学科对待文化的态度，将其视作研究本学科问题的重要因素，也没有违背"文化"本身的科学实际。在2016年的最新版中，他将"以审美判断为跨文化表现的杠杆"改为"以文化心理与审美判断为跨文化表现的杠杆"，文化心理与审美判断一起成为跨文化表现的杠杆与衡量的因素。这既说明了他对文化心理的重视，也说明了审美作为跨文化表现的杠杆作用。他强调"翻译学对待文化表现的态度的基本特征和要求是既重意义，又重审美"，"翻译学对文化审美的关注和诉求不同于任何其他学科：翻译学是以审美的态度（寓审美诉求于表现式中）整体地对待语言文化问题"，同时在文化心理和审美的全程观照中加入"历史文化背景"的考量。

刘宓庆在"文化表现论必须恪守文化翻译的审美原则"一节中强调了审美判断对于文化表现的重要作用和成败攸关的意义。正如章艳在《探索文化翻译的奥秘——评刘宓庆著〈文化翻译论纲〉》一文中所言："作者认识到审美判断对于文化表现来说有着成败攸关的意义，但遗憾的是，作者点到为止，没有做深入的探讨。"[①] 其相关内容则是放在"原汁原味"板

---

① 章艳：《探索文化翻译的奥秘——评刘宓庆著〈文化翻译论纲〉》，《中国翻译》，2008年，第1期，第38–40页。

块做了一定的论述，且多强调"原汁原味"的内容，审美部分还是有些缺失。在 2016 年的最新版中，他将文化审美贯穿于整个表现论的课题中，认为"'表现论'指表现法的系统研究，也可以说是文化翻译的一种终端研究，有一定的理论性，同时又指向文化审美实践"。所以，在翻译表现论的三个层级或维度中包含了审美表现（审美转换的终端），而文化信息在语际转换中的表现涉及文化审美表现论，主要内容涵盖了文化信息的优化诠释与择善从优的文化审美表现。

从这三个版本中文化翻译与美学结合研究的目录章节与相关内容来看，刘教授除了在"翻译学视角中的文化"与"文化翻译的审美表现论"中用审美探讨翻译学对待文化的态度与文化信息表现问题外，还在文化与意义的阐释中用文化心理和美感分析汉语主语话题性，关注文化理解前结构中审美结构对于文化信息诠释的作用以及文化理解的审美维度，在翻译与文化心理探索中加入文化审美心理的考量，在语义的文化诠释与文本的文化解读中用文化审美信息转换文化典故与俗语以及文化审美角度来解读文本。他逐步将美学观点渗透到文化翻译研究的文化态度、文化理解、文化心理、文本语义阐释与解读，以及文化信息表现等领域的方方面面，这是他对翻译美学观点的重视与文化翻译新领域的不断思考和全面渗透，是对新时代下文化发展战略与审美需求增加的回应。客体的审美潜质与审美期待，主体的审美潜能，这三个审美观点在刘教授著作《教学》中做了详细论述，但在文化翻译中他倾向于强调主体译者应该怎么进行审美分析，而忽视了文本审美潜质与读者审美期待在译者审美分析时起到的规约作用。

F. 文化翻译的战略观

"翻译从来就是一种以文化—政治为目的的语际交流行为，古今中外，概莫例外"，应从"文化战略的高度看待翻译"[①]。

在西方，罗马帝国时期因缺乏文化资源而依靠译者引入异域文化为其"输血"，注入活力，从而引发了西方第一次翻译高潮。罗马这种依靠翻译而发展自身文化实力的实质就是将翻译放在了文化战略的高度，具有明

---

① 贺爱军：《翻译文化战略观考量——刘宓庆教授访谈录》，《中国翻译》，2007 年，第 4 期，第 51–53 页。

显的政治功利色彩。之后，统治者依靠宗教观念控制社会，实行统治，大量翻译外来宗教文本，不仅促使本国语言、文化、文学等发生重大转变，也维护了社会稳定，引起了宗教翻译的高潮。在宗教改革时期，马丁·路德为了使普通大众也能了解到宗教教义精髓而运用通俗易懂的德语翻译《圣经》，推动了德语的发展，也促进了改革运动的进行。宗教改革、殖民扩张无不利用翻译来宣传新的思想精神和规章制度来实行社会的变革和异域的统治。"'西方的翻译理论同样也存在文化战略观，如后殖民翻译理论'，只是由于翻译地位在各个国家的各个历史发展阶段里有所不同而在强度和侧重上表现出差异而已。"[①]

在中国，从几次翻译高潮，各朝代"译场"和国家翻译机构的设立及其数量规模的变化，政治中心的地理分布、培养翻译人才的规模以及译者的任务安排中都不难发现，翻译与政治有着千丝万缕的联系。政教合流的局面推动了佛教在中国的盛行，统治者依靠佛教教义满足百姓亟须的心理诉求和精神慰藉，以维护统治，引发了佛教翻译的高潮。晚清时期，国家对外战争屡战屡败，认识到西方强大在于"器物""制度""文化"等时，不仅派遣留学生出国深造学习，还纷纷组织人员大量译介异域科技、地理、法律、制度文化等文本，或处理外事活动，以实现"师夷长技以制夷"。严复作为海事专家因时代需求成为翻译家、翻译赞助人。林纾作为不通外文的古文大家因时代的需求成为与严复并世而立的译才，成为第一个将外国文学引进中国的译者。"救亡图存""开启民智"的政治目的使科技翻译与西学翻译的高潮应运而生，文化政治使命感也使得严复、林纾等爱国人士实现了不同职业领域的"游移"跨界。新文化运动时期，社会主义政治的最强音引起了马克思主义、科学社会主义思想等作品与俄罗斯文学作品的翻译，引发了文化翻译的高潮。全球化时代下翻译的职业化使翻译人才的需求日益增大，翻译公司、翻译培训机构、各大高校翻译专业的设立等都是将翻译放在文化战略的高度进行的一次次变革。"唐朝皇帝除了指派技艺娴熟的佛教僧侣译经之外，还委任朝廷高官如中书令、尚书、中书

---

① 王建国：《刘宓庆文化翻译理论简评》，《外语研究》，2010 年，第 2 期，第 74–76 页。

侍郎等来帮助润色译文"①,"康熙帝等信西学,倡导西译,编纂西籍,参与翻译的绝大多数是外国译者,整个康熙年间翻译和出版了大量的西欧科学书籍",徐光启提出的"欲求超胜,必先会通,会通之前,先需翻译",郑振铎提出的"每每是利用外国小说著作思想来做改革政治的工具"②,从"译场"、江南制造局译书馆的设立到斯大林著作翻译室、马克思恩格斯列宁斯大林著作编译局的创立……这一切均是中国自古以来将翻译放置在文化战略高度而进行的民族复兴与发展的例证,或"以翻译作为文化战略手段的传统在中国始终未断"③。

虽然中西语言文化不同,翻译理论根植的土壤不同,翻译对象与受众不同,但是自古以翻译为政治谋利益的功利色彩与文化战略考量的目的具有殊途同归的效果,都在不断推动各自文化文学的丰富发展与民族的繁荣兴盛。西方已有多元系统理论、女性主义翻译理论、后殖民翻译理论等比较系统的理论体系,而中国拥有与之不同的语系、历史背景、地缘政治经济等,虽有"五不翻""信达雅""圆满调和""化境说""神似说"等翻译观点,但缺乏有自己特色的翻译理论体系。在之前发生的几次翻译高潮中,中国已完成了"文化内输"的任务,现在正处于"外输"的关键时刻,正需要与自己精神文化内容相配套的理论体系帮助中国文化更好地走出去。以中国特色翻译理论为指导,开展"一带一路"文化建设,坚持文化的"求同存异",尊重别国文化,强调文化自我,以"文化战略的高度看待翻译","树立文化战略的发展观",是时代的要求,也是顺应当下全球化中国与世界接轨,世界渴望了解中国的时代潮流。

"翻译历来是一种文化战略手段,中外皆然。而文化翻译研究也应该伴随时代的发展赋予自己不断提升的文化传播使命,应该对我国翻译事业的发展和翻译研究的提升和新的取向,发挥一定的引导或指导作用,指导中国翻译事业指向文化战略目标。"④刘宓庆在2007年出版的《文化》(修

---

① 马祖毅:《中国翻译简史("五四"以前部分)》,北京:中国对外翻译出版公司,1984年,第65页。
② 王克非:《翻译文化史论》,上海:上海外语教育出版社,1997年,第161页。
③ 贺爱军:《翻译文化战略观考量——刘宓庆教授访谈录》,《中国翻译》,2007年,第4期,第51-53页。
④ 刘宓庆:《文化翻译论纲》(第二版),第11,58页。

订本）中首次提出了在文化翻译领域"坚持整体性文化战略考量"的观点，同时，还强调"就整体而言，每一个国家的翻译事业都将翻译与文化战略联系在一起，也就是说，将翻译定位为文化战略手段，使之服务于国家与民族的核心利益。这就是所谓的'文化翻译的政治观'，也就是'文化翻译的政治视角'"，且"从功能主义的翻译观来看也是这个道理：世界上没有绝对的非功利的翻译事业，翻译作为一个整体总是服务于某种特定的文化战略目的，服务于国家或民族的核心利益"[①]。之后，他又"与时俱进"地看待文化翻译的作用以及整体性文化战略的现代化意义问题，认为"我们的文化翻译必须服务于中华民族的文化复兴和民族文化建设事业的发展，使中国能在21世纪的上半期成为民富国强的第一流国家。使中国的翻译理论成为无愧于13亿人的语际交流和文化传播的科学理论，而受到世人的瞩目"。并在文化信息诠释及其对策中还强调了译者应该认识到自己肩负着促使本国文化积极吸取外来文化精粹的文化使命，必须使文化翻译研究具有与时俱进的战略使命感，重视文化诠释的当下意义，使我们的翻译事业不负文化战略手段的光荣使命。因此，强调文化翻译的战略观就是在保证自我文化的安全，传承自我文化的血脉，维护自我文化的身份，是尊重中西语言文化差异、共同促进文化交流与发展、实现双赢的体现，使文化翻译研究体现时代价值诉求，推动社会精神文化和科技创新的发展。随着全球化局势的加快，在和谐稳定的大环境中才能有小团体的发展，而小团体的发展顺势会带动大文化环境的繁荣与进步。

对文化翻译而言，在民族文化的碰撞交融中，少不了强弱势文化的交锋与交流，对此，各民族文化会积极主动地吸取自己需要的成分不断发展，满足各自政治文化意图后成为翻译的受益者。如果强势文化一味地想夺取文化霸权地位，那么弱势文化很有可能成为强势文化的附庸，甚至消亡，强势文化自身也难以丰富发展，这样一来，多元文化势必会失去其该有的色彩。所以，刘教授坚持在翻译中尽量提升译者的文化感应能力与个人素养，再现原文的"原汁原味"，达到原文与译文，原语与目的语之间的"洽洽调和"。这样，双方无论是强弱势，都会从中吸取新的养分，在

[①] 刘宓庆：《文化翻译论纲》（修订本），第13页。

保持民族特性的同时，利用文化兼容性的特点，在流变中吸取新的活力，成为更加优秀的新文化。这是"求同存异"在跨文化交流中文化翻译领域的应用，也是以整体全局意识看待文化翻译而谋求发展的体现。

2.3.3.2 文化翻译的整体性对策论

翻译学视角中的文化将语言作为关注的主体，语言中又将意义作为关注的主体，而意义通过复杂整合后外化为句子，也即语言哲学家所谓的"表现式"，在这个过程中会考虑到意义–意向、语言文化心理、文化内涵、审美倾向四个成分。立足于意义，用文化心理定位、定点、定向，准确把握语义、语势、语段、篇章等携带的文化内涵与气质，而用审美判断决定信息整合的方式及译文本最后的"表现式"，适应调和以满足目的语特定文化语境或词语联立关系为依据的审美诉求也即文化心理需求和现实发展需要，这既是刘宓庆整体性整合研究的理论观，也含有了相应的对策论思想。他很注重意义、文化、文化心理、审美与文化战略等思想来整体性探讨文化翻译的理论观念，同时每讲一个相关问题，他多少都会提到译者在实际操作中应对的策略问题，也即文化翻译落到实处的对策论。

他提出的对策论可归纳总结为：第一，建立新观念，提高主体文化价值观与文化翻译的意识，强调译者要努力学习语言与文化知识，构建文化理解的前结构即知识结构、心理结构、功能调节结构，提高自我文化信息的感应能力以便在翻译的过程中唤起文化意识。第二，在翻译实践中，译者主体要将语言置于文化信息矩阵中整合场景、事件等文化信息，从宏观与微观视角处理文化信息与进行文本解读，从而表现原文的"原汁原味"与文化气质，所以译文并不是与原文完全的"等值"，而是译者根据自己的前结构、前理解、知识素养、个人阅历等对原文本文化解读，适应调和后创造的新文本。第三，他强调译出原文的"原汁原味"，这并不是要忽视读者的期待视野或阅读接受，而是希望在忠实传达原文意义与精神后，读者能逐步由不习惯到习惯译文中的异域文化，达到跨文化交流的目的，促进原文化的传播和目的语文化的丰富与发展，使双语文化在碰撞交融中都能成为文化翻译的受益者，也即审美表现后的效果问题。

2 刘宓庆翻译理论分论

A. 提高主体的文化价值观和文化翻译意识

"我们的文化翻译研究应该在历史发展的广阔视野中观察中西翻译活动的高潮、演进、蜕变、式微、转向,以及流派消长的社会文化历史动因,其中包括文化价值观的时代诉求和发展变化,强化翻译对社会精神文化发展的前瞻性推动功能,以及文化翻译研究要推动翻译实务最大限度地满足科技发展与创新的急需。"[1] 刘宓庆认为人的价值观属于思维 – 心理活动范畴,具有统摄认知、操控行为的功能。一切价值观都有一个基本共性,具有能够满足需求的度量功能,其中包括满足精神文化需求和物质文化需求。文化价值观必须是一个能够伴随时代需求发展的价值系统,以满足社会文化进步和精神需求提升为其基本职能,提高译者主体的文化价值观既有助于译者提高自己的文化翻译意识,对于其从事的文化翻译活动也具有重要的引领与理论指导作用。

刘教授提出文化翻译观念探新,建立新观念,为文化翻译研究铺路。在新世纪中,我们必须"重视文化翻译,包括文化层面上的许多问题,如:意义的文化诠释、文本的文化解读、文化表现法、如何最大限度地限制文化的可译性限度,既充分发挥主体(译者)的能动性、主导性,又充分重视客体(文本)在文化上、语义上、审美上、逻辑上的可容性,做到梁启超所说的'洽洽调和'"[2]。

他从文本客体与译者主体两个层面探讨文化翻译观的建立。首先,在客体层面上,语言是重要的文化符号,也是一种特殊的文化现象,分布于文化信息各个层级或文化矩阵中的各个方面(图 2–2 所示)。语言可以从表面上反映文化,也可以通过所形成的文化意象、构成的事件、描述的人物文化特征、形成的整个语段及篇章的行文风格,以及营造的文化氛围完全或部分地体现这些层级或矩阵中所包含的信息,构成了文化信息的载体。将语言纳入文化矩阵中加以审视也就意味着了解语段中文化信息载体所含的文化气质与民族文化特色。例如"鸡声茅店月,人迹板桥霜",其中所包含的六种物象在任何一个国家都可以出现,也可以在任何国家里的文化进行描述,但只有其连在一起创造的意境是中国独有的,是中国式的。所

---

[1] 刘宓庆:《文化翻译论纲》(第二版),第58页。
[2] 刘宓庆:《文化翻译论纲》(修订本),第61页。

以要将语言置于文化矩阵里加以审视,才能真正地把握文本所蕴含的文化意义与文化气质,这是从语言客体上以及如何看待客体的角度对新观念建立的探讨。

其次,在主体层面上,他将译者视作建立新观念的主体,提出译者主体要通过实践—认识的学习过程,构建自己的文化知识结构、心理结构与功能调节结构等文化理解的前结构,以提高识别文化信息与感应文化信息的能力,将"文化适应性纳入翻译的价值观论",成为衡量作品质量的价值标准之一。在翻译批评研究中文化适应性不仅应该成为翻译价值观论的必不可少的部分,还必须具有前瞻性,以此来提高文化翻译和文化翻译研究的社会功能,真正认识到社会"有期待的精神需求"。他建议"我们的翻译事业和翻译研究应该从促进中国社会加速走向民主化的进步和使外国人深入理解中国深层文化的目标出发,努力介绍和准确诠释东西方文化的精髓,为建设多元文化社会而努力"[①]。要破除传统中翻译意义、形式与文化脱节的陈旧观念,认识到文化是意义的一部分,形式又是表意的手段,文化翻译是翻译中意义转换的一部分,二者密不可分。译者要提高文化价值观与文化翻译意识,真正认识到"有期待的社会价值需求",也要重视文化翻译中文化信息意义的分析、理解与获得。他提出:"第一,翻译学必须重视价值观研究,因为离开了对价值观的深入研究和深切体悟就谈不上准确的文化理解;第二,译者必须重视对语言各层级的文化理解,因为离开了准确的文化理解就谈不上对翻译表现论(再现论)和对策论的准确把握;第三,翻译者必须重视对翻译表现论和对策论的研究,须知上乘译作必然基于译者对原语文本准确的文化理解和对翻译表现论的熟稔运筹,而翻译的文化理解和表现法必然最终受到价值观的支配和调节。"强调了价值观、文化理解、表现论、对策论以及上乘译作之间环环相扣的联系,同时也突出了价值观的基础支配作用以及对译者文化翻译意识与行为的启示作用。

---

① 刘宓庆:《文化翻译论纲》(第二版),第 22,56 页。

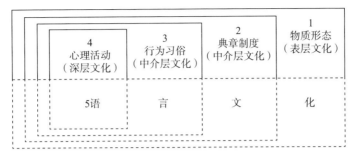

图 2-5 文化信息层级或文化矩阵图示

B. 文化信息处理的宏观对策

刘宓庆认为文化信息理解（简称文化理解）是文化翻译的基点，自然也是文化信息处理宏观对策的初始阶段。在宏观上，基于文化理解，辨别文化信息，获得文化信息的意义；在微观上也就是处理具体文本时，需要从词语意义的文化诠释与文本的文化解读两个维度找寻对策。因此在宏观与微观两个层面对文本内外诠释解读，将每一层解读后的最佳选择进行有机整合，从而为译文本的再现也就是文化信息意义的终端表现，以及之后的表现效果和译文本接受程度的考量奠定基础。

他认为文化理解指文化视角中的文本理解，即语言文化信息的多维度意义解码，始于词语和文本文化意义的准确把握。词语文化意义是文本文化意义的"细胞"，是文本文化理解的最小单元，词语层文化概念可分为桥梁、面包等反映物质生产或使用的概念，幻想、毅力等文化心理活动的概念，妯娌、元宵等人文自然关系或社会习俗的概念，战争、狗仔队等社会及科学技术活动或事件的概念，以及政党、新闻发布会等人文社会典章制度或组织活动的概念，所以词语文化意义的理解就是对这些词语层文化概念意义的理解。文本是由词语、词组、句子、语段、篇章等按照一定句法序列逻辑扩展而成，所以文本文化意义的理解就是这种种语言成分集合意义的理解，是"在细节清晰的基础和前提下的整体性整合了悟"[①]。他指出"把握'文化理解'的关键在于把握它的结构和特点"，而翻译文化理解的特点是整体性和多维性。整体性指从"大处着眼，小处着手"的整体形态也即"文本本身的整体性、作者的身世、他写作的年代、'话题主旨'

---

① 刘宓庆：《文化翻译论纲》（第二版），第64-65页。

等，所有的翻译都需要一个准确的整体性文化理解'打底'，而整体的、准确的文化理解，还必须具有深厚的文化认知积淀做支撑"。文化典籍、诗词歌赋等文学文本更是需要先认真观览它的整体，再细细地揣摩其词句后才能领悟文本所含意义，就如解读《道德经》一样，如若不整体把握其思维哲理和所含中华文化积淀的话，就难以理解《道德经》这本中华书籍。多维性是指文化理解的语义维度、心理维度、认知维度、审美维度与逻辑维度。文化理解的语义维度是一个最基本的维度，因语言中的能指与所指随时代、人地而异，所以译者必须坚持历时与共时、"本位优势，外位参照"的对策进行语义解读。与意义相伴随的是心理，文化理解与文化行为和文化心理息息相关，也就是说，译者翻译时需要感应、分析、把握、阐释和表现源语文本的情感含蕴，顾及文本文化理解中的行为理解和情感理解也即文本的文化心理结构，从心理维度上进行文本的文化理解，只有深入到心理层才能深入理解文本，发挥好文化心理的功能与作用。刘宓庆认为两百多年来，西方有名有识的译者之所以认为老子眼光犀利，思想深刻，视野广阔，但言语"老硬生涩"，思路"奇绝幽晦"，情感"干涩诡异"，是因为文化隔膜使他们没能从心理维度上理解老子的"情怀中之真、文采中之情和情志中之美"。科学的理性认识是达致准确的文化理解的关键，也即从认知维度上进行文化理解。在此，译者要历史、理性、分析地看问题，不仅可以使我们对历史人物和他的主张多准备一份理解的空间，挖掘深层的文化含义，还可以明辨是非，善于探究文本底蕴。译者翻译时必须把握文本的审美结构，而准确的审美再现是文化理解的重要内容，也即文化理解的审美维度。在文化理解的审美维度——审美结构层次中，译者要从词语层（择词），句子层（句式、句型选择），语段层（句组、句段的有组织发展），篇章层（比较完整的语段组合，一般指风格），超文本意涵层（文本的情感、意象、意蕴、意境等）进行理解。对文本的逻辑审视是文化理解中重要的一环，也就是说，在文化理解的逻辑维度中，译者须讲求思维的清晰性、行文的条理性、叙事的合理性，"治大国，若烹小鲜"的"相对比喻"，用相同或相通的道理来彼此"串解"以疏通理解上难点的相通相较，逻辑审视与现象规律的"相生相伴"，以及思考空间和相与析意义的"相对相成"。所以，文化信息理解就是共时与历时，本位观照

2 刘宓庆翻译理论分论

与外位参照，结合文化心理与审美分析来整体性了解文本产生的背景、作者的身世经历以及文本本身，析出词语文化概念意义和文本文化意义与气质，也即语言文化信息的多维度意义解码，深刻领悟语言文字表层外原语民族文化积淀的底蕴，是对原语准确的文化再现的基础和依据。

准确地进行文本文化理解的基本策略是以求真的意义解构为基础，以多维的文化解构为依据，以揭示和表现原语文化深层意涵（内涵）为目标，构成了文化理解的含义、过程和完成标志的如图 2-6 所示。

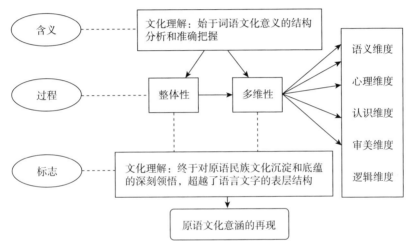

图 2-6　文化理解阐释图示

刘宓庆认为翻译中的理解障碍主要来自文字结构（表层理解障碍）、语义结构（中层）、心理结构（深层）等，造成理解障碍的原因包括"原语所指不明""译者缺乏辩证统一的语言观""语言障碍可能阻断译者准确理解的通道""译者忽视互文性参照""译者没有摒除与客观实际相悖的主体认知盲点"[①]。而在文化翻译中，他认为译者所面临的最大障碍就是"文化视差"即文化价值观差异，文化时空隔膜形成的认知局限，历史文献版本不一，文卷阙如或片面记述形成的因袭偏见和特殊文化事件带来的后果。也就是说，在文化理解时，译者本身认知的局限，以及参考文献的版本不一或特殊历史事件造成的文献丢失与文化损坏等都会影响译者对词语与文

---

① 刘宓庆：《翻译与语言哲学》（修订本），北京：中国对外翻译出版公司，2007 年，第 403-407 页。

本的多维度解读,这时就需要译者多加分析鉴别,对比后"择善从优"。

"'文化理解'是译者理解一个文本的起点"[①],自然也是文本中文化信息扫描与获得文化信息意义的起点。文化理解是文化翻译的基点,而文化信息扫描(将语言中存在的一切文化信息层层筛选滤出以便翻译处理)是"文化翻译落到实处的对策"[②]。刘宓庆在《文化》(修订本)第二章"语言中的文化信息"里谈到了"语言中文化信息的扫描",但没有细讲,而是放在"翻译与文化心理探索"中从文化心理范畴与系统论的视角切入,细讲了"文化信息扫描"与"个案扫描分析的意义"。从逻辑上看,这其实就是"文化信息理解(包括对文本产生的历史文化背景与作者的身世经历的理解)"到"文化信息扫描",再到"文化信息意义获得"的文化翻译对策程序,正如他本人所言,"文化信息扫描服务于理解,也为表现做准备"。他认为文化信息扫描一般可以在两个平面上进行,首先是总体平面,即在物质形态、典章制度、行为习俗与心理活动四个层级上对文本进行一词一句的分析、甄别和筛定,其次是在文化心理层面进行更加细致的分析、甄别和筛定。由此他以《橘颂》为例,分析出此文本中蕴含的文化信息大都属于心理活动层次,再进一步进行心理活动层次的扫描后,发现其信息多集中于审美价值与道德价值,从而表现出《橘颂》作者屈原的审美价值观和道德价值观等主要文化心理特征,原语语义及文本文化内涵。

文化翻译的任务不是翻译文化,而是翻译容载文化信息的意义。刘宓庆根据文化意义的狭广义维度,将文化翻译分为广义的文化翻译与狭义的文化翻译。广义的文化翻译涵盖容载一切文化信息的意义转换,其中包括语法意义,是双语所蕴含的不同形态意义系统之间对应手段和方式的转换,采取的对策是词汇手段代替形态手段或形态手段代替词汇手段以获得文化意义。而在微观视角中,他认为有四种方式可获得文化意义,即映射、投射、折射、影射。映射是词语获得文化意义的最基本方式,能比较直接地借助物象反映或勾绘出实体指称,具有相对直接性,其实就是将文化意义"映"在字词上,如象形文字,通过字面形态就可以联想到其文化意义;投射不像映射那样从"形"上反映文化意义,而是完全脱离物象,进一步

---

① 刘宓庆:《文化翻译论纲》(第二版),第 36,78,190–191 页。
② 刘宓庆:《文化翻译论纲》(修订本),第 206 页。

深入到"意"的层面进行文化意义投射,文化群体、地域、人种、阶层、种姓与职业等蕴含的文化特征、特色或特异性间接作用于语言各层级,使其携带文化信息,产生"文化着色",也可以通过对语音、词汇、语法等进行文化着色,间接地投射与获得文化意义。如18世纪中叶启蒙运动后,英国上流社会的贵族、官员及作家等通过使用法语来体现自己高贵的社会地位,现在操不同口音的英国人还会通过发音来体现自己的文化内涵和所处的社会阶层、身份地位等。英美式英语在某些相同字母上发音的不同也显示了文化背景作用于语音使之产生文化着色的现象。折射的疏离度较大,不易从字面分析,需要译者透视、推演、引申、演绎、点化等曲折地获得文化意义;影射的疏离度最大,语言表面的文化意义与深层的文化含义,表面上反映的感情色彩和态度立场可能与其以非常规方式表达出来的截然不同,会使知情者了然,不知情者茫然。比如刘教授用到的一个例子:not give a rap,rap 是爱尔兰一种面值仅八分之一便士的旧硬币,从字面上看大有"不要给一分一毫"的意思,但实际上是"毫不介意"的意思。从映射到投射,再到折射、影射,是从词语的"形""意",字面上析义到短语、句子演绎推理、挖掘深层含义,乃至深入文化心理层面的微观视角获得文化意义的四种方式。

此外,文化审美心理分析对于文化信息的意义获得具有重要意义。刘宓庆认为:"语义诠释一定要符合原著的文化历史背景及作者的文化心理及其创作契机和理念。语义的最终定夺必须在原文的文化心理框架中进行,不应望文生义,更不应'胡思乱想'。即便是意译也应该有个'意'的依据。"① 也就是说,根据原著的文化历史背景及作者文化心理与创作理念定夺语义也即在文化理解历史背景与作者个人信息后,通过文化信息的心理审美分析扫描从而获得文化信息的意义与语势。他以屈原政治理念中的一个关键词"美政"为例,"既莫足与为美政兮,吾将从彭咸之所居",

---

① 刘宓庆:《文化翻译论纲》(第二版),第195–196页。

将这句诗放在文化历史背景与文化心理结构中加以分析发现，这里的"美政"指的是他心目中的治国方略或抱负理想，相当于屈原的 guiding principle 的实现。此外，文化心理的探索固然是艰苦的，如何表达也殊非易事，并不是在任何情况下文化心理都是可以如愿以偿地表达到原语中的，因为译者的理解不一定不悖于原作者的文化心理，需要译者仔细斟酌，而获得文化意义。"酒浓春入梦，窗破月寻人"（《临江仙·都城元夕》），月色撩人，破窗而入，"破"与"寻"二字在特殊的文化语境中含有了极大的文化内涵，它们的使用使本身没有生命的词"酒"与"窗"也变得鲜活灵动，产生语势，从而为诗句增添了几分意义与美感，这时就需要译者参照诗句所产生的历史文化背景和作者个人的人生阅历等来猜测当下作者的心境与文化心理，以便准确把握与获得文化信息的意义与语势，更好地表现原作的"原汁原味"与赢得读者的接受。

C. 文化信息处理的微观对策

理解文化信息（文化理解）、辨别文化信息、获得文化信息的意义是从宏观上对文化信息由浅到深、由局部到整体的处理对策，而文化翻译总是而且必须在两个相辅相成的维度上进行——对词语意义的文化诠释以及对文本的组织结构或层次的解析和文化解读，所以宏观上的文化信息处理与意义获得必将落实到具体文本的语义诠释与整体解读，需要从语义的文化诠释与文本的文化解读两个层面寻找对策，也即文化信息处理的微观对策。宏观与微观是研究同一事物的不同视角，二者是相互影响，不可分割的，只有这样才能更加全面地了解事物，文化翻译中文化信息处理的整体对策研究亦是如此。

语义的文化诠释涉及的面很广，刘宓庆以其"理想的客体"——《天问》兼及《离骚》为例来阐释文化翻译中语义文化诠释的理论与对策问题，而翻译这样高品位、高难度的中国古典作品，确实需要译者从文本深层次的词语文化含义着手，加以文化内涵的多维度观照以求证与定夺词语真正的文化意义。对此，他提出文化历史观照、文本内证与文本外证、互文观照、人文互证以及语义文化内涵的符号学论证等维度以作求证。在历史观照方面，译者要立足于文本产生的特定历史文化时期来理解词语，从众多词义中做出最优选择。比如，刘宓庆以"天问"与"民"在历史上的各家之言两者涉及的词语音、义的历史演变和历史事件的来龙去脉，以及当时流行的神话、传说等文化历史依据，疏解和定夺了这两个词语真正的意义与其中屈原满腔义愤的感情色彩，由此确定词语恰当的译法。在文本内外证参照方面，译者需要将原文本进行通体观照，在文本内找到有助于语义定夺的内证，也即根据上下文作者的观点与行文思路来扫描式地搜寻观察语义理据，精于分析，把握文中含蕴的事理义理。再者，典籍翻译最突出的问题就是语义诠释，中国包括《天问》《离骚》等在内的主要典籍都经过历代注疏家逐句的勘校，以注释义，疏解本旨，澄清讹夺，所以注疏家对典籍词语意义的语内诠释可以作为外证帮助译者在语际转换中析义、定义。这样连锁式的内证互证参照以及内外证结合参照论证定夺语义的策略，是"典籍翻译很重要的理解策略，中外皆然"。在互文观照方面，语言的异质性决定了语际转换中"意义的变化或缺口"，这时互文观照或不同文献一起观照可以用来诠释与补缺词语意义。人文互证更为确切地说是以人证文，根据"特定文化体现者"——原作者个人的身世生平、人生阅历、著述言论、观点言论，尤其是世界观、价值观、学术观等个人特色准确分析与确定语义。此时，译者需要恪守的原则是以证定义，包括求证、参证与举证：一要勤于求证，避免臆断，绝不望文生义与想当然；二要精于参证，注家之言交互参照，避免以讹传讹；三要勇于举证，以现代人的价值取向和学术研究进展的新水平洞察文本所涉及的人文风物、世态政情、作家的气度风骨，对文本语词及文化内涵有自己的见解，以定行文。之后，刘宓庆还在语义诠释中多加了"文化典故及俗语的翻译问题"的思考，认为典故是语言的历史文化积淀，包含语义内容、文化审美、故事与事件、超语言意蕴四个层面的信息。为此，译者面临着四重转换任务，即集中于词语意义的基本概念语义信息转换任务、集中于审美性（形象性、结构形式）的文化审美信息转换任务、集中于典故含义及出处的典故信息转换任务，以及集中于寓意外延的超语言意蕴转换任务。对此，译者可选择的基本对策有：按原意直译、将典故泛化释义、对典故做深层提示性解释、把握深层寓意。总之，译者不仅需要对各注家对同一疑义的疏解进行横向求证，需要对其进行比较、探究与逻辑推理分析，以此释义，同时还需要宏观与微观地将原文本放在社会历史大框架下与原作者本人进行通体观照，进行文化解读。

文本的文化解读是指对文本的宏观兼微观审视，着重文本结构的拆析和重构，以便实现对文本的整体性理解以及双语文本在整体形式上的大体契合和对应，是对词语意义文化诠释后的有机整合，对其整体性含义的推衍、推导和综合，具有后续性和递归性。文本解读是一个开放的系统，具有不同意识形态、审美态度、价值观和批评方法的文本读者（包括译者）可以对文本做出不同的解释。刘宓庆坚持"本位观照，外位参照"的对策论，强调翻译学文本解读应始终恪守基于自己"本位观照"的原则，即理解文本本身、对文本本身的解码、因主客观条件发展变化而存在的多样性文化解读，也即不脱离文本，始终以文本为研究对象，并以詹姆斯·乔伊斯（James Joyce）兼爱尔兰文化为例证对文本文化解读的文化翻译理论问题加以阐释。

他认为文本解读的对策论前提是：在客体上，语义诠释是文本解读的基础，具有先导性，而文本解读又是对语义的有机整合，是对语义的推导与衍化，具有后续性，没有准确的语义诠释，就谈不上正确的文本解读，它们是局部真善美与整体真善美的辩证关系，所以语义诠释是文本解读的前提之一；在主体上，译者是文本解读的主体，主体理解是文本解读的基础，是主体"精神生活"与客体世界的沟通、认识与了解，也是伽达默尔所谓的"视域融合"。译者解读文本时总带着自己的前理解也即先前的经验与能力对文本世界进行分析，再根据自己现实世界的需要、翻译的目的等对文本世界吸取、舍弃与创新，进行创造性叛逆，这样原文本是客体世界在译者思维的投射，不受"作者权威"的限制，同时还拓展了译者的自我了解和认识自我的新的能力。在译者将解读内容进行有效整合时，就需要运用表现式进行文本再现，从而形成译文。主客体的划分其实是根据主要关注的对象而言：客体上，语义诠释是文本解读的基础，所以关注的对象是词语意义的文化诠释也即词语文化内涵的微观剖析；主体上，主要关注的是译者本身在文本解读过程中的内在变化，也即译者进入作者营造的陌生世界后根据个人目的对文本进行取舍以及之后对自己能力的影响。在此基础上，译者依次可以采取的对策是：文本表层结构分析的解码、深层结构分析的解构、心理结构论证的解析与整体性语义和形式转换的整合。

在文本表层结构分析中，译者要对隐喻性外来词、生词及延展词等语言符号进行解码，以"拆除视觉屏障，发现新意义"，呈现字面意义下的语义含蕴。在文本深层结构中，要对语段层级上的语言结构进行解构分析。在文本心理结构论证方面，通过心理与语义、逻辑的参照而解析文本。整合是从解码、解构到解析的全程性对策终端，也是译者根据以上对策对文本表层、深层分析与心理论证后所选定意义的有机整合与处理，是语义文化诠释与文本文化解读的最后关键性的一个对策，根据整合后的文本加以审美表现即可获得满意的译文本。以下为翻译学文本解读的对策论图式。

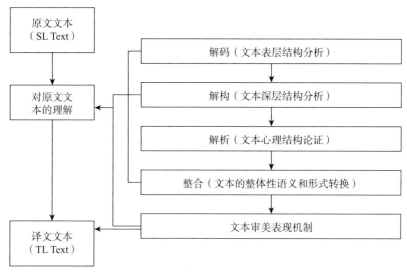

图2-7　翻译学文本解读对策论图式

"文本审美表现机制"是刘教授经过几年思索后加进去的一个环节，这样一来可以较完整地展现出从文本表层到深层再到整合表现的文本解读全过程，也是文化信息从微观层面进行语义的文化诠释与文本的文化解读，再到形成译文的完整的对策论图示。

D. 文化信息的表现论终端

表现法是一个开放的系统，是符码化的优化式。因为人类思维、思维方式排斥模式化，人对自己思维随机性的表达方式以及特定的语言交流目的、交流环境、交流对象等因素的存在，所以不存在"一劳永逸""放之四海而皆准"的表现范式。在刘宓庆看来，表现论是指表现法的系统研究,是文化翻译的一种终端研究,也是关乎翻译产品或效果的终端操作程序,如果不进行这项终端表现,以上宏观上理解、辨别与获得文化信息意义,微观上语义的文化诠释、文本的文化解读以及文化心理探索、文化战略观等整合性理论与整体性对策论都将难以落到实处,将前功尽弃。

他认为文化表现论需要恪守以下三个原则:第一,文化适应性原则,也即文化信息的表现应适应目的语文化现实和发展需要的原则。文化适应性问题是价值观论的组成部分,也是一个表现论原则,文化信息的表现要适应目的语的意识形态与价值观念标准;语言发展具有阶段性,不同历史时期的语言特征常常具有不同的接受标准,所以还需要适应语言标准的历时性与语言文化现实,使具有不同历史文化经验的读者接受以及给译者主体留下充分的酌情权。在文化翻译中他没有明确阐释酌情权问题,但在《哲学》"新翻译观"一章中进行了详细的介绍,提出"为了赋予主体以最大限度的酌情权,即在客体规定性及实在性的前提下,译者可以不受旧观念干扰、充分自主地善加定夺"原文本中的意义、特定情境中的意向与译文本的最佳表达式[①]。文化适应性原则可以使目的语积极主动地从各方面接触原语文化,通过吸取其滋养,上升为一种更有生命力、更适应新历史文化条件的新文化,而不是一味地排斥不一样的文化或奉行文化霸权主义,实行文化霸权。正是译者在翻译时遵循了这种原则,为中国传统文化不断注入新的活力,才使其博大精深,源远流长,也正是译者遵循了这种原则,使得凯尔特文化对英国文学乃至整个英格兰文化产生深刻影响以及使英格兰文化携带上拉丁文化、斯堪的纳维亚文化与盎格鲁——撒克逊文化元素等。第二,文化翻译的科学与审美原则。首先,翻译是门科学,文化表现论必须符合科学原则,即译者需要根据社会文化历史背景、个人文化心理、用语特色、文本内外论证等,准确分析、把握原语文化意义和文化意向,从而以适合实际情况的表现手段表现原语文化信息及其意义。他从词语、短语、句子三个层次说明意义、意向是文化信息表现论的科学依据。认为译者面对承载特定文化信息、蕴含地方与个人特色的语句时,需要根据历史文化背景、民族文化心理与个人文化心理及其发展脉络来准确

---

① 刘宓庆:《翻译与语言哲学》(修订本),第487页。

分析和把握原语文化意义与意向，加以表现。如"烈士暮年，壮心不已"的译文"Old as he is, the martyr still cherishes high aspiration"，将"烈士"译为"martyr"只取了表层的字面意义，没有放在特定历史文化与作者文化心理的视角进行逻辑分析，"martyr"死去之人何来"壮心不已"，而应是"刚烈之士"，所以译者在表现时应注意词语的深层意义，即遵循表现论的科学原则。其次，翻译是门艺术，文化表现论必须符合审美原则，只强调了在文化表现方面，审美判断极其重要的作用，但具体内容该如何他没有详述，不过在2016年新版中，他将审美观点全面渗透到各个研究课题上，也是对审美原则的重视与体现。第三，文化表现论必须恪守不悖原意的文化反映论。反映论的基本要义是实事（原语中实际存在的文化意义）求是（适合原型的实际情况的表现手段）、尊重原型（与原文意义大相径庭的意译不可取）。意义是文化信息表现论的科学依据。

刘宓庆认为文化信息的表现手段包括语言、拟声、体语和各式图像，而他从汉英互译的文化翻译实际出发，着重探讨在汉英互译中最常用的文化信息表现手段即图像、模仿、替代、阐释与淡化。在难以用语言转换描述的情况下，用图像表现以达到交流的目的并产生预期效果，不过它只是文化载体的辅助手段。模仿或模仿式对应指用目的语模仿原语的文化信息表现式，利用人的通感，特别是用形象通感传达文化信息，如太极拳中的招式：虚步 empty step，弓步 bow step，盘腿跌 sideway falling on a twisted leg。这种表现手段利于双语文化的沟通与互补，但需要译者精简达意、先主后宾与适应贴切。替代是指"易词而译"，根据文化适应性与审美有效性，为取得相似效果而在译语中寻找替身，如：between cup and lip，杯唇之间——功败垂成之际。阐释指使用语句加以解释或帮助句子结构衔接以表达完整的文化意义，而淡化是指在语际转换中，译者因语言文化差异或为审美效果淡化与消除文化意义的表现方式。所以从表现手段中可以看出文化翻译表现法需要进行语义考量（看哪一个对应式更切合原意，为最基本的取舍标准）、语用或文化心理考量（交流中合不合用，"用"指在目的语文化中的"用"）以及审美考量（实质上也是一种语用考量，着眼于审美效果）。而最佳表现式要达到的效果就是要表现出原文的"原汁原味"即表现原作语言语用的特征特色、审美风格、思维方式以及文化心理、文化气质与内涵等,实现对原文本的动态模仿与双向变通。对此,译者遵循的原则是:最大限度地表现原著的"知、情、志"(语义内容、情志倾向与修辞立意);最大限度地表现原著的文化特征与心理(作者个人道德与群体社会的文化特征和心理);吸取原著在表现式上一切积极可取的成分,即"意匠运斤"及关注目的语读者接受等"传感效果"(读者接受的现状和潜势)。同时,刘教授借鉴利科艺术创作中模仿的三个认知阶段提出了译者在进行文化翻译时要体现"原汁原味"而进行的具体操作是:第一阶段,运用前理解,在语义、审美、逻辑层面通晓原文本的内容实质、形式特征和效果,分析原文本中含蕴的文化信息和心理特征。第二阶段,运用心智与情感重建目的语文本,按照目的语文化适应性调整译文本的形式,并将原语文化心理体现在译文本中。第三阶段,充分发挥主体语义分析、审美表现和逻辑分析等能力,优化译文本以体现原文本的特征特色与实质气质;充分发挥主体的文化信息感应能力,准确并充分地体现原文本中含蕴的文化心理,体现其传感效果。①

在2016年《文化》(第二版)中,刘教授将"文化翻译表现论"改为"文化翻译的审美表现论"。虽然他认为文化表现主要内容就是文化审美,包括文化信息的优化诠释、择善从优的表现,但是文化表现论涉及的范围势必要比文化审美表现论的范围大,所以这一改变既显示了他对审美的重视,也体现了将表现论的重点转向美学,使研究更加具体与细化。之后,他将表现论重新定义为表现法的系统研究,文化翻译的一种终端研究,有一定的理论性,同时又指向文化审美实践。提出翻译表现论的三个层级/维度即语义表现(语义转换的终端)、文化表现(文化转换的终端)、审美表现(审美转换的终端),而译文是三个层面表现的有机整合与"洽洽调和"。如果文化表现问题主要是文化审美,那审美表现的主要问题是什么?是否存在很大的重合部分?也即文化翻译表现论并不是界限分明的三个层级,其内部必有联系与交集。此外,他认为一切表现式受四个因素制约,增加了"民族文化历史渊源与审美价值观和传统",而文化信息如何在语际转换中表现就涉及了文化审美表现论。文化审美表现对策论的核心是代

---

① 刘宓庆:《文化翻译论纲》(修订本),第264-265页。

偿：文化表现对策论也就是文化信息表现的手段，那么代偿就是这些手段中重要也是核心的部分，包括文化语义代偿与语言交流效果代偿。文化审美表现论须恪守的原则是：第一，文化适应性原则——关键是代偿。译者要使译文本在目的语文化价值观、语言文化现实、读者接受方面的适应以及主体的酌情权。他认为语言与文化的异质性、继承性、流变性与兼容性决定了双语转换中可译性与不可译性都不是绝对的，都存在一定的限度，而限度的大小受原文本、原语文化、目的语、目的语文化、译者个人素质与目的等文本内外多种因素的影响。翻译作为一种文化交流的手段，就暗含了其内在的要求也即传播与交流，既含有体现原文本的异域特色，实现原文化与目的语文化的双向交流，又含有交流中涉及的接受问题。所以文化适应性原则的提出就是要译者通过学习，不断提高自己的语言文化素养，提高自我文化意识与感应能力，在进行特定历史文化背景的分析时参照文本内外等论证，尽力表现原文的"原汁原味"即语言、结构、精神、文化心理、审美等特征，在双向变通中促进双语文化的相互吸收，形成一种更有生命力、更适应新历史生态系统的新文化。"事实上，以代偿求得文化适应性的原则，不仅适用于词语、文句，实际上也应该是我们的文化翻译的一个整体性对策思想。"[①] 第二，文化翻译的科学原则与审美原则。文化审美表现论恪守的原则仍是文化适应性、文化翻译的科学与审美原则，只不过在适应性原则里增加了"代偿"手段，提高了文化翻译的可译性限度。在审美原则上仍没有多讲，而是将审美的观点散布于各大课题中。文化翻译的审美表现手段仍是图像、模仿、替代、阐释、淡化，只不过将替代、阐释与淡化界定为代偿的三个手段。由于代偿是对策论的核心思想，那这三个表现手段就是对策论思想的具体表现方法。他此时将表现法考量的因素分为语义、语用、审美、政治、宗教等，语义考量指的是对应，语用考量指代偿，并认为语用考量实际上是一种心理考量，审美考量指优化，政治与宗教考量没有细讲。如果按照他认为的，语用指"合不合用"涉及文化心理，那么"合不合用"同样可以指向政治与宗教审美上相符不相符的心理问题。所以，从这个层面上，可以将文化表现考量的因素大致分为语

---

① 刘宓庆：《文化翻译论纲》（第二版），第218页。

义与语用两种，而审美、心理、政治与宗教只是语用考量中不同的侧重点而已，讲求的都是文化适应性问题。他还认为在跨文化语际转换后，原文已悄然发生改变，所以"原汁原味"是译文可实现的"原型最佳近似值"，是文化审美表现的一种理想策略。为了确保原文的"原汁原味"，译者应该遵循的原则是：首先，把握整体的文化理解，就是从意义、心理、认知、审美与逻辑等多维度地理解原文。其次，审美分析要力求透彻，兼顾语音设计、词语修辞、句法安排、语段布局、文本风格五个方面的审美特征，善于模仿。最后，目的语不能由于力求取得"最佳近似值"而佶屈聱牙，而要运用代偿手段，"择善从优"，在"不悖原语"与"不损译文"中达到最佳平衡。

E. 文化信息的表现效果

刘宓庆认为"效果是传播学中具有关键性的要素。传播学围绕效果问题所做的研究很值得译学参考"，"'接受'是有效的'接收'。有效的接受则提供和保证传播效果"，"在传播学看来，'读者'是效果论的核心问题之一，翻译传播亦然。如果失去读者，翻译就从根本上失去了取向依据和社会基础，谈不上翻译的目的、任务和效果"。[①] 当译者根据对文本的理解，对文化信息进行宏观与微观处理而得到最佳的意义整合与表现式后，读者接受就是其表现效果的审判标准，也是对策论进入实践的最后环节，不容忽视。所以，刘宓庆除了认为"原汁原味"是表达式尽量要表现的效果外，还应该考虑文本的可读性与读者的接受问题。

第一，读者是翻译文化价值的检验者和评判员，他们对文本的接受可以体现当时主流的社会价值标准和价值取向，同时还参与了翻译价值改变和构建的过程，对提高翻译质量有积极的作用。译者可以根据读者的接受来评估自己的译文从而做出相应的改正，只有将翻译加以对比检验后才能去粗取精，在读者取舍中看到被提升的社会价值取向，即"翻译文本$_1$——读者评估——翻译文本$_2$"。第二，读者接受是一个多色调色谱，因为读者群体自身拥有不同的职业、教育程度、专业水平、意识形态等，具有层级性，他们的接受也存在多色调色谱。所以需要译者科学理性的

---

① 刘宓庆：《翻译教学：实务与理论》（修订本），北京：中国对外翻译出版公司，2007年，第562–566页。

分析,并对他们做出认知引导和审美引导。第三,随时序之变,主流与非主流价值的换位,译者也不应该忽视非主流读者的多重诉求,在自己作为理想读者、译者、创作者的多重身份中把握好彼此间的动态平衡。译者从事各种题材、体式的翻译行为主导了读者的阅读诉求,反过来,读者的诉求是译者翻译的巨大动力,决定了译者的翻译取向,只有双向满足,译者的翻译审美表现才有效果,才能实现刘宓庆所提倡的"原汁原味"与"读者接受"的综合平衡。正如他在《哲学》中对"读者接受"的理解一样:"第一,读者总是乐于接受洋溢着本国语文的欣畅与清新气息的翻译作品,这是自不待言的。我们的翻译界前辈和翻译理论界、批评界也一直在努力引导译者尊重本国读者的民族性审美倾向。第二,读者审美倾向具有一种以多层次、多维度、非单一诉求为特点的进取性发展趋势,在新世纪中,文化多元化使读者审美倾向日趋多元化。人的审美心理和文化心理具有'趋异性',异域色彩和异域情调对读者的吸引力同样不容忽视。"①

所以,面对整体性整合研究的文化翻译理论思想,刘宓庆从认识到实践,围绕文化信息的处理与表现两个层次展开,文化信息处理又可以根据超文本与文本内因素分为理解文化信息、辨别文化信息、获得文化信息意义等宏观对策和语义的文化诠释与文本的文化解读等微观对策,而文化信息的表现可以分为将所有获得的信息进行有机整合的表现论终端与文化信息表现后的效果两个部分。打开理解的文化视角,加深理解的文化深度,弄清原作深及心理层面的文化底蕴,在加深、校正理解的基础上,着力搞好"文化表现",了解文化心理支配表现法的道理,以确保文化翻译的效果,不断提高翻译的质量。

2.3.3.3 小结

刘宓庆以翻译学为本位,坚持贯彻"本位观照,外位参照"的价值观

---

① 刘宓庆:《翻译与语言哲学》,第 498–499 页。

与对策论思想，借助爱尔兰文化与荆楚文化的"理想客体"以及中西其他学科的科学论证对文化翻译进行了系统且整体性的整合研究。既包括翻译学视角中的文化，语言与文化、意义的关系，语义的文化诠释，文本的文化解读，文化翻译的心理探索、审美判断与政治战略等整合性理论，也包括从提高主体文化价值观与文化翻译意识，到文化理解、辨别文化信息、获得文化信息意义等文化信息处理的宏观对策与语义文化诠释、文本文化解读等具体文本的微观对策，从认识论到实践层面的整体性对策论，所有这些一起构成刘宓庆系统的文化翻译思想。

2.3.4　刘宓庆文化翻译思想的影响及其评价

2.3.4.1　思想定位与评价

文化翻译由来已久，一直是译界关注的话题。从 1982 年刘山发表《翻译与文化》一文起，中经王佐良的《翻译中的文化比较》、刘宓庆的《文化翻译论纲》、孙艺风的《文化翻译》等论著，直至 2016 年刘宓庆推出巨著《文化》（第二版），我国的文化翻译研究跨越了文化词语翻译策略与方法的探讨，进入了翻译文化心理、文化翻译的表现法、文化价值观的研究领域。文化翻译研究之所以能够实现这一质的跨越，当归功于刘宓庆的开拓性研究。他构建了文化翻译的本体论、客体论、方法论、表现论、对策论等理论体系，形成了整体性的文化翻译理论，从而刷新了文化翻译研究的领域，将文化翻译研究推向了新的高度，他本人也成为文化翻译研究的集大成者。

自刘宓庆于 1999 年出版《文化》以来，他的文化翻译思想一直是学界关注的焦点。对于他的文化翻译思想的评论大致分布在以下三个领域。

第一，分布在刘宓庆相关著述的前言、后记中，整体评价其文化翻译思想的意义与影响。

王建国在《承前启后，继往开来——刘宓庆翻译思想研究》一文中说道："从总的情况来看，刘宓庆的翻译研究表现出了'二次（段）进阶'的特点：从'实'到'虚'（从实务到理论），从共时到历时（由当代、近代到古代），从本位到外位（从中国到西方）以及从方法、对策到思想，并依此在漫长的译学探索中结下了累累硕果,为中国译学乃至世界译学做出了重大贡献。"①正因如此,"他的十部著作基本上都做到了'以虚带实''以实务虚',正好符合了经验科学理论描写的基本规范"。刘靖之在《文化》序言"翻译文化的多维交融"中这样评价:"中英和英中译文难免反映了这两种文化的相互融合和排斥的特色,在这方面我们的研究和教学尚未有证据。到目前为止,翻译研究和教学工作不得不采用欧美的理论,而这些理论是建立在欧美语文互译的经验上,对中英和英中互译工作上所遭到的问题难以给出妥善的解答。因此建立我们自己的理论体系就有其必要了。刘宓庆的《文化翻译论纲》正是我们需要的论著。"②

罗进德在《本位本分本色》中这样评价:"第一点,在本体论层面,刘宓庆把翻译及其理论研究作为'文化战略'看待。如果我们承认在经济全球化浪潮冲击之下,文化的多元性确实面临威胁和挑战,如果我们承认在人文社科领域,包括译学领域,确实有西方学术霸权的幽灵在游荡,那就不能不承认:刘宓庆强调'文化战略观'绝非无的放矢,而是出自一位中国知识分子的文化自觉。我个人认为,刘宓庆的'文化战略观'是他对中国翻译学最重要的贡献,也是一个有待展开和深入的课题,甚或有助于医治我们某些幼稚病。第二点,在方法论层面,刘宓庆提出的'本位观照,外位参照'的治学方法。为了能立足本土参照外洋自主创新,发出真正属于自己的声音,我们是不是该做些选择、鉴别、扬弃和梳理的工作了?是不是该清醒盘点一下我们的理论行囊了?如果要做这样的工作,'本位观照,外位参照'不失为一个好的方法论原则。"③

第二,分布在学术期刊论文中,对其文化翻译的观点及意义进行评述。

2002年,许钧发表了《翻译研究与翻译文化观》一文,对刘宓庆这样评价:"《文化翻译论纲》从翻译学视角中的文化、语言中的文化信息、文化翻译新观念、文化与意义、语义的文化诠释、文本的文化解读、翻译与文化心理、文化翻译的表现原则与手段等各个方面对文化翻译的理论框

---

① 王建国:《承前启后,继往开来——刘宓庆翻译思想研究》,刘宓庆著,王建国编:《刘宓庆翻译散论》,北京:中国对外翻译出版社公司,2006年,第 xv 页。
② 刘宓庆:《文化翻译论纲》(修订本),第 xii–xiii 页。
③ 刘宓庆:《文化翻译论纲》(第二版),第 i–vi 页。

架及基本范畴、基本问题进行了系统的探索,从某种意义上表明了文化视角中翻译研究逐渐走向成熟。"①

2008年,章艳发表了《探索文化翻译的奥秘——评刘宓庆著〈文化翻译论纲〉》的文章,指出"《论纲》是中国翻译理论界探讨文化翻译为数不多的专著之一,在理论深度和系统性方面堪称开先河之作","尤其是在探讨翻译中的语言和文化方面为后学者指明了继续探索的方向"。她从"翻译学视角中的文化""树立文化翻译新观念""文化翻译的四大课题"对刘宓庆文化翻译思想做了梳理,认为"'理想的客体'的确定是其一大特点,是最精彩的部分,但也是它多年来知音难觅的重要原因"。"屈原的作品和乔伊斯的作品在各自的源语文化中都是充满玄机的难解之本,但也正是这些作品中盘根错节的文化意义和错综复杂的文化心理为《论纲》作者提供了阐述理论的丰富例证,作者通过对屈原作品和乔伊斯作品的层层分析,高屋建瓴地提出了文化翻译的理论框架。"而对于因专著是论纲体式未能对审美判断、语用分析等重要话题展开论述以及未能对语言文化特征提出独到、系统的见解等表示遗憾,同时她认为"语法意义不能脱离词、句、段"也即刘教授所提的广义范围中的"语法意义"应该属于其狭义范围内。②

2010年,王建国发表了《刘宓庆文化翻译理论简评》一文,认为"刘宓庆的文化翻译理论主要体现在其所著《文化翻译论纲》之中",所以以这本论著为主要依据,从本体论、认识论、方法论、目的论、价值论等维度简评了刘宓庆的文化翻译理论。他将刘宓庆文化翻译理论归纳为四大特色,并在两方面体现了这一理论的理论地位。四大特色是:"第一,以翻译为本位、文化为外位(基于刘宓庆一贯遵循的翻译学研究原则'本位观照,外位参照'),以语言为依归,以文化意义为研究核心。第二,借鉴了西方的哲学思想。第三,把审美揉进文化翻译策略中,充分地考虑了意义的人文性,给考虑文化翻译的过程和结果都提供了一个新视角。第四,结合心理学学科家族对文化心理进行了系统的探讨,给文化翻

---

① 许钧:《翻译研究与翻译文化观》,《南京大学学报》,2002年,第3期,第219-226页。
② 章艳:《探索文化翻译的奥秘——评刘宓庆著〈文化翻译论纲〉》,《中国翻译》,第2008年,第1期,第38-40页。

研究提供了更坚实的理论基础。"两方面为:"第一,这一理论是中国传统翻译理论的继承与发展,它明确提出了文化翻译的战略观和'洽洽调和''原汁原味'的文化翻译审美原则。"第二,与西方主流的文化翻译理论比较,有共性也有个性。两者都将文化翻译看作是一种维护民族利益的战略手段,而在学科特点、文化翻译原则与研究内容等方面又显示出双方的个性,这不仅体现了刘宓庆文化翻译理论的理论地位,还在一定程度上体现了"中国翻译研究的文化研究模式必须基于本土实际情况"的实际要求[1]。

2017年,张思永发表了《批评之批评:刘宓庆的当代西方译论观》一文,指出:"他(刘宓庆)对翻译美学、文化翻译理论的研究显示出他对文学翻译、文化翻译的重视,而他在许多著作中(如《文化翻译论纲》)的翻译用例很大一部分是文学翻译,这不能不说是一个矛盾。"[2]

第三,分布在翻译学专著中,对刘宓庆文化翻译思想的引用与评述。

2009年,魏瑾在专著《文化介入与翻译的文本行为研究》中指出:"他(刘宓庆)的《文化翻译论纲》为我国的文化翻译研究提供了不可多得的范例",他与王秉钦、郭建中、王宁等对文化翻译研究"已不是将文化翻译的经验做简单的堆砌,而是从文化理论的高度来研究具体的文化翻译实践,表明中国译界对文化翻译已表现出相当程度的重视,且逐渐从经验感知向理性认知过渡"[3]。

2013年,黄忠廉、方梦之与李亚舒合著《应用翻译学》,在探讨文化翻译论的后语言学时期时指出:"《文化翻译论纲》(1999年)选择以屈原为代表的楚文化和以詹姆斯·乔伊斯(James Joyce)为代表的爱尔兰文化作为他研究的'理想客体',从翻译学视角中的文化、语言中的文化信息、文化翻译新观念、文化与意义、语义的文化诠释、文本的文化解读、翻译与文化心理、文化翻译的表现原则与手段等各个方面对文化翻译的理论构架及基本范畴、基本问题进行了系统的探索,为文化翻译研究提出了实用

---

[1] 王建国:《刘宓庆文化翻译理论简评》,《外语研究》,2010年,第2期,第74–76页。
[2] 张思永:《批评之批评:刘宓庆的当代西方译论观》,《外语与翻译》,2017年,第2期,第8–14页。
[3] 魏瑾:《文化介入与翻译的文本行为研究》,上海:上海交通大学出版社,2009年,第13页。

性很强的'中国式'研究模式。"①

从以上对刘宓庆文化翻译思想的引用及评价中，我们可以看出《文化》是中国翻译界探讨文化翻译的扛鼎之作，在理论探讨的深度和系统性方面堪称不刊之论。它对文化翻译的理论构架及基本范畴、基本问题进行了系统的探索，为文化翻译研究提供了实用性很强的"中国式"研究模式，是建立我们自己理论体系必要的论著；从文化理论的高度来研究具体的文化翻译实践，体现了我国译界对文化翻译的重视与逐渐从经验感知向理性认知过渡，预示着文化视角中翻译研究逐渐走向成熟。其中"本位观照，外位参照""文化翻译战略观""洽洽调和""原汁原味""理想的客体""文化心理"和"文化审美表现"等观点既是对中国传统翻译理论的继承与发展，也是立足本土借鉴西方哲学思想而自主创新的方法论原则，是在全球化浪潮中的文化自觉与发出我们自己的声音。

2.3.4.2 现代意义

译界对刘宓庆文化翻译思想的肯定，显示了刘宓庆文化翻译思想在翻译理论界的地位与影响。他所提出的文化翻译思想理论与对策论不仅促进了我国翻译理论体系的完善，也为译者的翻译实践提供了宝贵的建议，翻译思想中存在的不足或值得商榷的地方也给了我们很大的思考空间，对于当下的文化建设意义自不言而喻。

第一，提醒我们在全球化的今天，仍须继承传统，坚持整体性文化战略考量，将翻译定位为文化战略手段，使之服务于国家或民族的核心利益。在此基础上，尚需要推陈出新，将文化战略付诸实践，建设有中国特色翻译理论体系，为"文化输出"也即文化走出去做好立足于本土实际的理论体系的准备。

第二，把握好翻译学是一门具有跨学科性质的独立学科的本质属性，坚持"本位观照，外位参照"的价值观和对策论，立足翻译学本位对各个问题进行思考，但不忘参照中西其他学科的研究成果，更好地阐释翻译学及其文化翻译问题。

---

① 黄忠廉、方梦之、李亚舒：《应用翻译学》，北京：国防工业出版社，2013年，第364页。

第三，翻译学学科的科学性质要求我们在研究或实践中需要用例证加以说明阐释，这些例证的选择需要斟酌考量，需要找到"理想的客体"，正如刘宓庆用具有典型性民族精神又兼具共性的荆楚文化与爱尔兰文化来研究翻译学视角中的文化以及文化翻译中语义诠释与文本解读及表现的问题，并不是说非要用屈原与詹姆斯·乔伊斯（James Joyce）这样高深的作品，而是强调恰当使用与妥善选择例证，"择善从优"，找到科学理据也要兼顾审美特性，做好科学性向人文性的"游移"。

第四，传统翻译对策中的"对应"与"对等"手段在西欧语系内部进行语际转换时具有明显效果，而汉英分属于不同的语法体系，此时"功能代偿"成为汉英语际转换中了解语义、把握文化内涵与风格以及审美表现的核心手段，以表现原文的"原汁原味"与得到读者的接受，是综合平衡的结果，也是文化交流与实现各民族文化丰富与繁荣的目标与评判标准。

2.3.4.3 展望

在文化全球化与文化本土化并进的今天，我们需要把握好中国文化的发展战略，在全球化的过程中发挥中国文化的独特价值，创立独具特色的学术话语体系，传播中国声音，构建中国理论。同时，在中国文化走出去的过程中，我们要在"文化输入"和"文化输出"、"原汁原味"和"读者接受"、"中国译论"和"西方译论"之间找到平衡，逐步、分层地将中国文化推向世界，为世界文化繁荣贡献中国力量。刘宓庆的文化翻译思想以"本位观照，外位参照"为理念，以楚文化和爱尔兰文化为研究对象而构建，因此该理论既为文化翻译提供了具体的方法论指导，也为中国文化走出去提供了理论指津。该理论的解释力与学术生命力必将在中国文化、中国文学走出去的过程中得到检验、发展、升华。

2.4 翻译美学研究

公元 224 年支谦撰述的《法句经序》中"信言不美，美言不信"的议论被视为中国翻译美学思想的萌芽。纵观我国到 20 世纪末大约上千年的翻译论史，译论家的各种译论大抵都是围绕"文质之争""信达雅""形似/神似"和"直译/意译"展开，究其实质都脱胎于中国传统文论中有关"意与象""形与神""名与实""文与质"等美学论题。西方翻译理论在20世纪五六十年代的语言学转向之前，情况也大致相同，关于直译和意译的讨论深深植根于古罗马时期西塞罗、贺拉斯、杰罗姆和奥古斯丁等人富有美学内涵的译论。

翻译和美学之间的这种渊源不难理解。美学作为一门研究美、美感和审美的一般规律的人文学科，关注的是普遍的文艺活动和创作，但其中有关审美表现及其规律的理论探讨也同样适用于翻译这一具有鲜明审美性质的创造性活动。用已经广为接受的文艺创作的理论来观照翻译活动，正是一种移花接木的学术发展传统。

中国翻译界在20世纪80年代"美学热"的背景下开始比较系统地对翻译美学进行思考。刘宓庆在《翻译美学概述》一文中第一次把翻译美学作为现代翻译理论的重要组成部分纳入其中[1]；同年，他在《翻译美学基本理论构想》一文中系统论述了翻译美学的范畴和任务、审美客体和主体、翻译中审美体验的一般规律[2]。这两篇论文可以称得上是翻译美学研究的开山之作。进入20世纪90年代之后，一批关于翻译美学的研究专著应运而生，从不同角度讨论了翻译中的美学问题，从而使翻译美学进入更多翻译理论研究者的视线。

2.4.1 刘宓庆的基本观点

如果把1986年发表的《翻译美学概述》和《翻译美学基本理论构想》作为刘宓庆翻译美学研究的标志性起点，到2016年《翻译美学教程》出版，刘宓庆对翻译美学孜孜以求的研究贯穿了整整三十年，可谓"吾道一以贯之"。在这三十年中，刘宓庆以论文、翻译美学专著以及其他翻译理论专著中有关翻译美学的章节等形式，一再强调翻译美学对中国翻译理论的特殊意义，不断完善其理论观点，构建了系统的翻译美学理论框架。他

---

[1] 刘宓庆：《翻译美学概述》，《外国语》，1986年，第2期，第46–51页。
[2] 刘宓庆：《翻译美学基本理论构想》，《中国翻译》，1986年，第4期，第19–24页。

始终有一个坚定的信念：中国的翻译理论应该有独特的中国气派、中国气质，翻译美学正是中国翻译理论独具风采的特征之一。本节将以刘宓庆在翻译美学研究方面各阶段的标志性出版物为依据，将其翻译美学研究分为三个阶段，逐一评述。

2.4.1.1 散论阶段

刘宓庆在其著作中曾多处充满感情地提及恩师朱光潜先生对自己的影响，他在《四十年学术人生》一文中引用了朱光潜先生给他的回信，朱先生认为："中国语文必须注重语言审美，而西洋语文以语法逻辑定规。……Samuel Johnson 穷理于辞章，谈来谈去是语法规范问题，不是辞章美学，而刘勰谈来谈去则是美学问题。"朱先生鼓励他好好研究翻译与美学的关系，"先构想一个理论框架，一步一步研究下去，不一定要马上成书，先写一些论文，将来集腋成裘……"可以说，刘宓庆在之后几十年的翻译理论研究中正是践行了朱先生的教导。

1995 年，在台湾出版的《美学》自序中，刘宓庆提及 1985 年罗新璋先生编著的《翻译论集》之序文《我国自成体系的翻译理论》对他的影响，序文中关于"中国译论是中国传统文论和美学的一股支流"的论断给了他很大的启发，因此开始潜心研读青少年时期伯父（刘永济教授）教过他的《文心雕龙》和父亲（刘永湘教授）教过他的《庄子》及王充、王国维等人的论著，初步形成了一个构想。这些构想体现在了 1986—1996 年发表的论文中：《翻译美学概述》（1986）、《翻译美学基本理论构想》（1986）、《翻译的风格论》（1990）、《翻译的美学观》（1996）。

《翻译美学概述》提出了"传统翻译美学"和"现代翻译美学"两个范畴。传统翻译美学讨论的是中西方传统翻译理论与古典文艺美学之间的关系，而现代翻译美学则针对传统翻译美学缺乏科学界定和规范的缺点，提出了翻译艺术的本质特征、内容和形式、翻译风格学、翻译文体学、翻译修辞学和文学翻译问题等若干基础命题。20 世纪 80 年代，奈达关于"翻译是一门科学"的观点在中国盛极一时，在这样的时代背景下，刘宓庆对翻译美学的态度是积极而审慎的，一方面，他讨论了翻译美学的局限性，认为"归根结底，它只是一门研究翻译美的科学"；另一方面，他把

"翻译美学"和"翻译语言学""翻译信息工程学""翻译方法论"并列作为现代翻译理论的重要组成部分。

相比之下，同年发表的《翻译美学基本理论构想》表现出了更加充分、自信的理论意识，为翻译美学的研究奠定了研究框架。在这篇论文中，刘宓庆提出了翻译美学理论研究的任务，那就是运用美学的基本原理，分析、阐释和解决语际转换中的美学问题，包括对翻译中的审美客体、审美主体和审美关系的研究，对翻译中审美体验的一般规律的研究，对翻译中审美再现手段及翻译审美标准的讨论。以今天翻译美学理论研究取得的进展来反观这个三十年前设定的目标，我们可以看出这个定位是非常准确的，而且仍然有很多尚未充分展开的课题可以深入研究。这篇论文中有关翻译中的审美客体、审美主体、审美体验的一般规律以及审美标准的讨论，为他未来更深入的理论探讨提供了框架，从后来出版的三本翻译美学专著来看，这篇论文的奠基作用不可忽视。这一事实一方面展示了刘宓庆早期对于翻译美学研究课题已经有了相当准确深刻的把握，另一方面也记录了一个学者在三十年的理论研究中如何建立和完善其理论观点的过程。

《翻译美学基本理论构想》在讨论审美客体时，第一次明确地把原文的美学要素分为两类：一类是原文的美学表象要素，即原文语言形式（包括语音）上的美，是物质存在的形态美，通常是"直观可感的"，一般可诉诸人的视觉和听觉。另一类是与表象要素对应的非表象要素，与语言形式没有直接的关系，通常是非物质形态的、非直观的。这一分类改变了过去对语言美笼统的描述，但仍流于含糊。在此基础上，刘宓庆在《翻译的风格论》一文中提出了风格的符号体系，即"形式标记"和"非形式标记"。他认为传统的"印象性术语"可以说明一定的风格特征，对文体的总体风貌的美学描写是适用的，有助于对行文气质的领悟，但风格意义的分析不能忽视语言的形式结构分析。这两部分必须结合起来，原文的风格才能显现，并使风格意义成为可知。他把风格的形式标记分为六个类属性标记（音系标记、语域标记、句法标记、词语标记、章法标记和修辞标记），同时又从表现法、作品内在素质、作家精神气质、接受者的视野融合四个方面对非形式标记风格符号系统进行了具体的讨论。风格符号体系的提出使风格分析有据可依，不再主观模糊。基于这一体系的风格分析方法在此后的二十多年中被广泛运用于风格翻译研究中，产生了重要影响。

《翻译的美学观》提出了翻译运作的语义平面、逻辑平面和审美平面，这三个层面对应的是意义（概念意义、联想意义、语境意义、文化意义等），逻辑（思维逻辑、语言逻辑）和功效（选择和优化译语）。这个提法的意义在于把翻译的美学视角放在翻译的整个过程中，即翻译的美学观是研究翻译的一个视角，它无法孤立存在，但显然属于整个翻译过程中的最高平面。文章还提出了翻译审美的层级性，认为文艺文体的翻译审美和非文艺文体的翻译审美运作属于两个不同的层级：非文艺文体是基础层级，文艺文体属于综合层级。这一观点明确了翻译的审美特征，但同时也承认不同文体的语言审美和翻译审美存在差异。在结语中，作者提出翻译的美学观是从美学的视角透析中国的翻译理论体系，此外还有两个视角，即翻译语言学观和翻译文化学观。中国翻译理论体系是一个"鼎立结构"，即由翻译语言学、翻译美学和翻译文化学三大支柱形成的结构体。这篇论文的重要性在于其明显的整体意识，考虑到了翻译运作的不同平面、不同文体的审美特征和要求以及翻译理论体系的不同视角。作者对翻译美学在整个翻译理论体系中的位置有了更加明确的定位。

刘宓庆在这个阶段已经提出翻译的审美价值观问题，这在语言学视角主导的翻译理论研究时期不能不说很有远见。语言的审美价值具有可变性、相对性、主体性、社会性、历史性，审美主体如何界定、剖析和评价原语和译语的美决定了原语中的语言美是否（及如何）能成功地体现在译语中。这样的观点完全不同于结构主义的静态语言观，已经把文化视角融入了翻译的美学视角。

由于这个时期刘宓庆还处于对翻译美学的探索阶段，有些概念的界定比较模糊。例如，这个时期他所指的审美客体只限于"原文"，这显然不符合翻译过程的实质。在后来的专著中他把审美客体的范围扩大到"译文"，并且提出，为了把握原文的审美价值，还要对原文的作者、作者的其他作品以及作者及作品所处的"大语境"进行审视，所有这些都属于广义的审美客体。①

---

① 刘宓庆、章艳：《翻译美学教程》，第 211–212 页。

这个时期作者对于一些概念还没有形成明确的态度，最典型的例子是作者对"模仿"的态度。在讨论审美再现的常用手段时，作者用到了"模拟"这个词，他认为"模拟"是一种基础性的、低层次审美再现手段，即按照原文的语言形式美和文章气质复制译文。所谓"模拟"应该就是作者后来专著中讨论的"模仿"，这个时期他对"模拟"的态度趋于否定。① 在讨论风格符号的换码模式时，他提出了"对应式换码"（corresponding）的概念，并解释这就是一般所谓的模仿（imitation），但此时他对模仿的态度已经转为肯定，认为"模仿在风格的翻译中具有最广泛、最切实可行的意义（虽然有时并不是最有效）"②。在后期的专著中，他对模仿的讨论更加全面，并且持非常积极肯定的态度。

2.4.1.2 《翻译美学导论》的出版与修订

如果说，刘宓庆在上述各篇论文中已经分头提出了翻译美学研究的有关重要论题，《美学》则是他对翻译美学所做的系统性研究，构建了翻译美学的基本理论框架。该书的原版由台湾书林出版有限公司于1995年出版（繁体字版），2005年中国对外翻译出版公司出版了修订本（《刘宓庆翻译论著全集》之五），2012年中国对外翻译出版公司出版了该书的第二版。

《美学》的自序是一篇能够直击心灵的文字。作者在文中表达了自己一个很深的信念：中国的翻译理论应该有独特的中国气派、中国气质，翻译美学也许正是中国翻译理论独具风采的特征之一③。他明确地指出，从总体上、从历史渊源和影响来说，美学对中国人、对中国语文、对中国译论影响之深世所罕见，也是世界上任何国家和民族文化无法比拟的④。

写作和出版《美学》之前的20世纪80年代，中国翻译理论界开始进入一个"言必称奈达"的时代，他的 Towards a Science of Translating 被介绍到中国，"翻译是一门科学"的观点得到广泛认可和接受。在这样的背景下，虽然《美学》探讨的是翻译的艺术性，但却从"翻译的科学性"说

---

① 刘宓庆：《翻译美学基本理论构想》，《中国翻译》，1986年，第4期，第19—24页。
② 刘宓庆：《翻译风格论》（下），《外国语》（上海外国语学院学报），1990年，第2期，第51—57，62页。
③ 刘宓庆：《翻译美学导论》（修订本），北京：中国对外翻译出版公司，2005年，第xiv页。
④ 同③，第xvii页。

起,作者的理由是"离开了对翻译的科学性的正确认识,就不可能对翻译的实质(双语间意义的对应转换)有一个准确的了解,不可能真正把握翻译艺术性的基本特征,把握以科学的途径获得翻译的艺术性的基本手段"①。作者的态度是比较审慎的,作为翻译研究的一个新视角,翻译美学要获得认可,就必须在翻译研究的大框架中找到自己的恰当位置。

从章节上来看,台湾版《美学》涵盖了译学的美学渊源、翻译的审美客体和审美主体、翻译审美意识系统、翻译艺术创造的层级以及翻译审美理想和审美再现,2005 年的修订版新增了有关西方美学的章节,2012 年的第二版新增了"翻译的语言审美价值观"的章节。下面将以 2005 年修订版为依据,对以上几个方面进行简单评述,并对不同版本之间的变化进行比较说明。

A. 译学的美学渊源

《美学》指出,从历史发展的总体进程来看,中西方译论从一开始就与美学结下了不解之缘。但由于中西方处在不同的历史和社会条件下,处在不同的民族文化土壤和社会生态环境中,各自的哲学-美学理论呈现不同的特点,中西方的译论与各自的哲学-美学理论之间的依存关系存在着疏密不一的差异②。

《美学》认为中国传统译论从理论命题到方法论都与哲学-美学紧密相连。中国的哲学论著始于老子,美学论述也始于老子,中国哲学与美学的同一皆始于老子。在佛经翻译无典可依的情况下,中国最早的译论求助于先哲之论,这是情理之中的。支谦的《法句经序》援引老子的《道德经》,提出"美言不信,信言不美",这是道家的"扬信抑美"论。老子之后的孔子创儒家美学,提出"尽善尽美"论和"文质统一"论,孟子和荀子也都积极倡导"文质统一"论。从道安的"案本而传,不令有损言游字"到罗什提出"改梵为秦,失其藻蔚",再到玄奘的"求真(质)喻俗(文)",中国传统译论中的文、质之争体现了中国传统文艺美学中文与质的命题在译学中的反映和借鉴,是道家美学思想(抑美扬信)让位于儒家美学思想(文质统一)的过程和表现。《美学》还梳理了"信达雅""重

---

① 刘宓庆:《翻译美学导论》(修订本),第 18 页。
② 同①,第 48 页。

神似而不重形似"和"化境说"等中国传统译论中的其他美学命题，并对这些译论的美学内涵——进行了挖掘。

西方译论与美学的渊源主要局限于古典译论。这个时期的西方译论主要立论于古希腊先哲，特别是亚里士多德的《修辞学》和《诗学》。在亚里士多德等先哲的影响下，古典译论期的译论家如西塞罗、霍拉斯、杰罗姆和奥古斯丁等人的译论都表现出以辞章美学论翻译的特点。但与中国传统译论不同的是，西方译论较早地从美学转向以语言学立论，《美学》指出，这主要基于两个重要原因：一是西方翻译事业的专业化促使译论亦向专业化发展，立论从普通语言学、后现代文论、诠释学、传统修辞学、语义学、历史比较语言学扩及现代应用语言学的许多分支学科；二是西方语种的亲属关系使它们之间在词语形态与句法形态上较易实现同源对应。

B. 翻译的审美客体和审美主体

"翻译的审美客体"就是译者要翻译加工的原文。实际上，所有的审美客体都具有两个系统的属性：关系属性和本体属性。就关系属性而言，翻译审美客体的属性不同于一般的审美客体的属性：它依附于原语的审美构成，不能脱离原语固有的审美构成添枝加叶；它对应于原语的审美效果，必须与原语的审美构成取得对应；同时，考虑到原语的某些语言审美构成因素可能在译入语中找不到对应式，以及审美者对翻译审美客体的反应千差万别，又允许审美主体感应灵活性的存在；此外，翻译艺术受制于文风时尚，允许历史发展对审美价值产生可变性；翻译客体的审美价值具有层级性，也就是说翻译美学涵盖所有的文体，并不排斥对任何一个层级的文体的美学审视。

就本体属性而言，其具体表现为翻译审美客体的审美构成，其中涵盖了原语所有的美，包括形式系统和非形式系统。在美学中，形式有三个逐步深化的层级：外在形式、内在形式和理念形式。三者共同构成形式符号集，其中涉及语音层、文字层、词语层和句段层四个层面。审美客体的审美构成除了以上所说的物质形态的、自然感性的、可以凭借直观推动形象思维的外象成分——形式系统外，还有非物质的、非自然感性的、无法凭借直观就能推断的非外象成分，这是一个不确定的、非计量的、无限性系统，其本质特征就是它的模糊性，主要体现于"情与志""意与象"，即所谓的非形式系统。如表 2-3 所示：

表 2-3 形式系统和非形成系统

形式系统：审美符号集	非形式系统：审美模糊集
语音层审美信息（如英语中的尾韵和首韵、汉语中的双声词和叠韵联绵辞、英汉中都存在的拟声修辞）	情
文字层审美信息（文字形体审美信息、文字形和音结合的审美信息）	志
词语层审美信息（用词的"准美精"审美标准）	意
句段中的审美信息（句法变异、频度变异）	象

《美学》借助结构主义语言学和中国传统文论这两个互补的维度对翻译审美客体的审美构成进行了总体考察，作者也意识到，书中的描写只是一种大体的结构性和功能性描写，在实际翻译审美过程中，不同的审美主体可以感受到不同的美，因此翻译审美客体的审美构成是一个开放系统。《美学》的目的是为语言学习者或译者对文本审美信息的扫描在层级上提供指导，从而可以避免盲目性和随意性。

翻译审美客体的美只有被翻译审美主体把握才能激起审美感受，因此作为审美关系另一方的翻译审美主体至关重要。《美学》认为，翻译审美主体的一个基本属性是"受制于审美客体"，这种制约性表现为四个方面：一、受制于原语形式美可译性限度（如声韵律、对仗）；二、受制于原语非形式美可译性程度（如作品的气质美、气度美、气韵美）；三、受制于双语的文化差异（审美价值的民族性和历史继承性）；四、受制于艺术鉴赏的时空差。翻译审美主体的第二个基本属性是"翻译者的主观能动性"，翻译主观能动性的发挥取决于翻译审美主体是否具有审美潜质（包括生活阅历、智能水平、审美经验、文化素养等）构成的"审美前结构"，具体说，就是审美主体的情、知、才和志（为学的毅力）。了解了这个"审美前结构"，就可以在翻译教学中有的放矢地对学生加强这些素质的培养。

在论及"情"时，《美学》指出，翻译者"托情寓物"的"情"不是自己的"情"，他看到的"物"也不是自己看到的"物"。这种间接性和非直接经验性就加大了翻译审美知觉移情的难度，也说明了翻译中"想象"的必要性。在翻译审美中，"情"使美具有了个性化。每一位翻译者对自己翻译的作品都有"自我化"的审美价值判断，他把自己的审美理想"存于其物（TL）之中，又出于其物（TL）之外"，读者可以从译文中体察到其审美理想。

在论述"知"的时候，《美学》指出，审美主体对审美客体的价值的判断，在很大程度上取决于主体的"识"（知识和见识）。

关于审美主体的"才"，《美学》认为翻译审美主体的功力表现在语言分析能力、审美判断能力、语言表达和修辞能力等方面。在论及如何提高审美判断能力方面，作者认为，翻译的审美鉴赏本质上是一种复杂的心理活动，是感性和理性的统一，是实践与求知的统一。从感性方面，要加强翻译实践和艺术鉴赏实践；从理性方面，要加强与翻译有关的各学科领域的有意识的、循序渐进的学习，首先，是与直觉感官活动（听觉和视觉）密切相关的语音学、音韵学、修辞学、文艺美学等；其次，是语言学中各学科的学习（包括句法学、文体学、词汇学及语义学）。此外，还应加强对前人译作的学习与得失分析、译评及翻译理论学习和艺术理论（包括美学）的学习。

C. 翻译审美意识系统

翻译审美意识系统涉及审美主体的各种审美心理形式，这个系统始于主体的审美态度，终于客体的审美再现。在使审美主体投入到审美价值判断的过程中，是"审美意识系统"或者说是"审美心理结构"在发挥作用，使审美客体成为审美对象并具有审美价值。

就翻译审美心理机制而言，可以概括为以下四个层次：感知（感觉和知觉），以直观（直觉）为特征；想象（包括联想），以移情为特征；理解，以了悟为特征；再现，以功能对应为特征。无论在哪一个层次，情感都贯穿其中，是审美过程中最活跃、最富能动性的因素。

就翻译而言，主体的感知是对原语审美信息（特别是对语言外在形式相关的审美信息）的感应和感受，原语中没有的东西，我们不能凭空得到感应而获得感知，这是翻译艺术的依附性的根源。

想象（包括联想），有助于翻译中对所指的准确认定和表述，有助于意义的校正和完形，有助于对文艺作品的形象性、意境和意象的把握。这一过程的实现主要借助于"移情"得以实现，也就是把主体的生命活动移至客体中来,"由我及物",达到物我同一。在这一过程中,审美移情的主要任务在于把握"境"和"情",因此也是一个复杂的心理学问题,也会出现时空、文化、心理和语言等障碍。所以,在处理翻译中的审美移情时,我们首先要把握原语的总体情感、意旨和风采,以原语的形象、意象及意境体验为目标,注意原语作者所选择的物象及构建的物象结构形式,让原语中的"情"在译语中得以再现。

而理解,在翻译中表现为对原语各向度意义的完全把握,是指感性直觉到理性直觉的过程,是为翻译的艺术创造,即以译入语再现原语做好准备的过程。审美心理过程中的理解具有融合性(融合着感知、想象和情感)、层次性(按层次推进,逐层深入)和反复性(主体对客体审美构成的认识不可能一蹴而就)。

完成了对审美客体的审美构成的理解之后,通过对理解的转化及对转化结果的加工,实现翻译审美再现,即感性直觉与理性直觉的审美外化。在这一过程中,原语的概念内容、行文形式体式、形象描写手段及其风格要素都会在双语的可译性限度内得到最大限度地保留,并在此基础上,充分发挥主体个人才情。

D. 翻译艺术创造的层级

很多人认为翻译美学只关注文艺文体的翻译,与新闻、公文、学术和科技文体的翻译无关,这是一种错误的观点。《美学》认为翻译审美具有普遍性,只不过非艺术作品要求的是基础层级的翻译审美判断,要求运用基础层级的翻译艺术手段,达到基础层级的翻译审美目标和审美理想;而翻译艺术作品要求的则是综合层级的翻译审美判断,要求运用综合层级的翻译艺术手段,达到综合层级的翻译审美目标和审美理想,以期获得更高的审美效果。

在翻译审美的基础层级,"达意"和"约定"是重要的两个审美原则。为了"达意",双语转换必须做到准确(accuracy)和适宜(appropriateness)。而"约定"指的就是社会接受性,包括文风的"时尚性",文体的"适应性"和专业术语、约定句式和格式的"专业性"。

翻译审美的综合层级主要涉及的是文学翻译问题,在这一层级,"传情"和"符合译入语审美传感的最佳效果"是两大审美原则。文学翻译中的文学美是一个多层级但又是互相渗透的结构，它既有始于自然感性的外在形式（如文艺作品的文字形体美、文字与声韵组合的形音美、音律美、形与音与义的融合美等），又有通过"意象"表现出来的内在形式美，还有通过"象征"表现出来的综合形式美。为了实现文学翻译中复杂的审美过程，译者必须经过以下四个步骤：一、观。以借助于感知的观览为目标，审美主要集中于原语文学美的外在形式——声色之美。二、品。以借助于想象获得原语意象为目标，审美主要集中于原语文学美的内在形式——意象之美。三、悟。以借助于对象征（隐喻）的解读恢复原语的艺术意蕴为目标，审美主要集中于作品潜隐的理性内涵——涵蕴之美。四、译。终端审美再现。

翻译审美层级性这一概念的提出，使非文艺作品和文艺作品一起进入了翻译审美的视野，纠正了很多人认为翻译非文艺作品与审美无关、与美学无关的错误观点，大大扩展了翻译美学理论的适用范围。这对那些借口非文艺作品翻译与美学无关，在翻译中只求速度不求质量的商业操作是有力的批驳。

E. 翻译审美理想和审美再现

翻译的审美再现往往会体现翻译家的翻译理想，即翻译家对待翻译艺术实践的原则主张。《美学》认为模仿是审美再现的基本手段，翻译犹然。翻译中的模仿有三种：以原语为依据的模仿；以译语为依据的模仿；动态模仿。动态模仿取前两种之长，是一种综合式的模仿，即在能够以原语为依据时以原语为依据进行模仿，在以译语为依据更佳时以译语为依据进行模仿，一切取决于优选。动态模仿要求译者有更大的应变能力，将模仿视为一种变通优化手段，而不是一成不变的模式。《美学》把中国传统美学中的一些二项式相对相融的审美原则与翻译的审美再现相结合，如"虚"与"实"、"隐"与"显"、"放"与"收"，这些中国传统美学中的基本范畴对于我们的翻译实践仍然具有非常切实的指导意义。

F. 增改部分

《美学》自1995年在台湾出版十年后，由中国对外翻译出版公司在2005年出版了修订本，里面新增"西方美学：他山之石，可以攻玉"一章。无论是讨论翻译美学中翻译和美学的关系，还是翻译美学基本理论和西方美学的关系，作者提出的"本位观照，外位参照"的原则都是适用的。在翻译美学基本理论对于西方美学的借鉴和利用上，这个原则应具体表现为"针对性"和"相关性"。对于翻译美学来说，虽然我们并不以"中国翻译美学"命名，但因为翻译美学涉及语际转换的审美问题，必然就要针对汉语和相关外语及其审美价值观，此为"针对性"。而面对流派丛生浩如烟海的西方美学理论，也唯有秉承"相关性"原则才能够运用相关的美学基本原理来分析、阐释和解决语际转换中的美学问题。该章节讨论了西方美学中的几个命题：情、情感；感觉与感知；直觉与理性直觉；关于内容与形式的辩证关系；表现论中的模仿与原创问题。毫无疑问，这些问题对于翻译研究都是密切相关而且至关重要的，在全书相关章节中已有论述，增加一章显然是为了弥补台湾版《美学》中西方美学理论的相对薄弱，表明作者对西方美学的重视，但放在全书的最后单列一章，却难免有些突兀游离之感。

2012年出版的第二版新增了"翻译的语言审美价值论"，讨论了判断语言美的标准，也就是语言审美的价值观问题。此外，针对翻译的语言审美涉及双语的特殊性，作者还讨论了翻译语言审美的特殊性问题。这个补充完善了《美学》所构建的翻译美学基本理论框架，体现了作者在完成《美学》之后对翻译美学理论仍然孜孜以求的不懈思考。

G.《美学》的不足

以今天的眼光来看，《美学》不可避免有其时代局限性：（1）由于是"导论"，作者强调基础性，讨论的是翻译美学的基本理论问题，在理论系统性和深度上都有一定的局限；（2）作者对西方有关美学理论的介绍和阐述比较单薄，而且未能像在阐述中国传统美学思想对翻译理论的影响那样有机地融合在一起，这一方面是因为西方美学思想流派林立，另一方面也和作者写作时的侧重点有关；（3）由于《美学》成书于20世纪90年代初的香港，彼时内地和香港学者之间的学术交流有限，国内其他学者有关语言审美的研究成果未能在《美学》中得到充分体现，在讨论审美客体的语音层审美信息和文字层审美信息时，所举译例还略嫌单薄。这些不足在作者之后的翻译美学专著中得到了弥补，理论的系统性、深度以及论述的全面性都得到了明显提高。

2.4.1.3 《翻译美学理论》和《翻译美学教程》的出版[①]

2006年秋，刘宓庆结束在台湾师范大学翻译研究所的聘期到同济大学外国语学院工作，担任特聘教授和博士生导师，指导翻译美学方向的博士生。为了给博士生提供一个系统的研究指南，刘宓庆于2009—2010年期间完成了《美论》的写作。这是他在《美学》出版后十几年中对翻译美学继续思考的成果，该书于2011年由外语教学与研究出版社出版。完成此书后，刘宓庆正式结束长达四十余年的教学生涯，但他并未停止对翻译美学的思考。在之后的几年中，他在《美论》的基础上精益求精，希望能够为翻译学方向的硕士生和博士生提供一本真正意义上的教程，这就是2016年中译出版社出版的《翻译美学教程》（以下简称《教程》）。在写作《美学》的年代，作者审慎地在语言学视角主导的翻译学研究中为翻译美学谋求立足之地，而在写作《美论》和《教程》时已经表现出充分的理论自信，明确地呼唤翻译的"美学回归"，把翻译学的美学模式作为翻译学的基本模式和核心模式。作者的翻译美学理论研究在深度和广度上都大大加强，搭建了语言审美的认识论、语言审美的价值论和翻译语言审美的再现论的完整体系，各部分层层递进，环环相扣。《美论》和《教程》体系相同，区别主要体现在体例上，此外，《教程》在《美论》的基础上又增加了部分内容。下面将重点评述刘宓庆在《美论》和《教程》中的新观点。

在"中西翻译美学思想发展概略"部分，刘宓庆追根溯源，讨论古代哲学和美学命题中的"言意象""和合为美""名实之辩""文质之辩""辞达论""玄妙论"和"艺术情感论"与翻译美学的关系，提出了诸多可以深入探讨的研究话题。

作者对语言审美进行了深入思考，花了大量篇幅归纳了英汉两种语言之美的共同特征及不同表现。作者认为语言美具有以下共同特征：一、高度的视听感性；二、精致的结构形态；三、深刻巧妙的意义蕴涵；四、精

[①] 本人协助参与了这两本书的编写工作，受益匪浅。刘宓庆老师希望有更多后学从事翻译美学研究，本人一直未敢忘其嘱托，这几年坚持对翻译美学的研习，并为上海外国语大学英语学院的研究生开设了"翻译美学"课程。本小节讨论中的作者均指刘宓庆。

心打造的意象性；五、鲜明的文化着色。作者提出了三种搜索语言审美信息的方法，并称之为"神形兼备论"。第一种方法是借助索绪尔语言结构主义的基本观点，从语言文字层级、语音结构层级、词及词句层级、语段和篇章层级以及超语言层级五个方面审视审美信息在语言结构中的分布模式；第二种是中国传统美学的语言审美感应方法，强调感悟；第三种是心理美学的语言审美方法，强调通过语言认知手段培养学习者的审美能力。作者对"汉语之美"和"英语的风采"的讨论是迄今为止在这方面的研究中最为全面的，作者有意避免使用"英语之美"这样的表达方式，完全是基于英语世界对 good English 的定义和标准。汉英两种语言分属不同语系，其源起、发展和演变的历程存在巨大差异，汉英皆美，而其美各异。作者认为汉语之美体现在其结构美、音乐美、意象美和模糊美，而英语之美体现在其阳刚美（理性美）、动态感性美、自然美、丰繁美和幽默美。这些讨论为翻译中的审美提供了切实可靠的依据。作者还提出了语言审美的普遍原则——"标准一致，视角不同"，兼顾语言美的普遍标准和特殊性，认为只有这样才能正确认识、客观评价汉英两种语言各有千秋的美。这一普遍原则的提出，对于翻译实践及翻译批评都有重要的指导意义。

  作者在"翻译审美"部分对翻译审美活动的基本特征进行了界定：一、翻译审美的性质是语言的（linguistic），而不是主题的（thematic）；二、翻译审美必须是语际的，既然是语际的，就必然涉及语言之间的异同，因此要树立正确的语际语言观和文化价值观；三、翻译审美主体在翻译审美过程中至关重要，翻译审美活动是否成功取决于翻译审美主体的语言综合能力，并表现出高度个性化；四、翻译审美要求普遍性和专业针对性，在强调任何文体都可能具备语言美的前提下，也要承认不同文体的语言美具有不同的表现形式。"翻译的审美主体"和"翻译的审美客体"虽然不是新话题，但与《美学》相比增加了很多新内容，作者阐述了翻译审美主体应具有的审美特征，即积极进取的审美态度、活跃动态的审美意识、开放灵活的审美表现对策和敏感准确的审美判断。翻译审美活动的成败关键在于译者，译者的才情决定着翻译审美效果的优劣，因此作为一个合格的翻译审美主体，译者必须具备充分的审美能力、敏感的语言感应力、丰富的审美想象力、准确的审美理解力、积极的审美情感操纵力和审美创造力。

作者总结了审美客体的特征，并通过丰富的例证一一分析了作为翻译审美客体的文本的功能，如信息提供、外象描写、情感激励、感悟启发、观念剖析，指出不论是何种功能的文本都具有相同的内在结构体系，即以语言结构为基础架构，以语义结构为内容实体，以逻辑结构为哲学依据，实现对审美客体的整体把握。

作者专辟"翻译审美心理结构探讨"一章讨论了审美心理活动的特征和翻译审美心理活动的特征。审美是一种情感体验，也是一种价值体验，是一种摆脱了功利心和欲念的情感价值活动。翻译审美由于涉及两种或多种语言文化，其心理活动具有一定的特殊性，除了具备一般审美心理活动的特征外，还应具备灵活的心理调节策略来应对审美价值观的差异，具备高度目的性来实现赋予原文文本第二次生命的使命，此外，想象力在翻译审美心理中也发挥着重要的作用。作者还对翻译审美心理活动的一般过程进行了初步的理论描写，这些描写对进一步理解和研究翻译审美的心理过程无疑有着重要的指导意义。

"翻译审美价值观论"重点关注审美情感和审美想象对翻译的重要性，并对中西方审美情感进行了比较，因为人无法对引不起情感、无法想象的东西进行价值判断。对于翻译来说，审美情感具有驱动力、催化剂和中介体的功能，而审美想象则可以帮助译者充分发挥主观能动性，激发译者的创造力。由于情感和想象的介入，翻译审美必然就会产生价值判断，随之而来的问题是"如何评价语言美？"和"如何看待评估翻译审美价值？"。作者认为，语言美和翻译审美价值都具有多维性，不能采用简单化一刀切的态度，要尽力排除主观性。

作者一向重视文化与审美之间的关系。在文化翻译研究中考虑审美不仅是刘宓庆一贯的主张使然，更重要的是审美与文化有着非常密切的关系，在翻译研究的学科框架中，它们都与翻译学价值论范畴的关系最紧密。因而，研究文化翻译加入审美因素也是系统完善翻译学价值论的必然手段和途径[①]。作者比较了中西民族文化心理的异同，并重点讨论了文化心理对意象性思维特征和模糊性思维特征的影响。作者还讨论了译入语的文化取向

---

① 刘宓庆：《刘宓庆翻译散论》，王建国编，第 xxiv 页。

问题。由于文化翻译的复杂性，规定性的转换方法无法解决文化审美翻译问题，正确的态度应该是采取描写主义的个案处理。作者明确指出，语言是兼容互补的，代偿性意译不仅完全可以实现语际间复杂的语义转换，还能在文化层面实现有效的跨文化的转换，使译文的文化取向与原文的文化取向"圆满调和"。

"翻译的审美表现论"是"论语言审美"之外全书中篇幅最长的章节，这也正体现了翻译美学以语言审美和审美表现为中心的主旨。作者分别阐述了汉英两种语言的不同审美表现法。汉语的文章表现法可以归纳为七大要诀，即立意、辩体、谋篇、炼字、改疵、蕴意和定格；而英语的审美表现法则存在于各个层级，即词语级（语法正确、用词得体、语义明晰）、句段级（语句的思维概念清晰、语段的文理脉络井然、文句的语法规范无误、句子的组织和布局得当有效）和篇章级（统一性、连贯性和清晰度）。书中还用了相当篇幅对审美表现中的几个重要专题进行了讨论，即模糊美、翻译审美与模仿、翻译审美与移情、语言的形式美，严格贯彻并体现了"以中西美学的理论框架为依据，对本学科课题进行布局"的研究方法。

作者对翻译风格审美进行了进一步论述，指出翻译风格是翻译审美价值的体现，为了在译入语中再现原文的风格，风格的审美信息扫描是译者不可忽视的基础工作。作者通过具体文本对审美信息在语言层级的表现进行扫描，并对译文的审美再现进行描写性点评。除了语言层级的风格标记外，超语言层级的风格特征也是译者应该充分关注的对象，尤其是社会文化背景、作家人文背景和文学流派与风格之间的关系。"翻译审美再现论"和"翻译风格审美与再现"充分体现了翻译美学"植根于翻译实践，又用于指导完善翻译实务"的学科面貌。

2.4.2 他人的研究进展

20世纪80年代，中国的"美学热"进入高潮。到1981年，新时期的重要美学著作已大部分已出版，如朱光潜的《谈美书简》、蒋孔阳的《德国古典美学》、宗白华的《美学散步》、王朝闻主编的《美学概论》和李泽厚的《美的历程》等等。这些美学著作不仅为中国美学的发展做出了卓越的贡献,更为翻译美学研究提供了理论支持。在这样的大背景下,翻译美学的出现可谓是应运而生。除了刘宓庆外,八九十年代还有一批把翻译和美学联系起来的学者。可见,从美学的视角来研究翻译是大势所趋,翻译美学的产生和发展是众多学者共同努力的结果。由于本节是以刘宓庆翻译美学研究为重点,兼论他人的研究,因此将以刘宓庆的翻译美学代表作《美学》为时间分界线分为两部分,第一部分是《美学》出版前翻译美学研究的情况,第二部分是《美学》出版后,他人对刘宓庆相关翻译美学理论的评述及借鉴。

2.4.2.1 《美学》出版前的翻译美学研究

20世纪80年代的"美学热"催生了一批从美学角度讨论翻译的学者,其中比较重要的有张成柱、张后尘、张上赐、黄龙和傅仲选等人。

张成柱在1984年发表了两篇论文,讨论文学翻译中的美学问题,他认为"文学翻译至少要和语言学、修辞学、文艺学和美学发生关系。语言、修辞和文艺观对文学翻译的影响比较容易为人理解,而美学对文学翻译的影响就比较为人忽略,实际上美学在文学翻译中起着极其重要的作用"[①]。他明确指出,一些美学原理对文学翻译有着不可忽视的指导作用。他提出以下观点:审美体验是文学翻译传神的关键,要做到文学翻译的传神,译者必须和作者心心相印,产生精神上的共鸣;美的形式是文学翻译感人的重要手段,文学翻译工作者不能忽视作家表现"美"所采用的形式;创造美则是文学翻译追求的目标,文学翻译家在欣赏和翻译作品的过程中,只有产生了再创造的感受和联想时,才能得到高度的美的享受,成为作家的知音,进而用另一种语言表现出原作的创造美来。[②] 这些讨论显然有助于我们更深刻地理解文学翻译的性质。

张后尘同样指出,文学翻译固然要求译者精通所从事的外语,而且需要有较高的文学修养,较多的修辞学、比较语言学、心理学、美学和社会学等多方面的知识,应当善于运用艺术中的美学原则指导翻译实践。他关注的重点是通过研究翻译美学来指导翻译实践,讨论了三个方面的统一:

---

① 张成柱:《文学翻译中的美学问题》,《外语教学》,1984年,第2期,第46–52页。
② 张成柱:《试谈文学翻译中的美学问题》,《翻译通讯》,1984年,第6期,第16–18页。

局部美和整体美的统一、"形似"和"神似"的统一、文学美和音韵美的统一。①

张上赐认为从事文学翻译的人,不必是美学理论家,但是多少掌握一点美学知识于文学翻译是至关重要的。他讨论了文学翻译中美的本质、美的特性以及美的相对性三个问题。这三个问题是美学中的三个基本问题,其中对于文学翻译中美的相对性问题的讨论尤为重要。作者指出,译者不仅要注意美的绝对性,尤其要在相对性方面多下苦功夫,这是很有见地的观点。②

黄龙的《翻译的美学观》讨论了翻译中的修辞美、意境美、采风美、形象美、典型美与宏观美,通过丰富的译例展示了翻译中语言审美和审美再现的重要性,从而证明了"审美能力是翻译家的主要条件之一"这一论点。③

傅仲选于1993年出版了《实用翻译美学》,这是我国首次以独立形态出现的翻译美学专著,标志着翻译美学研究的深化。该书在概述部分提出了实用翻译美学的研究对象是翻译中的审美客体(原文、译文),翻译中的审美主体(译者、编辑、读者),翻译中的审美活动,翻译中的审美标准、翻译中审美再现诸手段等。作者设定了实用翻译美学的任务,即运用美学和现代语言学的基本原理,研究和探讨语际转换中的美学问题,帮助读者了解翻译审美活动的一般规律,提高解决语际转换中碰到的具体问题的能力和对译文的审美鉴别力。④ 但正如作者本人所言,这本书的重点放在对具体语言材料的分析探讨上,因此在理论构建上用力不足。另有学者指出该书最大的不足是没有体现出翻译美学的特点,所谈诸多问题如不可译性、审美过程、审美再现手段等等与一般翻译理论没有多大区别。⑤

总之,20世纪80年代和90年代初,以美学视角观照翻译已经形成共识,但还缺乏一个比较系统的理论体系。1995年刘宓庆的《美学》在台湾出版,其中包括了他此前在学术期刊发表的诸篇论文以及《现代翻译理论》一书中"翻译美学概论"的主要观点。《美学》的出版标志着中国

---

① 张后尘:《试论文学翻译中的美学原则》,《翻译通讯》,1985年,第10期,第5-7页。
② 张上赐:《美学与文学翻译》,《外语教学》,1986年,第4期,第42-48页。
③ 黄龙:《翻译的美学观》,《外语研究》,1988年,第2期,第6-10页。
④ 傅仲选:《实用翻译美学》,上海:上海教育出版社,1993年,第2-3页。
⑤ 赵秀明:《中国翻译美学初探》,《福建外语》,1998年,第2期,第36-43页。

翻译美学理论基本框架的建成,但由于该书在台湾出版,当时并未对大陆学者中产生直接的影响。直到《美学》修订本出版,这本翻译美学专著才真正进入中国翻译理论研究者的视野。

2.4.2.2　他人对刘宓庆翻译美学理论的评述及借鉴

截至 2018 年 7 月 8 日,中国知网数据显示,篇名中包含"翻译美学"的论文共有 487 篇,其中期刊论文 291 篇,硕士论文 183 篇,博士论文 1 篇;以"翻译美学"为关键词的论文共有 831 篇,其中期刊论文 482 篇,硕士论文 325 篇,博士论文 2 篇;摘要中出现"翻译美学"的论文共有 986 篇,其中期刊论文 535 篇,硕士论文 423 篇,博士论文 7 篇;主题为"翻译",篇名中出现"美学"的论文共有 2174 篇(其中篇名中出现"接受美学"的为 876 篇),其中期刊 1397 篇,硕士论文 688 篇,博士论文 15 篇。以关键词检索为例,从知网提供的总体趋势分析我们可以看出(见图 2-8),进入 2006 年之后,与翻译美学有关的论文直线上升。这是自 20 世纪 80 年代以来翻译美学研究领域众多学者共同努力的结果,但如果从代表性著作的影响角度来看,这和 2005 年出版的《美学》修订本以及毛荣贵的《翻译美学》存在必然联系。关于《翻译美学》的贡献,请参见有关学者的评述①。本部分将重点讨论学界对刘宓庆翻译美学理论研究的评述以及在借鉴其翻译美学理论方面的特点和存在的问题。需要说明的,由于知网收录的只是部分硕士论文,一些博士论文由于各种原因尚未提交知网,因此这些数据只能作为参考,不能用于准确的量化标准。

20 世纪末以来,一些学者对中国翻译美学的研究进行了回顾和总结,这些学者充分肯定了刘宓庆在翻译美学理论建构方面的贡献②。还有一些学

---

① 余继英、郭建中:《美学理念——翻译理论与实践的桥梁——简评〈翻译美学〉》,《中国翻译》,2006 年,第 4 期,第 53-56 页。
　　曾利沙:《论〈翻论美学〉的理论与方法论特征——从审美意识看文学翻译的译者主体性》,《上海翻译》,2006 年,第 4 期,第 7-11 页。
② 赵秀明:《中国翻译美学初探》,《福建外语》,1998 年,第 2 期,第 36-39,43 页。
　　隋荣谊、李锋平:《从审美移情出发固推文学翻译中的翻译美学理论》,《外语与外语教学》,2009 年,第 8 期,第 54-57 页。
　　李洁:《中国当代翻译美学发展的回顾与思考》,《中国人民大学学报》,2007 年,第 5 期,第 141 页。

者专门针对刘宓庆的翻译美学专著进行了评述[①]。

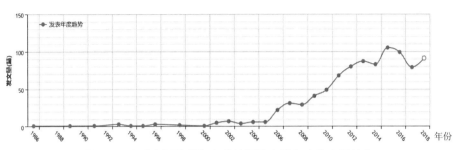

图 2-8 以"翻译美学"为关键词检索的年度发文量趋势

王建国对《美学》修订本进行了述评,他介绍了该书的主要内容,并简要回顾了翻译美学的发展史,通过对傅仲选的《实用翻译美学》(1993)、奚永吉的《文学翻译比较美学》(2000)、姜秋霞的《文学翻译中的审美过程格式塔意象再造》(2002)和毛荣贵的《翻译美学》(2005)进行概述,认为《美学》构建起了翻译美学的理论框架,是我国真正意义上的比较全面、系统研究翻译美学的最早论著之一。王建国对《美学》的主要价值进行了总结,特别指出该书"遵循了'本位观照,外位参照'的学术研究原则,深入挖掘了中国传统美学的思想,同时对西方美学思想进行了梳理与借鉴,指出了中国翻译美学研究的途径,把翻译美学的研究推进到一个新的高度"[②]。

时天宇高度评价了刘宓庆的《美论》,认为这是一本集"文、情、理、志"于一体的难得的富于"中国气派"的译论。作者认为《美论》摆脱了传统美学偏重宏观的悟性观照方法的模糊性,兼容并举地采用了扎实的解构性审美成分分析方法,有虚有实,分级分层地扫描出语言美的种种成分,使学习者看到语言美不是什么虚无缥缈的东西,而是有声、有形、有意、有情的实在成分,这就为表现语言美打下了"物质基础"。这一评论非常到位,也道出了很多人把美学以及语言审美神秘化的事实。作者注意

---

① 王建国:《刘宓庆著〈翻译美学导论〉(修订本)述评》,《民族翻译》,2009 年,第 1 期,第 87-90 页。
时天宇:《解密翻译美——〈翻译美学理论〉评析》,《外语与翻译》,2011 年,第 3 期,第 77-80 页。

② 王建国:《刘宓庆著〈翻译美学导论〉(修订本)述评》,《民族翻译》,2009 年,第 1 期,第 87-90 页。

到《美论》对两个美学难题的处理：一是审美价值观，二是审美心理机制问题。事实上，对这两个难题的讨论是刘宓庆近年来在翻译美学理论方面的新贡献，是富有挑战也是极具魅力的研究课题，值得研究者在其观点的基础上展开深入研究。时天宇结合《美学》和《美论》，对翻译美学理论的总体框架进行了比较全面的概括，认为翻译美学应包括翻译审美本体论、翻译审美认识论、翻译审美心理机制探索、翻译审美的价值论、翻译审美表现论、翻译的接受理论以及中西翻译审美思想发展史研究。[①]

李洁在对中国当代翻译美学发展进行回顾和思考时多次论及刘宓庆的翻译美学理论。她认为当代翻译美学立足于中国传统译论，是对传统美学译论的继承和发扬，例如"形与神的问题成为刘宓庆形式系统（审美符号集）和非形式系统（审美模糊集）的主要论述对象。意象、意境等问题在刘宓庆的非形式系统中得到了具体的研究"[②]。在借鉴现代美学的基本理论和结构框架方面，她指出，"刘宓庆在《翻译美学导论》中进一步明晰了翻译美学的研究对象和研究方法：翻译美学以翻译审美客体（原文和译文）、翻译审美主体（读者和译者）、翻译审美意识系统、审美标准及其审美再现手段为研究对象，以'本位观照，外位参照'为研究原则，立足自己的文化土壤，充分挖掘中国古典文艺美学思想，研究其对翻译的启示，同时，以针对性和相关性为指引，借鉴和吸收西方美学中的有关理论，丰富中国翻译美学的理论内涵。这种论述框架体现了现代美学研究的体例和范畴，是翻译与美学进行跨学科研究的成功探索。其中对翻译审美意识系统的探讨等方面都采用了现代美学的一些基本理论和研究方法，有着浓厚的美学学科特征。他的研究标志着中国当代翻译美学理论研究框架初具规模"[③]。这些观察和评价都是非常准确客观的。

《美学》出版后，书中有关"译学的美学渊源"的章节引发了翻译研究者对这一话题的进一步研究，一些学者对"神似""化境"等传统译论

[①] 时天宇：《解密翻译美——〈翻译美学理论〉评析》，《外语与翻译》，2011年，第3期，第77–80页。
[②] 李洁：《中国当代翻译美学发展的回顾与思考》，《中国人民大学学报》，2007年，第5期，第139–144页。
[③] 同②。

2 刘宓庆翻译理论分论

的美学渊源做了更加深入的探讨①。这些研究对于梳理中国传统译论,重新阐释其在现代翻译理论话语体系中的意义,起到了承前启后的作用。

正如前文所说,翻译美学研究的发展是众多学者多年努力的结果,翻译美学作为一种研究视角日益受到研究者的认可和重视,不宜提倡"某位学者的翻译美学"的提法。但本小节出于对刘宓庆翻译美学理论进行整体观察的研究目的,在检索时锁定明确与其相关的论文。截至2018年7月8日,知网收录的论文中篇名同时出现"翻译美学"和"刘宓庆"的论文共有10篇,其中期刊论文和硕士论文各5篇;摘要中同时出现"翻译美学"和"刘宓庆"的论文共161篇,其中硕士论文132篇,期刊论文28篇。由于知网收录的论文质量参差不齐,一些作者在写作标题和摘要时存在不够规范的现象,现仅以上述检索结果为线索,对以"刘宓庆翻译美学"为理论指导的论文进行整体观察,以期发现这些论文在对其理论的借鉴和应用方面的特点和问题。

在以"刘宓庆翻译美学"为理论指导的论文中,我们可以看到一个非常明显的特点,绝大多数硕士论文都是借鉴《美学》中提出的审美客体的形式系统和非形式系统这一审美结构来研究某一文本的翻译,结合具体实例分析文本在语音、词汇、句法以及意境意象层面的审美再现。这说明,面对翻译中的语言审美和审美再现,研究者需要"有声、有形、有意、有情"的物质基础,传统译论中印象式和感悟式的术语无法完成这一任务,当代翻译美学需要提供系统化、科学化的研究和论证方法。把翻译审美客体分为"形式系统"和"非形式系统"完全符合语言审美的实质,兼顾了传统美学偏重整体性和主体性的观照方法以及现代语言学结构主义的分析方法,为翻译审美再现提供了切实可行的研究路径。

也有一些作者关注到了《美学》中的其他理论,杨延延借鉴刘宓庆有

---

① 张柏然、张思洁:《中国传统译论的美学辩》,《现代外语》,1997年,第2期,第26–30页。
葛校琴:《翻译"神似"论的哲学——美学基础》,《中国翻译》,1999年,第4期,第16–18页。
沈家会:《傅雷翻译"神似"论的美学因缘》,《长沙铁道学院学报(社会科学版)》,2008年,第3期,第188–189,206页。
伍凌:《"化境"论之传统美学辨》,《河北学刊》,2011年,第1期,第37–40页。
李崇月:《我国传统译论中"形/神似"论的古典美学渊源》,《贵州社会科学》,2015年,第7期,第12–17页。

关翻译中审美情感及审美再现的讨论，解析了苏轼《念奴娇·赤壁怀古》的艺术美，并对比了许渊冲和朱纯深的两个译本[①]。张青以刘宓庆提出的词语层 ABC 审美原则（appropriateness 准，beauty 美，compactness 精）和翻译审美再现五大基本要求为理论依据分别从词汇和语句层面对《中庸》的翻译进行了讨论[②]。此外，少数硕士论文借鉴《美学》相关理论研究模糊语言的翻译以及审美再现中的模仿手段。

从总体上来看，目前以刘宓庆翻译美学理论为指导的论文视角比较单一，主要集中在对审美客体的形式系统和非形式系统这一审美结构的研究方面，而在与审美主体、语言审美价值观、审美心理结构以及中西审美情感比较研究相关的理论方面还缺乏足够的借鉴和探讨。刘宓庆在《美论》和《教程》中加强了上述内容的讨论，提出了很多新的研究课题，与《美学》相比，这两本著作在广度和深度上的变化是显而易见的。我们完全有信心相信，目前以翻译美学为视角的论文在研究路径上存在雷同现象的状况会得到改变，未来的研究者将超越翻译美学这一宽泛的理论视角，从更加具体的翻译美学角度展开翻译研究。

2.4.3　研究展望

在众多学者的共同努力下，翻译美学的理论框架已经基本形成，研究范围得到拓宽，具体表现在：对翻译审美客体的研究不断细化，从美学的视角研究诗歌翻译、小说翻译、散文翻译、戏剧翻译以及其他实用文本的翻译，对语言各个层面的审美构成进行细致分析；翻译审美主体的研究得到深化，译者的审美心理机制开始得到越来越多的关注。和早期只关注语言转换相比，在对审美标准和翻译审美再现手段进行讨论时，论者开始把价值观及文化差异纳入评价标准，使翻译批评更趋理性客观。这些发展无

---

① 杨延延：《从刘宓庆翻译美学看〈念奴娇·赤壁怀古〉英译——以朱纯深和许渊冲翻译为例》，《乐山师范学院学院》，2016 年，第 11 期，第 60–66 页。
② 张青：《刘宓庆翻译美学视域下的〈中庸〉翻译——基于词汇层面》，《昭通学院学报》，2014 年，第 6 期，第 85–88 页。
张青：《刘宓庆翻译美学视域下的〈中庸〉翻译——基于语句层面》，《郑州航空工业管理学院学报（社会科学版）》，2014 年，第 6 期，第 115–117 页。

疑展示了翻译美学蓬勃的生命力,但同时,我们也应该对翻译美学研究的现状进行冷静客观的观察和思考,从而提高和充实翻译美学研究的水平。本小节尝试对国内翻译美学研究存在的一些问题进行分析,并提出相应的建议。

第一,研究视角过于宽泛。自20世纪80年代以来,中国翻译界深受西方语言学派和文化学派翻译理论的影响,翻译理论研究大多集中在对西方译论的译介上,在国际译界处于"失语"状态。在当时的情况下,旗帜鲜明地提出以"翻译美学视角"进行研究的论文显然具有明确标识研究视角的积极意义。但在过去翻译美学已经得到进一步发展的十年间,很多论文,尤其是硕士论文,仍然以宽泛的"翻译美学视角"对文本进行研究,造成翻译美学理论单一化平面化的印象,不利于翻译美学研究的深化和发展。研究者应深入了解翻译美学的各类研究课题,从更为具体的视角把美学理论与翻译研究结合起来。

第二,研究范围比较单一。从现有的研究来看,大多数研究仍然集中在审美客体上。有的研究者采用刘宓庆对翻译审美客体的审美构成理论,从形式系统和非形式系统两个方面对原文和译文之间的语言美转换进行比较研究;有的研究者采用许渊冲的"三美"理论研究诗歌翻译中的语言审美和审美再现。这些研究以文本为中心,避免了空谈理论,有助于提高研究者的审美意识和审美能力,强调了翻译的艺术创造性,有其积极意义。但我们也注意到,这样的研究难逃重复研究的窠臼,对于翻译美学的进一步发展缺乏贡献。正如上文所述,近年来,关于作为审美主体的译者的审美心理机制等话题开始得到越来越多的关注,但与审美客体的研究相比,这些神秘的"黑匣子"还亟待加强研究。如果要摆脱研究中的玄虚色彩,研究者必须加强对现代西方心理学美学的学习,借鉴其科学客观的研究方法,研究在翻译过程中译者的想象、移情、共鸣等心理活动所发挥的作用。此外,对于翻译中审美价值观的研究还非常有限,审美是由人来完成的,不论是译者还是译文读者都会有自己的审美价值观,这些对于翻译审美再现策略的制定和实施都有至关重要的影响。要研究翻译中的审美价值观,研究者不仅需要了解原语和译语之间的异同,更要成为一个"文化人",了解造成这些差异的文化因素。

第三，与现代译论结合不足。翻译美学具有鲜明的中国特色，这是由中国译论的传统以及汉语自身的特质决定的，但是作为翻译研究的一个模式，翻译美学不可能把包括西方现代翻译理论在内的现代译论排除在外。无论是美学还是翻译美学，它们都处于发展之中，在发展过程中，中西融合贯通、彼此借鉴是一个必然的趋势。近些年来，中国翻译界对于中国传统译论与传统文论（传统美学）之间的关系有了深刻的认识，并已经进行了很好的梳理，但如果翻译的美学观只停留在此，其发展就没有可持续性，只有把美学观和现代译论结合起来，翻译美学才能获得新的生命力。西方研究者由于他们的语言特点、研究传统以及研究重点和方法的局限，没有充分关注翻译美学，中国学者完全可以成为倡导者，把这种视角和模式介绍给西方同行。所以，在一定程度上，翻译美学源于中国，但必然走向世界，为翻译学的发展做出自己的贡献。

翻译美学是理论和实践高度统一的研究领域，翻译美学理论体系永远是一个开放的体系。只要翻译实践还在继续，翻译审美就必然相伴相随，翻译美学研究也就会面临源源不断的新课题。我们相信，翻译美学研究一定会吸引更多的研究者不断挖掘新课题，探索语言之美和翻译之美。

2.5 翻译教学思想研究

2.5.1 概述

刘宓庆是中国著名的翻译理论家，他在近四十年的学术生涯中，形成了自己独特的译学思想，为中国译学的现代化做出了卓越的贡献。他在英汉对比与翻译、翻译美学、翻译哲学、文化翻译学、翻译教学、中西翻译思想比较研究、翻译学学科体系建构等多个领域都有建树。其中对翻译教学的探索成为贯穿其翻译研究的一条主线。翻译教学涉及翻译人才的培养，探讨刘宓庆的翻译教学思想，对于了解其翻译教学思想的形成和结构，探求对当前国内翻译教学的启示，具有重要的个案研究的理论意义和现实意义。探索刘宓庆的翻译教学思想有必要将视野伸向中国翻译教学的历史长河中，以获取更宽阔的学术视野，拓展本研究的历史深度。

2.5.1.1　中国翻译教学研究概述

中国具有近两千年的悠久翻译实践史，大体经历了五次翻译高潮，即东汉至北宋的佛经翻译、明末清初的西方科技翻译、清末民初至20世纪40年代的文学和西学翻译，以及改革开放至今的各类领域翻译。伴随着翻译实践的繁荣的是中国独具特色的传统译论和现代译论的发展。可以说，中国文化的发展长河离不开不同历史阶段源源不断的源头活水的注入。在21世纪的当下，随着综合国力和文化自信的不断增强，中国更关注自身的软实力国际竞争力的提升，在"文化走出去"战略的大背景下，当前的中国正在经历又一场翻译的高潮，并呈现出不同于以往的时代特征，而这一场翻译高潮的背后必然需要中国现代译学的理论支撑和翻译教学的教育支撑。从小的方面说，翻译教学是外语教育的重要组成部分，是培养新时期翻译人才的重要保证；从大的方面来说，翻译教学的成功与否可以说直接或间接关系到中华民族能否再次实现伟大复兴。

中国虽有悠久的翻译实践史，但其翻译教学的历史并不长。翻译教学史的划分可有不同的标准。根据穆雷的梳理，中国翻译教学的历史大体上可以分为四个时期，即20世纪以前、1902—1949年、1949—1976年、1977年至今。[①] 教育离不开社会政治文化的影响，这一划分是以政治事件为标准的，具有一定的科学性。然而，从学科的角度来看，前三个时期似乎可以合为一个时期，可称之为传统翻译教学时期，这个时期恰与中国前四次翻译高潮相对应。第四个时期，即从1977年至今的翻译教学似乎可单独成一阶段，可称之为现代翻译教学时期。这样，中国翻译教学的历史可更简单地划分为传统和现代两个时期，这显然是与中国译论可大体分为传统译论和现代译论相呼应的，因为中国译论的二分法就是从学科发展的角度进行的，即开启于20世纪80年代的中国现代译论正是以翻译学的学科觉醒为依据的，翻译教学亦然。首先从中国翻译实践史看看传统翻译教

---

① 穆雷：《中国翻译教学研究》，上海：上海外语教育出版社，1999年，第1—27页。

学时期的情况。据马祖毅（1984）①、穆雷（1999）②等人的研究，早期的佛经翻译时期并没有翻译教学，虽然唐朝的译场起到了一定的培养翻译人才的作用。翻译教学与同是历史不算长的外语教学有着密切的关系。中国最早培养翻译人才的机构是明朝的"四夷馆"，但没有留下翻译教学的具体记录。清末的洋务运动导致国内出现了第一批培养外语人才的学校，这些学校的主要目的就是培养当时急需的翻译人才，但这种培养不管从课程的系统性、科学性还是从教学的规模上看都是非常有限的，如京师同文馆在其近四十年的办学过程中，没有留下专门的翻译教学的记载。1894年，马建忠上书"拟设翻译书院议"，建议朝廷设立翻译书院专门培养翻译人才，但是并没有被采纳，可见当时对翻译教学的重视程度不高。根据穆雷的观点，中国的高等教育专业翻译教育应该从1902年算起，因为这一年京师同文馆并入京师大学堂，改称翻译科后，在学生选拔、课程设置、教学要求等方面都有了较大的进步。③在随后的民国初期、抗日战争时期和解放战争时期，通过建立各种类型的学校，培养了大量的翻译人才。1949年新中国成立后，成立了一些外国语学校并制定了相关政策，培养新时期的翻译人才成为一项重要的任务，但专门的翻译教学并没有真正开展起来。④原因很多，例如，学校只重视听说读写能力的训练，对翻译教学不太重视；当时人们对翻译教学的性质、教学任务、教学环节、教学观等还处在模糊的认识中；政治运动接连不断，学生用于翻译学习和训练的实践得不到保证，特别是"文化大革命"十年间，翻译教学活动几乎处于停滞等。

　　从总体上看，改革开放之前的中国翻译教学处于传统阶段，这一阶段主要有两个特点。其一，教学的规划性不够，没有明确、系统、成熟的课程设计，特别是早期的佛经翻译时期和中期的明清科技翻译时期。20世纪以来的翻译教学在课程方面虽有一些改进，但仍旧没能摆脱教学规划的随意性。其二，理论对翻译实务的指导性缺失。翻译实践和翻译教学都需

---

① 马祖毅：《中国翻译简史（"五四"以前部分）》，北京：中国对外翻译出版公司，1984年。
② 穆雷：《中国翻译教学研究》，上海：上海外语教育出版社，1999年，第1–27页。
③ 穆雷：《中国翻译教学研究》，第6页。
④ 穆雷：《中国翻译教学研究》，第10页。

要理论的指导，虽然这段时期中国积累了大量的传统译论，然而，一方面，人们用理论观照实践和教学的意识性还较薄弱，另一方面，由于传统译论本身的可操作性等方面的局限性，对翻译教学的指导效果并不理想。

20世纪70年代末的改革开放使国人再一次睁眼看世界，中国学校教育重新步入正轨，翻译教学也迈入新的阶段。新时期中国的翻译教学不同于传统的翻译教学阶段，有了几个明显特征。第一，对外开放的大环境需要大批翻译人才。不管是初期对西方社会文化的了解和先进技术的引进还是当前的中国文化走出去，都需要培养大量具有较高翻译能力的人才，高校的翻译教学无疑要承担起这一历史使命。第二，翻译教学得到了翻译理论的支持。新时期中国的译学建设也从传统译论迈向了现代译论阶段，这一方面是由于中国翻译学的学科意识逐步增强，另一方面得益于从西方引进的语言学翻译理论。语言学译论在使得翻译研究科学化的同时，具有较强的可用于翻译实践和翻译教学的可操作性，如强调两种语言的对比研究、对翻译单位的探讨、对翻译过程的描述等。虽然翻译理论和实践的关系一直存在争论，但多数学者认为，现代翻译理论是可以用来指导翻译实践的，同时也是可以用于指导翻译教学的，这样就使得翻译教学活动有了理论的支撑变得更加科学有效。第三，翻译教学研究逐步开展起来。中国传统翻译教学几乎没有翻译教学研究，这与是否把翻译教学看作翻译学学科建设的一部分有密切关系。新时期的国内翻译教学界通过颁布翻译教学大纲、成立翻译教学委员会、举办翻译教学研讨会、发表翻译教学论文、出版翻译教材和研究著作等，在强调理论对教学实践的指导作用的同时，自身的理论也在不断的建设和完善中。第四，翻译人才教育体系不断完善。目前全国已形成了包括本科、硕士、博士各个层次的翻译人才培养体系，招生人数逐年增加，全国范围内形成了欣欣向荣的翻译教学局面。当然，从20世纪70年代末至今的四十多年的翻译教学还可以分成几个小的阶段，每个小阶段都有一些不同于以往的特征，如80年代初期的翻译教学在理论的指导性方面还比较薄弱，师资、教材、课程建设等方面还很不完善，进入新世纪的翻译教学呈现出一些新的要求和理论话题以适应新的教学环境，如翻译本科、MTI的设置等。但从总体上看，整个新时期的翻译教学呈现出适应新环境、新形式的整体性特点。总之，新时期的翻译教学局面是与对外开放的社会需求、翻译理论的现代化、翻译学学科建设的内在要求等因素相适应而逐步形成的。刘宓庆的翻译教学思想正是在这样一种社会和学术语境中产生的。关于新时期翻译教学的各个方面,在下文会与本研究的主题相结合进行较详细的讨论,在此不做赘述。

3.5.1.2 刘宓庆翻译教学研究概述

刘宓庆是中国现代翻译学的重要开拓者,也是中国翻译教学领域的领军人物之一,他的翻译教学思想也因此是在现代翻译教学阶段产生的,这是探索和梳理其翻译教学思想必须首先交代的学术背景。刘宓庆的整个学术生涯都用来做翻译、教翻译、研究翻译,然而,纵观其四十余年学术人生,会发现有一条主线贯穿其中,即翻译教学。他首先是作为一位翻译教师立身于中国翻译界的。刘宓庆于20世纪50年代从北京大学西语系毕业后,先在中国中央人民广播国际组担任专职翻译五年,后曾在联合国所属多个组织机构担任汉英翻译,积累了丰富的翻译实践经验。他一生大部分时间从事翻译教学和研究工作,任教足迹遍布中国各地:北京大学、北京第二外国语学院、厦门大学、香港中文大学、香港大学、台湾师范大学、同济大学……翻译教学的学生层次既有本科生,也有硕士生和博士生。丰富的翻译实践和翻译教学经验使得他能够在翻译教学和研究领域做出卓越的成就。大体来看,刘宓庆的翻译教学研究可以分为以下三个阶段,每个阶段都呈现出不同的特征,体现了刘宓庆翻译教学思想的发展轨迹。

第一个阶段:从20世纪70年代末至80年代末。

如上所述,20世纪70年末、80年代初中国的翻译研究进行了一次重要转向,即从传统译论阶段转向现代译论发展阶段,伴随而来的是中国的翻译教学也从传统翻译教学转向了现代翻译教学阶段。受索绪尔语言观和当时以奈达为代表的西方语言学派译论的影响,刘宓庆这一阶段的译学思想主要是结构主义的。结构主义译学主张"对等"或"对应",强调通过语言的对比研究翻译的过程和对策,这在当时成为中国译学研究的主流。受此影响,刘宓庆的结构主义译学思想主要体现在这一时期撰写的《现代翻译理论》(1990)和《汉英对比研究与翻译》(1991)两本专著中。在中国现代译学的开创阶段,这两本著作的出版以其不同于传统译论的体系性和科学性成为当时中国译学界的标志性成果。也正是受这一译学思想的影响，刘宓庆的翻译教学思想也主要是结构主义的。这一阶段刘宓庆的主要翻译教学论文有《汉译英教学中的若干问题》（1984）和《论翻译的技能意识》（1987）；主要翻译教学著作有《文体》（1985）和《英汉翻译技能训练手册》（1987）。其实，从更宽泛的意义上讲，其《现代翻译理论》和《汉英对比研究与翻译》也可看作翻译教材，因为它们对翻译实践和翻译教学具有很强的实用性和可操作性。对于这一阶段的研究倾向，刘宓庆在后来的《四十年学术人生》一文中这样写道。

> 20世纪80年代中，有一段时期，我曾经非常赞同结构主义：不是由于它时髦，而是由于它实用。我认为结构主义的很多论点实际上很符合中国哲学的基本思想，比如辩证的整体观和一体论。……为凸显结构主义的优长以及为强调我在克服传统译论的不足上所做的'选择性努力'，我完成了第一部著作《文体与翻译》（1985）。①

由于《文体》也是一部从文本功能角度编写的教材，体现了刘宓庆在语言学方面的功能观，因此，可将其这一阶段的翻译教学研究特征概括为：结构主义为主，功能主义为辅。

第二个阶段：从20世纪90年代初至2007年。

经历了20世纪80年代对西方早期语言学派译论的引进和吸收，90年代初期的中国翻译学界似乎进入了所谓的"静寂期"或"调整期"，然后就是在其后的90年代中后期西方的文化学派译论进入中国，形成了一种翻译的文化研究热潮，在中外翻译学界称为翻译研究的"文化转向"，一直延续到21世纪初期。翻译研究的文化学派有狭义和广义之分，狭义的文化学派将翻译研究的重点从语言转向文本，从内部转向社会文化的外部研究，从对翻译实践的规定性转向翻译事实或事件的描写性研究，描写译学、操纵学派等属于此类研究。狭义文化学派从外部社会文化研究文本的传播、影响和接受，从而与比较文学研究的边界愈加模糊。广

---

① 刘宓庆：《刘宓庆翻译散论》，王建国编，第 xxxvii–xxxviii 页。

义的文化学派关注翻译意义观的改变,认为原文本的意义并非静止的、一成不变的,而是流动的,语境依赖的,这样,语言学派倡导的"等值"观、"对等"观、"忠实"观就受到了挑战。现代阐释学译论、后殖民主义译论、解构主义译论、德国功能目的论等都属此类研究。可以说,这里所谓的广义的文化学派译论与狭义的文化学派译论的学术精神是一致的,即都是对语言学派译论所倡导的"逻各斯中心主义"的反拨,从"本质主义"走向"非本质主义"或"反本质主义"。不同之处主要是两者的研究视角,前者关注的主要是影响文本生成、传播、接受的社会文化因素,后者更关注翻译的意义观,因此对翻译实践的影响更大,虽然这一影响在国内常常产生误读。不管是狭义的还是广义的文化学派译论,对国内翻译教学的直接影响就是教材编写指导思想的变化,即从20世纪80年代的以词法-句法为主的结构主义翻译教材变为90年代及21世纪初的功能主义和当代各译论流派的翻译教材。[①] 其他翻译教学方面如课堂教学、课程设计等也随之产生了较大变化。在这一大背景下,刘宓庆的翻译教学研究呈现出怎样的情形呢?一般来讲,一个人的学术发展离不开其所处时代的学术背景,但由于受教育背景、求学经历、工作环境、学术旨趣等方面因素的影响,各人又会具有自己独特的学术路向和品格。就刘宓庆来说,从整体而言,其译学研究在20世纪90年代到21世纪初这段时期并没有完全顺着文化学派译论的方向展开,而是逐渐朝向译学的跨学科方向发展,并在翻译美学、翻译与语言哲学、文化翻译学等译学的跨学科领域进行了开创性的研究,先后撰写并出版《美学》(1995)、《文化翻译学论纲》(1999)、《哲学》(2001)。这些跨学科研究的背后其实是他译学思想的重大改变,这个变化就是从20世纪80年代的结构主义转向了90年代的功能主义。更具体地说,就是从索绪尔的结构主义转向了维根斯坦的后期语言哲学思想。80年代末,刘宓庆发现了索绪尔的结构主义的局限性,即同质语言学观:重形式,不重意义;重结构,不重功能。刘宓庆认为,这种语言学观不利于翻译学理论的开拓和发展[②]。1989年到1990年,刘宓庆到欧洲游学,开始接触并学习维根斯坦的语言

---

① 张美芳:《中国英汉翻译教材研究》,上海:上海外语教育出版社,2001年,第54页。
② 刘宓庆:《刘宓庆翻译散论》,王建国编,第 xxxix 页。

哲学，特别是其后期语言哲学思想，这成为刘宓庆译学思想发生变化的重要转折。不同于索绪尔的结构主义，维特根斯坦后期哲学强调语言意义的动态性和功能性，可以更有效地用于翻译研究。正是在这样的译学思想转变的背景下，刘宓庆的翻译教学思想也发生了从结构主义向功能主义的转向。

  这一时期刘宓庆翻译教学研究主要体现在一篇论文和一本专著中。1996 年，刘宓庆针对当时国内译学界出现的"静寂期"现象，发表《翻译理论研究展望》一文，提出了未来中国翻译研究的四点展望，其中有两条就与翻译教学有关。第二点"翻译研究的对策性将受到更多的关注，应用理论研究将向系统化、程序化、纵深化发展"，认为对策性是翻译理论功能观的基本论点。① 第四点则更直接地对翻译教学进行了展望："翻译教学将受到重视，翻译教育将得到较全面的发展；随着以上三方面（指'在"本位观"指导下的译学研究、翻译对策论、翻译的文化研究'——作者注）的进展，翻译教学的科学化、规范化将越来越受到重视。"② 虽然中国现代翻译教学阶段始于 20 世纪 70 年代末，翻译教学研究的意识逐步增强，与翻译研究的其他方面相比，翻译教学的整体研究水平还是比较薄弱，在 90 年代中期之前还没有召开一次全国性的翻译教学研讨会。1996 年对中国翻译教学界是一个转折年份，这一年的 11 月在南京解放军国际关系学院召开了首届全国翻译理论研讨会，会议论文显示了较高的学术性。刘宓庆正是针对当时国内的翻译教学现状做出这一展望的，可见其当时的学术敏感性和前瞻性。1999 年至 2001 年，刘宓庆受聘于台湾师范大学翻译研究所，期间撰写出了他的翻译教学集大成之作——《翻译教学：实务与理论》（2003），这本构思于爱尔兰都柏林大学，成书于台湾师范大学的著作是国内翻译教学研究领域较早的专著之一，其基本指导思想即是维特根斯坦的后期哲学观，因此具有明显的功能主义翻译教学思想。关于此书中的基本观点及其得失，将在下文中详细探讨，在此不赘。2005 年至 2007 年，中国对外翻译出版公司出版《刘宓庆翻译论著全集》，共包括其十一本翻译研究著作，其中《英汉翻译技能指引》（2006）在其 80 年代的《英

---

① 刘宓庆：《刘宓庆翻译散论》，王建国编，第 86 页。
② 同①，第 90 页。

汉翻译技能训练手册》基础上增加了部分章节，《翻译教学：实务与理论》一书未做大的修改。因此，可以把2007年大体上看作其翻译教学研究第二个阶段的终点。需要指出的是，刘宓庆在这一时期从结构主义转向功能主义，并不是完全放弃结构主义，因为在他看来，"翻译中的功能主义是一个整体概念，一种汲取和提升了结构主义积极因素的系统化理论主张。"① 因此，我们不妨将刘宓庆这一阶段的翻译教学研究特征概括为：功能主义为主，结构主义为辅。

第三个阶段：从2007年至今。

进入新世纪，中国的译学研究除了继续沿着文化学派的思路不断深化外，也开始呈现出多元化研究的局面。同时，中国的翻译教学研究全面铺开，翻译教学的学科性、研究的深度和广度、成果的质与量都逐年提高。从当前的研究情况看，刘宓庆的翻译研究在2007年前大体完成，此后的研究基本上是在此基础上的进一步深化。到目前为止，第三个阶段刘宓庆主要出版了三本著作：主编教材《翻译基础》（2008），与章艳合著《美论》（2011），与章艳合著《教程》（2016）。2012年《刘宓庆翻译论著全集》第二版（共六本）的出版，对五本著作（《新当代》《美学》《文体》《文化》《中西比较》）进行了修订；另外，原计划随全集第二版出版的《英汉互译技能指引》，由于各种原因，未能实现。这段时期刘宓庆的翻译教学基本上延续了第二个阶段的功能主义的译学思想和翻译教学思想路线，但也提出了不同于以往的一些观点，其中最为重要的是对翻译美学的新的定位。翻译美学是刘宓庆翻译研究的一个重要领域，他曾遵其恩师朱光潜先生的教诲，于1995年在台湾出版《美学》，并认为翻译美学是中国翻译理论的特色之一。到了21世纪初，他又对翻译的美学问题进行了深入思考，思想上产生了较大的变化。2005年出版《美学》修订版，在修订版前言中，刘宓庆针对当时中国的翻译质量有每况愈下的趋势，认为这首先是教育上的问题，而翻译教学首当其冲。同时，他认为我们的语文教学和翻译教学还是一个重大的文化战略问题。② 2006年后，刘宓庆受聘于同济大学，开始了一段为期近五年的翻译教学

---

① 刘宓庆：《刘宓庆翻译散论》，王建国编，第 xiii 页。
② 刘宓庆：《翻译美学导论》，第 ix-x 页。

和研究生涯。在此期间，刘宓庆与同事章艳合作撰写了《美论》，在此书的"代序"中，刘宓庆明确提出"中国的翻译教育必须彻底改革：翻译学呼唤'回归美学'（back to aesthetics）"，认为这些年来我们对翻译学的基本定位或学科归属是错误的，"对翻译学而言，它的'本体论归属'（ontological affiliation）不是语言学而是美学"。① 在2012年的《美学》（第二版）中的"怎样学习和研究翻译美学"一文和第二版《中西比较》（2012）的"新'翻译答问'"的第三问中，刘宓庆重申了他对翻译美学的新看法。应该说，刘宓庆对翻译学科学归属的观点上的变化不是凭空产生的，而是其常年的翻译教学和研究后进行的审慎判断，表现出刘宓庆的探索精神和怀疑精神，这倒与其服膺的维根斯坦有某种共同之处。据此，他认为："翻译、翻译研究、翻译教学应该在回归到美学的道路上着力于重建，那是整个学科的一种'审美重建'（aesthetical remake）。"②《教程》（2016）更是将这一理念在翻译教学中付诸了实施。显然，刘宓庆是将翻译教学与翻译学的学科性质放在一起讨论的，也由此可见翻译理论与实践的密切关系。需要指出的是，刘宓庆提出的翻译学或翻译教学要回归美学的观点也正是其功能主义教学观的体现，因此，从较严格的意义上讲，刘宓庆第二阶段和第三阶段的翻译教学研究特征是相通的，只是第二阶段强调从维特根斯坦语言哲学上的意义观看翻译教学，第三阶段强调从翻译美学的视角看翻译教学。由于刘宓庆提出的这一观点的鲜明性，我们不妨将其这一阶段的翻译教学研究的特征概括为：翻译教育需要回归美学。

以上将刘宓庆的翻译教学划分了三个阶段，从历时的角度将刘宓庆的翻译教学研究放在新时期中国翻译教学研究的大背景下，对其翻译教学研究情况及其主要特征做了一个大体的描述。当然，这也是一个大体的阶段划分，阶段之间也并非泾渭分明，但也可发现刘宓庆的翻译教学研究经历了结构主义到功能主义再到回归美学的路径。可以看出，刘宓庆的翻译教学与中国翻译教学的总体演进方向是一致的，体现了个人学术受制于时代精神的特征，但同时也可以看出，刘宓庆的翻译教学研究也呈现出自己的

---

① 刘宓庆、章艳：《翻译美学理论》，北京：外语教学与研究出版社，2011年，第ivv页。
② 刘宓庆、章艳：《翻译美学理论》，第vii页。

研究思路和特点，不得不说这与其个人的研究风格和独特的学术品质密切相关。下文各个小节尝试从共时的视角对刘宓庆翻译教学思想中的各个方面或维度进行较深入的梳理和评论，以期对刘宓庆的翻译教学思想有个较系统的研究，并望以此个案之一斑一窥中国现代翻译教学之全貌。

2.5.2　刘宓庆的翻译实务论

虽然刘宓庆是较早关注中国翻译学学科建设的学者之一，但他的译学研究有个特点，就是除了在专门讨论作为一门独立学科的翻译研究时使用"翻译学"一词外，较少将自己的研究称为"翻译学"，而更多地称为"翻译理论"，这从他的几本专著的命名就可以看出，如《现代翻译理论》（1990）、《当代翻译理论》（1993）、《新当代》（2005、2012）、《美论》（2011）。即使像《美学》（2005、2012）和《文化》（2006、2012）这样的著作也是以"论"冠名，而非"学"。他对中国翻译学的特色问题的讨论也主要用"中国翻译理论的特色"或"有中国特色的翻译理论"。这一命名行为看似一种习惯，但也多少反映出刘宓庆对译学研究的基本看法和他的研究路向。一方面，刘宓庆似乎认为"翻译学"似乎表明这个学科的已完成状态或成熟状态，而实际情况是翻译学作为一门学科非常年轻，并非一蹴而就就可完成，现在还在建设的路上，需要学界的共同努力，刘宓庆对其论著的不断修订似乎也可说明这一点；另一方面，刘宓庆使用的"理论"一词也可以分成"理"和"论"来理解。其中"理"是"论"的前提，侧重原理、原则之类的设定，"论"则是"理"的实现，侧重实际操作的论述、讨论。因此，刘宓庆之"论"更接近翻译实务，也构成了翻译教学的基础。以刘宓庆的《新当代》（2012）为例，在前几章的翻译理论的职能和基本原则、翻译学的学科性质及学科框架、翻译理论基本模式、意义理论和理解理论、翻译思维、可译性问题等"理"之后，开始讨论翻译之"论"——过程论、程序论、方法论等，之后又回到了"理"的上面，侧重翻译研究的跨学科维度，如翻译美学、接受理论、文化翻译等，最后集中到中国翻译理论的特色或价值问题。可以说，作为刘宓庆译学思想的集中体现，这本书的理论思路还是比较清晰的，即从"理"到"论"再到"理"的路线,也基本对应刘宓庆在翻译学框架图中对"翻译理论"的分类——基本理论、应用理论和跨学科理论。其中"应用理论"主要涉及本部分要讨论的各种"论",我们姑且称之为"翻译实务论"。关于翻译实务与翻译实践的关系,译学界有不同的观点:一种认为两者不同,前者指与翻译业务和翻译职业相关的所有知识,涉及处理翻译业务的方法、职业道德等,后者指具体的翻译操作,涉及翻译方法、翻译策略、翻译原则等;另一种观点认为两者可以统称为翻译实务,与翻译理论相对。① 刘宓庆的翻译实务倾向于指第二种。但从其讨论的情况来看,与其翻译实务与翻译实践更为接近。他的翻译教学著作《教学》中的翻译实务主要是指翻译实践。概括起来,刘宓庆的翻译实务论主要有三个:翻译对策论、翻译程序论、翻译方法论。下面分而述之。

2.5.2.1 翻译对策论

刘宓庆一向重视翻译的对策研究,这与他对翻译理论的职能或功用的理解、语言对比研究的指向性、翻译教学的需要以及对中国翻译学对策论的核心思想认识的变化有关。与此相对应,刘宓庆对翻译对策的认识大体经历了各具特征的四个阶段:"对策性"阶段—"参照规范"阶段—"对策论"阶段—"功能代偿"阶段。大体来看,前两个阶段主要在20世纪80年代形成,后两个阶段主要在新世纪形成。

第一个阶段是对翻译理论职能中体现的对策性的认识。刘宓庆认为,翻译理论的职能主要有三个方面:认知职能、执行职能和校正职能。翻译的认知职能是翻译理论的启蒙作用,执行职能体现了翻译的能动性和实践性,校正职能是翻译理论的规范性和指导性。可见,这三个职能都与翻译实践有关,特别是后两个职能与翻译的对策性更为密切。根据翻译的执行职能,刘宓庆认为,翻译者凭借翻译理论的科学方法的指引,在实践中能够有选择地"实施"翻译理论提供的"参照性指令",译者在面对某一翻译难点或课题时,可以有多种多样的对策手段,这样就使翻译过程具有很大的变通性。② 根据翻译理论的校正职能,翻译理论的指导性集中表现为

---

① 方梦之主编:《中国译学大辞典》,上海:上海外语教育出版社,2011年,第313页。
② 刘宓庆:《现代翻译理论》,第3页。

它具有提供对策的功能。对比研究的目的就是为语际交流提供对策。因此，翻译理论的对策性既体现了它的执行职能，又体现了它的校正功职能。①

第二个阶段是语言对比研究的指向使然。刘宓庆在《现代翻译理论》（1990）中提出了翻译学的四个基本原则，其中之一就是"重对策研究，强调理论的针对性和实践性"。他进一步认为，翻译理论的对策性主要表现在四个方面：一是从应用理论的角度，对翻译的实质进行切合实际的论证；二是从应用理论的角度，对汉外互译的程序论和方法论进行系统的探讨；三是从应用理论的角度，对可译性问题进行深入的探讨；四是从应用理论的角度，对语际交流功能和社会效用进行分层次的探讨。②其中的"应用理论的角度"可以理解为刘宓庆的对策研究所基于的语言对比研究，主要是汉英对比研究。可以说，刘宓庆的翻译对策研究主要是基于语言对比研究的基础上的。早在1978年的《试论英语和汉语的词类优势》一文中，刘宓庆通过对比，得出了"英语倾向于多用名词和介词，汉语倾向于多用动词"的结论。在此基础上，他提出了在翻译中的对策：在英译汉中应视情况将英语名词和介词转化成汉语动词；在汉译英中应视情况将汉语动词或动词词组转化成英语的名词或介词词组，以顺应英语的特点。③在早期的翻译教材《文体》中，刘宓庆在讨论了每一种文体的特点后，指出了翻译这种文体的"翻译要点"（后在2012年版中改为"汉译要点"），这种翻译要点就是指翻译策略。如在"新闻报刊文体"部分指出了四点翻译要点：准确翻译新闻词语，坚持严谨的翻译态度与作风，译文不宜太俗或太雅，避免使用激情的词语。④刘宓庆在《现代翻译理论》（1990）的章节设置中没有单独设"翻译的对策论"，但在《汉英对比研究与翻译》这本指向翻译实践和翻译教学的应用理论著作中集中讨论了翻译的对策问题。他对汉英语的多个话题做了开拓性的深入细致的研究，几乎在对每一个话题进行对比研究之后，都以"转换的参照规范"部分做结束。其实，"参照规范"也是一种翻译对策论。比如在对汉英语的语序进行了对比之

---

① 刘宓庆：《现代翻译理论》，第3-4页。
② 同①，第7-8页。
③ 刘宓庆：《试论英语和汉语的词类优势》，《北京第二外国语学院学报》，1979年（期号不详）。
④ 刘宓庆：《文体与翻译》，北京：中国对外翻译出版公司，1986年，第16-18页。

后，指出了在汉英翻译中，总原则是"灵活对应，合理调整，即尽可能在对应的情况下顺应英语语序；在不可能获得对应时应放弃对应，以求得英语语序规范得到基本保证，不应因汉语语序变异影响英语可读性"[①]，并在其后列出了语序翻译的具体对策。又如，在修订的《新编汉英对比与翻译》（2006）中，刘宓庆增加了"汉英宾语的差异及转换问题"一章，在对比了汉英宾语的差异后，从反面提出了翻译动宾结构的参照规范：不能不顾准确的意义（意念），不能不顾语境，不能不顾语用习惯，不能不顾汉英不同的思维方式和风格[②]。翻译对策论不只体现在汉英对比研究领域，刘宓庆在其后期翻译研究中重视翻译的理解理论的建构，在2012版的《文体》中增加"理解与翻译"一章，其中对翻译理解的对策论进行了探讨。他认为，翻译的理解是一个认知过程，这个过程充满了复杂性和各种障碍，需要把握几个对策：一是突破字面，把握意义；二是紧扣背景（历时），把握当下（共时）；三是把握情态，抓住意蕴；四是把握全局，探及深层。[③]

第三个阶段是出于翻译教学的需要，对翻译对策论的系统论述。刘宓庆在其翻译研究的早期讨论较多的是翻译的对策性和参照规范（对策），在其后期对中国翻译理论体系研究中将翻译的对策论作为基本理论体系的一个维度，表明刘宓庆已将翻译的对策理论体系化并为翻译学体系建构做出了努力。刘宓庆在2008年其主编的教材《翻译基础》中单列一章"翻译的对策论"对翻译的对策进行了专门讨论，这也是刘宓庆第一次以"对策论"为著作的一个章节命名。在该教材的第一部分中，刘宓庆系统地讨论了翻译的对策论问题，讨论了翻译对策论的四个方面。第一个方面是"对策是一种整体性及全程性操作策略"。刘宓庆对翻译对策论进行了定位："翻译对策论是理论与实践之间的重要中介，它是使理论的指导意义落到实处的准备阶段，也是使实践不致失去理论指导的先行阶段。对策论具有明显的解决具体问题的对象性、针对性和预测性，它侧重于规律的判断，着重理论分析和归纳性理据分析，同时又鲜明地指向实践。因此这种

[①] 刘宓庆：《现代翻译理论》，第238页。
[②] 刘宓庆：《新编汉英对比与翻译》，北京：中国对外翻译出版公司，2006年，第163–164页。
[③] 刘宓庆：《文体与翻译》（第二版），北京：中译出版社，2012年，第13–15页。

分析旨在获得准确的、符合客观实际的操作纲领而不是具体细致的操作方法。"[①] 他还指出翻译标准在翻译对策论中的重要地位。第二个方面是"译语取向策略"。这涉及文化的翻译。刘宓庆认为，翻译作为一种跨语际的交流活动，也是一种文化的融合，从文化战略的考量看，应该尽量采用"异化"的翻译策略，以达到传播异域文化、丰富译语语言文化的目的。但他同时认为文化翻译应该采取一种"综合平衡论"，针对具体文本类型和翻译目的采取不同的翻译策略。第三个方面是"翻译不能绕过语言审美"。刘宓庆认为翻译既是科学又是艺术，中国传统译论基于中国古典哲学－美学，有着丰富的关于翻译对策的论述，因此，讨论翻译策略绕不开语言审美，特别是译语的审美优化。第四个方面是"不断努力突破可译性限度"。可译性问题是翻译研究中的基本问题，刘宓庆早年就关注这个问题，在《现代翻译理论》《新当代》（2005、2012）中均设专章进行讨论。对翻译的可译性问题也经历了一个逐步认识加深的过程。刘宓庆认为语言之间的"互补"和"互释"促成了语言间互译的可能性。物质基础的同一性和人类思维的相似性构成了可译性的基础，但由于语言间文化的差异，这种可译性又是相对的，翻译时需要通过制定各种方案和策略，克服种种障碍，才能突破可译性的限度。在2012版《新当代》的可译性一章中增加"语言的互补互释性与可译性限度的调节机制"部分，对此做了简要的阐述。在第二部分，刘宓庆在以上几个方面的基础上对翻译对策论中的意义、可译性、审美、译文操控、技能和技巧等方面的问题进行了深入细致的阐述，构建了一个翻译对策论的理论体系。这些论述都以具体的翻译实例做支撑，无疑会对翻译实践和翻译教学起到重要的指导作用。在《哲学》（2007）中，刘宓庆从意义的能动性、意向把握、形式意义三个方面对意义的对策论进行了阐述。另外，刘宓庆根据口译与笔译的差别在《口笔译》（2006）中对口译的对策论进行了详细阐述，提出口译的基本对策是"解释"的理论观点。而在其《教学》中，刘宓庆在翻译理论教学课题部分阐述了翻译的程序论和方法论，但并没有专门讨论对策论。

第四个阶段是出于对有汉语参与的汉外互译的特点的考虑，提出了中

[①] 刘宓庆主编：《翻译基础》，第10页。

国翻译学对策论的核心思想——（功能）代偿。从时间上看，这个阶段与第三个阶段具有同时性，但因其具有一定的独立性和重要性，故单独列为一个阶段。这可视作刘宓庆后期翻译教学思想的一个重要转变，也形成了他独特的翻译教学观，将在下文的翻译教学观部分进行详细的讨论。

从以上梳理可以看出，刘宓庆针对中国翻译理论研究中对策研究比较薄弱的现状，一步步构建了一个翻译对策论的理论体系，是国内译学界对这一问题最为详尽、最有理论深度和体系性的研究。但其中有的表述似乎存在模糊之处，如"译文取向策略"。在文化翻译中，刘宓庆讨论较多的是外译汉的情况，他倾向于使用"异化"的翻译策略，但从翻译的目的看，"异化"翻译的文化取向本身具有双重性——原文取向和译文取向。传播原文中的异域文化是原文取向，丰富译语文化则是译文取向。现实情况是，在当前中国文化走出去的汉译外中，似乎更是一种原文取向，如果在语言形式上过多地使用"异化"翻译策略，对中国文化的对外传播效果怎样，还是一个需要进一步考量的问题。

2.5.2.2　翻译程序论

翻译的程序问题也是翻译研究，特别是翻译过程研究的一个重要论题。就概念来讲，有人将"过程"与"程序"等同起来，如《中国译学大辞典》中的"翻译过程"表示为："指翻译过程所经过的程序，一般认为包括三个阶段：理解原文、用目的语表达、校验修改原文。"[1] 但许钧认为，"过程"与"程序"有别，前者为统称，后者指具体步骤。[2] 广义的翻译程序是指翻译操作的流程，多对于有组织的大规模翻译而言。对此，国内外翻译家或翻译理论家都谈及过。例如，奈达指出《圣经》翻译的八个基本程序：译前准备；翻译小组的结构；审稿结构；辅助人员；对译文进行检验；校对清样；行政管理工作的程序；译本出版以后的工作。中国唐代译经大师玄奘所主持的"译场"有严密的分工和步骤，包括译主、证义、证文、度语、笔受、缀文、参译、刊定、润文、梵呗和监护大使。对比奈达和玄奘的翻译程序，可以看出，两者有许多共同之处，进一步证明了翻译

---

[1] 方梦之主编：《中国译学大辞典》，第11页。
[2] 许钧：《翻译论》，武汉：湖北教育出版社，2003年，第33页。

作为普遍的社会行为所具有的人类共性。虽然"程序"和"步骤"在语义上有些许差异，本文倾向于将翻译的程序、步骤看作一个概念的不同术语，都看作翻译过程的表现形式。

刘宓庆将翻译程序与过程、步骤视为一体。他认为"'翻译程序'指语际转换的活动过程"，认为翻译的程序论是翻译学的应用理论研究，研究如何制定程序规范，包括双语转换活动的发展程式及完成步骤[①]，其任务是"从宏观和微观视角描写翻译的过程和步骤"[②]。在《现代翻译理论》和《新当代》（2005、2012）中，刘宓庆将"翻译的程序论"专设一章进行讨论。他认为："从思维形式上说，全部翻译活动过程可以归纳为分析与综合两个程序。"[③]"分析"是对原语的层次组合进行结构分解，从结构上把握意义，以构筑语义结构；"综合"则是对目的语语句的语义结构模态进行宏观的调节、整理、定型工作，以对原语语义系统进行整合。而语义结构离不开语法结构的架构，因此，"语法结构"是分析和综合的关键，是翻译运作的语言依据。在此基础上，刘宓庆将翻译的程序具体分解为六个步骤，即紧缩主干、辨析词义、分析句型、捋清脉络、调整搭配、润饰词语，并对这六步法进行了详细的阐述。其中，理解阶段涉及紧缩主干、辨析词义、分析句型、捋清脉络；表达阶段涉及调整搭配、润饰词语。刘宓庆进一步指出，实际翻译操作不是一个线性流程，这六个步骤往往反复交错运用。最后指出，在完成这六个步骤后，还有一个"终端检验"，即还要对照原文将译文逐字逐句的审校，以核实原意在目的语中的对应落实。[④⑤]在《教学》（2003）的"翻译理论教学：初级阶段"一章中，刘宓庆将翻译的程序论作为一个重要的理论教学课题，从双语转换的语言生成程序和操作程序两个视角进行了讨论，提出了翻译的三个阶段九个步骤。这九个步骤比上面所提的六个步骤更加详细具体，可能是出于翻译教学实际操作需要的考虑。

---

① 刘宓庆：《现代翻译理论》，第149页。
② 刘宓庆：《翻译基础》，第75页。
③ 刘宓庆：《新编当代翻译理论》，2005年，第147-148页。
④ 同③，第154-171页。
⑤ 刘宓庆：《新编当代翻译理论》（第二版），北京：中国对外翻译出版有限公司，2012年，第122-135页。

在《翻译基础》的第三章"翻译的程序论"中，刘宓庆提出了"大处着眼，小处着手"的命题："'大处着眼，小处着手'是翻译程序的关键所在。'大处着眼'是对翻译过程的宏观把握，'小处着手'是翻译操作的微观处理；'大处着眼'是翻译全局的'战略考量'，'小处着手'是翻译具体的'战术运用'。"① 当然，"大处"和"小处"是相对而言的，体现了翻译的辩证法。除了对一般意义上的翻译的程序论进行研究外，刘宓庆在《美论》第四章专门探讨了翻译审美的程序论，认为翻译审美活动由五个主要的环节组成，即：对原文的理解—对原文审美信息的扫描—译文雏形的构建—对译文的审美加工—译文的完形构建。这五个环节与以上讨论的六个步骤表述不一致，但过程的基本顺序是一致的，也体现了翻译审美程序的特殊性。另外，在《口笔译》中，刘宓庆专门讨论了口译的对策论和方法论，但没有对口译的程序论进行阐述，这可能与这本书写得比较匆忙有关。

2.5.2.3 翻译方法论

同翻译对策论和程序论一样，翻译方法论在刘宓庆的应用翻译理论中占有重要的位置。他认为翻译方法论是翻译学中最重要的应用理论研究，其基本任务是探求双语转换的各种具体手段，阐明这些手段的基本作用机制和理据。② 需要首先指出的是，刘宓庆的"方法论"不是哲学意义上的"方法论"，而是指各种方法的理论阐述。刘宓庆在多部著作中涉及或专门论述过翻译的方法论。他的《汉英对比与翻译》（1991）、《新编汉英对比与翻译》（2006）中主要讨论翻译的对策问题（参照规范），但同时也涉及一些翻译的方法，如汉英主语转换的对应、转移和补充方法，汉英谓语转换的对应、变通、补充方法，汉英语段翻译的分切和合并方法，汉词英译的对应、阐释、引申、转换、淡化、融合、替代、音译和注释方法，等等，因为刘宓庆认为语际对比研究可以为方法论提供理论依据。刘宓庆还在多部著作中专门讨论翻译的方法论，如《现代翻译理论》、《教学》（2003）、《新当代》（2005、2012）、《口笔译》（2006）、《翻译基础》

---

① 刘宓庆主编：《翻译基础》，第75页。
② 同①，第13页。

(2008)等，但讨论的视角不尽相同，也出现了一些历时的变化。在《现代翻译理论》中，刘宓庆按照各种具体翻译方法的功能，将翻译手段分成两个大的种类：常规手段和变通手段。前者指双语在语义结构同构（或基本同构）、表达形式和语言情景相同（或基本相同）的条件下采用的翻译方法；后者则指双语在不具备这些条件下的某种经过权衡的解决办法。常规手段主要包括"对应"和"同步"两种方法。刘宓庆将 equivalence 译为"对应"，将 dynamic equivalence 译为"灵活对应"，并指出，"对应"不同于"对等"或"等值"，"对应"强调的是效果以及质或量的相当，而"对等"则是等同。[①]刘宓庆进一步认为，对应是个相对的概念，有程度之分，有一个"对应值"的问题。据此，他将"对应"分为"完全对应""不完全对应"（或"部分对应"）和"无对应"三种。其中"完全对应"所占比例不高，但却是语言间对应转换的基础；"不完全对应"则占比例最大，是采用变通手段的依据；"无对应"是语际转换中的冲突式，翻译中的解决办法是形译、音译等变通手段。刘宓庆认为，"变通手段"是方法论的核心，范围也最广阔，具有很强的开放性。他将"变通手段"进一步分为 13 种（其实是 15 种）：分切、转换、转移、还原、阐释、融合、引申、反转、替代、拆离、增补、省略及重复、重组及移植。后来他在《新当代》（2005）中增加"音译"一项，在《新当代》（2012）中又增加"代偿"一项。在《教学》（2003）的第三章"翻译理论教学：初级阶段"中，刘宓庆根据翻译教学的需要，讨论了四种翻译方法：对应、替代、转换、重写（改写）。为什么选这四种方法作为翻译理论教学的内容而没有选其他方法，刘宓庆没有交代，可能是出于翻译教学的考虑。另外，"重写"（或"改写"）方法不在刘宓庆以上所列的翻译方法中，而是来自他对翻译类型的分类[②]，这似乎与翻译方法不是一个层面上的话题，也不同于西方文化学派的"改写"论，这是需要说明的。在《翻译基础》（2008）中，刘宓庆设"翻译的方法论"一章，对翻译的各种方法进行了详尽的描写，但不同于其他著作中对"翻译的方法论"部分的讨论路子，该书将翻译的方法按照语言单位分成三部分讨论：词语的翻译、语句的翻译、语段

---

① 刘宓庆：《现代翻译理论》，第 181 页。
② 刘宓庆：《翻译教学：实务与理论》，第 229 页。

的翻译，对每种类型的翻译提出了具有针对性的方法。在"文化与翻译"一章中还讨论了文化翻译的五种基本方法。应该说，这些方法基本上涵盖了《现编当代翻译理论》中的各种翻译方法，但也出现了一些新的说法，如词语翻译中的"直白"法、语句翻译中的"反逆"法、语段翻译中的"透析"法等。可见，在刘宓庆看来，翻译方法论是个开放的系统，在保持稳定性的同时会处于不断的变化中，这与维根斯坦的"生活形式"的哲学精神是一致的。

从以上梳理可以看出，刘宓庆对翻译方法的分类和阐述虽然有些历时上的变化，但基本上是比较稳定和一致的。然而，这些手段或方法之间的关系也出现了一些逻辑上或表述上的问题：第一，作为常规手段之一的"对应"，其中的"不完全对应"既然是变通手段的依据，那么何以体现常规手段和变通手段的区别？第二，刘宓庆认为，作为常规手段的"无对应"情况下的翻译方法如"音译"法也是一种变通手段，而在《新编当代翻译理论》（2005、2012）中的"变通手段"增加了"音译"一项，前后说法是否矛盾？第三，常规手段的另一种形式——"同步"似乎与"对应"中的"完全对应"，都是采取"顺译"的翻译方法，是否表述上有重复？第四，更进一步讲，"对等""对应""等值""相当""等效"这些概念都与 equivalence 有关，具有语义内涵上的重合性，但到目前，国内对它们的使用还处在一种混乱状态，也存在一些争论，如李田心认为应该用"相当"来翻译 equivalence[①]，张经浩则同意使用"对应"一词，但更倾向于将 dynamic equivalent 译为"实际对应"[②]。译学术语的混乱必将影响翻译学的建设。以上这些问题可做进一步的思考。

除了对翻译的对策论、程序论和方法论的阐述和描写外，刘宓庆还在著作中提到了翻译的过程论、操控论和表现论，如在《现代翻译理论》（1990）的第四章"翻译的原理"中讨论了语际转换的基本作用机制和四种基本转换模式，前者包括语言文字结构机制、思维调节机制及语感机制、社会功能机制，后者包括对应式、平行式、替代式和冲突式。在《新

---

① 李田心：《重新解码奈达翻译理论——评译论界盛行的几个错误观点》，《韩山师范学院学报（社会科学版）》，2005 年第 4 期，第 55-61 页。
② 张经浩：《主次颠倒的翻译研究和翻译理论》，《中国翻译》，2006 年，第 5 期，第 59-61 页。

当代》(2005、2012)中将这一章改名为"翻译过程解析"。可见，刘宓庆对翻译过程的分析是从共时的、静态的角度进行的，与严格意义上的翻译过程的实证研究还是不同的。刘宓庆的翻译操控论，虽然也是指向译文的，但不同于以描写为特征的西方文化学派的操控理论。在《英汉翻译技能指引》中，刘宓庆设专章讨论了译文操控的理论与实践，在提出了译文操控的五条基本条件的基础上，阐述了译文操控的四个维度：文体操控、体式操控、风格操控和功能操控。[①] 在《新当代》(2012)的"翻译的方法论"一章中探讨了翻译的译文操控论，认为翻译中的一切方法、技巧都必须最后落实到操控译文上，指出了译文操控的关键是"良性互动"[②]。可见翻译操控论与翻译方法论的密切关系。

翻译的表现论，在刘宓庆的理论体系中，与价值论和翻译教学研究一起并列构成翻译学理论框架的应用翻译理论。表现论通常以"表现法"的形式呈现。翻译的"表现法"与刘宓庆在《汉英对比研究与翻译》(1991)第十章"汉英比较法比较"中的"表现法"虽然都使用英文 mode of expression 表达，但内涵是不同的，后者属于介于"语言表层"和"思维方式"之间的一个中介层次，如"形合、意合""动态、静态""直接、间接"等，是对比语言学的重要术语。刘宓庆认为，翻译的表现论"是关于翻译操作中如何用 TL 表现 SL 内容与形式的描写理论，是翻译应用理论的主体"[③]，并在《教学》中将之放在"翻译理论教学：中级阶段"一章中做了详细讨论。在该著作中，刘宓庆首先区分了翻译的表现和文艺创作的表现的不同，认为翻译的表现要受制于来自原文和译文"生活形式"的双重制约，因此是一种只能在"方寸之地"进行"移花接木"的语际转换行为。表现法是表现论的呈现，刘宓庆认为，"翻译的表现法，具有一定的原创性和自由度，一切视乎译者对 SLT 与 TLT '生活形式'的异同的整体观照和精微分辨：同则大体可以做对应式表现，异则须另择对策，寻求对应的种种最佳替代式，在不断调整中操控 TLT 行文表现，在调整中做

[①] 刘宓庆：《英汉翻译技能指引》，北京：中国对外翻译出版公司，2006年，第105-115页。
[②] 刘宓庆：《新编当代翻译理论》（第二版），第166-167页。
[③] 刘宓庆：《翻译教学：实务与理论》，第401页。

到 TLT 与 SLT 的洽洽调和。"① 在此基础上,刘宓庆进一步探讨了翻译表现法的三个基本游戏规则,即动态模仿、表现法受制于语境、把握思维方式和风格的差异②。可见,刘宓庆的表现论虽是"译文取向的",但也不忽视对原文的考量,确切地说是一种以维根斯坦"语言游戏说"为哲学指导,以汉英对比为手段的宏观和微观研究相兼顾的理论描写,这对翻译实务和翻译教学无疑具有一定的实践指导意义。另外,刘宓庆在《美论》中讨论了翻译审美表现论的四个专题:模糊美、翻译审美与模仿、翻译审美与移情、语言形式美的五大要素。这是翻译表现论在审美层面上的发展。

以上讨论的翻译的对策论、程序论和方法论是刘宓庆多年来应用翻译理论研究的主要成果,已基本上形成了一定的体系,构成了刘宓庆应用翻译理论中"表现论"的一个三足鼎立的构架,也成为其翻译教材的重要框架和内容,具有相当的体系性和实用性。综观国内的应用翻译理论研究,主要集中在对翻译的方法论的讨论,特别是在各类翻译教材中,但形成较系统的理论体系的研究较少,比较成熟的研究有黄忠廉对翻译变译方法论的体系化研究。国内对翻译程序论的系统讨论也较少,主要出现在翻译教材中对翻译程序的简单描述,相反,国内对翻译过程的研究逐渐多起来,特别是从认知心理角度的实证研究已然成为当前译学研究的热点之一,这也是刘宓庆的译学研究比较缺少的一个领域。国内对翻译对策论的系统研究更少,中国传统译论中有大量关于翻译对策的论述,应该充分利用传统资源,加强翻译对策论的研究,以利于翻译教学的实践。

对于以上三论,还有几个问题需要说明。其一,对策论、程序论和方法论的关系问题。这三者关系密切,相互作用和影响。对于对策论和方法论,刘宓庆认为:"对策论决定方法论,对策论衍生方法论,要工于方法(技能与技巧)必先工于对策。"③ 又认为,对策论是对操作方案的理论性经验阐发,重归纳;方法论是对技能和技巧的科学化操作法指引,重演绎。④ 对于程序论和方法论,刘宓庆认为程序是方法的宏观实施描写。翻

---

① 刘宓庆:《翻译教学:实务与理论》,第 403—404 页。
② 同①,第 404—415 页。
③ 刘宓庆主编:《翻译基础》,第 4 页。
④ 同③,第 17 页。

译程序的顺利完成取决于运用正确的、妥加选择的方法。其二，关于策略与方法的区别。刘宓庆对对策和方法没有进行明确的区分，如在《汉英对比与翻译》和《新编汉英对比与翻译》中，在就某一话题进行对比之后，提出翻译的"对策和方法"，难以区分哪些是对策，哪些是方法。又如，刘宓庆认为中国翻译对策论的核心是代偿，但又将代偿作为翻译方法论的一种，使人感觉对这两个概念的本质难以把握。其二，刘宓庆在讨论翻译策略时提到了"归化"和"异化"问题，显然是从文化翻译的角度讨论的，但与此相关的另外两个概念——"直译"和"意译"是翻译策略还是翻译方法？刘宓庆在《文体》中认为"直译""意译"与"音译"是翻译方法论问题，是翻译理论的重大课题，也是翻译实践的一个最基本的课题。[①]但是，刘宓庆在其他著作中提到的各种翻译方法中，却缺少了"直译"和"意译"，而有"音译"。与此相关的一个问题是，翻译方法和翻译技巧有什么关系？刘宓庆没有做出区分，在刘宓庆看来，翻译技巧是翻译技能的娴熟化，与翻译技能属于同一性质的不同层面。谭载喜则认为翻译技巧是更加具体和微观的翻译操作方法，如增词法、省略法、分句法等，而这些在刘宓庆看来都属于翻译方法的范围，而在谭载喜看来，翻译方法是像"直译、意译""死译、活译""字译、句译"这样的二元对立概念[②]。王宏印则将翻译方法看作一个由基本策略、基本手法和基本技法构成的体系[③]。可见，对这些译学术语的界定和澄清也是应用翻译理论研究的前提。其三，刘宓庆对翻译对策论和翻译方法论的关系的认识是清晰的，但具体论述似乎还存在一些矛盾。如在翻译学的框架图中将对策论和方法论并列放入应用理论的表现论中，在《翻译基础》中也是将"翻译对策论"和"翻译方法论"分开来讨论的，但在其另一个名为"中国翻译理论体系研究"的框架图示中将"翻译方法论"与"译文操控理论"一起并入"对策论"中，形成"基本理论系统研究"的一个维度。从并列关系变成了包含关系，就出现了逻辑上的问题。那么，这些范畴的关系到底如何？这需要进一步思考和做出更清晰的表述。

---

① 刘宓庆：《文体与翻译》（第二版），第30页。
② 谭载喜：《翻译与翻译研究概论》，北京：中国对外翻译出版有限公司，2012年，第23页。
③ 王宏印编著：《英汉翻译综合教程》，大连：辽宁师范大学出版社，2007年，第154页。

2.5.3 刘宓庆的翻译教学论

翻译教学论是研究教育理念、教学目标、教学原则、教学环节、教学手段和方法、教学形式、教学对象、教学环境、教学评价等的科学。刘宓庆长期关注翻译教学，积累素材，建构理论，编写教材，撰写著作，形成了自己独特的翻译教学体系，其中包括他的翻译教学论。本文的第一部分已对刘宓庆翻译教学研究的历史进行了梳理，上一部分的翻译实务论是刘宓庆翻译教学论的基础，这一部分梳理他的翻译教学论，包括翻译教学目的论、翻译教学阶段论、翻译教学方法论、翻译教学课程论、翻译教学主体论。

2.5.3.1 翻译教学目的论

翻译教学目的论涉及翻译教学的目标或任务。翻译教学的目标是什么？这是每一个从事翻译教学和翻译教学研究的人首先必须回答的问题。不同的教学目标必然会产生不同的教学效果。刘宓庆对翻译教学目的的论述在内容方面经历了一些变化。在其早期的一篇讨论翻译教学的文章《汉译英教学的若干问题》（1984）中，刘宓庆根据他的翻译教学（汉译英）的体会，谈到了翻译教学的目的问题：是为了打基础还是为了训练翻译技巧？这首先要区分两种不同的翻译教学类型：作为教学环节的翻译教学和作为一门课程的翻译教学。[①] 他同意国外学者的看法，认为，可以消除翻译可能对外语思维形成干扰的看法，如果在前一种翻译教学中练习安排得当，是有助于帮助学生打好语言基本功的。而作为一种课程的翻译教学就不同了，认为翻译课对训练学生的外语基本功起不了什么作用，因此，翻译课的目的应该是训练学生的翻译技能，并对修这门课程的学生的语言基础提出了要求。

目标与任务不同，前者侧重具体的目的，具有个体性；后者侧重目的的长远性，重整体。那么，翻译教学的任务是什么？这是翻译教学目的论的

---

① 刘宓庆：《汉译英教学的若干问题》，《翻译通讯》，1984年，第3期，第34—36页。

另一个表现形式。在《英汉翻译技能训练手册》中，刘宓庆提出了翻译教学的基本任务是培养学生翻译的技能意识和实际能力，一切教学活动的最终目的和效果，必须落脚在这个基本任务上。[①] 在《现代翻译理论》中，刘宓庆谈到了翻译教学和翻译理论教学的目的性，认为翻译教学的根本目的是培养学生的技能意识，翻译理论教学是通过基本理论教学，对学生进行意识启蒙，诱导和激发学生从不自觉到比较自觉地用翻译的基本技能规范和原则来指导自己的实践活动。[②]

刘宓庆对翻译教学任务的系统论述主要在其《教学》（2003）一书中。该书的第一章"翻译与翻译教学"有两处谈到了翻译教学的任务。一是在"翻译教学思想探讨"小节中，刘宓庆提出了三个"尽最大努力"：翻译教学必须尽最大努力满足社会需求和目的语文化建设需求；翻译教学必须尽最大努力适应并指引翻译实务的发展；翻译教学应尽最大努力适应素质教育和素质教学的要求。[③] 在"翻译教学的任务"小节中，刘宓庆提出了"翻译素质教学"的五大任务：思维活动激发（意义把握指引）；实务运作指导（实务技能培训）；理论研究指导（理论课题研讨）；指引学生如何操纵译文，关注翻译的表现法论；指引学生如何体认翻译，关注翻译的本体论。[④] 很明显，这五大任务是以上第三个"尽最大努力"的进一步论述。在这里，刘宓庆提出了"翻译素质教学"的新话题，但何为"翻译素质"？"翻译素质"与"翻译能力"有何不同？刘宓庆没有对"翻译素质"做出界定，但将翻译素质，乃至素质教育的提高作为翻译教学的任务，可以看出刘宓庆对翻译教学的期待很高，并没有将翻译教学完全圈定在某种技能的培养上。其实，谭载喜也提出过类似的翻译教学的理念，但是作为翻译教学模式提出的，即翻译教学"综合素质培育"模式，即将职业培训与通识教育相结合的教育理念，这是他长期执教于香港浸会大学，结合"全人教育"的校训和当代世界各地高校"综合素质培育"的教育任务和目标新理念提出来的翻译教育理念。刘宓庆提出"翻译素质"的概念，一方面应

---

① 刘宓庆：《英汉翻译技能训练手册》，上海：上海外语教育出版社，1987年，第25页。
② 刘宓庆：《现代翻译理论》，第297–298页。
③ 刘宓庆：《翻译教学：实务与理论》，第13页。
④ 同③，第43–50页。

该也是其长期执教于香港这个国际化大都市,比较容易受到国际上新的教育理念的影响,更重要的是中国传统教育理念,特别是他的母校北京大学重视通识教育的传统对他潜移默化的影响。确实如此,在人工智能、翻译技术飞速发展的当代社会,如何为翻译教学的任务重新定位,本身是翻译教育的一项重要任务,而刘宓庆提出的翻译教学的素质教育功能无疑是具有前瞻性的。因此,翻译素质比翻译能力的外延更宽阔,内涵更丰富。关于刘宓庆对翻译能力的观点,在下文的翻译教学观部分将会专门讨论。在该著中,刘宓庆还谈到了翻译理论教学的目的,他认为,翻译理论教学的目的在于培养学生理论分析和理论阐述的能力,并在提高认知的基础上,提高实务的操作能力及对译作的评价能力。[①] 可见,不论是翻译实务教学目的论还是翻译理论教学方法论,都是以培养学生的翻译实践能力为指向的,这也是刘宓庆应用翻译理论研究的总目标。

2.5.3.2 翻译教学阶段论

翻译能力的培养和提高需要一个过程,刘宓庆重视翻译教学的过程性和阶段性,他认为翻译教学的实质是指导学习者在实际中学习理论,并将理论应用到实践中去。这种实践—理论—实践的学习活动,是可以分阶段的:初、中级阶段应更侧重于实践,特别是要在教师指导下做分项单句练习,辅之以理论初阶;高级阶段的教学,则注重较系统的基本理论,引导学生从实践中领悟并掌握除常规的翻译手段以外的种种变通手段。[②] 刘宓庆对翻译教学阶段性的讨论主要在三个方面:技能阶段和技巧阶段的二分;翻译理论教学的三个阶段;翻译教学方法的三个阶段。

刘宓庆在《英汉翻译技能训练手册》中提出了技能训练的三个基本原则:实践性、理论性和阶段性。他认为阶段性是翻译技能训练的重要原则,技能训练有一个程序问题,必须循序渐进。他将翻译技能训练分为两个主要阶段:基本技能训练和技巧训练。前者是翻译的基础训练,主要适合本科四年制学生,以翻译的常规手段和基本变通手段为主;技巧训练属于翻译技能训练的提高和发展阶段,主要适合一般学科研究生,训练内容以翻

---

① 刘宓庆:《翻译教学:实务与理论》,第 270 页。
② 刘宓庆:《英汉翻译技能训练手册》,第 25 页。

译的各种变通手段为主。① 在《现代翻译理论》中，刘宓庆指出了翻译的技能意识发展的三个阶段：第一阶段以认知为特征；第二阶段以转化为特征；第三阶段以熟巧为特征。②

刘宓庆在《教学》中将翻译课题按照深浅将翻译理论教学划分成初级、中级和高级三个阶段，初级阶段的重点是关于翻译的一些基本理论课题，包括翻译学的性质、特点、可译性、程序论、方法论等。中级阶段承前启后，是一个关键时期，对理论的领悟力要高于初学者，可以提出理论问题，启发学生思考。高级阶段主要探索翻译理论研究的跨学科课题，要求学生具有一定的问题意识和研究素养，对翻译理论的探索更深入、更专业化。

刘宓庆根据美国认知心理学家安德逊（J. R. Anderson）的从思想到话语的三段式认知程序模式（确定要表达的思想—将思想转换成言语形式—将言语形式加以表达），提出了翻译程序的三个阶段：构建阶段、转换阶段和执行阶段。其中构建阶段的目标是把握 SLT 的全部意义，转换阶段是将 SLT 意义转换成 TLT 形式，执行阶段是将 TLT 言语形式表现为为交流目的服务的翻译行为。③ 他还用同样的模式提出了译文操控的三个阶段：构建阶段、转换阶段和执行阶段。其中在构建阶段，对译文的操控始于"内部言语"模态形成；在转换阶段，对译文的操控面临对 SLT 的抉择；在执行阶段，受主客观因素的制约与催化。④

另外，刘宓庆在《教学》中讨论 TTPS 的教学法指引时区分了翻译教学的三个不同阶段：初级阶段、中级阶段和高级阶段。每一阶段对应不同的翻译教学方法。对此将放在下文中讨论。

2.5.3.3　翻译教学方法论

翻译教学方法论是关于翻译教学方法的讨论。翻译教学方法不同于翻译方法，前者是实施翻译课程的重要手段，后者是进行翻译实践的手段，但两者又有密切的关系。作为其翻译教学理论研究的重要组成部分，刘宓

---

① 刘宓庆：《英汉翻译技能训练手册》，第 9–11 页。
② 刘宓庆：《现代翻译理论》，第 288–289 页。
③ 刘宓庆：《翻译教学：实务与理论》，第 307 页。
④ 同③，第 345 页。

庆的翻译教学方法论主要体现在翻译教学法的指导思想和具体的翻译教学方法两个方面。

在《英汉翻译技能训练手册》中，刘宓庆指出了翻译教学法的基本指导思想。他认为，翻译理论应当是描写性的，而不是规定性的。在这一前提下，他认为翻译教学也应当是描写性的，不应当是规定性的。翻译教师的任务就是用一般的规律去描写、阐述、剖析、诠释翻译实践中出现的大量事实或矛盾，而不是用这些规律去限定、否决、裁判、抹杀所遇到的翻译事实或矛盾。用理论去规定学生应当怎样翻译，必然会遏制学生积极思考的主动性，不利于学生创造性的发展，而创造性是保证翻译艺术的前提。随后，刘宓庆提出了描写性的、注重语言功能的翻译教学法的三个特征：以对比分析作为基本手段，实践性必须贯穿始终，多样性和灵活性[①]。描写性是刘宓庆坚持的翻译学基本原则之一，翻译教学也不例外。但翻译教学方法的描写性和规定性具有辩证统一的关系，因为教学本身作为人类社会的重要行为之一，必然带有一定的规定性。刘宓庆讨论的各种翻译方法正是带有一定的规定性，这无疑是必要的，关键是如何把握好翻译教学方法的描写性和规定性的度，使之达到圆满调和的状态，也正所谓达到维特根斯坦的"语言游戏说"中的坚守规则和超越规则的平衡，或者中国传统文化中所讲的"从心所欲不逾矩"。

中国文化崇尚实用主义，重视做事的方法，翻译教学也不例外。关于具体的翻译教学方法，翻译教学界多有学者进行过讨论，提出了各种教学方法。相关研究显示，20世纪80年代以来中国的翻译教学研究中，翻译教学法研究一直占有重要位置，在1989—1998和1999—2008两个十年中占了最大的比例[②]，说明国内对翻译教学法研究的重视程度。国内的翻译教学法大体经历了传统和现代两个阶段。传统的翻译教学法中经验式、感悟式研究较多，或通常是"理论—举例—结论"的三段式模式或像喻云根提出的"三步教学法"——"启发—讲授—练习"等。2001年出版的论文集《论翻译教学》可以看作是国内传统翻译教学研究的集中论述，其中

---

① 刘宓庆：《英汉翻译技能训练手册》，第24页。
② 许钧、穆雷主编：《中国翻译研究（1949—2009）》，上海：上海外语教育出版社，2009年，第332页。

就有关于翻译教学法研究的文章，如王喜六在《教什么，怎么教》一文中介绍了他的翻译教学五步法：教师课堂布置作业—学生课下完成—教师批改—课堂讲授和讨论—学生课下自己小结[①]。传统的翻译教学方法一个最大的特征就是以教师为中心，教学方法比较单调，课堂气氛比较沉闷，难免会影响学生的学习积极性。另外，传统翻译教学法更多的是教学的步骤，缺少理论支撑，影响研究的科学性，也必然对翻译教学实践产生影响。随着现代翻译教学理论、翻译学学科建设以及教育技术、教育理念的发展，传统的翻译教学法受到了挑战。近些年来翻译教学界克服传统翻译教学方法的局限，变以教师为中心为以学生为中心，极大地调动了学生的积极性。王树槐、栗长江的《翻译教学方法述评》一文就近些年国内外出现的优秀翻译教学方法进行了介绍和评价，如批评法、比较法、翻译工作坊教学法、翻译语料库教学法、计算机辅助翻译教学法、翻译任务教学法、笔译推理教学法、翻译档案教学法、功能主义翻译教学法、翻译卷宗写作教学法/翻译日记写作教学法、信息交流教学法/e-mail名单教学法。在其专著《翻译教学论》（2013）中，王树槐提出了两种类型的翻译教学法：以过程为中心的翻译教学法和以结果为中心的翻译教学法。前者主要指前面文章中介绍的这十几种教学法，后者包括英汉语言对比教学法、语篇翻译教学法、修辞教学法/文体教学法/美学教学法、社会符号学翻译教学法、二度对话翻译教学法、五步翻译教学法。在此基础上，王树槐提出了自己的翻译教学法——"惑—诱—产"翻译教学法[②]。另外，刘和平介绍了法国的翻译教学情况以及吉尔教授的四步法翻译教学法[③]。贺爱军根据刘宓庆的翻译教学思想并结合自己的翻译教学经验，总结出了三种教学方法：语篇呈现、语言对比和译文多元[④]。可见，翻译教学法已从传统的感悟式研究发展到现在的以某一理论为视角或支撑的现代翻译教学法研究。但也不得不说，传统的翻译教学法研究在某些方面仍旧有其存在的价值，现代翻译教学法虽然花样多，但也要根据实际教学情况有选择地使用，因为翻译教学

---

① 刘宗和主编：《论翻译教学》，北京：商务印书馆，2001年，第120页。
② 王树槐：《翻译教学论》，上海：上海外语教育出版社，2013年，第254页。
③ 刘和平：《翻译教学方法论思考》，《中国翻译》，2004年，第3期，第39–44页。
④ 贺爱军：《语篇·对比·多元——翻译教学方法论思考》，《上海翻译》，2011年，第3期，第60–64页。

也是一种"语言游戏",在遵守游戏规则的同时也需要一定的灵活性。

刘宓庆常年从事翻译教学,积累了丰富的翻译教学经验,他在多本论著中都对具体的翻译教学方法进行过讨论,也大体可以划分为传统和现代两个阶段。他在早年的《英汉翻译技能训练手册》(1987)中提出了六种方法:对比分析、回译法、作业讲评、译文点评、分组讨论、考查。① 这可以看作是刘宓庆的传统翻译教学法的论述。其中的"回译法"比较独特。回译是当前翻译研究的一个重要课题,回译可以独立成为翻译实践的一种类型,也可以作为一种翻译批评方法,但作为一种教学方法,刘宓庆提出的时间较早。刘宓庆认为,回译法是一种正误校正法,可以启发学生以比较直观的手段辨别译文是否恰如其分地表达了原文的含义,如果回译后意思与原文有出入或大相径庭,那么理解或行文就有欠妥或错误之处。教师可以提醒学生自己掌握回译法,以便在做作业时可以随时进行译文自校。② 另外,刘宓庆在"考查"一项中提出了"'实战性'翻译任务"方法,即由教师或教研室组织承担社会翻译任务,学生所翻译的材料可供有关机关使用或出版。这一方法可以在高年级翻译课中实行,对培养学生的翻译技能、提高翻译实践的积极性、培养严谨的翻译作风等都有积极作用。这一翻译教学方法对当前国内的 MTI 教学特别有启发和借鉴意义,但对学生的翻译水平和翻译组织管理提出了较高的要求。

在《英汉翻译技能指引》中,刘宓庆借鉴中国传统辞章学中的点评法,提出了一种新形式的翻译教学法——启发性点评,认为在学习的初阶和进阶阶段,可以利用这种形式进行集体讨论。这种方法强调对学生的启发性,可以激发学习者的翻译兴趣,激发他们的积极思维③。在这本翻译教材中,刘宓庆选编了 8 篇翻译练习进行了点评。启发性点评对于翻译教师批改学生的翻译作业不失为一个可选择的好方法,效果自然好,但实施起来会受到许多条件的制约,最大的问题是教师的作业批改量大,负担重。小班教学、选择性批改、选典型习作讲解可能操作性更大。

在《教学》中,刘宓庆区分了两种翻译教学:作为基本功训练组成部

---

① 刘宓庆:《英汉翻译技能训练手册》,第 30–41 页。
② 同①,第 38–40 页。
③ 刘宓庆:《英汉翻译技能指引》,第 122 页。

分的翻译教学（teaching of translation as a basic skill，简称 TTBS）和作为专业技能训练的翻译教学（teaching of translation as a professional skill，简称 TTPS）。他还分别讨论了这两种类型翻译教学的教学法指引，如 TTBS 的教学法指引有：第一，以"读、写"带"译"，以"译"促"读、写"；第二，随文举论，以论带译；第三，归纳综合，适时小结；第四，制订计划，突出重点。① 这四个翻译法指引在刘宓庆看来更是四种翻译教学策略论，尚未涉及具体的翻译教学方法。TTPS 的教学法指引区分了翻译教学的不同阶段，并涉及具体的教学方法，如基础阶段的"辅助作业法"旨在通过翻译教师的辅助，在认识翻译练习的文体类别、词义辨析、语法结构分析、文化分析、翻译正误辨析等方面对学生进行引导。中级阶段的"UAGT 作业法"即"有指导的递进式翻译作业法"，是一种针对基本技能较弱的学生设计的翻译作业教学实施方法，通过向学生提出一步高于一步的要求，在教师的指导下使学生循序渐进。高级阶段的翻译教学主要目标是发展学生的翻译技巧，但在这一部分刘宓庆没有提出具体的翻译教学方法，他认为可以设计出不同的高级阶段实务培训的"课程组合模式"，以适应不同学生的形态素质和习得素质的发展所求。② 在 TTPS 教学法中，刘宓庆还提出了"个别辅导"法。在现实教学中由于师资、学生人数的客观条件的制约，这一方法实际应用较少，但刘宓庆根据维根斯坦关于"教"与"学"的论述，认为这是极重要的一种方法，这是师生间最直接的认知沟通方式，教师必须经常给学生以"恰如其分的启发"。另外，刘宓庆还提出了"专题研讨"和"个案研讨"两个方法。刘宓庆提出的这些翻译教学方法一方面来自其翻译教学实践的经验，另一方面是其面对翻译教学的现实，深入思考的结果，既具有一定的理论理据，又具有相当的对策性和可操作性，对中国当前的翻译教学无疑有较大的理论指导和实践借鉴意义。但在借鉴这些教学法的同时，也要根据具体的教学语境，做出适当的调整，以满足实际教学的需要，这也是刘宓庆将这些教学方法称之为"教学法指引"的原因，即不是硬性做出规范，而是只提出指导性意见，这与他对翻译学应是描写性的认知有关。

---

① 刘宓庆：《翻译教学：实务与理论》，第 86—90 页。
② 同①，第 153 页。

在《教学》中，刘宓庆提出了两种翻译理论教学的方法，一种是"人物志式的讲授法"（who's who approach），另一种是"课题式讲授法"（topic approach）。[①]刘宓庆认为两种方法各有长短，教师可以根据实际情况互补采用。但在他的这本翻译教学专著中，主要采用了课题式的编写方法。另外，刘宓庆谈到了翻译理论教学的基本原则，如坚持启发式，扬弃灌输，注重研讨；坚持理论的导向性，拓展视野，领悟翻译研究的新发展；坚持课堂教学理论的可操作性；合理的教学理论分布。[②]这些原则可为翻译理论教学方法的提出提供宏观的指导。另外，在刘韦思为刘宓庆的《教学》修订本写的《刘宓庆翻译教学思想研习》一文中，总结了其在香港任教期间经常采用的教学活动形式[③]，可视为其翻译教学方法论的重要组成部分。

最后需要指出的是，与翻译教学方法论密切相关的是翻译教学对策论，刘宓庆在《教学》一书的后记中提到该著是一部未完成之作，还剩下两章没有完成，其中就有翻译教学对策。他在该著中讨论的 TTBS 的教学法指引就是一种翻译对策论，只是没有展开讨论，另外对 TTPS 的翻译对策和翻译理论教学的翻译对策论也缺乏论述。

2.5.3.4　翻译教学课程论

翻译教学课程论是作为一门学科的翻译教学的重要组成部分，主要涉及学校翻译课程的设计、编制、实施和评价的理论和实践。刘宓庆在翻译教学纲要、教学评估研究等方面较少涉及，本部分主要讨论刘宓庆着力较多的翻译教学课程设置和翻译教材两个方面。

课程设置是翻译教学的重要方面，要根据具体情况、教学条件设置不同的课程内容。刘宓庆对翻译课程设计的思考主要经历了 20 世纪 80 年代和新世纪两个阶段。翻译课程设置问题在 80 年代的中国翻译教学界并没有太多的讨论，刘宓庆是较早讨论此问题的学者之一。他一向认为翻译实践教学离不开翻译理论的指导，因此很重视翻译理论的教学，早在《英汉翻译技能训练手册》中就提出了要分阶段讲授翻译理论的基本课题。第一

---

① 刘宓庆：《翻译教学：实务与理论》，第 55 页。
② 同①，第 270–271 页。
③ 同①，第 xxix 页。

个阶段是大学本科三、四年级，内容包括：翻译的任务，翻译的原则和标准，译词法论，词类转换、增补、省略和重复，习语和形象性词语的翻译，英语否定式的翻译问题，英语被动语态的翻译，英语从句的翻译，英语长句翻译法初论。第二阶段是研究生或大学本科翻译高级班，内容包括：翻译的实质和语际转换的模式，可译性和可译性限度问题，词义辨析，译词法，英语情态动词的翻译，英汉情态动词的翻译，英汉翻译中的照应及语序问题，英语长句翻译法，英语计数的汉译问题，英语代词、连词和名词数的翻译，英语翻译中的文体适应性问题[①]。

　　1996年首届全国翻译教学研讨会后，国内的翻译教学研究日益成为翻译研究的热点之一，研究成果日益增多。受此影响，翻译教学中的重要方面——翻译课程设计开始日益受到人们的关注。90年代是刘宓庆翻译教学研究的过渡阶段，但一直关注翻译教学研究的发展，他在1996年的《翻译理论研究展望》一文中指出，翻译教学将受到重视，翻译教育将得到较全面的发展，翻译教学的科学化、规范化将越来越受到重视。进入新世纪，刘宓庆在《教学》一书中，提出了翻译素质教学的任务，并讨论了翻译素质教学的组织和实施问题，认为，翻译本科四年制的课程结构由四个部分组成：翻译实务、基本知识、翻译理论和翻译思想史。其中翻译实务课程分为三个阶段：基础阶段、中级阶段、高级阶段。基础阶段和中级阶段分布在本科一年级至四年级，高级阶段属于硕士课程。基本知识包括：汉英基本语法、普通语言学、对比语言学、语义学、语用学、文体与修辞学、语言与文化、美学常识、翻译与传播学、翻译与信息技术。关于哪些课题可以纳入翻译理论教学中，刘宓庆持开放态度，认为主讲教师可以自行斟酌，根据具体情况做到有的放矢，切合学生的学习实际和素质结构的实际。翻译思想史（不是"翻译史"）是翻译系本科教学的必修课，包括中国翻译思想史和西方翻译思想史，教师应该尽力使之与翻译实务课紧密结合起来，并与翻译理论课彼此呼应，使学生真正感受到理论课的启发性，提高对实际问题的解决能力。在本科课程结构实施的基础上，刘宓庆认为，为了实现翻译教学的整体化素质教育目标，还应在开设这些"显

---

① 刘宓庆：《英汉翻译技能训练手册》，第22–23页。

性课程"之外,让学生接受"隐性课程"的教育,即让学生从社会环境和文化体制中学习知识、价值观和处理问题的能力。由此,他提出一个"课程系统组合"(schematism),包括三大部分:必修及选修课程、外围课程和社会实践[1]。这是刘宓庆的宏观性、整体性本科翻译课程设计。另外,刘宓庆还在该著中探索了翻译硕士课程的设置问题,认为翻译硕士课程是翻译素质教育和教学的高级阶段,具有个性化增强、专业化深化、发展方向专门化的特点,建议开设的课程有:高级英语写作、比较句法学、翻译与文艺美学、翻译与跨文化研究、翻译与语言学、翻译与传播学、翻译与认知科学、口笔译教学。随后,刘宓庆构建了一个包括核心课程、专门化研究、专门化实务和论文组成的翻译硕士课程的系统。应该说,刘宓庆对翻译硕士阶段课程的涉及,对高级阶段的翻译教学是有启发性的,但这一设计也存在一些可能的问题,如这里的翻译硕士与内地的 MTI 教学有何区分?这些课程与其对本科的课程设计是否有部分重复?这一课程设计是针对哪一地区的翻译教学?这些都是需要进一步讨论的。

进入新世纪,刘宓庆对翻译学的本体论归属进行了重新思考,认为翻译学应归属于美学而不是语言学,进而在与章艳合著的《美论》中提出了翻译学要回归美学的口号,主要是针对翻译实务的现状从翻译教学和翻译批评的角度提出的。他认为翻译教学应该在回归到美学的道路上着力于重建,指出翻译系四年制本科应该有大抵一半的课程属于美学及语言审美课程,翻译学的硕士课程(包括 MTI)则应该有大抵三分之二的课程属于美学及语言审美课程。所谓的"美学及语言审美课程"包括四类:实践课程、理论课程、美学史课程和跨学科课程,其中包括"核心课程"和"非核心课程"共 22 门课程。这是刘宓庆翻译教学"美学转向"的课程设置,具有相当的方向性,即向翻译美学倾斜,但实际开设这些课程的可操作性如何?本科课程与硕士课程是否只有数量的差别?博士阶段的翻译课程设置如何?以及非英语专业的本科、硕士及博士的翻译课的课程如何设置更合理?等等。这些问题都需要进行更进一步的思考。

翻译教材是翻译教学实施的依托。好的教材对翻译教学具有较强的

---

[1] 刘宓庆:《翻译教学:实务与理论》,第 57 页。

促进作用；翻译教材的缺乏、不统一、内容陈旧、理论与实践结合不紧密等问题都制约着翻译教学的质量。那么，刘宓庆的翻译教材情况如何？这里首先有个对刘宓庆翻译教材界定的问题。笔者认为，考虑到刘宓庆对翻译教学的翻译实务教学和翻译理论教学的划分，刘宓庆的翻译教材可有广狭之分。狭义的教材有：《文体》（1985、2012）、《英汉翻译技能训练手册》（1987）、《教学》（2003）、《英汉翻译技能指引》（2006）、《翻译基础》（2008）、《教程》（2012）。广义的教材还包括《现代翻译理论》（1990）、《汉英对比研究与翻译》（1991）、《新当代》（2006）、《现编汉英对比与翻译》（2006）。本小节只讨论狭义上的翻译教材。从时间上看，刘宓庆的翻译教材建设主要集中在两个时间段，一个是20世纪80年代，一个是新世纪，而20世纪90年代刘宓庆主要关注翻译学基本理论的建设，如翻译美学、文化翻译学、翻译与语言哲学等，但这些研究都为其翻译教学理论的形成和完善奠定了基础。刘宓庆的大部分教材都有他人的书评做过介绍和评价，本小节只从翻译教学史的视角做简要介绍和评价。

  大体而言，刘宓庆的翻译教学思想是功能主义的，其教材编写理念经历了从文体功能观到哲学功能观再到美学功能观的三个阶段。第一阶段的代表教材是《文体》，这是刘宓庆在20世纪80年代出版的一本翻译高级教程，影响较大，曾获北京市哲学与社会科学优秀成果奖，该教材将功能文体学与翻译理论结合起来，重视语言对比研究，强调理论对实践的作用。不同于那个时期以张培基的《英汉翻译教程》为代表的词法句法流派的翻译教材，该教材虽然具有明显的静态的意义观，但以文体和篇章功能为特征，体现出了较强的超前性。《文体》谈论翻译教学的内容比较少，只在绪论中提出了四个贯穿全书的原则：重理解、重对比、分文体、重神似。几乎同时出版的《英汉翻译技能训练手册》是《文体》的配套教材，提供了大量的配套练习。虽然是一本配套教材，但该著有个显著的特点，就是对翻译技能训练的目的、要求和程序，以及翻译教学方法、怎样自学翻译等话题做了详细的讨论，这是刘宓庆对其翻译教学理念的首次自我阐述。2006年的《英汉翻译技能指引》其实是《英汉翻译技能训练手册》的修订本，但指导思想已经从20世纪80年代的文体功能观转向哲学功能观。这是刘宓庆翻译教学思想的一次转向，也是其翻译教材指导思想的第二个阶段。除了《英汉翻译技能指引》，这一阶段的主要代表作还有 2003 年的《教学》，这是刘宓庆对其翻译教学思想的集中表述。周中天认为，该著是以教学为纲，实务与理论兼顾的著作的一项创举，其问世定成为教师教学与学生研习翻译的重要文献，对于提升中文翻译研究与教学水准也必大有裨益。[①] 穆雷认为，该著对翻译教学具有很大的启发作用，也对今后的翻译教学研究具有奠基作用。[②] 从两位学者的评价来看，刘宓庆的这本著作是具有翻译教材和翻译教学研究著作的双重性质，这一点从著作名和从内容上将翻译教学划分为实务教学和理论教学的编排亦可以看出，这是我们也将其列入刘宓庆的翻译教材的主要原因。另外，该书作为翻译教学研究著作在中国翻译教学研究中也占有重要的地位，出版后得到广泛的关注，是刘宓庆翻译论著中被引率最高的著作之一。但该著在编写方面也存在一些问题，如在翻译实务教学部分，汉译英和英译汉的实务教学的主要课题存在较大差异，虽然翻译方向不同会导致不同的翻译策略，但指导这两种翻译方向的理论是否会有大的差异？翻译理论教学初级阶段的程序论、方法论为什么不归于翻译实务教学？高级阶段理论教学主要是翻译学的跨学科研究，那么翻译理论教学中级阶段的文化翻译与翻译审美何以不放入高级阶段部分？等等。这些问题可做进一步思考。2008 年，刘宓庆主编教材《翻译基础》出版，这本教材集中体现了其翻译教学思想，但主要针对翻译实务，对翻译理论教学涉及较少，可能是针对基础阶段的学生编写的缘故。刘宓庆原本计划主编一本《高级翻译》教材，但由于种种原因未能完成。

虽说《教学》也具有翻译教材的性质，但毋宁说它更是一本翻译教学研究著作，特别是这本著作的第一章"翻译与翻译教学"就翻译教学的基本原则、翻译教学思想、翻译教学的任务、翻译素质教学的组织与实施、翻译硕士课程等话题做了深入细致的阐述。整本书的整体指导思想是维根斯坦的后期哲学思想——语言游戏说，即把翻译和翻译教学看作是一种语言游戏，所有的翻译教学行为都要遵循语言游戏规则。这是刘宓庆功能翻

---

① 刘宓庆：《翻译教学：实务与理论》，第 vii 页。
② 穆雷：《翻译教学：翻译学建设的重要组成部分——兼评刘宓庆〈翻译教学：实务与理论〉》，《中国翻译》，2004 年，第 4 期，第 59-63 页。

译教学思想的哲学功能转向。关于翻译教学研究，比起大量发表的文章，国内的专著数量较少，且普遍出版时间较晚。最早的著作是穆雷1999年出版的《中国翻译教学研究》，主要是对中国翻译教学的历史和现状的历时性研究，是对中国翻译教学学科建设的元思考。新世纪前十年的翻译教学研究出现繁荣局面，出版了多部专著，如杨承淑的《口译教学研究：理论与实践》（2005）、张美芳的《中国英汉翻译教材研究（1949—1998）》（2001）、刘宓庆的《教学》（2003）、刘和平的《口译教学研究：理论与实践》（2005）、文军的《翻译课程模式研究——以发展翻译能力为中心的方法》（2005）、苗菊的《翻译教学与翻译能力发展》（2006）、陶友兰的《论中国翻译教材建设之理论建构》（2008）。除了刘宓庆的著作，其他都集中在某一翻译教学话题上，可见中国翻译研究正在走向专门化和深入化研究。2013年王树槐出版《翻译教学论》，从严格意义上说，这是一本真正的综合性翻译教学研究专著，全面、深入、系统地梳理和讨论了翻译教学的方方面面，如翻译能力、翻译课程、翻译教学原则、翻译教学方法、翻译教学评价等，必将对中国的翻译教学研究起到重要的促进作用。从以上梳理也可看出刘宓庆著作的重要位置和作用。

进入新世纪第二个十年，刘宓庆的翻译教学思想发生又一转向，即转向审美功能，这一思想的转变是在他与章艳合著的《美论》中体现出来的，如前所述。这一思想在翻译教材中的体现出现在他与章艳合著的《教程》中。国内曾出版过傅仲选的《实用翻译美学》（1993），从名称上看，这是国内第一本翻译美学教程，但从内容上看，与翻译美学却没多大关系，既没有翻译美学的理论指导，也与普通的翻译教程无异。刘宓庆的这本教程既有翻译美学理论的阐述，又有翻译实务的操练，是一本真正意义上的翻译美学教程。

中国翻译教材的建设起步较晚，张美芳（2001）曾对国内的翻译教材进行过梳理，并按流派将其划分成三类：词法句法流派的翻译教材、功能流派的翻译教材、当代译论流派的翻译教材。其中第一类的典型教材就是国内较早的20世纪50年代陆殿扬的《英汉翻译理论与技巧》（1958）、80年代初张培基的《英汉翻译教程》（1980）；第二类以翻译功能为基础，典型教材为王逢鑫的《汉英口译教程》（1992）等；第三类以当代翻译理论为基础编写，典型教材有柯平的《英汉与汉英翻译教程》（1993）、陈宏薇的《新实用汉译英教程》（1996）等。当然，这一流派划分的时间截止到20世纪90年代末，新世纪的翻译教材情况没有统计进去。其实，新世纪国内的翻译教材更是出现了多元化的局面，成绩不少，但问题也很多。刘宓庆的翻译教材没有一本出现在其所列的典型翻译教材中，只有《文体》和《英汉翻译技能训练手册》在张美芳的流派划分中在时间的范围内，应该归入功能流派，但张美芳所列的功能流派的教程都是出现在20世纪90年代，可见，刘宓庆翻译教材中的功能思想还是比较超前的。其《翻译基础》和《教程》更多地属于第三类流派的教材，即以某一翻译理论为翻译教材的编写基础。另外，刘宓庆翻译教材一直重视理论和实践的结合，这在国内的翻译教材中比较明显，这比较像西方的翻译教材，理论和实践并重，如纽马克的《翻译教程》。当然国内有的所谓翻译教材也有比较极端的，理论所占比例过大，如吕俊、侯向群的《英汉翻译教程》（2002）基本上可以看作是一本翻译学专著，后来此书改名为《翻译学导论》（2012）。王宏印的《英汉翻译综合教程》（1987、2007）也是一本理论与实践并重的比较有特色的翻译教材，提出了翻译技法和翻译艺法的翻译策略思想。

2.5.3.5 翻译教学主体论

翻译教师是实施翻译教学的主体，任重而道远，刘宓庆认为翻译教师身兼四职：翻译经验的传授和提升者、翻译理论结合实际的示范者、翻译思想和策略的诠释者、翻译职业操守的体现者[①]。特别是第四点容易被忽视。翻译教学的目标之一是培养较高翻译能力的职业翻译人才，对"翻译技能"的培养无疑很重要，这是翻译教学的本分，但过分强调往往使翻译教育走向偏颇，因为这里涉及一个翻译伦理的问题，翻译伦理很重要的一个方面就是译者的翻译职业道德。当前翻译出版市场鱼龙混杂，不少无良译者出于商业利益的目的，在翻译中随意抄袭他人翻译成果，美其名曰"重译"或"复译"，正是翻译职业操守下降的表现。解决这一现象，一方面需要制定相应的制度来规范翻译市场，另一方面需要对翻译人员进行

---

① 刘宓庆：《翻译教学：实务与理论》，第52页。

翻译教育。刘宓庆提出翻译教师的这一项职责无疑是具有现实意义的。

关于作为翻译教学主体的翻译教师，还涉及一个翻译能力问题，即：翻译教师需要达到怎样的翻译水平才能胜任翻译教学工作？是否需要达到翻译家的水平？现实情况是不可能的。而且从理论上讲，翻译水平高的人不一定能够胜任翻译教学工作；相反，翻译教学水平高的人也不一定一定是非常出色的译者，因为翻译教学还要涉及许多其他方面的知识和能力，如教育心理学、教学法等方面的知识和一定的科研、人际沟通等方面的能力。当然，并不是说翻译教师只要懂得如何教翻译，翻译实践能力就不重要了。恰恰相反，翻译教师具备较高的翻译实践能力是翻译教学的基本要求，至少是其不断努力的方向和目标，这是无须多言的。近年来，国内翻译硕士（MTI）招生规模的不断扩大，对传统的翻译教学产生了一定的影响，对翻译教师也提出更高的要求。新形势下急需一批既有翻译实战能力又有翻译教学能力的教师。如何提高各个层面的翻译教师的专业化水平，以及采取什么有效措施解决翻译师资问题，也被提上讨论的日程，译学界在这方面已有一些研究和讨论。

其实，翻译教学中的主体除了翻译教师外，还有学生。按照刘宓庆的说法，课堂教学就是教师和学生之间的一场语言游戏，翻译的最终目的也是培养学生的翻译能力。但是，作为一门专业课程的翻译教学，对学生的学习资质，特别是翻译实践是有一定的要求的。关于这一点，刘宓庆在《哲学》的"自序"中就谈到了学生招生的条件：硕士两年实践，博士三年实践。应该说，翻译技能的训练，很像竞技体育的训练，涉及一个选才的问题，但国内的实际情况是对此并没有专门的要求，以至于有些翻译专业的学生语言运用能力还很欠缺就开始学翻译，导致学生进校后还要花大量的时间提高语言技能，翻译课的效果自然不会太理想。

随着新世纪翻译理念的变化和现代翻译技术的飞速发展，翻译研究界正面临着一场对翻译的新的认知变革，其中对翻译主体的认识也在发生变化，如在机器翻译中，机器或计算机或人工智能能否被看作是新形式的翻译主体还要做进一步论证。新形势下的翻译教学已经产生了一些变化，如计算机辅助翻译教学，翻译教学主体是否也会随之发生一些变化，尚须进一步观察。

2.5.4 刘宓庆的翻译教学观

翻译教学观是在翻译实务和翻译教学基础上形成的关于翻译教学的理论观点，是翻译教学实践和翻译教学理论（思想）的中介，是对翻译教学实践的理论归纳和总结。由于以翻译实践和翻译教学实践为基础，因此翻译教学观中离不开翻译观的内容。教师有什么样的翻译观，就会在教学中将这种观点传授给学生。这样，刘宓庆的翻译观就可以成为其翻译教学观的一部分。功能代偿是刘宓庆中国翻译学对策论的核心，同时也是其最重要的翻译观。此外，刘宓庆的翻译教学观还包括翻译能力观、翻译的技能和技巧观、翻译教学的类型观。下文将一一梳理。

2.5.4.1 功能代偿观

刘宓庆的功能代偿观属于翻译教学观，但首先是一种翻译观，而翻译观是一种翻译理论。讨论刘宓庆的"功能代偿观"不得不涉及翻译理论与实践的关系，因为翻译实践是否受到翻译理论的作用或影响直接关涉"功能代偿观"是否有助于翻译实践和翻译教学实践。翻译理论和实践的关系问题是中国译学界的一个老话题，也曾经是译学论争的焦点话题之一。主要存在两种相反的观点，即翻译理论有助于翻译实践和翻译理论无助于翻译实践，简称"有用论"和"无用论"。显然，刘宓庆是持"有用论"者，他在著作中多次提到翻译理论的职能问题，认为翻译理论具有四种职能：认知职能、执行职能、校正职能和提升职能。这四种职能都是直接或间接地指向翻译实践的。

翻译观在翻译理论中距离翻译实践最近，可以说是连接翻译理论与翻译实践的桥梁或中介，技巧的总结和运用取决于观点。郭建中认为，翻译理论最终要解决的是译者的翻译观的问题，翻译观是译者对翻译这一现象的看法或观点[①]。可见，一个译者有什么样的翻译观，就会有什么样的翻译方法，也会产生什么样的译作。同理，一个翻译教师给学生灌输什么样的翻译观，也直接会影响到学生的翻译操练行为和翻译实践的质量。中国传

---

① 刘宗和主编：《论翻译教学》，第167页。

统译论中的翻译标准如"信达雅""神似""化境"等即可视为一种翻译观,用于翻译实践和批评实践中;近些年翻译教学界也探讨了翻译观问题,如林克难的"看、译、写"[①],刘季春的"独立成篇"观[②],等等。

"翻译代偿"或"代偿"就是刘宓庆提出的翻译观。刘宓庆将之视为一种对策论,这在上文的刘宓庆的翻译对策论部分中已经涉及,这一部分对其做一梳理和评论。代偿作为翻译对策的核心思想是刘宓庆继承中国译学传统,结合自己的语言对比研究及翻译实践悟出的道理,期间其思想经历了一个从"对应"到"代偿"的转变。

刘宓庆一直坚持翻译理论的对策性研究,在20世纪80年代的应用翻译理论研究中,他受西方结构主义语言观的影响,持静态的语言意义观,表现在语际转换中就是寻求一种对应或对等。进入90年代,受维特根斯坦后期哲学,特别是"意义即使用"的动态意义观、"家族相似论"以及汉英对比研究和翻译实践的影响,刘宓庆的翻译意义观发生了一个大的转变,翻译方法论和对策论随之发生变化,认为西方语言间具有"同质"性,"对应"应该是其主要的翻译策略,而由于汉语的独特性,汉语与西方语言之间更多地存在一种"异质"性,因此,有汉语参与的汉外互译应该以"代偿"为主要的翻译策略,从而提出了"中国翻译学对策论的核心思想——代偿"这一论点。在刘宓庆看来,代偿(或功能代偿)是指"双语转换中以词汇手段广泛代替形态手段,或以形态手段广泛代替词汇手段,来实现语言交流功能。前者主要见于汉译英,后者主要见于英译汉"[③]。

总之,语言的同质性强调语言结构的"对应",异质性强调语言功能的"代偿"。刘宓庆的这种转变可以从他的重要翻译理论著作《现代翻译理论》及其修订本中看出。《现代翻译理论》中的"翻译方法论"部分将翻译的方法二分为"常规手段"和"变通手段",前者的主要方法就是"对应",后者中并没有出现"代偿"方法;2005年的《新编当代翻译理论》中的"变通手段"增加了"代偿"一项;而2012年的《新当代》则

---

① 林克难、籍明文:《应用英语翻译呼唤理论指导》,《上海科技翻译》,2003年,第3期,第10–12页。
② 刘季春:《独立成篇:超越"忠实"的忠实》,《上海翻译》,2010年,第2期。
③ 刘宓庆主编:《翻译基础》,第19页。

2 刘宓庆翻译理论分论

直接将"常规手段"命名为"对应论",将"变通手段"命名为"代偿论",并在"代偿论"中保留了"代偿"方法。从这些著作中可以看出刘宓庆的翻译策略论思想的转变,也是其译学思想从结构主义转向功能主义的体现。其实,刘宓庆对这一问题的思考主要集中在他在新世纪初写的一篇重要论文——《从"对应"到"代偿"》中。在这篇文章中,刘宓庆以维根斯坦的"家族相似论"、认知科学的研究成果全面论证和阐述了他的翻译代偿观,得出了"对应"不是汉外互译的主要策略,"代偿"才是汉外互译的对策论核心思想[1]。

从刘宓庆的文章名《从"对应"到"代偿"》以及文中的某些表述,似乎可以推断,刘宓庆的翻译策略思想发生了一个彻底的改变,是革命性的变化,如他认为:"我们大抵是差强人意地顺应西方译论将'对应'看成翻译语言游戏的一条基本规则,勉为其难地谈了大半个世纪。现在看来,这条基本规则确有修订的必要了!"[2]他进一步认为:"看来,我们已被'对应'纠缠得很久了。我们需要一个新的诠释来描写和表述汉外互译的对策论核心思想,这个'新的诠释'就是'代偿'。"[3]但细究他的这一变化,并非"非此即彼"的革命性变化,而是一种较大的观点的改良。这从他著作中的相关论述和某些表述可以得到证实。其一,刘宓庆在《现代翻译理论》及其修订本中一直将"对应"视作翻译方法或对策的一种,即使在《新当代》中也是将"对应"和"代偿"看作是并列的方法。在《汉英对比与翻译》和《教学》中,"对应"也是一种常见的翻译方法。其二,在《从"对应"到"代偿"》一文中,刘宓庆根据动态的意义观,认为应该对"对应"策略加以归纳主义的改造或重新界定,使之具有充分的动态性,从而形成一种功能主义的对应观[4]。从这些表述可以看出,在刘宓庆那里,对应和代偿并不矛盾,两者并不在同一层面,而是呈现一种包孕关系,即代偿是对应的一种,更确切地说,代偿是一种功能主义的对应。因此,从这个意义上讲,刘宓庆的"从对应到代偿"表述为"从结构主义对

---

[1] 刘宓庆:《刘宓庆翻译散论》,王建国编,第28页。
[2] 同[1],第29-30页。
[3] 同[1],第33页。
[4] 同[1],第12-24页。

应到功能主义对应"或许更准切。从这里我们似乎可以得出这样的结论,即在刘宓庆眼中,对应才是翻译方法论的本体,是目的,代偿只是具体的方法,是手段。事实也确实如此,刘宓庆将"对应"分成"完全对应""不完全对应"和"无对应"三类,以及将"不完全对应"进一步分成六种情况,都意在表明"对应"的相对性和程度。从这一点上,他的"对应观"与奈达的"动态对等"或"功能对等"无异,即使是西方其他学者在谈到"对应""等值""等效""对等"等译学概念时也并非采取绝对的态度。同理,与西方"对等观"相关的"忠实观"也不是一个绝对的概念,因此也就不存在"解构'忠实'"这样的命题了。因此,如果将"对应"与"代偿"决然对立起来,并不是一个明智的选择,也不是刘宓庆的本意。那么,刘宓庆为什么如此强调汉外翻译中的代偿呢?这既与他受到的维根斯坦后期哲学思想的影响有关,也与其长期的翻译实务和翻译教学实践有关。这一点上文已讨论过,在此不赘。

就像刘宓庆经常提到的维根斯坦的"遵守规则与修订规则"的悖论一样,刘宓庆的对应论和代偿论也存在某种悖论或问题。其一,对应与代偿并不出在一个层面。在讨论对应时,代偿已经在讨论范围里了,这一点在上文已提到。其二,过于强调代偿论产生的语言观基础——"语言的异质性",可能会导致不可译论,而语言的发展需要部分地依靠语言的互补互译性,只靠代偿难以完成此任务。洪堡特的语言观同时兼顾了语言的异质性和语言发展的过程性,可以依此来佐证此观点。其三,刘宓庆认为西方语言间的互译以对应为主,有汉语参与的汉外互译应以代偿为主,但这种差别或许只是量上的,而非质上的。与此相关的另一问题是,"汉外互译"中的"外"是否包括与汉语同属一个语系的语言,尚不清晰;如果包括,代偿是否还是主要的翻译方法或策略,尚须讨论。其四,刘宓庆一向重视形式的功能,认为形式本身具有意义,因此如何在翻译中有效地保留原文的有意义的形式来传播原语的语言文化和丰富译语的语言文化,具有重要的文化战略意义,寻求形式的对应不妨是一个好的翻译策略。其五,在口译中,有一个"原语效应"(SL effect)问题,即对原语的最大容限,这就要求放宽"对应"的幅度,而不是一味地代偿。另外,刘宓庆的代偿是一种方法还是一种策略(两者有混用的情况),代偿与其他变通手段之间的关系如何,语言代偿和文化代偿的层次有哪些等。这些问题尚须进一步做出说明。

2.5.4.2　翻译能力观

翻译作为一种语际转换行为，是否具备了双语能力就可以胜任？显然，答案是否定的。翻译教学的终极目标是什么？就是培养学生的翻译能力。因此，翻译是人类的一种实践活动，必然涉及实践主体的能力问题以及如何培养这种能力的问题。由此，翻译能力日益成为国内外翻译教学研究的一个重要课题，因为翻译能力研究是翻译教学过程、教学方法、课程设计等方面研究的基础。总的来说，翻译能力的研究，主要围绕翻译能力的本质、翻译能力的构成和翻译能力的发展阶段这三个问题展开。

对"能力"可有不同理解，既可以指 competence，也可以指 ability。显然，翻译能力中的"能力"主要指前者，即 competence，这是在乔姆斯基"语言能力"意义上的类比使用。视角不同，学界对翻译能力的界定也有差异。西班牙巴塞罗那自治大学翻译能力培养和评估研究小组（PACTE）将翻译能力界定为"翻译所需的知识和技能的潜在系统"[①]。王晓农认为："可以把翻译能力看作是一个理想的译者所具备的关于翻译的知识。"[②]《中国译学大辞典》中的界定是："翻译能力指把源语语篇翻译成目的语语篇的能力，是译者的双语能力、翻译思维能力、双语文化素质以及技巧运用能力等的综合体现。"[③]

国内外学者都对翻译能力的构成做过分类。Bell（1991）认为翻译能力包括目标语知识、文本类型知识、源语知识、客观世界知识、对比知识、解码和编码技能；Neubert（2000）认为包括语言能力、语篇能力、主题能力、文化能力、转换能力；Schaffner（2000）认为包括语言能力、文化能力、文本能力、语域能力、研究能力、转换能力；Wilss（2001）认为翻译能力有两种，即语际理解能力和言语再造能力；PACTE（2005）认为包括双语交际能力、语言外能力、转换能力、职业能力、心理生理能力、决

[①] 转引自王宏：《汉译英能力构成因素和发展层次研究》，《外语研究》，2012年，第2期，第72–76页。
[②] 王晓农：《论翻译专业能力与外语专业翻译教学》，《唐山师范学院学报》，2009年，第1期，第157–160页。
[③] 方梦之主编：《中国译学大辞典》，第17页。

策能力。① 国内学者中，姜秋霞、权晓辉认为翻译能力包括语言能力（包括文本能力、文本认知能力、文本生成能力、语言交际能力）、文化能力、审美能力（包括形象感知、意象整合、想象发挥）、转换能力②。文军认为翻译能力包括：语言文本能力、策略能力、自我评估能力③。苗菊从认知、语言和交际三个视角将翻译能力分为三个范畴，概括了翻译能力的构成成分：认知能力、语言能力、交际能力④。王晓农区分了翻译专业能力和翻译非专业能力，认为前者是翻译能力成分中的区别性核心成分，包括翻译专业知识、翻译策略能力和翻译专业操作能力三个次成分⑤。冯全功从认知视角将翻译能力分为八类：文化翻译图式、语言翻译图式、文本翻译图式、风格翻译图式、审美翻译图式、主题翻译图式、工具翻译图式、职业翻译图式⑥。王树槐提出了翻译能力的综合模式，包括语言–语篇–语用能力、文化能力、策略能力、工具能力、思维能力、人格统协能力，其中这六个分项能力又可按照行为与心理、过程与结果这两对范畴进行进一步分类⑦。国内学者还将不同翻译方向，特别是汉译英的翻译能力单独进行了讨论。如杨晓荣认为汉译英的翻译能力包括翻译技巧、对翻译标准和原则的把握、语言运用能力、知识量（百科知识和语言知识）、综合能力（逻辑思维能力等）⑧。马会娟、管兴忠认为汉译英能力包括双语交际能力、翻译专业知识、翻译策略能力、语言外能力、查询资料能力⑨。王宏则认为汉译英能力包括双语能力（英语表达能力、汉语理解能力）、知识能力（百科知识、相关专业知识）、资料查询能力（利用工具书和网络资源等查询资料的能

---

① 转引自钱春花：《翻译能力构成要素及其驱动关系分析》，《外语界》，2012年，第3期，第59–65页。
② 姜秋霞、权晓辉：《翻译能力与翻译行为关系的理论假设》，《中国翻译》，2002年，第6期，第11–15页。
③ 文军：《论翻译能力及其培养翻译》，《上海科技翻译》，2004年，第3期，第1–5页。
④ 苗菊：《翻译能力研究——构建翻译教学模式的基础》，《外语与外语教学》，2007年，第4期，第47–50页。
⑤ 王晓农：《论翻译专业能力与外语专业翻译教学》，《唐山师范学院学报》，2009年，第1期，第157–160页。
⑥ 冯全功：《从认知视角试论翻译能力的构成》，《外语教学》，2010年，第6期，第110–113页。
⑦ 王树槐：《翻译教学论》，上海：上海外语教育出版社，2013年，第41–42页。
⑧ 杨晓荣：《汉译英能力解析》，《中国翻译》，2002年，第6期，第16–19页。
⑨ 马会娟、管兴忠：《发展学习者的汉译英能力》，《中国翻译》，2010年，第5期，第39–44页。

力)、翻译技能(转换能力、选择能力、译文修订能力)①。除了"翻译能力"外,谭载喜提出了"译者能力"的概念,将其界定为"译者或翻译专才所必须具有的包含了所有基本项的翻译能力",并指出译者能力包括四项"子能力":认知能力、相关双语能力、技术辅助能力和转换能力②。显然,这是其翻译教学的综合素质培育理念和"全人"教育理念下的思考。

以上只是国内外部分学者关于翻译能力构成的研究,王树槐将国内外对翻译能力构成的研究分为十一类:天赋说、自然展开说、自然展开修正说、建构说、转换说、策略或认知说、语篇协调说、生产–选择说、交际说、语言–语篇能力说、多因素均力说。王树槐将刘宓庆对翻译能力构成的论述归入"多因素均力说"。这一派认为翻译能力在不同的侧面、不同的阶段有不同的体现和要求③。刘宓庆根据美国教育心理学家加涅关于学生"习得素质"的论述,将翻译能力分为五个方面:语言分析和运用能力(包括语义分析、语法结构分析和语段分析,以及在此基础上正确把握语言内容、形式的能力)、文化辨析和表现能力、审美判断和表现能力、双向转换和表达能力、逻辑分析和校正能力。其中"双向转换和表达能力"需要经过三个方面的有计划的训练:思维逻辑训练、句法规范训练和表达风格训练④。刘宓庆将从原语到译语的翻译过程按照翻译能力的这五个方面做了一个流程图⑤。

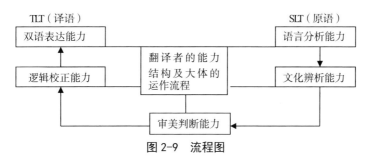

图 2-9　流程图

刘宓庆的这个翻译能力构成图示融共时和历时为一体,得到了学界的普遍关注。从以上示意图可以看出,刘宓庆将翻译过程与翻译能力结合起

---

① 王宏:《汉译英能力构成因素和发展层次研究》,《外语研究》,2012 年,第 2 期,第 72-76 页。
② 谭载喜:《翻译与翻译研究概论》,第 115 页。
③ 王树槐:《翻译教学论》,第 35 页。
④ 刘宓庆:《翻译教学:实务与理论》,第 31-34 页。
⑤ 同④,第 34 页。

来讨论。在原文理解阶段，语言分析能力和文化辨析能力起主要作用；在译文传达阶段，逻辑校正能力和双语表达能力起主要作用。而审美判断能力处在中间位置，旨在表明语言审美贯穿翻译的全过程，即理解阶段需要把握原文的审美要素，传达阶段需要将原文的审美要素在译文中表现出来。可见，将"审美判断能力"列为翻译能力的组成部分，包括用词、用句是否得体、适当、有效。高层级审美阶段还要涉及对意象、意境和风格的把握等。在国内，除了姜秋霞、权晓辉[1]提出过"审美能力"外，就是刘宓庆的"审美判断能力"了，也可说是一个创新，体现了刘宓庆的翻译教学美学思想，冯全功认为："他（指刘宓庆——笔者注）把审美能力也列入翻译能力的具体构成之中，为翻译能力研究开辟了一方新土。"[2] 在《美学》（2012）中的《怎样学习和研究翻译美学》一文中，刘宓庆提出，无论从事什么性质的专业翻译（包括科技翻译和公文翻译），翻译审美都是一项不能忽视也是不可超越的基本功，因为，一切翻译活动都离不开选词酌句，择善从优；熟巧的关键是"熟"，是经过审美经验锤炼出来的。[3] 他进一步提出了翻译基本功包括语法分析基本功和语言审美基本功两个方面。

其实，除了以上对翻译能力的讨论，刘宓庆还从其他视角对翻译能力进行过阐述。早在《现代翻译理论》中，刘宓庆根据现代语言学对语言交际能力构成的观点，认为翻译的技能训练的目的在于培养和发展学习者在语际交流中的四个方面的能力：语言组合能力、社会语言能力、对答能力、应策能力。[4] 另外，在《翻译基础》的序言中，刘宓庆提出了该教材着力培养和提高的翻译从业者专业能力，这种专业能力也包括五个方面：Attitude（态度）、Knowledge（知识）、Capability（能力）、Methodology（方法、对策）、Experience（经验）[5]。这是刘宓庆从另一视角对翻译能力的表述。

关于翻译能力的发展阶段，王树槐根据研究视角的不同，总结了国内

---

[1] 姜秋霞、权晓辉：《翻译能力与翻译行为关系的理论假设》，《中国翻译》，2002年，第6期，第11-15页。
[2] 冯全功：《从认知视角试论翻译能力的构成》，《外语教学》，2010年，第6期，第110-113页。
[3] 刘宓庆：《翻译美学导论》（第二版），北京：中国对外翻译出版有限公司，2012年，第13页。
[4] 刘宓庆：《现代翻译理论》，第287页。
[5] 刘宓庆主编：《翻译基础》，第3页。

2 刘宓庆翻译理论分论

外学者的七种说法：Presas 四阶段说（心理语言视角），Chesterman 五阶段说（技能发展视角），Loscher 三阶段说（建构主义视角），Kiraly 三维度、三层次的"译者能力"说（建构主义视角），Toury 二阶段说（社会－规范－功能视角），PACTE 二阶段螺旋上升说（策略发展视角）和刘宓庆二阶段说（技能发展视角）[①]。在此基础上，从五个维度分别提出了翻译能力综合模式的发展阶段，这五个维度是：翻译技能发展维度、翻译策略发展维度、翻译思维发展维度、文化能力发展维度、翻译人格发展维度。其中"翻译技能发展维度"分为四个阶段：译理—译技—译艺—译道[②]。可见，刘宓庆的翻译能力发展阶段在王树槐那里被标记为"二阶段说"，即从技能到技巧的发展阶段。也可看出，这个"二阶段说"与 Chesterman 的五阶段说都是从外部的技能发展视角出发提出的，并融入了王树槐的"翻译技能发展维度"中。

从早期的文献看，刘宓庆对翻译能力发展的阐述始于他对翻译的技能意识的讨论。在 20 世纪 80 年代国内翻译教学还处在缺少理论指导的认知环境下，刘宓庆发表了《论翻译的技能意识》一文。在这篇文章中，刘宓庆首次提出"翻译的技能意识"这一概念，也是国内学者首次讨论翻译的技能意识问题。刘宓庆认为："翻译的技能意识，指翻译者能够或力求以翻译理论（或方法论）指导自己的翻译实践的自觉性，能够或力求以翻译理论的准绳（常表现为某种技能规范）自觉地指导或检验自己的译作及整个翻译过程。"[③] 从这一定义可以看出，刘宓庆提出翻译的技能意识主要是解决翻译理论指导翻译实践的认识问题。正是在这篇文章中，刘宓庆提出了翻译理论的三大职能——认知职能、执行职能和校正职能，为翻译界和翻译理论界对翻译理论功能的认知困惑指明了道路。在这篇文章收入《现代翻译理论》中时，将"翻译理论的职能"部分放在了绪论部分作为这部兼具理论与应用性质的著作的理论前提，可见刘宓庆对翻译理论的重视。

在该文中，刘宓庆重点讨论了翻译技能意识发展过程的三个阶段，即

[①] 王树槐：《翻译教学论》，第 37-38 页。
[②] 同①，第 42-45 页。
[③] 刘宓庆：《论翻译的技能意识》，《中国翻译》，1987 年，第 5 期。

以认知为特征的第一阶段、以转化为特征的第二阶段和以熟巧为特征的第三阶段。阶段的递进表明翻译能力也从低到高发展。特别是到了第三个阶段，翻译者的技能意识从潜在的自在状态进入到能动的自为状态，达到了娴熟自如的化境，或王宏印提出的翻译笔法（译笔）阶段[①]，这是一种难以描述的翻译的最佳状态。刘宓庆进一步认为，第三个阶段其实是技巧的阶段，技巧是纯熟化、完善化的技能。显然，这里的技巧不同于通常所说的"翻译技巧"中的"技巧"，而是一种状态。技巧的形成可以分解为四个小过程，即精炼和净化过程、深化和升华过程、修饰和美化过程、纯熟和疏畅过程。

本文不拟对该文的具体内容进行阐述，只提出几个相关的问题用来讨论。其一，技能和技巧的关系如何？是一种并列关系还是包含关系？从刘宓庆的表述看，似乎是一种包含关系，认为技能的高级阶段才是技巧，但似乎又将技能看作一种初级或中级状态，如在讨论技巧发展的"精炼、净化过程"时，刘宓庆举例说 dumb anger 的技能水平翻译是"哑然的愤怒"，而技巧水平翻译为"幽愤"。其二，翻译能力与翻译技能和技巧的关系如何？在刘宓庆那里，翻译的技能和技巧问题要比翻译能力讨论得早。刘宓庆在后来提到翻译能力时，并没有给出明确的界定，也没有明确谈及翻译能力与其早年提出的翻译技能和技巧的关系如何，只是讨论了翻译能力的构成。我们将这两个方面联系到一起讨论，可能的情况是出于自己的理解，认为两者之间必然存在联系，本文的讨论也是基于这个前提。其三，翻译能力与翻译课程设计的关系如何？培养学生的翻译能力是翻译教学的目标，翻译课程设计是培养翻译能力的重要手段。那么，如何将翻译能力的构成与翻译课程设计配合起来，是一个实际的翻译教学问题。国内已有学者在这方面做出尝试，如文军、李红霞在提出了翻译能力构成框架的基础上探讨了翻译专业本科课程的设置[②]，祝朝伟基于 PACTE 的翻译能力构成讨论了 MTI 的课程设置问题[③]。那么，刘宓庆所说的翻译能力构成与其

---

① 王宏印：《新译学论稿》，北京：中国人民大学出版社，2011 年，第 381 页。
② 文军、李红霞：《以翻译能力为中心的翻译专业本科课程设置研究》，《外语界》，2010 年，第 2 期，第 2-7 页。
③ 祝朝伟：《基于翻译能力培养的 MTI 课程设置研究》，《外语界》，2015 年，第 5 期，第 61-69 页。

翻译课程设计是否符合？如不符合，原因何在？另外，翻译被视作是一种写作，那么，翻译意识与写作意识有何差异？既然有翻译技能意识，那么，有没有翻译技巧意识？翻译能力和译者素养有何区别？翻译能力和翻译教学能力关系如何？等等。这些问题可做进一步讨论。

应该说，刘宓庆这篇文章是一篇重要的指导翻译教学的文章，为其后来讨论翻译能力奠定了基础，也是国内较早的关于翻译能力的文章，当时"翻译能力"尚未成为翻译教学研究的热门话题，可见刘宓庆观点的前瞻性。杨自俭认为这篇文章"为翻译理论教学改革做了思想准备和内容准备，这也是一项开创性的工作"[①]。可惜，这篇文章在当时没有引起大的反响，可能与其观点的超前性或当时国内对翻译教学理论还不够重视有关；但在新时期新形势下，它对如何培养和发展学生的翻译技能意识无疑具有重要的启示意义。另外，对翻译家的翻译能力的考察，也不妨视作翻译家研究的一条重要途径。

2.5.4.3 翻译教学类型观

翻译教学涉及的因素很多，会呈现出不同的样态，人们根据翻译教学的任务或目的对翻译教学进行了分类。标准不同，分类也不同。就刘宓庆的翻译教学类型观而言，主要涉及两个标准下的类型观：一个是按照翻译教学的目的，将翻译教学分为"作为外语基本功训练组成部分的翻译教学"（TTBS）和"作为专业技能训练的翻译教学"（TTPS）；一个是按照翻译教学的内容，主要分为翻译实务教学和翻译理论教学。这两个标准的分类都是在《教学》（2003）中提出来的。

其实，早在1983年，刘宓庆就区分了两类翻译教学："翻译作为一种教学环节"（translation as a teaching device）和"把翻译作为一门课程"（translation as a course）。[②]他认为，打基础与训练技巧虽然有联系，但并不是一回事。翻译课应该明确定为专门课，而不是基础课。这可以看作是其后来区分 TTBS 和 TTPS 的前期认识准备。刘宓庆认为，在 TTBS 中，翻译是作为外语教学的手段，是"听说读写译"五种技能或五会（five

---

① 杨自俭、刘学云编：《翻译新论》（第二版），武汉：湖北教育出版社，2003年，第646页。
② 刘宓庆：《汉译英教学中的若干问题》，《翻译通讯》，1984年，第3期，第34–36页。

arts）之一种。"五会"更能全面反映人的多功能语言能力，应该建立语言能力培养的整体语言观（a holistic language），摈弃以传统的"语法－翻译教学法"（GTM）为主要特征的"以'译'之'一会'代替'听说读写'之'四会'"的认识和做法。在此基础上，刘宓庆提出了听说读写译"五会并举"论，认为，"四会"固然重要，"五会并举"更是外语学习者学业水平和能力培养的基本目标。但"译"不同于"听说读写"，它具有明显的综合性，也具有明确的特定目的性——语际交流和传播，因此，可以将"译"视作语言－翻译教学的整体观的高级技能。[①] 除此之外，"译"在外语教学中还有达致外语教学基本目标和检测外语教学整体质量的功能。

刘宓庆将 TTPS 看作是翻译专业技能的教学，其使命就是培养符合翻译事业发展的专业人才，这符合其对翻译教学的培养目标——素质教育的设定。他将 TTPS 看作是一个相互联系又相辅相成的复合结构，由五部分组成：实务教学、理论教学、专业辅助课程及讲座、研究与论文、社会参与[②]。这与前文提到的刘宓庆的本科翻译课程系统组合有相似的构成成分，但也有出入，如后者中就缺少"研究与论文"一项。

刘宓庆对 TTBS 和 TTPS 的分类引起了学界的关注，穆雷发表《翻译教学：翻译学建设的重要组成部分——兼评刘宓庆〈翻译教学：实务与理论〉》[③] 一文对之做了评论。穆雷首先指出，与近些年国内翻译教学论文数量呈上升趋势相比，系统的翻译教学理论专著未见出版，刘宓庆的《教学》的出版，对翻译教学理论的深入发展做出了贡献。随后，她认为翻译教学首先要解决的问题是对翻译教学基本概念的界定。正是在这个方面，穆雷表达了与刘宓庆不同的观点。穆雷认为刘宓庆的"听说读写译五会并举论"就是外语教学的一种方法，这种方法被称为教学翻译或学校翻译。在此认识上，穆雷进一步认为，为了便于中文读者区分，刘宓庆的 TTBS 和 TTPS 完全可以用"教学翻译"和"翻译教学"来替代。穆雷使用的这对概念来自加拿大学者让·德利尔（Jean Delisle），他在 1981 年

---

① 刘宓庆：《翻译教学：实务与理论》，第 78-80 页。
② 同①，第 92 页。
③ 穆雷：《翻译教学：翻译学建设的重要组成部分——兼评刘宓庆〈翻译教学：实务与理论〉》，《中国翻译》，2004 年第 4 期，第 59-63 页。

首次提出了"教学翻译"（teaching translation）和"翻译教学"（translation teaching），1988 年由孙慧双翻译介绍到中国来[①]，90 年代中后期，始在中国翻译界流行起来，并在国内翻译教学界产生了一些争论，但也得到了多数人的认可，有些只是说法有细微变化，如林璋在《翻译教学的目标、内容与方法》一文提出了"作为教学手段的翻译"和"作为教学目的的翻译"的说法[②]。刘宓庆提出 TTBS 和 TTPS 是否受德利尔分类的影响，不得而知。显然，穆雷是将刘宓庆的 TTBS 和 TTPS 等同于"教学翻译"和"翻译教学"了，只是名称不同罢了。但刘宓庆则认为使用"教学翻译"和"翻译教学"容易在中文读者中产生歧义，如"教学翻译"容易被理解为"教学的翻译"（the translation of teaching）或"教翻译和学翻译"（to teach and learn translation）。从这里可以看出，刘宓庆似乎是认同他的 TTBS 和 TTPS 与穆雷所认同的"教学翻译"和"翻译教学"的基本内涵是一致的，只是双方各自认为其所使用术语的名称容易在中文读者中产生误解。然而，穆雷在此文中随后引用了刘宓庆给她的复信，其中一句是："我看行内人都是清楚的，包括外语系的专家都很重视 TTBS。德利尔夸大了分歧。我在北大念外文系时系里很重视翻译课（TTBS）（即你们所说的教学翻译），直到现在。TTPS 更重视了。"[③] 从这段话可以隐约看出，刘宓庆其实是不同意将他的 TTBS 和 TTPS 等同于"教学翻译"和"翻译教学"的，不是因为这两对概念的名称问题，若果真如此，只要争论的双方都回到德利尔提出的概念的原点去理解其内涵就可以了，然而事实并非如此简单。事实上，刘宓庆认为，他的这对概念与"教学翻译"和"翻译教学"在内涵上并不完全一致，特别是 TTBS 并不同于"教学翻译"。事实确实如此，德利尔认为"教学翻译"属于"学校翻译"，只是一种教学方法，没有自身的目的，是作为外语教学练习的翻译[④]。应该说，刘宓庆的 TTBS 与"教学方法"有相似之处，都是非职业（专业）翻译教学，即不是以培养专门的翻译人才为目的的翻译教学行为，但 TTBS 是有明确的目

---

① 让·德利尔：《翻译理论与翻译教学法》，北京：国际文化出版公司，1988 年，第 24-25 页。
② 刘宗和主编：《论翻译教学》，第 105 页。
③ 转引自穆雷：《翻译教学：翻译学建设的重要组成部分——兼评刘宓庆〈翻译教学：实务与理论〉》，《中国翻译》，2004 年，第 4 期，第 59-63 页。
④ 让·德利尔：《翻译理论与翻译教学法》，第 24 页。

标性的，即培养学生除了"听说读写"之外的第五种语言技能——译。在他看来，"译"是一项重要的语言技能，与"写"构成了学生基本智能发展的最高阶段。这是其语言能力培养的整体语言观的体现。因此，刘宓庆提出了"听说读写译'五会并举'"论。另外，传统的语法－翻译教学法正是"教学翻译"的主要方法。德利尔认为，在外语学习的初级阶段，"与其说是做翻译练习，还不如说是做语法练习。学到中等程度，翻译练习主要是用来扩充词汇和变化句法形态。……到了高年级，虽然加入了母语译成外语的文学翻译练习，但主要目的仍是为了学习外语，学习外语的文体和丰富外语的表达手段。"① 而刘宓庆的 TTBS 是主张摈除翻译作为一种教学方法的"近乎垄断"的地位的，主张要用科学的态度对待之。这是刘宓庆与穆雷真正的分歧所在。那么，如何在 TTBS 中培养学生的翻译技能呢？刘宓庆提出了几项 TTBS 的教学法指引，这在翻译教学法部分已做过梳理，在此不赘。相比 TTBS 与"教学翻译"的分歧，TTPS 与"翻译教学"则有较大的共性，都是指向翻译职业（专业）能力的培养。

穆雷在同一篇文章中还针对不区分"教学翻译"和"翻译教学"或将两者混为一谈的情况，特别是罗选民的观点，提出了商榷或反商榷。罗选民曾撰文《中国的翻译教学：问题与前景》讨论了德利尔提出的"教学翻译"和"翻译教学"，认为这一区分造成了对"翻译教学"的推崇和对"教学翻译"的偏见，如果我们把自己束缚在"翻译教学"的小圈子里，注定会把自己锁定在较低层面的翻译研究上；相反，他指出，"教学翻译"并非不重要，不仅对翻译研究极为重要，对中国的高等教育和经济建设也是意义重大。② 罗在文章中批评了穆雷在其专著《中国翻译教学研究》中提出的观点——较低的层面适用于外语专业的学生，较高的层面适用于学习翻译的研究生，并注出了此观点所在的页码。但笔者查看了穆雷的著作，没有在相关页码找到这个观点，可能是罗先生对穆雷的论述做了自己的理解。在文章中，罗选民重新界定了"翻译的教学"，认为是由"大学翻译教学"和"专业翻译教学"组成，前者针对的是非外语的人文社科或理工科专业的学生，后者针对的是外语专业或翻译专业的学生。针对中国的实

---

① 让·德利尔：《翻译理论与翻译教学法》，第 24-25 页。
② 罗选民：《中国的翻译教学：问题与前景》，《中国翻译》，2002 年，第 4 期，第 56-58 页。

际情况，他进一步指出，应该把大学翻译教学作为探讨的重点。对此，穆雷在文章中澄清了罗文对其观点的误读，同时认为，对传统的"语法翻译教学法"的作用要采取辩证的态度，但其与"翻译教学"确实不是一码事。穆雷之所以坚持"教学翻译"和"翻译教学"的二分，一方面认为两者确实是两种不同的翻译教学行为，另一方面认为将两者混为一谈，不利于翻译教学和翻译学的学科发展。

从以上梳理可以看出，争论的焦点似乎是关于是否需要区分两类翻译教学，但争论的原因却是各方都从各自的视角对翻译教学进行了不同的解读和分类。仅就穆雷和罗选民的争论来说，两人的出发点不同，对翻译教学做了不同的分类，他们的分类从本质上看并不矛盾，而是交叉依存，即罗选民的"大学翻译教学"和"专业翻译教学"中分别存在"教学翻译"和"翻译教学"的情况，穆雷的"教学翻译"和"翻译教学"中也分别存在"大学翻译教学"和"专业翻译教学"的情况。至于刘宓庆的 TTBS 和 TTPS，则是另一种情况。

除了二分法，还有学者提出了三分法，如刘和平在《翻译教学方法论思考》一文中，根据对法国翻译教学的考察，将翻译教学分为职业翻译、非职业翻译、借助翻译学语言[①]。这种分类似乎更像是以上几种二分法的融合。学界其他学者也对"教学翻译"和"翻译教学"发表过观点，在此不赘。关于两种教学的关系，学界大致有四种观点：第一种是将"教学翻译"等同于"翻译教学"，即认为两者没有本质区别，进一步的态度就是不需要区分两者；第二种是将两者区分开来，认为两者有本质的区别，如穆雷等人；第三种也是将两者区分，但认为"教学翻译"是基础阶段，"翻译教学"是高级阶段，"教学翻译"为"翻译教学"提供了语言基础，而后者是前者的继续，如张美芳[②]；第四种与第三种观点相似，也区分两者，并认为"教学翻译"是翻译教学的初级阶段，但认为教学翻译包含在翻译教学之中，是翻译教学的一部分，如徐莉娜、罗选民[③]。另外，这里还涉及一

---

① 刘和平：《翻译教学方法论思考》，《中国翻译》，2004年，第3期，第39-44页。
② 张美芳：《论两种不同层次的翻译教学》，《外语与外语教学》，2001年，第5期，第37-39页。
③ 徐莉娜、罗选民：《从语义知觉看教学翻译与翻译教学的关系》，《清华大学教学研究》，2006年，第5期，第112-118页。

个语言教学和翻译教学的关系问题。刘和平从口译教学的角度认为,虽然本科阶段的高年级开始开设翻译技能课,但并不意味着学生的语言理解和表达能力达到了足以应付翻译课的要求,因此,语言提高还是本科阶段一项重要的任务[①]。

最后,关于刘宓庆对翻译教学类型的分类,提出一些可供思考的问题:TTBS 中的 basic skill 与 TTPS 中的 professional skill 同属于 skill,有何本质区别?与刘宓庆提出的"翻译技能意识"中的"技能"有何关联?刘宓庆曾提出了翻译技能意识发展的三个阶段,TTBS 中的 basic skill 是否属于初级阶段?若是,那么 TTPS 中的 professional skill 的初级阶段与之有何区别?其实,不得不说,刘宓庆的 TTBS 虽然将"译"看作一项与"听说读写"并列的语言技能,而非语言教学的手段,但从他的 TTBS 教学指引和对"译"的两项功能——"认知功能"和"检测功能"的检视来看,他的 TTBS 是多少带有一些手段特征的,这是他的矛盾之处,也是穆雷将其 TTBS 看作"教学翻译"的原因之一。

刘宓庆翻译教学类型观的另一个方面是按照翻译教学的内容区分了"翻译实务教学"和"翻译理论教学"。"理论"在国外甚至被看作是一个肮脏的词。那么,翻译实践需不需要翻译理论的指导?这是翻译界一直存在的争论,在世纪之交曾一度成为译学研究的热门话题之一。这是一个认识问题,涉及如何认识理论与实践的关系。人们对理论与实践的关系的态度历来有三种:不需要理论,理论与实践各自精彩,理论可以指导实践。其实,虽然至今并没有得到完全解决,但翻译实践需要理论的指导,这也似乎成为学界的较普遍的共识。罗进德认为:"课程的内容和方法应该有一个坚实可信的理论基础,或者说是让这样一个理论体系做后盾……就是让这样一个理论体系像一只'无形的手',对教学的内容和方法进行幕后操纵。"[②] 李运兴也认为:"理论与实践的关系不是一个简单的课时比例问题,翻译理论作为一个体系对翻译实践也并非有直接用途。"[③] 既然理

---

① 刘和平:《论本科翻译教学的原则与方法》,《中国翻译》,2009 年,第 6 期,第 34-41、92-93 页。
② 罗进德:《翻译教学门外谈》,《外语研究》,1997 年,第 1 期,第 61-64 页。
③ 李运兴:《论语篇翻译教学》,《中国翻译》,2003 年,第 4 期,第 58-62 页。

论对实践有重要的指导作用，翻译教学就不能离开翻译理论的教学。早在20世纪80年代，劳陇、李德荣等学者都发表过"翻译教学的出路是理论与实践相结合"的观点。在1996年首届全国翻译教学研讨会上和2001年出版的首部翻译教学论文集《论翻译教学》中，理论与实践的问题都是讨论的重点，也基本上达成了一定的共识，即翻译教学是需要有理论来指导的。如郭建中认为："理论的教学是通过实践来完成的，……翻译教学包括翻译实践的教学和翻译理论的教学。"① 李运兴也认为："翻译理论在学生头脑中是不必呈显露状态的。"② 《中国译学大辞典》中的"翻译教学"一项中写道："从宽泛的意义上说，翻译教学包括翻译的实践、实务和理论教学，但由于现实中大部分翻译教学是培养翻译实践能力的教学，因此一般也将翻译教学粗略地理解为翻译实践的教学，而将翻译理论教学作为一个单独的概念提出。"③

无疑，一般意义上的翻译教学是翻译实务教学，但刘宓庆一直重视翻译理论对翻译实践的作用。前文提到，在早年的文章《论翻译的技能意识》中，刘宓庆就认为："古今中外几乎没有一位杰出的翻译家不以某种技能规范、某种原则来指导自己的翻译实践，不如此，他们断乎不可能形成自己的'套路'，或曰'翻译风格'。"④ 他还提出了翻译理论的三大职能。在《现代翻译理论》中的"关于翻译理论教学"部分中，刘宓庆指出，为了培养学生的翻译技能意识，必须进行翻译基本理论教学，包括八个方面的课题⑤。在《新当代》（2005）中，这部分改为"翻译教学的功能观"，内容仍然是强调翻译理论教学的重要性，但做了精简，删去了关于翻译基本理论教学的内容。正是在这些认识基础上，刘宓庆在其《教学》（2003）中，将翻译教学的内容分成两大类——翻译实务教学和翻译理论教学，将翻译实务教学（主要针对笔译实务）分为TTBS和TTPS，从教学内容、教学法指引、主要课题等方面分别了做了阐述，将翻译理论教学分为初级、中级和高级三个阶段分别进行了阐述。关于该著的方方面面，我们已在前

---

① 刘宗和主编：《论翻译教学》，第169–171页。
② 同①，第132页。
③ 方梦之主编：《中国译学大辞典》，第310页。
④ 刘宓庆：《论翻译的技能意识》，《中国翻译》，1987年，第5期，第7–11页。
⑤ 刘宓庆：《现代翻译理论》，第298页。

文中分门别类做了梳理，这里主要提出几个相关问题以供讨论。第一，翻译实务教学中的理论教学与翻译理论教学的区别是什么？第二，翻译理论和翻译实务如何讲授？分开讲还是融合到一起讲授？第三，汉译英与英译汉如何讲授？单独讲还是分开讲？第四，什么样的翻译理论可以纳入翻译教学中，等等。

2.5.5　总结与启示

以上从发展阶段、理论基础、翻译实务论、翻译教学论、翻译教学观五个方面梳理和阐述了刘宓庆翻译教学思想，旨在展示刘宓庆翻译教学思想的体系建构和历史沿革。最后，将对刘宓庆翻译教学思想的整体框架进行共时建构，对其翻译教学思想做一定位，探讨对当前国内翻译教学研究的启示。

2.5.5.1　刘宓庆翻译教学思想框架的共时建构

本节第一部分用较大篇幅梳理了刘宓庆翻译教学思想的理论基础，意在阐明其翻译教学思想是建立在深厚坚实的基础之上的，是其翻译实务观、翻译教学论和翻译教学观的基石，是其翻译教学思想这座大冰山隐藏在水下的部分，其重要性不言而喻。而露出水面的三个部分既有层次之分，又相互关联。其中翻译实务论是基础，因为没有翻译实践是谈不上翻译教学的，这对翻译教师而言更是如此。而翻译教学论作为翻译教学的实际操作层面，为翻译教学观的形成提供了经验的保障。反过来，翻译教学观又进一步影响到教师的翻译教学和学生的翻译实务。这样，这三个方面就形成了一个相互影响的循环，共同决定了翻译教学这一"语言游戏"的进行，如果加上实践基础和理论基础，这些因素共同建构了刘宓庆翻译教学思想的理论框架。刘宓庆曾将理论分为三个层级：体验、体认和体悟。根据这一划分，这一框架中的翻译实务论和翻译教学论处于体验阶段，属于基础层面；翻译教学观处于体认阶段，属于中介层面；翻译教学思想则处于最高层面的体悟阶段。这一框架如下图所示。

2 刘宓庆翻译理论分论

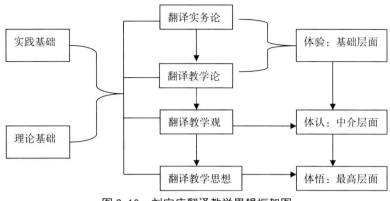

图 2-10 刘宓庆翻译教学思想框架图

2.5.5.2 刘宓庆翻译教学思想的定位

首先看看翻译教学研究在翻译学体系中的定位。谭载喜认为翻译学由三大分支组成：普通翻译学、特殊翻译学和应用翻译学。翻译教学研究属于应用翻译学。在刘宓庆的翻译学基本理论研究体系中，"翻译教学研究"属于其中的一部分[①]；在刘宓庆的翻译学理论框架图中，"翻译教学研究"是其"翻译理论"中的"应用理论"[②]。

我们将刘宓庆的翻译教学思想定位为：以功能为视角，以整合为手段，以审美为旨归的翻译教学思想。

首先是"以功能为视角"。强调"功能"是刘宓庆译学思想的一个主要特征，从早期的功能语言学观到后期的功能哲学观，从早期的"对应"观到后期的"代偿"观，以及从汉英对比与翻译的研究到翻译美学、文化翻译学，无不是从功能的视角看待翻译和翻译教学。刘宓庆认为："功能主义是一个整体概念，它的基本特色是将语言行为（翻译行为）游戏化——特别是意义游戏化：目的在于摆脱静态的语言观和静态的意义观，使语言交流（翻译传播）更加有效，以及具有平衡的多维目的性。"[③]

其次是"以整合为手段"。刘宓庆的翻译教学研究已经形成了一个丰富的体系，这是运用整合手段的结果。一方面，他的翻译教学思想具有深

---

① 刘宓庆：《刘宓庆翻译散论》，王建国编，第 iv 页。
② 刘宓庆：《新编当代翻译理论》（第二版），第 15 页。
③ 刘宓庆：《刘宓庆翻译散论》，王建国编，第 xiv 页。

厚的理论基础，涉及哲学、语言学、美学、心理学等；另一方面，刘宓庆善于将翻译教学理论体系化，使各个部分有机地结合起来，并将微观研究和宏观研究、内部研究和外部研究、实务教学和理论教学紧密结合起来。这与他致力于"整体性整合研究"的思想是分不开的。

最后是"以审美为旨归"。纵观刘宓庆近四十年的翻译研究历程，会发现有两条线贯穿其中：一条是翻译教学研究，这也是我们在讨论其翻译教学思想时需要涉及他的方方面面的著作的原因；另一条线索就是其翻译美学研究，这源自他多年来一直割舍不断的翻译美学情结。然而，细究起来，会进一步发现，他的翻译美学研究并非翻译学和美学的跨学科的纯翻译理论研究，而是更倾向于指向翻译实践和翻译教学，这就使得他的翻译教学研究具有较浓厚的美学意味，或者说，他的翻译教学中存在一种审美的倾向性，指导着他的翻译教学实践和翻译教学研究。这种倾向性在经历了 20 世纪 80 年代对翻译美学的初步建构和 90 年代的翻译美学理论框架建构基本完成后，在新世纪刘宓庆对翻译学的本体论属性做了重新思考，认为翻译学的本质属性应该是美学，而不是语言学，据此他认为，中国的翻译教育必须进行彻底改革，即翻译学需要"回归美学"，这是他在新世纪对翻译学、翻译教学做过深入思考后做出的思想上的转变。对于翻译教学，他认为："审美教育有着至关重要的意义。翻译教学中的审美教育就是要传授翻译美学理论知识，并通过翻译实践来实现其理论的价值。……应该看到，目前主要依仗语言训练、侧重职业培训的翻译教学，只是翻译素质教育的一个初级阶段，比较成熟的翻译素质教学必须是体现翻译审美教学思想，重在培养学习者的语言审美判断能力和表现能力的语际转换教学。"[①] 在《教程》（2016）中，刘宓庆对翻译学的美学归属问题做了全面的剖析和阐述，也正反映出其以翻译美学为旨归的翻译教学思想。当然翻译学的归属问题，属于一个译学价值观的问题，近些年来多有学者进行讨论，有的认为翻译学应该回归语言本体，有的则坚持文化学派的观点，可谓见仁见智。刘宓庆提出的翻译学要"回归美学"的观点，无疑是在特定的语境下，特别是对国内翻译教学的现状进行了重新审视后提出的观点，

---

① 刘宓庆、章艳：《翻译美学理论》，第 xvii–xviii 页。

对此我们须以历史的眼光来看待。对翻译学的认知和研究过程永无止境，怀疑、批判会伴随其中，对翻译学学科本质的认识更需要我们勇敢地运用理性进行深入的审视和思考。

2.5.5.3 刘宓庆翻译教学思想对当前国内翻译教学研究的启示

可以说，刘宓庆是新时期以来中国翻译教学研究发展的见证人，也是参与人。他的翻译教学思想无疑会给中国的翻译教学研究带来一些启示，主要表现在这几个方面：其一，夯实中国翻译教学研究的理论基础，加强翻译教学的跨学科研究。翻译教学研究需要坚实的理论做基础，特别是哲学基础。维根斯坦后期哲学为刘宓庆建构其翻译教学思想功能观奠定了基础，这是其所有理论阐述的基石。在此基础上，可以从某一学科视角建构翻译教学模式，如认知心理学模式、传播学模式等。其二，整合翻译教学研究的资源，加强翻译教学研究薄弱课题的研究。刘宓庆翻译教学思想的特征之一就是其整合性，翻译教学资源的整合涉及课程论、方法论、对策论、翻译教材、翻译教学大纲等方面的协调一致，形成一个有层级的体系。其三，结合中国翻译教学的实际，加强翻译方法论和对策论研究。刘宓庆长期以来关注翻译方法论和对策论的探究，关注理论对实践的指导，使得他的研究具有较强的应用性，便于翻译教学的实施。国内的翻译教学在翻译对策和翻译方法方面的研究需要理论化和系统化。其四，加强美学翻译教学理论研究，创建中国特色的翻译教学思想。翻译审美一直是刘宓庆关注的译学话题，也是其坚持中国译学应该有自己特色的依据之一。翻译教学中的审美方面也是刘宓庆翻译教学思想的重要方面，是国内翻译教学理论的重要补充。国内的翻译教学研究需要在这方面做更深入的研究，一方面是继承中国译论的美学传统，另一方面当前的翻译教学实际需要翻译美学的理论支撑。

最后需要指出的是，刘宓庆的翻译教学思想虽然已形成一定的体系，但也存在一些宏观上和微观上的不足。宏观上，翻译教学体系的完整性方面还有待充实，如翻译教学评估、翻译教学理论模式的建构、翻译教学测试、口译翻译教学的课程设置等。研究方法论方面，思辨多于实证。实证研究一直是国内翻译教学研究，乃至译学研究的薄弱环节，进一步说，研究方法论的开拓和创新是目前翻译教学研究的当务之急。微观上，对某些理论或概念的表述或界定上还需要从逻辑上进一步理顺，如"对应"和"代偿"的界定和两者间的关系等。在本文的行文中已经对其某些翻译教学话题可能存在的问题展开了评述。但瑕不掩瑜，刘宓庆的翻译教学思想无疑是中国翻译教学研究的重要一章，也必定会产生深远的影响。杨自俭先生曾对刘宓庆做过中肯的评价："刘宓庆先生是对我国译界有重大贡献的学者、翻译家、翻译理论家。他的三本大作——《文体》《英汉对比研究与翻译》和《现代翻译理论》，在翻译教学与研究、汉英对比研究、翻译理论研究这三个领域中都发挥了开拓和指导作用。"[1] 罗进德先生在《刘宓庆翻译论著全集》的序言——《本位、本分、本色》中认为："判断一位理论家的工作有没有价值，应该看他的理论工作对翻译实践（包括翻译实务、翻译教学、翻译批评、翻译服务管理、翻译学术出版等等）和人的心智成长有没有帮助，因为这才是理论工作的职责所在。"刘宓庆的翻译教学研究正是具有这样的价值。

2.6 汉英对比与翻译研究

2.6.1 概述

据刘宓庆先生所言，我国著名语言学家王力嘱托他要对汉英两种语言的异质性表现多加思考[2]，由此催生了刘先生一系列的论著，这些论著对汉英对比与翻译研究、对比语言学等领域产生了广泛的影响。

汉英对比与翻译研究，是刘宓庆翻译理论的基础，即是起点，由此走向终点——构建具有中国特色的翻译理论，提出文化战略观。刘宓庆在1989年在《论中国翻译理论基本模式》[3]一文中指出："毫无疑问，中国翻译理论基本模式应以我们的母语——汉语为出发点和依归。因为不

---

[1] 杨自俭、刘学云编：《翻译新论》（第二版），第322页。
[2] 刘宓庆：《刘宓庆翻译散论》，王建国编。
[3] 刘宓庆：《论中国翻译理论基本模式》，《中国翻译》，1989年，第1期，第14-18页。

论是译出（from the SL）或译入（into the TL），我们都离不开汉语作为基本的'经验材料'，不能不顾汉语'词汇意义和功能的分布情况'。据此，我们可以将中国翻译理论的基本模式概括为'重描写的语义－功能模式'。……中国翻译理论基本模式应有明确的对象性及对策性，即有汉语参与的语际转换规律，而在推导这种规律时，不忽视汉语（不论作为原语或目的语）的语言文字特性及语法特征，不忽视具有独特性的中华民族文化形式及外域文化的对比。因此，它必须注重描写，注重汉语独特的意义陈述方式，即语义结构形式及手段，注重交际功能的作用机制。"同年，他在《现代外语》上发表了类似的观点。

刘宓庆对汉英对比与翻译的研究成果，论文和多部著作中都有体现，但主要集中在他所著的《新编汉英对比与翻译》[①]中。我们认为，刘宓庆的汉英对比与翻译研究可分为五个阶段。

2.6.2　刘宓庆汉英对比研究的五个阶段

2.6.2.1　第一阶段

第一阶段的代表性论文如下。

（1）《试论英语与汉语的词类优势》，《北京第二外国语学院学报》，1978。

（2）《文风散论》，《北京第二外国语学院学报》，1979。

（3）《试论英汉词义的差异》，《外国语》，1980（1）：16–20。

（4）《英语可读性刍议》，《学丛》，1983（13）：1–7。

（5）《汉译英教学中的若干问题》，《翻译通讯》，1984（3）：34–36。

（6）《论翻译的虚实观》，《翻译通讯》，1984（10）：14–17。

早在1978年刘宓庆就指出，"深入系统的双语对比研究应该是我国翻译基础理论的重大课题，也是指导我国外语工作者从事英语写作的不容忽视的途径之一。"1979年，他又发文比较了英语的文风和汉语的文风，尤其是针对当时"文革"刚结束后的浮夸文风，指出了汉英翻译应该摒弃原

---

① 刘宓庆：《新编汉英对比与翻译》，2006年。

文中的浮夸文风。1980年他又指出，研究汉英词义的差异，并认识汉英词义差异的原因，是翻译理论工作的一个有实践意义的课题，这有助我们提高翻译质量和效率。

之后，在这个阶段，他发表了几篇论文，都带有汉英对比与翻译研究视角。1983年他在《英语可读性刍议》一文中给出了一个译文可读性表，如下表所示。

表2-4 译文可读性表

可读性要素 可读性梯级	Grammaticality 合乎语法	Idiomaticness 合乎习惯	Adaptability 对文体的适应性	Clarity 含义明晰	Organization 有条理性
最佳可读性	VVVV	VVVV	VVVV	VVVV	VVVV
良好可读性	VVVX	VVVX	VVVX	VVVX	VVVX
基本可读性	VVXX	VVXX	VVXX	VVXX	VVXX
最低可读性	VXXX	VXXX	VXXX	VXXX	VXXX
无可读性	XXXX	XXXX	XXXX	XXXX	XXXX
V 表示正确　X 表示差错					

1984年，他在《汉译英教学中的若干问题》中区分了汉英翻译教学和英汉翻译教学，并指出，前者主要是讲解英语用法的适当性，而后者主要是讲解原文中的理解问题。同年，他讨论了汉英翻译和英汉翻译中的虚实转换，谈及发挥译语优势问题。这些认识对后来的研究者都很有启发，并带来了广泛而又深入的影响。

2.6.3.2 第二阶段

第二阶段，刘宓庆发表的主要论著如下。

（1）《文体与翻译》，中国对外翻译出版公司，1986年3月。

（2）《汉英对比概论》，《北京第二外国语学院学报》，1986（4）：6–13。

（3）《英汉翻译技能训练手册》，上海外语教育出版社，1987年12月。

（4）《英汉翻译技能训练手册》，旅游教育出版社，1989年8月。

《文体与翻译》的出版标志着刘宓庆对汉英对比与翻译的研究发展到

一个新的阶段。该书明确了对比研究对翻译的重要性[①]，既总结了前面的成果，也提出了新的观点。该书中，他做了以下具体的对比研究：英汉动词对比、语序对比、（某种意义上）多种汉英文体的对比、多种语法结构对比、形合和意合的对比、汉英倍数表达法对比、汉英重复指称表达对比、英汉介词对比、数的表达对比、主动与被动对比、汉英标点符号对比。

该书中提出了多个鲜明的观点，例如：修饰语的前置，导致汉语句子呈线性的紧缩型结构，而修饰语后置，导致英语句子呈分层的扩展型结构；汉语语序是按照先大后小、先特殊后一般、先强后弱的方式排序；英语词一词多义，汉语则反之；汉语有动词优势，英语有名词优势。

《文体与翻译》比《汉英对比与翻译研究》出版时间稍早，很大程度上可以说前者是后者的一个预演，更加注重实践，后者则是前者在理论上进行提升之后的结果。《文体与翻译》中的多个论题，在刘宓庆的后续研究中都得到了更加系统和深入的探讨。

稍后出版的《英汉翻译技能训练手册》[②]基本上是《文体与翻译》理论部分的实践演绎（参见《英汉翻译技能训练手册》第 91 页"分项单句练习目录"以及其后按照不同文体安排的篇章翻译练习）。

另外，在这个阶段刘宓庆还出版了《现代翻译理论》。该书是刘宓庆翻译理论发展史上的里程碑，其中明显加强了翻译学作为一个学科的整合性研究。该书强调了汉外对比研究可以为翻译学方法论提供依据[③]，即汉英对比研究正式纳入翻译学，尤其是具有中国特色的翻译学体系当中，并作为方法论的依据开展研究。

2.6.2.3 第三阶段

第三阶段是刘宓庆的汉英对比与翻译研究走向成熟和系统的阶段，以《汉英对比研究与翻译》的出版为标志。本阶段的成果，从理论上提升了

---

① 刘宓庆：《文体与翻译》，第 18 页。
② 刘宓庆：《英汉翻译技能训练手册》，上海：上海外语教育出版社，1987 年；北京：旅游教育出版社，1989 年。
③ 刘宓庆：《现代翻译理论》，第 8 页。

《文体》中的观点，强调汉英对比与翻译研究的对比语言学学科属性。这一时期的主要论著如下。

（1）《汉英对比研究与翻译》，江西教育出版社，1991年1月。

（2）《汉英对比与翻译》（修订本），江西教育出版社，1992年8月。

（3）《汉英对比研究的理论问题（上）》，《外国语》，1991（4）：8-12，18。

（4）《汉英对比研究的理论问题（下）》，《外国语》，1991（5）：44-48。

（5）《汉英句子扩展机制对比研究》，《现代外语》，1992（1）：10-15。

这一时期的观点主要集中在《汉英对比研究与翻译》之中。该书是第一部为汉英对比建立比较成熟研究框架的著作[①]，为汉英对比与翻译研究带来了深远的影响，其中许多独到的论述至今仍然引发着人们的思考。该书以对比语言学为基本理论导向和基本理论依据来研究翻译（汉译英与英译汉但以汉译英为主），是在研究中体现理论与实践并重的著作。

该书探讨了汉英双语在三个层次上的基本差异，并以此为出发点，开展了翻译学应用理论即翻译学方法论的研究，为翻译学应用理论的本体论建设提供最基本的途径。该书中，刘宓庆指出，汉英对比与翻译研究的基本手段是对双语进行对比与描写，汉英对比与翻译研究必须尊重以下三项基本原则。

（1）对象性（relevance）：即对比研究必须结合汉英两种语言，结合两种语言的文字、语法结构、思维方式与表达法特征，结合两种语言转换当中这些特征的积极表现和消极表现。汉英对比研究的对象性具有根本性、决定性的意义，否则很难进行有针对性的理论研究，解决相应的翻译实践问题。

（2）对策性（applicability）：即翻译学的应用理论研究必须与实践挂钩，使理论研究落到实处。

（3）开放性（openness）：即翻译学的应用理论研究必须不断发展，不断开拓新的疆域，突破各种因袭观念，反对比附印欧语法以及相关的翻译研究，突破因袭的价值标准（如传统翻译理论的基本准则"信达雅"等

---

① 潘文国：《汉英对比研究一百年》，《世界汉语教学》，2002年，第1期，第60-86页。

等）的约束。翻译学的应用理论研究，需要新的研究成果，提出新的问题，并推导出新的实践规范。

刘宓庆[①]指出，"开放的态度对我们研究翻译之所以绝对必要还由于我们的对象语言——汉语的许多语法范畴（如语气、时态、语态）不具备如印欧语那样的结构形态（形式）的规范性。汉语的语法具有明显的开放性，不具备严谨的形式规范"。开放性的另一个重要的含义是翻译学对各毗邻学科的开放。刘宓庆强调，翻译学是独立的学科，它本身自成体系。但是汉语与英语的语法学、语义学、语用学、文体学、文艺美学、修辞学和社会符号学等学科，尤其是与汉英应用理论关系最密切的是对比语言学，对翻译学的研究有着十分重要的参照意义。

该书指出，为建立比较系统的应用理论研究体系，以适应翻译学建设和翻译实践的需要，我们可以将应用理论研究与对比语言研究相结合，分为三个层次来加以阐释并展开探讨。

（1）汉英双语的句法生成差异，其中包括形式主轴问题、形合与意合问题，以及形态表意手段与词汇表意手段问题。

（2）汉英句法结构差异，其中包括汉英各词类的用法及语序比较与汉英句型比较。

（3）汉英表现法差异，其中广泛涉及汉英两种语言的种种不同的表现方法并深及思维方式及风格问题。

具体而言，这三个层次所涉及的论题可分解如下。

第一层次，基于汉英思维差异而提出的翻译论题包括：意念主轴与形式主轴；思维认知图式与语言生成特征、意合与形合、词汇表意与形态表意、语义结构与语序问题。

第二层次，基于汉英基本语法差异而提出的翻译论题包括：主语的选择及转换、谓语的结构形式及转换、主谓搭配及主谓问题、被动语态、时、体问题、语气问题；汉英"虚拟"式表达法、句式和句型转换、汉译英中的句子组织问题、语序问题；句子成分的功能分布。

第三层次，基于汉英基本表现法差异而提出的翻译论题包括：词语结

[①] 刘宓庆：《汉英对比研究与翻译》，南昌：江西教育出版社，1991年，第3页。

构和语义（词义辨析）、否定式表现法与肯定式表现法、词类转换（包括在译词法中）、形象性词语翻译问题、成语与修辞格的翻译问题、增补、省略与重复、语序与修饰语管界问题

最后，通论包含：汉英翻译中的可译性和可译性限度问题、翻译与文化、风格的翻译问题、翻译的跨学科研究。

刘宓庆[①]指出，以上是从汉英翻译应用理论的角度对翻译论题所做的比较体系化的构筑模式。但是，从教学及论述程序的渐进性原则出发，上述论题的顺序不得不加以调整，以适应学习和训练的需要。这个顺序，就是该书目录中所列的章节安排。本书的目录安排如下。

第一章　汉英语法特征比较

第二章　汉英主语的差异及转换问题

第三章　汉英谓语差异：汉译英中的主谓定位问题

第四章　汉英句式差异：汉译英中的句子组织问题（一）

第五章　汉英句式差异：汉译英中的句子组织问题（二）

第六章　语序问题

第七章　被动语态

第八章　汉英时、体差异：汉英时、体转换问题

第九章　汉英"虚拟"表示法差异

第十章　汉英表现法比较

第十一章　汉英词的比较与翻译（一）

第十二章　汉英词的比较与翻译（二）

第十三章　汉英思维方式比较

本书的基本观点为以下八点。

（1）汉语语法与英语语法两个体系最基本的差异是前者在形式结构上的弱式，后者在形态（形式）结构上的相对优势。因此，就基本语法范畴、功能范畴和从属语法范畴而言，英语具有相对的规范性，它的形态（形式）分布模式是封闭式的。汉语的三个语法范畴基本上均取决于语义和句法功能，规范性、稳定性差，但灵活性强，因此是开放性的。

---

① 刘宓庆：《汉英对比研究与翻译》，第5页。

（2）由于在汉英翻译中句子翻译的第一步就是主谓定位，而主谓定位的关键又是准确、适当地选择主语，因此，我们对没有主语的句子必须深入研究如何添加主语，并比较各种可能添加的主语。

（3）一般说来，汉语语段较短，原因是汉语句子较短，最佳长度短句是 4 字或 9 字，长句是 11 字至 20 字。

（4）汉语句子的定界模糊且隐含化，不要求基本句核心成分的齐整，因而汉英翻译可以语段（句群）为单位。

（5）汉英转换中的句子翻译问题，概括为：将汉语原句按英语句子及语段的扩展形式组织——分切、合并得体；将汉语原句以先后、主次适宜的方式按英语思维表述。

（6）汉语倾向于多用动词的基本原因是汉语接近于词根语，动词形态十分稳定，使用时比较方便。英语动词在使用时受到很大的限制，原因在于英语基本上未脱离屈折语。英语中每个句子只能有一个定式动词，这就使动词作为一种词类在使用中受到很大的约束。

（7）一般说来，英语词义比较灵活，词的含义范围比较宽，比较丰富多变，词义对上下文的依赖性比较大，独立性比较小。汉语词义比较严谨，词的含义范围比较窄，比较精确固定，词义的伸缩性和对上下文的依赖性比较小，独立性比较大。

（8）从词语结构与语义的关系来分析，汉语用词比较"实"是由于汉语不象英语那样具有很多实义虚化手段。英语中最重要的虚化手段是具有虚化功能的词缀。

另外，该书中的一些重要观点在之后发表的文章中得到重述和强调。例如，收集到李瑞华主编的《英汉语言文化对比研究（1990—1994）》[1]之中的《汉英对比研究的理论问题》（上、下）[2]，以及《汉英句子扩展机制对比研究》[3]，前者比较系统地提出了汉英研究框架，从对比语言学角度对汉英对比研究做了提升，把三个层次的内容总结如下。

---

[1] 李瑞华：《英汉语言文化对比研究（1990—1994）》，上海：上海外语教育出版社，1996 年。
[2] 刘宓庆：《汉英对比研究的理论问题》（上、下），《外国语》，1991 年，第 4 期，第 8-12 页，第 5 期，第 46-50 页。
[3] 刘宓庆：《汉英句子扩展机制对比研究》，《现代外语》，1992 年，第 1 期。

语言表层——语言表层结构：形式结构层，表现法的基本形式手段和句法形式手段
↓
中介层——表现法系统：中介层，思维赋形为语言时的模式化表现手段
↓
语言深层——思维形态：基础结构层，语言的哲学机制

  文中还提到宏观和微观汉英语序：时序律、因果律、主客律、范围律、左向与右向、自然语序和倒装语序等。刘宓庆提出了异质性（heterology）的概念，即一种语言所具有的为另一种语言所无法取代的性质。英汉语在语音、文字、词语、句法、语段五个层次上都表现了明显的异质性。目的是研究支配语言行为表现的各种内在机制（intrinsic mechanism），考察它们以何种形式作用于语言结构。其次他还提出了层面透视法。这是方法论建设上的重要成果。他把对比研究分成语言—表现法—思维三个层次，意在摆脱从形式到形式的对比分析，走出类比方法论的老路[1]。

  后者即《汉英句子扩展机制对比研究》一文，提到了英语句子句尾开放，汉语句子句首开放等观点[2]。这篇文章重点分析了汉英句子的扩展机制的差异：汉语修饰语前置，英语修饰语后置；汉语语段流散铺排，英语语段环扣套接；汉语单层面疏放相连，句法功能隐含，英语多层面以形相连，句法功能外显；汉语句子结构重意合，英语句子结构重形合。另外还有两点：一是提出语段（text）应作为双语间的基本转换单位，翻译是语段与语段之间的动态对译；二是提出须在语言表层、中层和深层三个层次进行深入探索。

  《汉英对比与翻译》是《汉英对比研究与翻译》一书的补充修订本，其中增加了卜立德的序言、英语谓语的基本特征和"有"字句的研究。《汉英对比研究与翻译》及其修订本《汉英对比与翻译》出版之后，刘宓

---

[1] 李瑞华：《英汉语言文化对比研究（1990—1994）》，第4页。
[2] 刘宓庆指出："汉语的基本句具有句首开放、句尾收缩（封闭）的特征，这是因为汉语语序的后置修饰功能很弱。而英语的基本句具有句首收缩（封闭）、句尾开放的特征，句尾可以按语法规范延伸。英语语序的后置修饰功能很强。"但这个观点遭到一些学者的误解，提出了汉语句法结构左右词序线性排列的结构原则为"前端重量原则"，而英语句法结构中存在"末端重量原则"（金积令，1998）。为此，邵志洪（2005：137-153）对此提出了商榷，并对以上刘宓庆先生的观点做出了正确的阐释。

庆把研究的中心放到了翻译学的整合性研究，直到《新编汉英对比与翻译》2006年4月出版，作者才对上述两个版本做了较大的更新。

2.6.2.4 第四阶段

《新编汉英对比与翻译》由《汉英对比研究与翻译》发展而来，在收入《刘宓庆翻译论著全集》（2005—2007）时，刘宓庆做了近八万字的增补。

增补的部分主要包括：引论、汉英对比研究方法论、汉英宾语差异及转换问题、汉英短语比较、句子组织的"意念主轴"和"形式主轴"、汉语流水句、汉英思维方式差异中的顺序与逆序、摆脱思维方式对翻译的消极影响。

在"引论"中，作者从历史文化成因和语言本体论视角讨论了汉语"重意"的本质特征，指出汉语最突出的特点是：富于感性、重在意念和语法隐含，提出了汉语实现英语语法功能的代偿办法。

作者在讨论汉英对比研究方法论时，明确指出了其对比研究是为翻译服务的，且是以汉语为本位并采取"相对可比"的态度，遵循"相似性"和"非相似性"并重、"本位观照，外位参照"、着重描写"生活形式"中的语言现实等原则，同时进行句法、语义和语用等方面的解释。作者结合汉语语法研究的"三个平面"假说，指出了对比研究的四个观照维度：结构、句法、语义、语用。此外，作者进一步指出了"外位参照"在描写及解释中的重要性，并从"结构"（体）（静态）和"功能"（用）（动态）的对比角度提出了"体用原则"，强调了功能描写与结构描写之间的依存关系。就比较标准，作者提出"中间比较手段"（tertium means）就是功能，功能是最基本也是最普遍的标准。

就汉英语法特征对比而言，作者第一次提出，汉语词语的句法功能取决于句法、语义和语用三个平面的描写和解释，英语词语的句法功能取决于语句的词语形态即句子组合形式中的功能。他还指出，汉语语法与语音关系很少，汉语语音体系中音律系统的功能是指向意义而不是语法，当然也指向审美；相反，英语语音体系的功能是指向语法的，形态变化发之于"音"，由"音"标示句法关系。

在对汉英宾语进行对比时，作者指出，汉语的宾语形式以及带宾语的形式都较为复杂，这些可究根于汉语的基本机制——意念主轴，而英语宾语受到严格的形式规管，识别相对简单。为此，汉英翻译时，译者必须考虑原文的意义、语境、语用习惯和汉英不同的思维方式和思维风格。

在汉英短语方面，作者从结构、类别、功能和语义等角度做了对比。他指出：结构上，相对于英语短语，汉语短语的结构往往较为齐整，形式并列但意义关系多样，结构的可伸缩性强，且不少具有可逆反性，只要加上句调就可为句子，修饰语往往必须前置。然而，英语短语中修饰语前置和后置都是常规语序。类别上，汉语短语有结果类别与功能类别之分，结构类别主要有主谓短语、述宾（动宾）短语等七种，功能类别有两大类：名词性短语及谓词性短语。而英语短语只有五种功能类别：名词、动词、形容词、副词、介词。功能上，汉语短语只要加上句调就可成句，成批排列就构成流水句；相反，英语短语往往不能独自成句，即使在语段中得以"独立"使用，也只能看作是句子的省略式（一般是主语及谓动省略），英语短语结构与功能必须两相契合。语义上，汉语短语的语义辨析多凭借语义分析，大抵无"形"可考，而英语短语多可凭借结构上的比较与分析，大抵有"形"可考。

作者继续把语言比较研究分为三个层级：表层即语言符号体系（文字系统和语音系统），中介层即语法体系及表现法体系，深层即思维方式与思维风格体系。他根据维根斯坦的家族相似性观论证了汉英在各个层级上都具有相似性和非相似性，并且在第二个层次融入了功能代偿（redressing）概念。作者认为，思维方式、思维特征和思维风格上的差异是语言之间最具有支配性且能引发语言差异的初始因素，并提出了汉语习惯于顺序思维，不习惯于逆序思维和混合式思维，而英语对三者都习惯。根据汉英思维方式的差异，作者指出了汉语译者重整体思维所引起的翻译问题，如滥用意合而疏于形合等，提出了必须摆脱思维方式对翻译产生消极影响（消极迁移）的观点。最后，作者就思维方式与风格提出了几个原则性的意见：不同民族的基本思维方式共性大于个性，思维方式与风格研究有历时维度和共时维度，思维方式与风格对翻译既有积极影响也有消极影响。

《新编汉英对比与翻译》的特色主要表现在：（1）作者把理论阐述建

立在维根斯坦的语言哲学理论基础上,并吸收了汉语语法的"三个平面"理论,进一步阐述了其功能主义的翻译观,是作者从结构主义逐渐向功能主义转向的一部著作。(2)更加全面地进行了汉英对比分析。在语法功能范畴上,增加了汉英宾语的对比;在语法层次范畴上,增加了汉英短语的对比;另外,对语音做了进一步的探讨,发展了音、形、义等三个方面的对比研究。

2.6.2.5 第五阶段

第五阶段的作品主要包括:《论语言之间的互补性和互释性(代序)》[①]以及散落在其他专著的章节。这个阶段是个发展的阶段,也是一个期望的阶段。

刘宓庆在《论语言之间的互补性和互释性》一文中指出,我们既要强调语言异质性,也要强调语言互补性和互释性。一切人类语言都是人类的交际工具,它们承载的思想、观念、观点、意念、意象、意愿以及"七情六欲"都是"人类的"(human),因而相互之间是可以理解的(intelligible)、可以转换的(transferrable)、可以表达的(expressible),这是人类语言文化的最大公约数。翻译工作者和翻译研究者必须看到语言之间的共性,也必须看到它们之间的个性。是否能达致理解,达致转换,达致表达,取决于我们在翻译实务和翻译研究中是否善于广泛使用多维的代偿手段(compensatory means),进行各种形式的解释,而不是执着于所谓"对应"。

刘宓庆和章艳在《美论》[②]中呼吁翻译学回归到美学,其中对汉英之美做了比较。他认为,汉语之美有结构美,音乐美(包括音韵美、声调美),意象美,模糊美;英语之美有阳刚美、动态感性美、自然美、丰繁美、幽默美等。

同时,刘宓庆在《文化》的修订版中提到,翻译文化研究非常需要开展不同文化之间的比较研究[③]。文化比较研究一般涉及:文化形态比较、语

---

① 胡卫平等编著:《高级翻译》,上海:华东师范大学出版社,2011年。
② 刘宓庆、章艳:《翻译美学理论》,第1—2页。
③ 刘宓庆:《文化翻译论纲》(第二版),第78页。

言文化形态比较；文化价值观比较；文化心理与审美意识系统比较；思维风格、思维方式及表现法比较（文化表现对策论比较）。

这个阶段的研究特点是，更关注翻译学的价值论研究，比之前的几个研究阶段相对更加宏观。

2.6.3 刘宓庆对汉英对比与翻译研究的重大贡献

2.6.3.1 对汉英对比语言学的贡献

从历时的角度来看，《汉英对比研究与翻译》为汉英对比建起了第一个比较成熟的研究框架[①]，第一次提出以汉语为本位进行汉英对比研究，第一次系统地通过汉英语言三个层次的对比来研究翻译，借鉴了认知语言学、认知心理学、语言哲学的理论把对比研究建立在较高的理论高度上，为后来的汉英对比研究带来诸多的启示。

李瑞华[②]认为，刘宓庆的研究深入且具有系统性，理论与实践并重，对汉英对比语言学的发展做出了许多创造性贡献。

（1）理论上他不仅明确提出了对比语言学的基本原则和目的，而且创建了一个比较科学的学科结构体系。他说："对比语言学的任务就是在语言共性的总体观照下，探索、研究和阐明对比中的双语特征或特点，以此作为参照性依据，提高语言接触的深度、广度以及语际转换的效率和质量。"这个阐述比较科学，共性与特征要同时研究，防止只重视一个方面。任何学科都应重视理论与应用两方面的研究，否则这门学科是无法发展的。他的《汉英对比研究与翻译》是一部开创性著作，突破了印欧语法的框架，摆脱了中国传统翻译理论范畴与准则的束缚，建立了以汉英对比描写为基本手段，包含汉英语言结构表层（句法在前、词法在后），表现法中介层和思维模式三个层阶，以对象性（relevance）、对策性（applicability）与开放性（openness）为基本理论原则的汉英对比研究的新体系，既摆脱了经验论也避免了机械的类比。在语言结构表层的对比研究中他把句法列在前边，词法排在后边也是一项突破，因为实践证明，这样能切实地提高对

---

① 潘文国：《汉英对比研究一百年》，《世界汉语教学》，2002年，第1期，第60-86页。
② 李瑞华：《英汉语言文化对比研究》，第XI-XII页。

汉英翻译指导的科学性。

（2）提出了异质论（heterology）的理论命题。异质不同于语言形式的差异，它"更加关注支配言语行为表现的各种内在机制（intrinsic mechnism），考察它们以何种形式作用于语言结构，而使一种语言有别于另一种语言"。它能充分体现出"该语言赖以生存的文化母体（cultural matrix）的民族性"。

（3）建立了由表及里、循序渐进的层次对比研究体系，并对三个层次都进行了深入的探讨。在语言表层结构中分出语音、文字、词语、句法、语段五个体系；在表现法中介层分出七个不同的方面，在《汉英对比研究的理论问题》中列出九个方面，这两个划分有交叉，虽然还不能说很系统全面，但此项研究已在国内居领先地位。他论证了表现法（the mode of expression）介于语言表层结构与思维方式的三项主要依据：相关性（relativity）是指思维方式的外部体现；实用性（instrumentality）是指信息传递的体现；通用性（generality）指语言用法通则和社会言语交流的总倾向。此外还分析了表现法形成的三个条件：语言文字的结构优势，语言传统，文化历史背景。在思维方式层阶中他从整体与个体思维、悟性与理性、主体与客体、对立与并联、具体与抽象五个方面论证了英汉两种思维方式的差异。这是对比语言学的一个深层客体，刘先生在这方面做了开创性工作，值得称赞。

（4）为方法论建设做出了重要贡献。他摆脱了那种依靠朴素的实证和观感式的思辨，从而开通了一条从语言表层现象到语言深层机制的逻辑思维的道路，使分析的结果得到理论上的升华。首先，全书从两个方面进行了多层次的研究：一是从表层结构深入到底层结构，全书三个层阶的安排充分说明了这一点；二是从中间层次向微观和宏观两个方向发展，比如关于汉英主语的对比研究。其次，他的研究还表现出了思维的精确化和研究的实证化。全书各章大都划分为五个层次：概述问题、比较分析、对策与方法、参照规范、结论。这种程序化的论证，可操作性很强。研究成果表述比较精确，通观全书不论是理论原则的表述，还是方法与规范的表达都比较科学，都确定了边界条件和解释领域，避免了片面化和泛化。

潘文国[①]认为,刘宓庆还是在汉英对比领域最早进行哲学思考的学者,他发表于1991年的《汉英对比研究的理论问题》(上、下)是汉英对比理论建设的一篇重要文献,"如果说在此之前王菊泉[②]只是从实践层面批评了类比方法论的不可行的话,刘文则从理论上论证了这个问题"。即刘宓庆强调了语言的异质性以及语言对比研究的层次,即对比应贯彻由表及里循序渐进的方法,由语言表层进入中介层或称表现法层面,再进入语言深层即思维形态层面。这一理论影响很大,潘文国[③]、刘重德[④]都接受了这一观点;刘宓庆在思维方式比较上做了尝试,并提出了五个方面的对立:整体思维与个体思维;悟性与理性;主体意识与非人称主语;对立与并联;具体与抽象。刘宓庆对汉英表现法体系和思维方式等方面的对比研究给后来的国内同类著作带来了较大影响,在他之后的第一个成果便是连淑能的《英汉对比研究》[⑤]。

除此之外,我们认为,刘宓庆还指出了汉英审美之差异、文化之差异。这些结论都对我们当前的研究有很大的启示。

2.6.3.2 对翻译学的贡献

汉英对比与翻译研究是刘宓庆翻译理论思想不可或缺的重要部分。这点突出地表现在《文体》(刘宓庆,1985/1998/2007/2012)、《英汉翻译技能训练手册》以及多部其他著作中。刘宓庆对翻译学对策论和方法论方面所做的深刻探讨,为翻译学应用理论做出了重大的贡献。珂云[⑥]指出,《文体》"在国内已被很多大学采用为研究生教材或本科高年级教材,社会上也有很多人用来做翻译自学参考书,有许多省市及部委已指定该书为翻译

---

① 潘文国:《汉英对比研究一百年》,《世界汉语教学》,2002年,第1期,第60-86页。
② 王菊泉:《关于英汉语法比较的几个问题——评最近出版的几本英汉对比语法著作》,《外语教学与研究》,1982年,第4期,第1-9页。
③ 潘文国:《英汉语对比纲要》,北京:北京语言文化大学出版社,1997年,第360页。
④ 刘重德:《关于建立翻译学的一些看法》,《外国语:上海外国语大学学报》,1995年,第2期,第27-31页。
⑤ 连淑能:《英汉对比研究》,北京:高等教育出版社,1993年。
⑥ 珂云:《评〈文体与翻译〉》,《现代外语》,1989年,第1期,第67-68页。

考试必读书"。连淑能[①]则指出,刘宓庆"把功能文体教学与翻译教学结合了起来,使高年级翻译教学目的十分明确,克服了我国翻译教学'无阶段可分,无目标可言,无理论可讲'的缺点,有益于培养学习者的实际翻译能力……初步形成了英汉翻译应用研究的大体的教学框架,这就为今后的翻译教材建设提供了很好的参照模式"。

同时,也为刘宓庆的整个翻译学整体性研究奠定了基础。可以说,没有汉英对比与翻译研究,就很难建立起刘宓庆指出的中国翻译学的理论价值,很难提出翻译的文化战略观。

2.6.4 研究展望

本节主要是指出我们认为的研究局限,并在此基础上提出一些可能可以克服局限的途径。

A. 结构主义的影响仍然存在

首先,结构主义的影响,直接表现在刘宓庆对语法层次和范畴的划分。综观刘宓庆的汉英对比研究,对语法层次和范畴的划分基本上源自结构主义的观点,这使得他的一些观点难以在实际研究中得到彻底贯彻。例如,他使用的汉语语法单位是参照英语来划分的,这就不容易保证汉英对比分析中汉语的绝对本位地位。

潘文国[②]认为,汉语语法的隐性特征导致了汉语语法单位具有模糊性,因而在语法分析时容易遇到"中间状态"[③]。也可能正是由于汉语语法的模糊性,后来的对比研究著作中大多较少讨论语法结构层次上的对比。例如,连淑能[④]就几乎没有涉及这一领域;潘文国[⑤]则试图通过"字本位"理论寻找新的途径;许余龙[⑥]和邵志洪[⑦]则借鉴了一些系统功能语法来研究。

[①] 连淑能:《评刘宓庆著《文体与翻译》——兼论翻译教学问题》,《中国翻译》,1990年,第1期,第49—52页。
[②] 潘文国:《汉英对比研究一百年》,《世界汉语教学》,2002年,第1期,第60—86页。
[③] 吕叔湘:《汉语语法论文集》(增订本),北京:商务印书馆,1984年,第487页。
[④] 连淑能:《英汉对比研究》,北京:高等教育出版社,1993年。
[⑤] 潘文国:《汉英语对比纲要》,北京:北京语言文化大学出版社,2002年。
[⑥] 许余龙:《对比语言学》,上海:上海外语教育出版社,2002年。
[⑦] 邵志洪:《汉英对比翻译导论》,上海:华东理工大学出版社,2005年。

不过，许余龙（同上）对词汇和语法的对比倒是和刘先生的角度有相似之处，但是，他也不能脱离结构主义语言学的影响。我们认为，就当前的汉英语法研究现状而言，这种结构主义视角的划分，对汉英对比语言学的研究而言，也未必不是一个好的选择。这似乎证明了对比研究对结构主义必须采取扬弃的态度[①]。

其次，基于结构主义视角的语法成分和范畴的对比研究，其局限体现在其研究成果对翻译实践的启示受到制约。

正如刘宓庆[②]所言，对比研究主要是服务于翻译的方法论和对策论研究。翻译研究者自然期待对比研究能够给翻译研究，尤其是翻译实践带来启示。然而，就汉英对比与翻译而言，汉英对比无法完全脱离结构主义的藩篱，目前汉英语言对应结构的界限仍然难以得到清晰的界定，如与英语句子相对应的汉语结构就难以识别。这些使得汉英互译的规范性、描写性和解释性研究都无法做到令人满意。

当然，我们认为，对翻译而言，语法分析有多大必要本身就是个问题。就当前汉语语法结构来说，由于其模糊性，一般译者识别起来很是费力。当然，更重要的是，能做翻译的，往往本身就必须掌握了双语语言和文化，一定意义上来说，他们对一般的语法问题即使没有显性的知识，也有隐性的知识，这对优秀的译者来说更是如此。换言之，译者一般不会做语法分析，即使分析，也未必是按照结构主义提到的语法体系。

还有，刘宓庆的结构对比，大量的是句子或其中的结构对比，这种对比不是十分适合翻译实践——翻译实践的对象是篇章，译文中很多句子的构建是篇章因素决定的。在篇章层面，刘宓庆对语序和表达法的对比研究可以给翻译实践带来启示，但总体来说，一些相关方面的研究仍然有待深入。我们知道，《文体》先后于1998年、2006年和2012年一版再版，直到2012年才做了较为明显的修改，即增加了一些内容："语言互补性"和"翻译与理解"等。这也间接证明了，刘宓庆后来的研究对这本实践性非常强的教材，在相应理论上的发展稍显迟缓。

---

① 刘宓庆：《刘宓庆翻译散论》，王建国编，北京：中国对外翻译出版公司，2006年。
② 同①。

当然，我们不能否认在目前汉语语法研究状况的大背景下，刘宓庆的汉英对比研究仍然是较为系统，描写得较为细致的。但若要再进一步，则必须期待语言学界，尤其是汉语学家对汉语语法做出更加深入的研究。由于汉语语法本身具有不完善性，因此本领域的研究上有不少模糊性，刘宓庆本人也深知对语法层次的划分在对比研究中的模糊性和局限性，而且也感到困惑。

B. 研究的三个层次没有做出统一的解释

刘宓庆提到了对比研究有三个层面，这种观点很有概括性，对当今的对比研究带来了很大的影响。事实上，我们可以发现，当前的汉英对比研究也基本上是在这三个层面上进行。

但当前，不论是刘宓庆的研究，还是他人的研究，在观察三个层面上的内在逻辑统一性方面，还做得不够。这三个方面目前有许多成果，这些成果之间的关系如何需要说明，否则，不少成果给人感觉是碎片化的，成果之间的关系也似乎关联度不高。

例如，就语法而言，汉语语法是隐性的，而英语语法是显性的；就思维方式而言，汉语民族重整体，而英语民族重个体；等等。许多有关各个层面的观点，它们之间是否有内在的逻辑统一性，我们认为，还需要做整合研究。

C. 没有区分对汉英翻译和英汉翻译的启示

刘宓庆区分了汉英翻译和英汉翻译，他强调汉英翻译教学注重语言使用的合适性（appropriateness），而英汉翻译教学更需要注重理解[①]。但总体上，他更关注汉英翻译，较少关注英汉翻译，因而，他的研究多指向汉英翻译研究和实践。例如，他提出了汉词英译法——对应法、阐释法、引申法、转换法、淡化法、融合法、替代法、音译法及注释法，但没有相应的英词汉译法。

之后，刘宓庆在《现代翻译理论》的"程序论"中提及翻译的程序。这些程序后来在刘宓庆主编的《翻译基础》中讨论汉英翻译和英汉翻译时

---

① 刘宓庆：《汉译英教学中的若干问题》，《中国翻译》，1984年，第3期，第34-36页。

得到体现，但提到的阶段和步骤几乎没有差异。具体情况如下[①]：

汉译英的过程一般可以分为理解与表达两阶段，而这两个阶段又可以细分为六个步骤：第一，理解阶段：紧缩主干、辨析词义、分析句型、捋清脉络；第二，表达阶段：调整搭配、润饰词语。

英汉翻译过程可以描写为以下三个阶段七个步骤：第一，理解阶段：紧缩主干、辨析词义、分析句型、捋清脉络；第二，表达阶段：调整搭配、润饰词语；第三，校核阶段：终端检验（核对原义、检验整合）。

在实际的翻译思维过程中，这七个步骤不能跳越或忽略任何一步，但这并不意味着翻译是按照程序机械地运作，因为这些步骤的进行往往是交织在一起的。

从上面的引述来看，我们可以看出汉英翻译和英汉翻译的区别并不大，或者说这样的区分给翻译实践带来的意义并不够。我们再看刘宓庆提到的汉英翻译和英汉翻译的具体步骤（同上）：

先看汉译英，以第一步"紧缩主干"为例。所谓"紧缩主干"就是分析出汉语核心句组合关系中主干成分以及次要成分。我们常常先要分析原句中有没有主语或者主语是什么，谓语是什么，而这些成分是否可以作为译句的主语、谓语或者需要另选其他成分做主谓语。这种以确定目的语的主谓带动全句格局的方法，称为"主谓定位法"。因此，我们一定要学好汉语语法，以便运用恰当的方法，紧缩主干，确定主谓宾或做主语转移，这样才能出色完成汉译英工作。

再看英译汉，所谓"紧缩主干"就是通过对英文原文的语法结构的分析，理清基本句模式，即核心句的结构层次，包括主语、谓语和宾语（SVO）等主干成分以及定语、补语、状语等次要成分。英语是形态语言，有一定的语法形态，"SV"的提挈职能很强，在谓语动词前面并与其有主谓逻辑关系的名词一般就是主语，名词有格，动词有时态、语态、语气和数的形态变化，因而，以定主谓把握英译汉的全局并不难。因此，英译汉很易于采用这种紧缩句子法，或称为"主谓定位法"。我们要先找出英文原句的主语和谓语，看看能否以此作为汉语的主语和谓语，是否需要做出

---

① 刘宓庆主编：《翻译基础》，第 79–93 页。

调整，是另选其他成分做主语还是省略。例如：

原文：Shanghai has also emerged as the center of Chinese bond trading and as a favorite headquarters for Chinese and foreign companies.

（has emerged 是完成时态的谓语动词，Shanghai 置于它前面，有主谓逻辑关系，是本句的主语）

译文（i）上海脱颖而出，不仅成为中国债券的交易中心，而且还是国内外企业钟爱的总部所在地。（钱利华　译）

译文（ii）上海脱颖而出成为中国债券的交易中心，而且国内外企业也喜欢把总部设在这里。（陈零　译）

我们认为，刘宓庆在此对汉英翻译和英汉翻译的对策论和方法论进行了探讨，但受到较为严重的结构主义影响。不论是汉英翻译还是英汉翻译，其中的语法分析委实困难，尤其是汉语的语法分析。例如，按照作者认定的句法成分，在另外一个语法家的系统里，可能又是另一种句法成分。当然，最主要原因还是语法分析并不符合很多翻译家实际翻译过程。一个简单的事实就可以验证我们的观点，在当前汉语语法系统建立之前（事实上并未真正建立起来），我们有许多优秀的翻译家，例如严复、林纾等，根本不需要懂得当前的语法研究，照样能翻译出很好的作品来。

因而我们认为，首先翻译方法的教学不能建立在语法分析上，而是建立在语用原则的分析上，即要依据读者可接受的语言来观察语言使用的原则，尤其是观察著名翻译家在翻译中使用的语言原则，归纳起来并教之予人。

我们认为，将来可以根据对优秀翻译家，尤其是以英语为母语的翻译家的译作的观察，归纳出汉英翻译和英汉翻译的区别，以期对汉英翻译和英汉翻译的实践带来启示。

D. 语用对比，关注不够

由于翻译是语用的行为[①]，故而在加强汉英宏观和微观对比的前提下，

---

① Levý, J. Translation as a Decision Process. In Lawrence Venuti. *The Translation Studies Reader*. London and New York: Routledge. 2000: 148-159.

我们不仅要加强汉英语言形式的对比，还应加强语言的语用功能的对比。

应该说刘宓庆的汉英对比与翻译研究，一直都关注语言的功能，即关注使用的语言。刘宓庆在 2006 年出版的《新编汉英对比与翻译》中特意增添了"三个平面"的语法学说，意在加强他开始整合的功能主义翻译观。

刘宓庆在语用上的对比，我们还可以从他的思维和表现法对比研究中得到许多启示，不过，尽管"《汉英对比研究与翻译》内容丰富，而且颇有理论深度，但三部分（注：即三个层面的研究）相比之下，表现法和思维方式两部分显得单薄一些"①。这种单薄，我们认为，与表现法和思维方式和更为具体的语言形式之间的关系阐述还不够有关联。因而，刘宓庆在语用方面的对比研究，若落实到翻译中具体语言形式的选择上则显得指导作用仍然不够具体。

E. 口译关注不够

刘宓庆对汉英对比与翻译的研究，多数关注的是笔译，尤其是汉英笔译。他于 2004 年出版了《口笔译理论研究》，但其中他并没有系统地从汉英对比的角度探讨口译实践。我们认为，口译具有自身的特点，但汉英对比研究成果，对口译实践也应具有很强的适用性，只是我们的研究不能忘了口译自身特色。

F. 一些对比研究的成果，容易导致二元对立式的误解

刘宓庆多次反对汉英对比研究的二元对立式的讨论。刘宓庆（2012）在"中译翻译文库"的总序《期待和展望》中指出，"翻译研究要摆脱'二元化'（Dualism）的认识论局限"。他认为，近几十年来，翻译界在研究中遇到了很多的"二律背反"，有些是非同类属的"二律背反"，如"原语"与"译语"、"聚合"与"组合"、"正说"与"反说"等等；有些则是同类属"二律背反"，例如"直译"与"意译"、"归化"与"异化"、"形合"与"意合"、"描写"与"规定"等等，"直译"与"意译"就是个典型的例子。"二元化"使复杂的命题"过分简单化"（over-simplified）。通常的情况是"直译中有意译，意译中又有直译"，而且"直译"与"意译"

---

① 李瑞华：《英汉语言文化对比研究》，第 44 页。

两者本身也都并不典型,最普遍的办法是"随文阐释"(interpret side by side with the SL)。所谓好的翻译,按梁启超的话来说,就是"直译意译,圆满调和",而"圆满调和"则正是对"二元化"的优化解构(optimized deconstruction of dualism),在二元之间的广阔"中间带"寻找最理想的优选项。最重要的是,无论是就直译成分而言,抑或是就意译成分而言,双语转换中都不存在所谓"对等",都只是各种程度、各种方式的解释,就全局而言正是"随文阐释",功在曲尽其妙。

刘宓庆指出,"归化"与"异化"也是一些中国译论者津津乐道的信条和挥之不去的所谓"文化翻译规范"。其实,文化翻译有一个更基本的事实:原语文化与译语文化中的文化词语概念(或实际所指)大量存在的不是什么"对等",而只能是"意义代偿"与"文化代偿",可统称为"文化解释"。

另外,"二元化"难免使审视问题绝对化、对立化。由于受到非此即彼的"二元对立"认识论的局限,在翻译研究界常常出现一些绝对化概念,上面提到的"对等",就是一个绝对化概念。"对等"排斥相似性(similarity)、近似性(approximation)、差异性(difference)、多变性(changeability)、兼容性(compatibility)、多元性(plurality)和多维性(multi-dimension),而这些特征恰恰是翻译必须具备的特性。

刘宓庆认为,"二元化"的认识论还难免使人在审视复杂的事物时陷入简单的"非此即彼"的对立论,上面提到的"唯西方理论独尊"的态度也正是"对立论"的一种表现:将中国的理论与西方理论对立起来,一味追捧西方理论,不屑中国理论,看不到东西方理论二者之间深层的互补互证作用。

然而,事实上,刘宓庆的一些研究成果,容易给一般读者以二元对立式的误解。潘文国就将刘宓庆在思维方式方面的比较总结为五个方面的对立:整体思维与个体思维;悟性与理性;主体意识与非人称主语;对立与并联;具体与抽象。① 这种对立式的对比观点容易导致误解。举例来说,刘宓庆认为,汉语动词占优势,英语名词占优势。我们认为,到底是哪个词

---
① 潘文国:《汉英对比研究一百年》,《世界汉语教学》,2002年,第1期,第60-86页。

类占优势，要看文体，汉语法律类文本中的名词也很多。关键是指出动词和名词的功能，甚至还要指出汉英名词和汉英动词之间的差异。

总之，在我们看来，刘宓庆在汉英对比与翻译这个领域的研究，具有很大的开拓性，影响巨大，目前一些所谓的局限，相信在一代又一代人不断努力下，一定会取得长足进步。

参考文献

Bassnett-McGuire, Susan. *Translation Studies*. London and New York: Routledge, 2002 .

Bassnett-McGuire, Susan. *Translation Studies*. Shanghai: Shanghai Foreign Language Education Press, 2004.

Benjamin, Walter. The Task of the Translator. Andrew Chesterman (ed.). *Readings in Translation Theory*. Finland: Oy Finn Lectura Ab, 1923/1989.13-24.

Blyth, Catherine. *The Art of Conversation*. London: John Murray Publishers, 2009.

Chan, S and D. E. Pollard (eds). *An Encyclopedia of Translation: Chinese-English/ English-Chinese*. Hong Kong: Chinese University Press, 1996.

Chan, T. L. (ed). *Twentieth-century Chinese Translation Theory: Modes, Issues and Debates*. Amsterdam: John Benjamins, 2004.

Chesterman, Andrew and Emma Wagner. *Can Theory Help Translators*? Manchester: St. Jerome Publishing, 2002.

Cheung, M. P. Y. (ed). *An Anthology of Chinese Discourse on Translation (Volume 1): From Earliest Times to the Buddhist project*. Manchester: St. Jerome, 2006.

Cheung, M. P. Y. and R. Neather (eds). *An Anthology of Chinese Discourse on Translation (Volume 2): From the Late Twelfth Century to 1800*. London: Routlege, 2017.

Chu, C. *A Discourse Grammar of Mandarin Chinese*. New York: Peter Lang, 1998.

Clifford Geertz. *The Interpretation of Cultures: Selected Essays*. New York: Basic Books, 1973.

Colina, S. *Translation Teaching: From Research to the Classroom: A Handbook for Teachers*. Shanghai: Shanghai Foreign Language Education Press, 2009.

Donald C. Kiraly. *Pathways to Translation: Pedagogy and Process*. Kent: The Kent State University Press, 1995.

Fox. O. *The Use of Diaries in a Process-oriented Translation Teaching Methodology*. Amsterdam, Philadelphia: John Benjamins, 2000.

Gile, D. The contributions of cognitive psychology and psycholinguistics to conference interpreting: A critical analysis. In Ferreira, A. and J. W. Schwieter (eds). *Psycholinguistic and Cognitive Inquiries into Translation and Interpreting*. Amsterdam: John Benjamins, 2015: 41-64.

Goldblatt, Howard (trans.). *Big Breasts and Wide Hips*. New York: Arcade Publishing, 2004.

Hawkes, David (trans.). *The Story of the Stone*. New York: Penguin Classics, 2012.

Hermans, T. Cross-cultural translation studies as thick translation. *Bulletin of the School of Oriental and African Studies*, 2003, 66(3): 380-389.

Holmes, James S. *The Name and Nature of Translation Studies*. London and New York: Routledge, 2000.

Huang, Yushi. *Exploring Literary Translation Between English and Chinese*. Xi'an: Shaanxi People's Press, 1988.

Johnson, J. Learning through portfolios in the transition class. In James, B. S. K. Geoffrey (eds). *Beyond the Ivory Tower: Rethinking Translation Pedagogy*. Amsterdam/Philadelphia: John Benjamins, 2003, 97-116.

Kelly, Louis G. *The True Interpreter: A History of Translation Theory and Practice in the West*. Oxford: Basil Blackwell, 1979.

Kuhn, T. S. *The Structure of Scientific Revolution*. Chicago: University of Chicago Press, 1962.

Leech, Geoffrey N. and Short, Michael. H. *Style in Fiction*. London: Longman, 1981.

Lefevere, A. Chinese and western thinking on translation. In Bassnett, S. and

A. Lefevere (eds). *Constructing Cultures: Essays on Literary Translation*. Clevedon: Multilingual Matters Ltd, 1998: 12-25.

Levý, J. Translation as a Decision Process. In Lawrence Venuti. *The Translation Studies Reader*. London and New York: Routledge. 2000: 148-159.

Li, C. Participant Anaphora in Mandarin Chinese. Florida: University of Florida, 1985.

Li, H. Topic Chain Structure in Chinese Conversations. Minnesota: University of Minnesota, 1995.

Li, W. *Topic Chains in Chinese: A Discourse Analysis and Applications in Language Teaching*. Muenchen: Lincom Europa, 2005.

Liu, M. Aesthetics and Translation. In Chan, S and D. E. Pollard (eds). *An Encyclopedia of Translation: Chinese-English/English-Chinese*. Hong Kong: Chinese University Press, 1996:1-13.

Liu, M. Grammar and translation. In Chan, S and D. E. Pollard (eds). *An Encyclopedia of Translation: Chinese-English/English-Chinese*. Hong Kong: Chinese University Press, 1996: 301-316.

Liu, M. The basic paradigm of Chinese translation theory (trans, by Han Yang). In Chan, T. L. (ed). *Twentieth-century Chinese Translation Theory: Modes, Issues and Debates*. Amsterdam: John Benjamins. 2004: 236-239.

Liu, M. Translation Theory from/into Chinese. In Chan, S and D. E. Pollard (eds). *An Encyclopedia of Translation: Chinese-English/English-Chinese*. Hong Kong: Chinese University Press, 1996: 1029-1047.

Liu, Shicong. Reading and the Translator. *Nankai Journal*. Supplement, 2000: 69-75.

Liu, Xie. *Carving a Dragon at the Core of Literature*. Kaifeng: Henan University Press, 2008.

Liu, Zhongde. *Ten Lectures on Literary Translation*. Beijing: China Translation and Publishing Corporation, 1991.

Ma Huijuan. On Representing Aesthetic Values of Literary Work in Literary Translation. *Meta*, 2009.54(4): 653-668.

Mao, Dun. *Methods of Literary Translation in Essays on Translation Studies* (2894-2948). Beijing: Foreign Language Teaching and Research Press, 1984.

Munday, J. *Introducing Translation Studies* (4th edn). London: Routledge, 2016.

Nida, Eugene A. *Towards a Science of Translating: with Special Reference to Principles and Procedures Involved in Bible Translating.* Leiden: Brill, 1964.

Nida, Eugene A. *Translating Meaning.* San Dimas: English Language Institute, 1982.

Nida, Eugene A. and Charles Taber. *The Theory and Practice of Translation.* Leiden: Brill, 1969.

Oakeshott, M. *Experience and Its Modes.* Cambridge: CUP, 1933.

Olohan, M. *Introducing Corpora in Translation Studies.* London and New York: Routledge, 2004.

PACTE. Acquiring Translation Competence: Hypotheses and Methodological Problems of a Research Project. in *Investigating Translation* A. Beeby, D. Ensinger and M. Presas, (eds). Amsterdam: John Benjamins, 2000: 99-106.

Paine, Thomas. *The American Crisis.* Teddington: The Echo Library, 2006.

Pinkham J. *The Translator's Guide to Chinglish.* Beijing: Foreign Language and Research Press, 2000.

Pöchhacker, F. *Introducing Interpreting Studies.* London: Routledge, 2004.

Pym, A. Building paradise: A mission for Translation Studies, 〈https://scholar.google.com/scholar?hl=zh-CNandas_sdt=0%2C5andq=Building%09paradise%3A%09A%09mission%09for%09Translation%09Studiesandbtn G=〉, 2016.

Pym, A. *Exploring Translation Theories.* London; New York: Routledge, 2010.

R. Quirk, S. Greenbaum, G. Leech and J. Svartvik. *A Grammar of Contemporary English.* London: Longman, 1973.

Schaffner and Beverly. Adab. *Developing Translation Competence.* Amsterdam, Philadelphia: John Benjamins, 2000.

Shapiro, S. (trans.). *Outlaws of the Marsh.* Beijing: Foreign Languages Press, 2004.

Shi, D. *The Nature of Topic Comment Constructions and Topic Chains.* Los Angeles: University of Southern California, 1992.

Shuttleworth, Mark and Moira Cowie. *Dictionary of Translation Studies.* Shanghai: Shanghai Foreign Language Education Press, 2004.

Shuttleworth, Mark and Moira Cowie. *Dictionary of Translation Studies.* Shanghai: Shanghai Foreign Language Education Press, 2004.

Simon, S and P. St-Pierre. *Changing the Terms: Translating in the Postcolonial Era.* Ottawa: University of Ottawa, 2000.

Snell Hornby, M. *Translation Studies: An Integrated Approach.* Amsterdam/Philadelphia: John Benjamins Publishing Company, 1995.

Snell-Hornby, M. *The Turns of Translation Studies: New Paradigms or Shifting Viewpoints?.* Amsterdam: John Benjamins, 2006.

Snell-Hornby, M. *Translation Studies: An Integrated Approach.* Amsterdam: John Benjamins, 1988.

Sperber, D and Wilson, D. *Relevance: Communication and Cognition.* Oxford: Blackwell, 1995.

Sterk, D. The grammatical artistry of Chinese-English translation. In Shei, C and Z. Gao (eds). *The Routledge Handbook of Chinese Translation.* London: Routledge, 2017:129-146.

Strunk, William and White, Elwyn Brooks. *The Elements of Style.* New York: Macillan, 1972.

Tai, James H-Y. Verbs and Times in Chinese: Vendler's Four Categories. *Papers from the Parasession on Lexical Semantics,* Chicago Linguistic Society. 1984: 289-296.

Tan, Z. Translation studies as a discipline in the Chinese academia. In Shei, C and Z. Gao (eds). *The Routledge Handbook of Chinese Translation.* London: Routledge, 2017: 605-621.

Tomlinson, B. *Developing Materials for Language Teaching.* London: Continuum Press, 2003.

Tymoczko, M. Reconceptualizing western translation theory: integrating non-western thought about translation. In T. Hermans (ed), *Translating Others,* 2006: 13-32.

Venuti, Lawrence. *The Translation Studies Reader*. London and New York: Routledge, 2000.

Waller, Robert J. *The Bridges of Madison County*. Beijing: Foreign Languages Press, 1992.

Wang, Zuoliang. *Translation: Experiments and Reflections*. Beijing: Foreign Language Teaching and Research Press, 1989.

Wilson, D. and D. Sperber. Linguistic Form and Relevance. *Lingua* 90, 1993: 1-25.

Wilss W. *The Science of Translation: Problems and Methods*. Amsterdan: John Benjamins, 2001.

Wu, Jingrong, Ding, Wangdao, and Qian, Qing (eds). *Readings in Modern English Prose*. Beijing: Commercial Press, 1980.

Xu, Yuanchong. *The Art of Translation*. Beijing: China Translation and Publishing Corporation, 1989.

Yang, X. Y. and Yang, G. (trans.). *A Dream of Red Mansions*. Beijing: Foreign Languages Press, 2008.

Yuan, Jinxiang. *Study and Appreciation of Translated Works by Renowned Translators*. Wuhan: Hubei Education Press, 1990.

Zhang, Jin. *Principles of Literary Translation*. Kaifeng: Henan University Press, 1987.

Zhu, C. The Chinese tradition of translation studies: review, reconstruction and modernization. In Shei, C and Z. Gao (eds). *The Routledge Handbook of Chinese Translation*. London: Routledge, 2017: 3-18.

Zhu, Guangqian: On Translation. In: Translator's Notes (eds). *Essays on Translation Studies* (1894—1948). Beijing: Foreign Language Teaching and Research Press, 1984: 353-363.

蔡新乐. 中华思想视角下的翻译理论初探——兼论西方"原型"翻译思想. 中国翻译，2013（1）：5-11+126.

陈福康. 中国译学理论史稿. 上海：上海外语教育出版社，1992.

陈建平. 一本好书：《汉英对比研究与翻译》. 现代外语，1992（2）：49-52.

陈琳，张春柏. 从玄奘与哲罗姆的比较看中西翻译思想之差异. 外语研究，

2006（1）：61-65+80.

陈直. 《现代翻译理论》试评. 中国翻译，1991（6）：37-41.

戴浩一. 中文构词与句法的概念结构. 华语文教学研究：2007（1）：1-30.

董秋斯. 论翻译理论的建设. 罗新璋编：《翻译论集》，北京：商务印书馆，1984.

范守义. 翻译理论与横断学科：新的途径——与《现代翻译理论》的作者商榷. 外交学院学报，1989（4）：76-82.

方华文. 20世纪中国翻译史. 西安：西北大学出版社，2005.

方梦之. 翻译大国需有自创的译学话语体系. 中国外语，2017（5）：93-100.

方梦之. 中国译学大辞典. 上海：上海外语教育出版社，2011.

冯佳. 译入/译出认知负荷比较研究——来自眼动追踪的证据. 中国外语，2017（4）：79-91.

冯全功. 从认知视角试论翻译能力的构成. 外语教学，2010（6）：110-113.

傅仲选. 实用翻译美学. 上海：上海外语教育出版社，1993.

贺爱军. 翻译文化战略观考量——刘宓庆教授访谈录. 中国翻译，2006（4）：51-53.

贺爱军. 语篇·对比·多元——翻译教学方法论思考. 上海翻译，2011（3）：60-64.

贺桂华，斯婉青. 评勒菲弗尔《中西翻译思想比较》一文中的几个定论. 上海翻译，2016（2）：89-93+95.

侯林平，李燕妮. 放眼世界，构建特色——评刘宓庆先生的《新编当代翻译理论》. 黑龙江史志，2009（14）：80-81.

胡卫平等. 高级翻译. 上海：华东师范大学出版社，2011.

黄龙. 翻译的美学观. 外语研究，1988（2）：6-10.

黄龙. 翻译学. 南京：江苏教育出版社，1988.

黄友义. 服务改革开放40年，翻译实践与翻译教育迎来转型发展的新时代. 中国翻译，2018（3）：5-8.

黄忠廉等. 应用翻译学. 北京：国防工业出版社，2013.

姜秋霞，权晓辉. 翻译能力与翻译行为关系的理论假设. 中国翻译，2002（6）：11-15.

蒋童．中国传统译论的分期与分类．中国翻译，1999（6）：10-13．

蒋洪新．新时代翻译的挑战与使命．中国翻译，2018（2）：5-7．

金积令．汉英词序对比研究——句法结构中的前端重量原则和末端重量原则．外国语，1998（1）：28-35．

金玲．刘宓庆的翻译理论研究．桂林：广西师范大学硕士论文，2007．

康志峰．口译行为的 ERP 证据：认知控制与冲突适应．中国外语，2017（4）：92-102．

珂云．评《文体与翻译》．现代外语，1989（1）：67-68．

兰宁鸽．本雅明的翻译超越论对诗歌翻译的启示．宁夏大学学报（人文社会科学版），2007（5）：169-172+18．

蓝红军．从学科自觉到理论建构：中国译学理论研究（1987-2017）．中国翻译，2018（1）：7-16+127．

雷祎．开拓与创新——刘宓庆的翻译理论研究述评．中国翻译，1993（3）：46-50．

李洁．中国当代翻译美学发展的回顾与思考．中国人民大学学报，2007（5）：139-145．

李瑞华．英汉语言文化对比研究．上海：上海外语教育出版社，1996．

李田心．重新解码奈达翻译理论——评译论界盛行的几个错误观点．韩山师范学院学报（社会科学版），2005（4）：55-61．

李运兴．论语篇翻译教学．中国翻译，2003 年（4）：58-62．

连淑能．评刘宓庆著《文体与翻译》——兼论翻译教学问题．中国翻译，1990（1）：49-52．

连淑能．英汉对比研究．北京：高等教育出版社，1993．

林克难，籍明文．应用英语翻译呼唤理论指导．上海科技翻译，2003（3）：10-12．

刘和平．翻译教学方法论思考．中国翻译，2004（3）：39-44．

刘和平．口译理论与教学．北京：中国对外翻译出版公司，2005．

刘和平．论本科翻译教学的原则与方法．中国翻译，2009（6）：34-41+92-93．

刘季春．独立成篇：超越"忠实"的忠实．上海翻译，2010（2）：41-45．

刘靖之．翻译论集．香港：三联书店(香港)有限公司，1981．

刘宓庆，章艳．翻译美学教程．北京：中译出版社，2016．

刘宓庆，章艳．翻译美学理论．北京：外语教学与研究出版社，2011．

刘宓庆．《翻译与语言哲学》自序．外语与外语教学，1998（10）：42-45．

刘宓庆．当代翻译理论．北京：中国对外翻译出版公司，1999．

刘宓庆．当代翻译理论．北京：中国对外翻译出版公司，2005．

刘宓庆．当代翻译理论．台北：书林出版有限公司，1993．

刘宓庆．翻译风格论（上）．外国语（上海外国语学院学报），1990（1）．

刘宓庆．翻译风格论（下）．外国语（上海外国语学院学报），1990（2）：51-57+62．

刘宓庆．翻译教学：实务与理论（修订本）．北京：中国对外翻译出版公司，2007．

刘宓庆．翻译教学：实务与理论．北京：中国对外翻译出版公司，2003．

刘宓庆．翻译理论研究展望．中国翻译，1996（6）：2-7．

刘宓庆．翻译美学导论（修订本）．北京：中国对外翻译出版公司，2005．

刘宓庆．翻译美学导论（第二版）．北京：中国对外翻译出版有限公司，2012．

刘宓庆．翻译美学导论．台北：书林出版有限公司，1995．

刘宓庆．翻译美学概述．外国语，1986（2）：46-51．

刘宓庆．翻译美学基本理论构想．中国翻译，1986（4）：19-24．

刘宓庆．翻译学呼唤"回归美学"．外语与翻译，2010（3）：8-10．

刘宓庆．翻译与语言哲学（修订本）．北京：中国对外翻译出版公司，2007．

刘宓庆．翻译与语言哲学．北京：中国对外翻译出版公司，2001．

刘宓庆．富贵于我如浮云．当代外语研究，2012（9）：1-3+79．

刘宓庆．汉译英教学中的若干问题．翻译通讯，1984（3）：34-36．

刘宓庆．汉英对比研究的理论问题（上）．外国语，1991（4）：8-12+18．

刘宓庆．汉英对比研究的理论问题（下）．外国语，1991（5）：46-50．

刘宓庆．汉英对比研究与翻译．南昌：江西教育出版社，1991．

刘宓庆．汉英对比与翻译（修订本）．南昌：江西教育出版社，1992．

刘宓庆．汉英句子扩展机制对比研究．现代外语，1992（1）：10-15．

刘宓庆．口笔译理论研究．北京：中国对外翻译出版公司，2006．

刘宓庆．刘宓庆翻译论著全集（十一种）．北京：中国翻译对外出版公司，

2005—2007.

刘宓庆．刘宓庆翻译散论．王建国编．北京：中国对外翻译出版公司，2006．

刘宓庆．流派初论——迎接中国译坛流派纷呈的时代．中国外语，2006（6）：72-76．

刘宓庆．论翻译的技能意识．中国翻译，1987（5）：7-11．

刘宓庆．论翻译的虚实观．翻译通讯，1984（10）：14-17．

刘宓庆．论翻译思维．外国语，1985（2）：9-14．

刘宓庆．论中国翻译理论基本模式．中国翻译，1989（1）：14-18．

刘宓庆．论中国翻译理论基本模式问题．现代外语，1989（1）：5-9．

刘宓庆．试论英汉词义的差异．外国语，1980（1）：16-20．

刘宓庆．试论英语和汉语的词类优势．北京第二外国语学院学报，1979．

刘宓庆．文化翻译论纲（第二版）．北京：中译出版社，2012．

刘宓庆．文化翻译论纲（修订本）．北京：中国对外翻译出版公司，2007．

刘宓庆．文化翻译论纲．武汉：湖北教育出版社，1999．

刘宓庆．文体与翻译（第二版）．北京：中译出版社，2012．

刘宓庆．文体与翻译（增订版）．北京：中国对外翻译出版公司，1998．

刘宓庆．文体与翻译．北京：中国对外翻译出版公司，1986．

刘宓庆．文体与翻译．北京：中国对外翻译出版公司，2006．

刘宓庆．西方翻译理论概评．中国翻译，1989（2）：2-6．

刘宓庆．现代翻译理论．南昌：江西教育出版社，1990．

刘宓庆．新编当代翻译理论（第二版）．北京：中国对外翻译出版有限公司，2012．

刘宓庆．新编当代翻译理论．北京：中国对外翻译出版公司，2005．

刘宓庆．新编汉英对比与翻译．北京：中国对外翻译出版公司，2006．

刘宓庆．英汉翻译技能训练手册．北京：旅游教育出版社，1989．

刘宓庆．英汉翻译技能训练手册．上海：上海外语教育出版社，1987．

刘宓庆．英汉翻译技能训练手册．台北：台北书林有限公司，1986．

刘宓庆．英汉翻译技能指引．北京：中国对外翻译出版公司，2006．

刘宓庆．再论中国翻译理论基本模式问题．中国翻译，1993（2）：14-19．

刘宓庆．中西翻译思想比较研究（第二版）．北京：中国对外翻译出版有限公司，2012.

刘宓庆. 中西翻译思想比较研究，北京：中国对外翻译出版公司，2005.

刘宓庆主编. 翻译基础，上海：华东师范大学出版社，2008.

刘四龙. 重新认识翻译理论的作用——对奈达翻译思想转变的反思. 中国翻译，2001（2）：9-16,

刘韦思. 刘宓庆翻译教学思想研习. 刘宓庆著：《翻译教学：实务与理论》（修订本），北京：中国对外翻译出版公司，2007：v-xxx.

刘重德. 关于建立翻译学的一些看法. 外国语，1995（2）：27-31.

刘宗和主编. 论翻译教学. 北京：商务印书馆，2001.

鲁伟，李德凤. 中国特色的翻译学：误区还是必然？——兼评《中西翻译思想比较研究》. 中国科技翻译，2010（2）：11-14+29.

罗进德. 翻译教学门外谈. 外语研究，1997（1）：61-64.

罗新璋. 翻译论集. 北京：商务印书馆，1984.

罗新璋. 我国自成体系的翻译理论. 翻译通讯，1983（7）：9-13.

罗选民. 中国的翻译教学：问题与前景. 中国翻译，2002（4）：56-58.

吕俊. 跨越文化障碍——巴比塔重建. 南京：东南大学出版社，2001.

吕叔湘. 汉语语法论文集（增订本）. 北京：商务印书馆，1984.

马会娟，管兴忠. 发展学习者的汉译英能力. 中国翻译，2010（5）：39-44.

马会娟. 奈达翻译理论研究. 北京：外语教学与研究出版社，2003.

马祖毅. 中国翻译简史（"五四"以前部分）. 北京：中国对外翻译出版公司，1984.

马祖毅等. 中国翻译通史（第一至五卷）. 武汉：湖北教育出版社，2006.

梅德明. 高级口译教程. 上海：上海外语教育出版社，2011.

苗菊. 翻译能力研究——构建翻译教学模式的基础. 外语与外语教学，2007（4）：47-50.

穆雷，傅琳凌. 翻译理论建构的原则与途径. 中国翻译，2018（1）：9-18+127.

穆雷. 翻译教学：翻译学建设的重要组成部分——兼评刘宓庆《翻译教学：实务与理论》. 中国翻译，2004（4）：59-63.

穆雷. 锐意创新 立志开拓——评介《现代翻译理论》. 中国科技翻译，1992

（1）：55-57．

穆雷．锐意创新 立志开拓——评介刘宓庆著《现代翻译理论》．上海科技翻译，1992（1）：41-42．

穆雷．中国翻译教学研究．上海：上海外语教育出版社，1999．

潘文国．对比研究与对外汉语教学——兼论对比研究的三个时期、三个目标和三个层面．暨南大学华文学院学报，2003（1）：5-7+52．

潘文国．汉英对比纲要．北京：北京语言文化大学出版社，2002．

潘文国．汉英对比研究一百年．世界汉语教学，2002（1）：60-86．

潘文国．英汉语对比纲要．北京：北京语言文化大学出版社，1997．

钱春花．翻译能力构成要素及其驱动关系分析．外语界，2012（3）：59-65．

钱纪芳．和合翻译思想初探．上海翻译，2010（3）：11-15．

让·德利尔．翻译理论与翻译教学法．北京：国际文化出版公司，1988．

邵有学．翻译思想与翻译理论考辨．中国外语，2018（2）：99-105．

邵志洪．汉英对比翻译导论．上海：华东理工大学出版社，2005．

邵志洪．英汉词汇语义容量比较．外语与外语教学，1996（2）：15-20．

时天宇．解密翻译美——《翻译美学理论》评析．外语与翻译，2011（3）．

宋美华．西方翻译研究的传统、现代与后现代：区别、对立、共存．中国翻译，2018（2）：17-24+128．

孙会军，张柏然．全球化背景下对普遍性和差异性的诉求．中国翻译，2002（2）：4-7．

孙迎春．论译学词典编纂对翻译学学科建设的重要性．山东外语教学，2002（3）：1-5．

孙迎春．论综合性译学词典的编纂．山东外语教学，2001（1）：39-43．

孙致礼．评《名利场》中译本的语言特色．翻译通讯，1984（10）：37-41．

谭载喜．翻译学．武汉：湖北教育出版社，2000．

谭载喜．翻译学必须重视中西译论比较研究．中国翻译，1998（3）：12-16．

谭载喜．翻译与翻译研究概论．北京：中国对外翻译出版有限公司，2012．

谭载喜．奈达论翻译．北京：中国对外翻译出版公司，1984．

谭载喜．新编奈达论翻译．北京：中国对外翻译出版公司，1999．

谭载喜．中西现代翻译学概评．外国语，1995（3）：12-16．

谭载喜．中西译论的相似性．中国翻译，1999（6）：26-29．

谭载喜．中西译论的相异性．中国翻译，2000（1）：15-21．

陶友兰．论中国翻译教材建设之理论重构．上海：复旦大学出版社，2008．

屠国元，肖锦银．西方现代翻译理论在中国的传播与接受．中国翻译，2000（5）：15-19．

汪丽，贺爱军．翻译教学理论与实务的整合研究——《翻译基础》述评．译林（学术版），2012（4）：155-160．

王秉钦．20世纪中国翻译思想史．天津：南开大学出版社，2004．

王秉钦．文化翻译学：文化翻译理论与实践（第二版）．天津：南开大学出版社，2007．

王大伟．当前中国译学研究的几个误区．上海科技翻译，2001（1）：50-55．

王东风．中国译学研究：世纪末的思考．中国翻译，1999（2）：21-23．

王宏．汉译英能力构成因素和发展层次研究．外语研究，2012（2）：72-76．

王宏印，刘士聪．中国传统译论经典的现代诠释——作为建立翻译学的一种努力．中国翻译，2002（2）：8-10．

王宏印．英汉翻译综合教程．大连：辽宁师范大学出版社，2007．

王宏印．中国传统译论经典诠释：从道安到傅雷．武汉：湖北教育出版社，2003．

王建国．《新编当代翻译理论》述评．外语研究，2008（3）：109-111．

王建国．承前启后，继往开来——刘宓庆翻译思想研究．刘宓庆，王建国：《刘宓庆翻译散论》，北京：中国对外翻译出版社公司，2006：iii-xxvii．

王建国．翻译研究需要辩证思维——评《翻译教学：实务与理论》．外语与翻译》，2005（2）：77-80．

王建国．关联翻译理论研究的回顾与展望．中国翻译，2005（4）：21-26．

王建国．回译与翻译研究、英汉对比研究之间的关系．外语学刊，2005（4）：78-83．

王建国．简评《中西翻译思想比较研究》——兼谈译学学术创新．中国翻译，2006（3）：36-38．

王建国．简述中国翻译理论中的翻译意义论和翻译意图论．英语研究，2003（2）：57-62．

王建国. 刘宓庆的翻译意义观述评. 北京第二外国语学院学报, 2013 (8): 23-27.

王建国. 刘宓庆翻译思想研究：刘宓庆翻译论著全集内容概要. 英语研究, 2006 (2): 33-42.

王建国. 刘宓庆文化翻译理论简评. 外文研究, 2010 (2): 74-76.

王建国. 刘宓庆著《翻译美学导论》(修订本) 述评. 民族翻译, 2009 (1): 87-90.

王菊泉. 关于英汉语法比较的几个问题——评最近出版的几本英汉对比语法著作. 外语教学与研究, 1982 (4): 1-9.

王克非. 翻译文化史论. 上海：上海外语教育出版社, 1997.

王树槐, 栗长江. 翻译教学方法述评. 外语教育, 2008: 133-139.

王树槐. 翻译教学论, 上海：上海外语教育出版社, 2013.

王晓农. 论翻译专业能力与外语专业翻译教学. 唐山师范学院学报, 2009 (1): 157-160.

魏瑾. 文化介入与翻译的文本行为研究. 上海：上海交通大学出版社, 2009.

文军, 李红霞. 以翻译能力为中心的翻译专业本科课程设置研究. 外语界, 2010 (2): 2-7.

文军, 施佳. 图里翻译理论在中国的评介及应用. 民族翻译, 2009 (3): 11-19.

文军. 论翻译能力及其培养翻译. 上海科技翻译, 2004 (3): 1-5.

吴义诚. 中西翻译理论的比较. 外国语, 1998 (3): 47-51,

吴志杰. 和合翻译研究刍议. 中国翻译, 2011 (4): 5-13+96.

吴自选. 变译理论与中国翻译理论学派的建构. 上海翻译, 2018 (4): 75-77+62.

伍忠杰. 大学体验英语综合教程 3. 北京：高等教育出版社, 2012.

夏伟兰, 文军. 打开口译理论的大门——评介刘宓庆的《口笔译理论研究》. 外国语文学研究, 2006 (1): 66-69.

徐莉娜, 罗选民. 从语义知觉看教学翻译与翻译教学的关系. 清华大学教学研究, 2006 (5): 112-118.

许钧, 穆雷. 探索、建设与发展——新中国翻译研究 60 年. 中国翻译, 2009

（6）：5-12+92.

许钧，穆雷．中国翻译学研究30年（1978—2007）．外国语，2009（1）：77-87.

许钧，穆雷．翻译学概论，南京：译林出版社，2009．

许钧，穆雷．中国翻译研究（1949—2009）．上海：上海外语教育出版社，2009．

许钧．翻译概论．北京：外语教学与研究出版社，2009．

许钧．翻译论．武汉：湖北教育出版社，2003．

许钧．翻译研究与翻译文化观．南京大学学报，2002（3）：219-226，

许钧．直面历史　关注现实——关于新时期翻译研究的两点建议．外国语，2014（3）：2-3.

许余龙．对比语言学．上海：上海外语教育出版社，2002．

许渊冲．谈中国学派的翻译理论——中国翻译学落后于西方吗？．外语与外语教学，2003（1）：52-54+59.

许渊冲．再谈中国学派的文学翻译理论．中国翻译，2012（4）：83-90+127.

杨承淑．口译教学研究：理论与实践．北京：中国对外翻译出版公司，2005．

杨柳．国外翻译理论资源在中国的影响力研究：1998—2011．江苏社会科学，2012（4）：157-164.

杨柳．西方翻译对等论在中国的接受效果——一个文化的检讨．中国翻译，2006（3）：3-9.

杨仕章．文化翻译学界说．外语教学理论与实践，2016（1）：79-84.

杨晓荣．汉译英能力解析．中国翻译，2002（6）：16-19.

杨自俭，刘学云．翻译新论（第二版）．武汉：湖北教育出版社，2003．

杨自俭．谈谈翻译科学的学科建设问题．现代外语，1996（3）：25-29.

杨自俭．我国近十年来的翻译理论研究．中国翻译，1993（3）：11-15.

杨自俭．我国译学建设的形势与任务．中国翻译，2002（1）：4-10.

于德英．中西译论比较：在异同间寻求文化对话互动的空间——兼论勒菲弗尔的《中西翻译思想》．外语与外语教学，2008（1）：56-59.

曾力子，范武邱．刘宓庆翻译思想探析．民族翻译，2013（1）：31-38.

曾力子．刘宓庆与奈达翻译思想比较研究．邵阳学院学报（社会科学版）：

2016（6）：93-97.

曾文雄．哲学维度的中西翻译学比较研究．北京：科学出版社，2013．

张柏然，姜秋霞．对建立中国翻译学的一些思考．中国翻译，1997（2）：7-10+16．

张成柱．试谈文学翻译中的美学问题．翻译通讯，1984（6）：16-18．

张成柱．文学翻译中的美学问题．外语教学，1984（2）：46-52．

张春柏，吴波．从佛经与圣经翻译看中西方翻译传统的相似性．上海翻译，2005（2）：161-165．

张后尘．翻译学：在大论辩中成长．外语与外语教学，2001（11）：21-24．

张后尘．试论文学翻译中的美学原则．翻译通讯，1985（10）：5-7．

张经浩．主次颠倒的翻译研究和翻译理论．中国翻译，2006（5）：59-61．

张美芳．后霍姆斯时期翻译研究的发展：范畴与途径．中国翻译，2017（3）：18-24+128．

张美芳．论两种不同层次的翻译教学．外语与外语教学，2001（5）：37-39．

张美芳．中国英汉翻译教材研究（1949—1998）．上海：上海外语教育出版社，2001．

张南峰．中西译学批评．北京：清华大学出版社，2004．

张南峰．特性与共性——论中国翻译学与翻译学的关系．中国翻译，2000（2）：2-7．

张培基，喻云根．英汉翻译教程，上海：上海外语教育出版社，1980．

张佩瑶．传统与现代之间——中国译学研究新途径．长沙：湖南人民出版社，2012．

张佩瑶．重读传统译论——目的与课题．中国翻译，2008（6）：5-10．

张上赐．美学与文学翻译．外语教学，1986（4）：42-48，

张思永．刘宓庆的语言对比观述评．民族翻译，2017（3）：64-71．

张思永．刘宓庆翻译思想研究——学术考察与理论述评．天津：南开大学（博士论文），2014．

张思永．刘宓庆翻译学体系建构述评．北京第二外国语学院学报，2017（6）：82-100．

张思永．刘宓庆翻译研究方法评析．外文研究，2017（1）：76-81．

张思永. 论刘宓庆翻译研究范式的演变. 燕山大学学报（哲学社会科学版），2017（4）：21-27.

张思永. 批评之批评：刘宓庆的当代西方译论观. 外语与翻译，2017（2）：8-14.

张思永. 中西比较译学论纲. 外国语文研究，2017（5）：34-43.

章艳. 淡泊人生中的执着追求——刘宓庆教授访谈录. 山东外语教学，2013（2）：3-7.

章艳. 探索文化翻译的奥秘——评刘宓庆著《文化翻译论纲》. 中国翻译，2008（1）：38-40.

赵秀明. 中国翻译美学初探. 福建外语，1998（2）：36-43.

朱纯深. 走出误区 踏进世界——中国译学：反思与前瞻. 中国翻译，2000（1）：2-9.

朱德熙，吕叔湘. 语法修辞讲话. 北京：商务印书馆，1952/2013.

朱琳. 译者为中心的多学科性翻译理论建构. 天津：南开大学（博士论文），2010.

祝朝伟. 基于翻译能力培养的MTI课程设置研究. 外语界，2015（5）：61-69.

后记

我向来不会写后记，总觉得自己写的东西没有文采，也不会豪言壮语，每次完成一部书，想到的只有感谢。声声感谢，不仅记录了写作的前因后果，成书时的学术交流，也汇聚了我们的感恩之心。

首先我要感谢刘宓庆先生对我们的教导，尤其是感谢他多年来对我的关心和爱护。2002年，我在华东师范大学召开的英汉对比与翻译研讨会上认识他。之后，2003年收到了他特意从香港寄来的新著《翻译教学理论与实务》，2004年我考上北京外国语大学攻读博士学位，他来到北京出版《刘宓庆翻译论著全集》（第一版）。我在北京西边的西三环，他在北京东边的方庄。自此，我经常去刘老师家做客，还不时捎回一些书和衣物，一起吃饭还吃出了一个"芋头狂"。同时，我参与了《刘宓庆翻译论著全集》（第一版）的一些工作，独立编纂了《刘宓庆翻译散论》一书，为了该书中的合影照片，刘老师还专程到过北外一次。2006年，刘老师去台湾师范大学做了一年的客座教授。之后到同济大学担任特聘教授一职，合同期为3年。碰巧，我于2010年调入上海华东理工大学，我们又在上海团聚。自我们相识以来，刘老师给予我的关心和爱护从未间断。

在本书的撰写和编辑过程中，刘老师一直给予了我们指导。我们为他的求真精神所感动。他一再嘱托我们，在撰写自己负责的章节时，要尽量阐述自己的观点，不要受约束，尽量给读者一个更为客观的刘宓庆翻译理论。谢谢刘老师！

后记

我还要感谢我们这个团队。我们这个团队的成员，除了我本人之外，还包括山东科技大学侯林平教授、中国海洋大学贺爱军教授、上海外国语大学章艳教授、天津职业技术师范大学张思永副教授和华东理工大学的张举栋博士。我们都得到过刘宓庆先生的指导，都撰写过与刘宓庆翻译理论相关的论文。为了本书的编写，我们走到了一起，克服了时间紧、任务重的困难，集中精力很好地完成了各自的任务。没有团队成员的全力付出，就不会有这本书。谢谢我们的团队！

由于某种客观原因，我们放弃了一些原本打算收录的论文，其中还包括刘宓庆先生近年来撰写但未发表的论文。但我仍然要感谢热心帮助我们的专家和学者，如上海大学的方梦之教授，广东外语外贸大学的陈建平教授，穆雷教授，厦门大学的连淑能教授，北京外国语大学的马会娟教授，中南大学的范武邱教授，苏州大学的方华文教授，天津师范大学胡晓姣副教授，以及鲁伟、彭秀林、曾力子等来自不同高校的老师们。

我还要感谢直接和间接参与本书撰写工作的朋友们。为了尽量找齐相关文献，我们先后获得了华中科技大学王树槐教授、广东技术师范学院贺显斌教授以及广东外语外贸大学欧阳护华教授的帮助。同时，为了更好地完成编辑工作，上海电子信息职业技术学院孙辉老师，原宁波大学在读研究生贺海琴，华东理工大学外国语学院在读研究生任文茂、李晓婧、李强、叶伊婷、邬俊波、翁婷、王锦等同学都参与其中。对他们的付出，我们表示衷心的感谢。

另外，我们还要感谢北京外国语大学"双一流"重大（点）标志性项目"多语种翻译教学理论与实践"（项目号：2022SYLPY003）和上海外国语大学贤达经济人文学院语言服务团队资助了本书的出版，以及对外经济贸易大学英语学院为我提供的宽松科研环境。

最后，我们必须感谢中译出版社以及本书责任编辑范祥镇老师和钱屹芝老师。是她们给予了我们很大的信任，给予了我们很大的发挥空间，我们才能在不长的时间内，将本书完整地呈献给读者，为我国的翻译事业贡献微薄之力。谢谢出版社的老师们！

王建国　对外经济贸易大学
2022 年 12 月 21 日